QUINTA EDIÇÃO

Maria Luiza **Machado Granziera**

Direito
de Águas

Disciplina Jurídica
das Águas Doces

2023 © Editora Foco
Autora: Maria Luiza Machado Granziera
Diretor Acadêmico: Leonardo Pereira
Editor: Roberta Densa
Assistente Editorial: Paula Morishita
Revisora Sênior: Georgia Renata Dias
Revisora: Simone Dias
Capa Criação: Leonardo Hermano
Diagramação: Ladislau Lima e Aparecida Lima
Impressão miolo e capa: FORMA CERTA GRÁFICA DIGITAL

DIREITOS AUTORAIS: É proibida a reprodução parcial ou total desta publicação, por qualquer forma ou meio, sem a prévia autorização da Editora FOCO, com exceção do teor das questões de concursos públicos que, por serem atos oficiais, não são protegidas como Direitos Autorais, na forma do Artigo 8º, IV, da Lei 9.610/1998. Referida vedação se estende às características gráficas da obra e sua editoração. A punição para a violação dos Direitos Autorais é crime previsto no Artigo 184 do Código Penal e as sanções civis às violações dos Direitos Autorais estão previstas nos Artigos 101 a 110 da Lei 9.610/1998. Os comentários das questões são de responsabilidade dos autores.

NOTAS DA EDITORA:

Atualizações e erratas: A presente obra é vendida como está, atualizada até a data do seu fechamento, informação que consta na página II do livro. Havendo a publicação de legislação de suma relevância, a editora, de forma discricionária, se empenhará em disponibilizar atualização futura.

Erratas: A Editora se compromete a disponibilizar no site www.editorafoco.com.br, na seção Atualizações, eventuais erratas por razões de erros técnicos ou de conteúdo. Solicitamos, outrossim, que o leitor faça a gentileza de colaborar com a perfeição da obra, comunicando eventual erro encontrado por meio de mensagem para contato@editorafoco.com.br. O acesso será disponibilizado durante a vigência da edição da obra.

Impresso no Brasil (09.2022) – Data de Fechamento (09.2022)

2023
Todos os direitos reservados à
Editora Foco Jurídico Ltda.
Avenida Itororó, 348 – Sala 05 – Cidade Nova
CEP 13334-050 – Indaiatuba – SP

E-mail: contato@editorafoco.com.br
www.editorafoco.com.br

Para Beatriz, Mariana, Mário e Vera.

Agradecimentos
Daniela Malheiros Jerez
Mário Roberto Granziera

SUMÁRIO

INTRODUÇÃO XVII

PARTE I
NATUREZA E CARACTERIZAÇÃO DA ÁGUA

1. CARACTERIZAÇÃO GERAL 3
   1.1 Noção de direito de águas 3
   1.2 Conceitos relativos ao direito de águas 5
       1.2.1 Água 5
       1.2.2 Água e recurso hídrico 7
       1.2.3 Ciclo hidrológico 9
       1.2.4 Corpo hídrico: rio, corrente, curso de água 10
       1.2.5 Leito 12
       1.2.6 Margens internas e externas 13
       1.2.7 Nascente 13
       1.2.8 Foz 14
       1.2.9 Aquífero 15
       1.2.10 Lago e lagoa. Águas estáticas 16
       1.2.11 Bacia hidrográfica 16
       1.2.12 Gestão de recursos hídricos 17
       1.2.13 Potencial de energia hidráulica 18
       1.2.14 Terrenos de marinha 18
       1.2.15 Terrenos reservados 19
       1.2.16 Praias fluviais 20
       1.2.17 Efluente 20
   1.3 Outros conceitos 20
       1.3.1 Água de jusante 20

1.3.2	Água potável	20
1.3.3	Água salobra	21
1.3.4	Água Salina	21
1.3.5	Águas servidas	21
1.3.6	Água superficial	21
1.3.7	Balanço hídrico	21
1.3.8	Drenagem	22
1.3.9	Eclusa	22
1.3.10	Lençol freático	22
1.3.11	Meio ambiente	22
1.3.12	Montante	23
1.3.13	Qualidade da água	23
1.3.14	Talvegue	23
1.3.15	Turbidez	23
1.3.16	Vazão	23
1.3.17	Zona semiárida	24
1.3.18	Zona úmida	25

2. PRINCÍPIOS APLICÁVEIS À GESTÃO DE RECURSOS HÍDRICOS ... 27

2.1	Conceito de princípio	27
2.2	Princípios	29
	2.2.1 Meio ambiente como direito humano	29
	2.2.2 Desenvolvimento sustentável	31
	2.2.3 Prevenção	34
	2.2.4 Precaução	36
	2.2.5 Cooperação	38
	2.2.6. Participação	42
	2.2.7 Valor econômico da água	43
	2.2.8 Poluidor-pagador e Usuário-pagador	44
	2.2.9 Protetor-recebedor	47

2.2.10 Bacia hidrográfica como instrumento de planejamento e gestão... 48

2.2.11 Equilíbrio entre os diversos usos da água............................ 50

2.3 Elementos da implementação das políticas de águas 53

2.3.1 Capacitação... 53

2.3.2 Governança... 54

3. DIREITO HUMANO À ÁGUA E AO ESGOTAMENTO SANITÁRIO 57

3.1 Considerações gerais.. 57

3.2 O reconhecimento do direito humano à água no contexto internacional 58

4. BREVE HISTÓRICO DO TRATAMENTO JURÍDICO DA ÁGUA 69

4.1 Direito romano 69

4.2 Idade média 71

4.3 Ordenações 72

4.4 Constituições brasileiras anteriores 72

4.4.1 Constituição do Império de 25-3-1824................................ 72

4.4.2 Constituição Republicana de 24-2-1891 72

4.4.3 Constituição Republicana de 16-7-1934 72

4.4.4 Constituição Republicana de 10-11-1937 74

4.4.5 Constituição Republicana de 18-9-1946 75

4.4.6 Constituição Republicana de 24-1-1967 75

4.4.7 Emenda 1, de 17-10-1969, à Constituição Republicana de 1967.... 76

5. COMPETÊNCIAS NA CONSTITUIÇÃO FEDERAL DE 1988 77

5.1 Conceito... 77

5.2 Competências legislativas... 77

5.2.1 Competência privativa da União 77

5.2.2 Competências concorrentes... 81

5.3 Competências administrativas ou materiais 83

5.3.1 Competências comuns 84

6. DOMÍNIO E USO DA ÁGUA 87

    6.1 Publicização da água: finalidade e sentido 87

    6.2 Domínio da União 89

    6.3 Domínio dos Estados 92

    6.4 Uso da água como bem público 94

        6.4.1 Uso comum 94

        6.4.2 Uso privativo de bem público 97

7. ÁGUAS NO DIREITO DE VIZINHANÇA 99

    7.1 Direito de vizinhança 99

    7.2 Águas pluviais 105

8. ÁGUAS SUBTERRÂNEAS 107

    8.1 Caracterização e problemática 107

    8.2 Domínio e gestão 108

    8.3 O papel do CNRH na gestão das águas subterrâneas 111

    8.4 Desafios a transpor na gestão das águas subterrâneas ... 114

PARTE II
POLÍTICA NACIONAL DE RECURSOS HÍDRICOS

9. POLÍTICAS PÚBLICAS 121

    9.1 Políticas de águas 122

        9.1.1 Código de Águas 123

        9.1.2 Antecedentes da Política Nacional de Recursos Hídricos 125

    9.2 Fundamentos da PNRH 126

    9.3 Objetivos da PNRH 127

    9.4 Diretrizes gerais de ação para implementação da PNRH ... 129

    9.5 A ausência da dimensão ambiental da água na PNRH ... 133

10. USO DE RECURSOS HÍDRICOS 135

    10.1 Conceito de uso 135

    10.2 Aspectos Legais e Institucionais dos Usos de Recursos Hídricos 136

	10.2.1 Saneamento básico	136
	10.2.2 Agricultura, irrigação e pecuária	145
	10.2.3 Pesca, aquicultura, piscicultura e carcinicultura	148
	10.2.4 Indústria	149
	10.2.5 Navegação	151
	10.2.6 Usos culturais e recreativos	153
	10.2.7 Energia elétrica	153
	10.2.8 Mineração	154
10.3	O Papel do direito na definição dos usos da água	154

11. PLANEJAMENTO DO USO 157

11.1	Instrumentos de planejamento do uso da água	157
11.2	Planos de recursos hídricos	160
11.3	Enquadramento de corpos hídricos em classes, segundo os usos preponderantes da água	165
11.4	Sistemas de informações sobre recursos hídricos	178

12. CONTROLE ADMINISTRATIVO DO USO DOS RECURSOS HÍDRICOS..... 181

12.1	Poder de polícia das águas	181
	12.1.1 Estabelecer regulamento	187
	12.1.2 Fiscalizar e aplicar penalidade	188
	12.1.3 Manifestação no caso concreto	188
12.2	Outorga de direito de uso de recursos hídricos	189
	12.2.1 Competência administrativa para conceder a outorga	191
	12.2.2 Usos passíveis de outorga	196
	12.2.3 Natureza jurídica das outorgas	199
	12.2.4 Hipóteses de suspensão da outorga na Lei 9.433/97	203
	12.2.5 Usos prioritários	204
	12.2.6 Prioridades de Outorga	205
	12.2.7 Delegação de competência sobre as outorgas	205
12.3	Critérios e limites para a emissão da outorga	206

       12.3.1 Vazão outorgável, vazão de referência e vazão ambiental 207

  12.4 O sistema de outorgas em regiões de escassez hídrica 211

       12.4.1 Marcos Regulatórios 214

       12.4.2 Alocação Negociada da Água 215

13. INSTRUMENTOS ECONÔMICOS DAS POLÍTICAS DE ÁGUAS 219

  13.1 Cobrança pela utilização dos recursos hídricos 220

       13.1.1 Premissas do estudo da cobrança 220

       13.1.2 Fundamentos da cobrança pelo uso da água 221

       13.1.3 Conceito e objetivos da cobrança 222

       13.1.4 Fato gerador e critérios da cobrança 224

       13.1.5 Competência administrativa para efetuar cobrança 224

       13.1.6 Natureza jurídica do produto da cobrança 225

       13.1.7 Aplicação do produto da cobrança 227

       13.1.8 Reflexões acerca da cobrança 231

  13.2 Pagamento por Serviços Ambientais (PSA) 233

       13.2.1 Serviços ambientais 234

       13.2.2 O caso Catskill 238

       13.2.3 Programa Produtor de Água (PPA) 241

14. SISTEMA NACIONAL DE GERENCIAMENTO DE RECURSOS HÍDRICOS. 245

  14.1 Objetivos do sistema 248

  14.2 Conselho Nacional de Recursos Hídricos 249

  14.3 Conselhos de Recursos Hídricos dos Estados e do Distrito Federal 252

  14.4 Comitês de bacia hidrográfica 252

       14.4.1 Área de Abrangência 253

       14.4.2 Representação dos Comitês 253

       14.4.3 Atribuições dos Comitês 255

       14.4.4 Natureza jurídica 258

  14.5 Órgãos dos poderes públicos 259

  14.6 Agências de água e entidades delegatárias 260

14.6.1 Agência única 264

14.6.2 Processo de instituição das Entidades Delegatárias 264

14.6.3 Contrato de Gestão 266

14.6.4 Plano de Aplicação (PAP) e Plano de Execução Orçamentária Anual (POA) 268

14.7 Outros instrumentos de gestão de bacias interestaduais 269

14.8 Agência Nacional de Águas e Saneamento Básico (ANA) 269

14.9 Algumas reflexões sobre o SINGREH 270

BIBLIOGRAFIA 273

ÍNDICE REMISSIVO 281

INTRODUÇÃO

A cada ano o tema da água no mundo torna-se mais complexo, em função de fatores variados: aumento da população do planeta, modificação dos padrões de consumo, aumento da demanda em novas atividades econômicas, mudança do clima.

Segundo a UNESCO, o uso da água vem aumentando 1% ao ano desde 1980 e deve continuar dessa forma a uma taxa semelhante até 2050, o que representará um aumento de 20% a 30% em relação ao nível atual de uso, principalmente devido à demanda crescente nos setores industrial e doméstico. Mais de 2 bilhões de pessoas vivem em países que vivenciam um alto estresse hídrico, e cerca de 4 bilhões experimentam escassez severa de água durante pelo menos um mês do ano. Os níveis de estresse continuarão a aumentar, à medida que a demanda por água aumenta e os efeitos da mudança climática se intensificam[1].

O Brasil, cuja população é de aprox. 214 milhões de pessoas[2], é detentor de 12% da água doce do planeta. Todavia, a situação não é tranquila.[3] A Região Hidrográfica Amazônica concentra 81% da disponibilidade de águas superficiais do país, mas densidade populacional é 2,24 hab./km². Já a Região Hidrográfica Atlântico Sudeste abriga aproximadamente 30 milhões de pessoas, com uma densidade demográfica equivalente a 131,6 hab./km² e apenas 1,2% da disponibilidade hídrica nacional[4].

De acordo com o Sistema Nacional de Informações sobre Saneamento (SNIS), o consumo médio de água no país é de 152 litros por habitante/dia, uma redução de 1,2% em relação aos 153,9 l/hab.dia de 2019. O índice de atendimento total da água varia de 91% nas Regiões Sul, Sudeste e Centro-Oeste, caindo para

---

1. UNESCO. The United Nations World Water Development Report 2019. Leaving no one behind. Paris: UNESCO, 2019. Disponível em: https://unesdoc.unesco.org/ark:/48223/pf0000367306?posInSet=4&queryId=ac9e70e5-8039-4577-94a3-158548a1f5a0. Acesso: 30 maio 2022.
2. IBGE. População. Disponível em: https://www.ibge.gov.br/apps/populacao/projecao/ Acesso: 30 maio 2022.
3. ANA. Atlas Esgotos, 2017. p. 9.
4. ANA. Conjuntura dos recursos hídricos no Brasil: regiões hidrográficas brasileiras – Edição Especial. -- Brasília: ANA, 2015. Disponível em: http://www.snirh.gov.br/portal/snirh/centrais-de-conteudos/conjuntura-dos-recursos-hidricos/regioeshidrograficas2014.pdf. Acesso: 30 maio 2022.

74,9 no Nordeste e 58,9 na Região Norte[5]. O índice de perdas nos sistemas de distribuição de água nos municípios do SNIS-AE 2020 é de 40,1%.[6]

Em relação à qualidade da água, a Agência Nacional de Águas e Saneamento Básico indica que o déficit de atendimento dos serviços de esgotamento sanitário no Brasil tem resultado em parcela significativa de esgotos sem tratamento e sem destinação adequada, por vezes dispostos diretamente nos corpos d'água, comprometendo a qualidade das águas[7].

No que se refere ao esgotamento sanitário, 114,6 milhões de habitantes são atendidos pela rede pública coletora de esgoto no SNIS-AE 2020[8]. Note-se que a informação indica a coleta dos esgotos, e não o tratamento. Por essa razão não é novidade que os esgotos sem tratamento adequado sejam uma das principais fontes de poluição hídrica no Brasil. Segundo o Atlas Esgotos, *mais de 110 mil km de trechos de rio estão com a qualidade comprometida devido ao excesso de carga orgânica, sendo que em 83.450 km não é mais permitida a captação para abastecimento público devido à poluição e em 27.040 km a captação pode ser feita, mas requer tratamento avançado*[9].

Esse quadro explicita que é necessário buscar meios de assegurar a quantidade e também a qualidade água para as atuais e futuras gerações, considerando sobretudo o direito humano à água e ao esgotamento sanitário. Mais que isso, é preciso rever os paradigmas do gerenciamento, introduzindo novos conceitos sob um novo olhar na continuidade da implementação da estrutura normativa em vigor.

No âmbito internacional, os Objetivos de Desenvolvimento Sustentável (ODS) da Organização das Nações Unidas (ONU), também denominados Agenda 2030, incluem, no Objetivo 6, metas para assegurar a disponibilidade e gestão sustentável da água e saneamento para todas e todos. Todavia, cada um dos ODS se interconecta com os demais. Pobreza, fome, agricultura sustentável, saúde e bem-estar, educação, igualdade de gênero, trabalho decente, redução de

---

5. SNIS. Abastecimento de Água 2020. Índice de atendimento Total de Água. Disponível em: http://www.snis.gov.br/painel-informacoes-saneamento-brasil/web/painel-abastecimento-agua. Acesso: 30 maio 2022.
6. MINISTÉRIO DO DESENVOLVIMENTO REGIONAL. SECRETARIA NACIONAL DE SANEAMENTO – SNS. Diagnóstico dos Serviços de Água e Esgotos – 2017. Brasília: SNS/MDR, 2019, p. 30. Disponível em: http://www.snis.gov.br/diagnostico-agua-e-esgotos/diagnostico-ae-2017. Acesso: 8 dez. 2021.
7. ANA. Atlas Esgotos – Despoluição das Bacias Hidrográficas. Brasília: ANA, 2017, p. 9. Disponível em: http://atlasesgotos.ana.gov.br/. Acesso: 30 maio 2022.
8. SISTEMA NACIONAL DE INFORMAÇÕES SOBRE SANEAMENTO (SNIS). Diagnóstico Temático Serviços de Água e Esgoto Visão Geral. Ano de referência 2020. MDR: Brasília, 2021. Disponível em: http://www.snis.gov.br/diagnosticos. Acesso: 30 maio 2022.
9. ANA. Atlas Esgotos. Disponível em: http://atlasesgotos.ana.gov.br/. Acesso: 30 maio 2022.

desigualdades, cidades e comunidades sustentáveis, consumo e produção responsáveis, mudança do clima, vida na água e vida terrestre são temas relacionados com a água, sob vários enfoques.

Além disso, o ODS 16 - Promover sociedades pacíficas e inclusivas para o desenvolvimento sustentável, proporcionar o acesso à justiça para todos e construir instituições eficazes, responsáveis e inclusivas em todos os níveis - estabelece um pressuposto para o alcance das metas previstas: criar um ambiente de paz, segurança jurídica e garantir que as instituições cumpram, efetivamente, suas funções legais. Esse último tema já constava da Declaração de Estocolmo, que no Princípio 17 afirma que "deve-se confiar às instituições nacionais competentes a tarefa de planejar, administrar ou controlar a utilização dos recursos ambientais dos estados, com o fim de melhorar a qualidade do meio ambiente."

O ODS 17 - Fortalecer os meios de implementação e revitalizar a parceria global para o desenvolvimento sustentável - consiste em estabelecer estratégias para o alcance de todas as metas. Vale lembrar que os ODS são endereçados aos países, aos governos subnacionais - como regiões, estados subnacionais, municípios e comunidades locais – e também para o setor privado. Cada um desses atores, individual ou conjuntamente, mediante acordos de caráter diplomático (Estados nacionais) ou paradiplomático (governos subnacionais) ou ainda acordos privados, em cada local, de acordo com as características existentes, buscarão soluções institucionais para a implementação das diversas metas previstas para a Agenda 2030.

Assim, não há compartimentação de ideias. O que existe é um conjunto de escolhas e prioridades a serem definidas, na busca de parcerias e alcance dos objetivos propostos. Portanto, a leitura dos ODS não é linear, mas matricial, com toda a complexidade que o alcance das metas envolve. Sobretudo quando o tema é a água.

No Brasil, a partir da Política Nacional de Recursos Hídricos, instituída pela Lei nº 9.443/1997 e das políticas estaduais, é possível afirmar que as normas em vigor são suficientes para que se realize uma gestão efetiva, garantindo a proteção da água não apenas para o consumo humano, mas para a manutenção da biodiversidade e para as atividades econômicas.

No presente, o desafio colocado é a implementação dos instrumentos das políticas de águas e o aprimoramento da gestão participativa. Nessa linha, o exercício da governança constitui um elemento chave para que se consiga destravar a falta de comunicação e acordo sobre temas de interesse comum entre as instituições. O avanço da implementação das normas depende de uma articulação técnica e política relacionada aos recursos hídricos, de forma sistemática e permanente.

As bacias hidrográficas do país são formadas por rios de domínios distintos. Além disso, há 5.570 municípios das mais variadas características, todos igualmente incumbidos de exercer a titularidade dos serviços de saneamento básico, e todos localizados em uma ou mais bacias hidrográficas. Essa circunstância não pode servir de desculpa para que não se avance na melhoria da qualidade e da quantidade da água. Dificuldades existem. Mas todos têm o seu dever: instituições públicas, setor privado, terceiro setor, e a população. É preciso haver diálogo e transparência nas diferentes esferas, para que se conduza a questão da água de forma racional, com equidade, respeitando-se as características e necessidades locais.

Parte I
NATUREZA E CARACTERIZAÇÃO DA ÁGUA

1
CARACTERIZAÇÃO GERAL

O objeto deste livro é o estudo das águas encontradas no continente. Embora se mencione a disciplina jurídica das águas doces, embora predomine essa categoria, há que registrar a ocorrência de águas salobras e mesmo salinas[1] no território continental.

Estão em destaque as questões legais concernentes aos recursos hídricos, seu domínio, suas utilizações e os efeitos adversos. Por se tratar de matéria interdisciplinar, envolvendo aspectos que vão além da simples análise jurídica, impõe-se o estabelecimento de conceitos específicos, que devem ser previamente esclarecidos para facilitar o entendimento do tema e tornar mais precisos os posicionamentos apresentados.

Alguns termos técnicos serão apenas transcritos de obras especializadas. Outros, contudo, por se referirem mais diretamente aos textos legais e ensejarem discussões de cunho jurídico, serão analisados de forma mais abrangente.

1.1 NOÇÃO DE DIREITO DE ÁGUAS

O conceito de **direito de águas** evoluiu, à medida que evoluíram as relações sociais, em que novas preocupações, sobretudo com o meio ambiente, fator que marca profundamente a história da Humanidade a partir da segunda metade do século XX, vieram alterar o mundo jurídico.

A doutrina reflete essa evolução. Conforme Alberto G. Spota, jurista argentino da primeira metade do século XX,

> *o direito de águas é constituído por normas que, pertencentes ao direito público e ao privado, têm por objeto regular tudo o que concerne ao domínio das águas, seu uso e aproveitamento, assim como as defesas contra suas consequências danosas.*[2]

---

1. Resolução CONAMA 357/2005, art. 2º, I – águas doces: águas com salinidade igual ou inferior a 0,5 ‰; II – águas salobras: águas com salinidade superior a 0,5 ‰ e inferior a 30 ‰; III – águas salinas: águas com salinidade igual ou superior a 30 ‰.
2. SPOTA, Alberto G. *Tratado de derecho de águas*. Buenos Aires: Jesús Ménedez, 1941. t. 1, p. 50.

Mais recentemente, Cid Tomanik Pompeu, na mesma linha de raciocínio, adotou posição relativa ao direito de águas como o

conjunto de princípios e normas jurídicas que disciplinam o domínio, uso, aproveitamento, a conservação e preservação das águas, assim como a defesa contra suas danosas consequências.[3]

A definição de Tomanik Pompeu atualizou o conceito de Spota, inserindo a conservação e a preservação da água como um dos componentes desse ramo do direito. O autor deixou de efetuar a divisão entre direito público e privado, com o que concordamos, pois não há como negar a prevalência do interesse público sobre o privado no que se refere aos recursos hídricos, inclusive pelo fato de serem eles considerados recursos ambientais, e a Lei 9.433/97, que institui a Política Nacional de Recursos Hídricos, tê-los declarado como bens de domínio público. Afinal, de acordo com o pensamento de Miguel Reale, *o conteúdo de toda relação jurídica é o interesse.*[4]

Avançando ainda, e considerando a importância da gestão dos recursos hídricos, pode-se definir o **direito de águas** como *o conjunto de princípios e normas jurídicas que disciplinam o domínio, as competências e o gerenciamento das águas, visando ao planejamento dos usos, à conservação e à preservação, assim como a defesa de seus efeitos danosos, provocados ou não pela ação humana.*

O domínio, o uso e a proteção dos recursos hídricos serão objeto de itens específicos no presente livro, assim como as *consequências danosas*, tendo em vista que, conforme argumenta Spota, a água não é apenas um fator de riqueza e de bem-estar geral, mas pode causar danos a pessoas e bens, como no caso das secas e inundações. Com a intensificação da mudança do clima, que afeta diretamente o ciclo da água[5], os efeitos danosos passam a ter maior destaque, pela necessidade de buscar medidas de adaptação e resiliência, com vistas a minimizar esses efeitos sobre as populações, a biodiversidade e as atividades econômicas.

Constituem fontes do direito de águas a lei, a doutrina e a jurisprudência, assim como os tratados internacionais.

---

3. POMPEU, Cid Tomanik. Águas doces no direito brasileiro. In: *Águas doces no Brasil*: capital ecológico, uso e conservação. São Paulo: Escrituras, 1999. p. 601; e *Enciclopédia Saraiva do Direito*, "sub voce" Direito de Águas, SP, 1977; e POMPEU, Cid Tomanik. Direito de Águas no Brasil, 2. ed. revista, atualizada e ampliada. São Paulo: Revista dos Tribunais, 2010, p. 43. O autor acrescentou ao conceito o termo *conservação*.
4. REALE, Miguel. *Lições preliminares de direito*. 22. ed. São Paulo: Saraiva, 1995. p. 336.
5. NAKICENOVIC, N., ROCKSTRÖM, J., GAFFNEY, O. and ZIMM, C. Global Commons in the Anthropocene: World Development on a Stable and Resilient Planet, p. 20. Disponível em: https://www.iucn.org/sites/dev/files/global_commons_in_the_anthropocene_iiasa_wp-16-019.pdf. Acesso: 10 maio 2021.

1.2 CONCEITOS RELATIVOS AO DIREITO DE ÁGUAS

1.2.1 Água

> Líquido incolor, inodoro e insípido, composto de dois átomos de hidrogênio e um de oxigênio.[6]
>
> Fase líquida de um composto químico formado aproximadamente por duas partes de hidrogênio e 16 partes de oxigênio em peso. Na natureza ela contém pequenas quantidades de água pesada, de gases e de sólidos (principalmente sais), em dissolução.[7]

Segundo Laudelino Freire, o vocábulo *água* advém do latim *aqua* e significa

> substância líquida, inodora e insípida, encontrada em grande abundância na natureza, em estado líquido nos mares, rios, lagos; em estado sólido, constituindo o gelo e a neve; em estado de vapor visível, na atmosfera, formando a neblina e as nuvens e em estado de vapor invisível sempre no ar.[8]

Embora os dicionários estabeleçam conceitos da água voltados à descrição físico-química, o enfoque que se dá à água no século XXI extrapola essa simples definição. Trata-se de algo muito além da fórmula representada por H^2O. Considerando que a quantidade da água no planeta é a mesma que existia quando surgiu a primeira forma de vida, e que a população humana vem crescendo de forma acelerada, assim como a intensidade das atividades econômicas, a realidade é que a água limpa disponível se encontra em quantidade muito abaixo do necessário.

Segundo as Nações Unidas, *mais de 2 bilhões de pessoas em todo o mundo vivem em países em situação de estresse hídrico. Além disso, uso global de água doce aumentou seis vezes nos últimos cem anos e, desde a década de 1980, continua a crescer a uma taxa de cerca de 1% ao ano. Muito desse crescimento pode ser atribuído a uma combinação de crescimento populacional, desenvolvimento econômico e mudanças nos padrões de consumo*[9].

Note-se que as águas subterrâneas não foram consideradas nos conceitos constantes dos dicionários citados. Atualmente, cabe também nesse aspecto uma complementação do conceito, pois é inegável a inter-relação entre as águas superficiais e as águas subterrâneas.

---

6. NASCENTES, Antenor. *Dicionário ilustrado da língua portuguesa*. Rio de Janeiro: Bloch, 1976. v. 1, p. 73.
7. Dnaee – Departamento de Águas e Energia Elétrica. *Glossário de termos hidrológicos*. Brasília, nº 1.160, 1976.
8. FREIRE, Laudelino. *Grande e novíssimo dicionário da língua portuguesa*, com a colaboração técnica de J. L. de Campos. Rio de Janeiro: A Noite, 1940. v. 1, p. 328.
9. UNESCO. Relatório Mundial das Nações Unidas sobre Desenvolvimento dos Recursos Hídricos 2021. O valor da água. Disponível em: https://unesdoc.unesco.org/ark:/48223/pf0000375751_por. Acesso: 10 maio 2022.

Além dos conceitos técnicos acima mencionados, e da menção à importância da água para a manutenção da vida, há outras questões a introduzir, com o intuito de caracterizar juridicamente esse recurso. A primeira delas consiste em ser a água uma **coisa** ou um **bem**.

Segundo Clóvis Bevilácqua, *bens são os valores materiais ou imateriais que servem de objeto a uma relação jurídica*. Segundo o autor, é um conceito mais amplo que o de coisa que, para Teixeira de Freitas, *é todo material suscetível de medida de valor*.[10]

A medida de valor pode ser aferida em relação ao interesse sobre determinado bem, para a satisfação de determinadas necessidades. A lição de Carnelutti expressa essa medida de valor demonstrando, à luz da Teoria Geral do Direito, que:

> A relação entre o ente que experimenta a necessidade e o ente que é capaz de a satisfazer é o interesse. O interesse é, pois, a utilidade específica de um ente para outro ente. O pão é sempre um bem, e por isso tem sempre utilidade, mas não tem interesse para quem não tem fome, nem pensa em vir a tê-la. Um ente é objeto de interesse na medida em que uma pessoa pense que lhe possa servir; de contrário, é indiferente.[11]

Quando mais de uma pessoa possui interesse em algo, surge o conflito de interesses, cabendo ao direito estabelecer as regras para sua solução. A água preexiste ao direito, pois é elemento da natureza. À medida que o homem necessita da água, e considerando que há cada vez mais pessoas no planeta, o conflito de interesses tende a ser cada vez mais intenso.

Um segundo estágio de conflito se coloca quando, havendo vários tipos de uso, alguns são incompatíveis entre si, como no caso da irrigação e da navegação, por exemplo.

Daí a evolução do direito no sentido não só de dizer que a água é material suscetível de valoração, como no sentido de impor, para sua utilização, restrições de cunho administrativo, ou de natureza financeira, como é o caso da cobrança pelo uso dos recursos hídricos. Nesse sentido, a Lei 9.433/97 adota, em seu art. 1º, inciso II, como fundamento da Política Nacional de Recursos Hídricos, que *a água é um recurso natural limitado, dotado de valor econômico*. Esse valor econômico refere-se à instituição da cobrança.

Ainda no que se refere à natureza da água, como bem móvel ou imóvel, Clóvis Bevilácqua, ao comentar o art. 43 do Código Civil de 1916,[12] ensina que *as águas, porção líquida do solo, sejam correntes ou não, consideradas como parte de*

---

10. BEVILÁCQUA, Clóvis. *Código civil*. 3. ed. São Paulo: Francisco Alves, 1927. v. 1, p. 260.
11. CARNELUTTI, Francesco. *Teoria geral do direito*. São Paulo: Saraiva, 1942. p. 80.
12. O art. 43 do Código Civil de 1916 corresponde ao art. 79 do Código Civil de 2002.

um prédio, são imóveis. Uma certa quantidade de águas, porém, depois de colhida da fonte, do rio ou do reservatório, é móvel, por não ser mais componente do solo.[13]

Essa posição é confirmada por Mário Tavarela Lobo, ao afirmar que

> não tem sido posta em dúvida a natureza imobiliária da água de contenção e condução da água, naturais ou artificiais, sempre que se liguem materialmente ao solo com caráter de permanência, como partes integrantes do prédio ao qual prestam o serviço que lhes é inerente ou específico.[14]

Afirma ainda o autor que

> é pacífica a doutrina no sentido de classificar como móveis as frações de água retiradas dum reservatório ou corrente e individualizadas da massa fluente por qualquer modo (vaso, garrafa etc.). Tais frações ou parcelas autonomizam-se do regime daquelas aglomerações de água, ficando sujeitas à disciplina jurídica das coisas móveis.[15]

Ou seja, no leito do rio, e ligada, portanto, ao solo, a água é um **bem imóvel**. Fora de seu leito, é **bem móvel**. Da mesma forma, as águas localizadas em corpos hídricos – lagos, rios, aquíferos -sujeitam-se ao **regime jurídico de direito público**, enquanto ali permanecerem. Uma vez retiradas, as águas deixam de possuir essa natureza pública, e passam a fazer parte do domínio da pessoa física ou jurídica responsável por sua derivação.

1.2.2 Água e recurso hídrico

A tarefa de distinguir o termo **água** da expressão **recurso hídrico** não é exatamente simples. Para Cid Tomanik Pompeu, *água é o elemento natural, descomprometido com qualquer uso ou utilização. É o gênero. Recurso hídrico é a água como bem econômico, passível de utilização para tal fim.*[16] O autor fundamenta sua opinião no fato de vigorar no Brasil um Código de Águas[17] e não um Código de Recursos Hídricos, pois o Código disciplina o elemento líquido mesmo quando

---

13. BEVILÁCQUA, Clóvis. *Código civil*. 3. ed. São Paulo: Francisco Alves, 1927. v. 1, p. 260. O teor do art. 43 do Código Civil de 1916 inspirou a redação do art. 79 do novo Código Civil: "Art. 79. São bens imóveis o solo e tudo quanto se lhe incorporar natural ou artificialmente.".
14. LOBO, Mário Tavarela. *Manual do direito de águas*. Coimbra: Coimbra Editores, 1989. v. 1, p. 9.
15. Com base em Busca, Mário. *Le acque nella legislazione italiana*. Turim, 1962. p. 5; Biondi, Biondo. *I beni*. 2. ed. 1956; VASSALI, Filipe. *Trattato di diritto civile italiano*. v. 4, t. 1, p. 5; MOREIRA, Guilherme. *As águas no direito civil português*. 2. ed., I, p. 6; ABREU, Teixeira de. *Das águas*. 1917, p. 8 ss e 105; LIMA, Pires de. *Lições de direito civil (direitos reais)*, de David Augusto Fernandes, 4. ed. p. 113; LIMA, Pires de; VARELA, Antunes. *Código civil anotado*. 2. ed. v. 1, p. 196, e LOBO, Mário Tavarela. *Destinação do pai de família*: servidões e águas. Coimbra, 1964. p. 150 ss. (Essas referências estão em LOBO, Mário Tavarela. *Manual do direito de águas*. Coimbra: Coimbra Editores, 1989. v. 1, p. 9.)
16. POMPEU, Cid Tomanik. Águas doces no direito brasileiro. In: POMPEU, Tomanik. *Águas doces no Brasil*: capital ecológico, uso e conservação. São Paulo: Escrituras, 1999. p. 602.
17. Decreto 24.643/34.

não há aproveitamento econômico, como são os casos de uso para as primeiras necessidades da vida, da obrigatoriedade dos prédios inferiores de receberem as águas que correm naturalmente dos superiores, das águas pluviais etc.

De fato, a água constitui um elemento natural de nosso planeta. Como elemento natural, não é um recurso, nem possui qualquer valor econômico. É somente a partir do momento em que se torna necessário a uma destinação específica, de interesse para as atividades exercidas pelo homem, que esse elemento pode ser considerado como recurso.

Segundo a Embrapa,

> *água é o elemento natural, desvinculado de qualquer uso. Recurso hídrico, por sua vez, é toda água proveniente da superfície ou subsuperfície da Terra, e que pode ser empregada em um determinado uso ou atividade, podendo também passar a ser um bem econômico. Todo recurso hídrico é água, mas nem toda água é recurso hídrico.*[18]

Concordamos com esses posicionamentos. Todavia, a legislação sobre águas no País não adota essa distinção. O Código de Águas não menciona o termo *recursos hídricos* quando se refere aos usos da água. Por exemplo, conforme o art. 37, *o uso das águas públicas se deve realizar, sem prejuízo da navegação [...]*. O art. 43, do referido diploma legal, que dispõe sobre as derivações, para as aplicações da agricultura, da indústria e da higiene, utiliza a expressão *águas públicas*.

O art. 44 fala em *aproveitamento das águas que se destinem a um serviço público*. O art. 46 estabelece que *a concessão não importa, nunca, a alienação parcial das águas públicas*. Ou seja, o Código de Águas não efetuou a distinção entre *águas* e *recursos hídricos* e tampouco estabeleceu o entendimento de que o termo *águas* se aplica à hipótese de não haver aproveitamento econômico e a expressão *recursos hídricos* refere-se ao caso de haver aproveitamento econômico.

A Lei 9.433/97, assim como o Código de Águas, tampouco distingue o termo *água* da expressão *recursos hídricos*. Se estabelece, no art. 1º, os fundamentos da *Política de Recursos Hídricos*, dispõe que a *água* é um bem de domínio público. Fala em uso prioritário e gestão dos *recursos hídricos*, mas menciona que a *água* é um recurso natural limitado, dotado de valor econômico. O objeto da Lei 9.433/1997 é, pois, a água contida nos corpos hídricos, de portanto de natureza pública, passível de várias utilizações.

Nesta obra, utilizamos ambas as terminologias – águas e recursos hídricos –, no singular e no plural, considerando apenas que o objeto de interesse são as águas contidas nos corpos hídricos.

---

18. EMBRAPA. *Manejo de Recursos Hídricos*. Disponível em: https://www.embrapa.br/tema-manejo-de--recursos-hidricos/perguntas-e-respostas. Acesso em: 10 maio 2022.

1.2.3 Ciclo hidrológico

De acordo com Flávio Terra Barth,

> a água é um recurso natural, renovável pelos processos físicos do ciclo hidrológico. A Terra comporta-se como um gigantesco destilador, em que a água, após evaporar-se dos oceanos, dos lagos, dos rios e da superfície terrestre, precipita-se sob a forma de chuva, neve e gelo, corre pela superfície, infiltra-se no subsolo, escoa pelos aquíferos, é absorvida pelas plantas e transpirada pela atmosfera, da qual torna a precipitar-se, e, assim, sucessivamente.[19]

Ou seja, o ciclo hidrológico, também conhecido como ciclo da água, refere-se à interação contínua de água na hidrosfera, entre a atmosfera, a água do solo, as águas superficiais, subterrâneas e também a das plantas, o que relaciona esse recurso com a biodiversidade. Segundo Tomanik Pompeu,

> a unidade do ciclo hidrológico deverá ser sempre levada em consideração pelo legislador, quando houver que tratar das águas em qualquer de suas fases ou estado. A falta de preocupação, nesse sentido, geralmente leva à edição de normas estanques, dispondo sobre as águas superficiais e subterrâneas, com graves inconvenientes para a gestão de ambas.[20]

Para a Agência Nacional de Águas, ciclo hidrológico é o

> fenômeno global de circulação fechada da água entre a superfície terrestre e a atmosfera, impulsionado fundamentalmente pela energia solar associada à gravidade e à rotação terrestre.[21]

Uma questão que surge com mais relevância no século XXI consiste na ameaça que a **mudança do clima** representa para o ciclo hidrológico, intensificando a escassez, as inundações, os deslizamentos de terra, as ondas de calor e mesmo as limitações de fornecimento de água potável[22]. Segundo o Relatório do IPCC de junho de 2021,

> a mudança climática causada pelo homem gerou mudanças detectáveis no ciclo global da água desde meados do século 20 e é projetada para causar mudanças adicionais substanciais em nível global e regional[23].

---

19. BARTH, Flávio Terra. Fundamentos para a gestão de recursos hídricos. In: BARTH, Flávio Terra. *Modelos para gerenciamento de recursos hídricos*. São Paulo: Nobel ABRH, 1987. p. 1.
20. POMPEU, Cid Tomanik. Águas doces no direito brasileiro. In: POMPEU, Tomanik. *Águas doces no Brasil*: capital ecológico, uso e conservação. São Paulo: Escrituras, 1999. p. 25.
21. AGÊNCIA NACIONAL DE ÁGUAS (ANA). Portaria 149, de 26-03-2015. Aprova a Lista de Termos para o Thesaurus de Recursos Hídricos. Brasília, 2014.
22. RIBEIRO, S.K., SANTOS, A.S. (Eds.). Mudanças Climáticas e Cidades. Relatório Especial do Painel Brasileiro de Mudanças Climáticas Rio de Janeiro: PBMC, COPPE – UFRJ, 2016, p. 20. Disponível em: http://www.pbmc.coppe.ufrj.br/documentos/Relatorio_UM_v10-2017-1.pdf. Acesso: 10 maio 2022.
23. IPCC. Climate Change 2021. Working Group I contribution to the Sixth Assessment Report of the Intergovernmental Panel on Climate Change. Box TS.6. Disponível em: https://www.ipcc.ch/report/ar6/wg1/downloads/report/IPCC_AR6_WGI_Full_Report_smaller.pdf. Acesso: 10 maio 2022. Texto

Dessa forma, as consequências da modificação humana dos corpos hídricos incluem tanto as mudanças de vazão dos rios em escala global como as alterações nos fluxos de vapor decorrentes das mudanças do uso local do solo, pela supressão da cobertura vegetal. Nesse cenário, a água está se tornando cada vez mais escassa e, em 2050 prevê-se que cerca de meio bilhão de pessoas estarão sob o risco da escassez[24].

1.2.4 Corpo hídrico: rio, corrente, curso de água

Corpo hídrico ou **corpo d'água** é a denominação genérica para qualquer manancial hídrico; curso d'água, trecho de drenagem, reservatório artificial ou natural, lago, lagoa ou aquífero subterrâneo[25].

Rio

Muitos são os conceitos dados ao termo *rio*. Conforme Laudelino Freire, *rio* origina-se do latim *rivus* e constitui *curso considerável de água, que tem geralmente origem nas montanhas e vem recebendo pelo caminho a água dos regatos e ribeiras até lançar-se por uma ou outra embocadura, no mar ou noutro rio; 'um grande curso de água em geral'*.[26] Ou *um curso de água considerável em extensão e largura*.[27] Para Antonio de Pádua Nunes, é rio *o curso de água que é apto para navegação ou flutuação*.[28] A ANA adota o conceito de rio como *conjunto de trechos de drenagem contínuos que possuem o mesmo nome (idênticos hidrônimos)*.[29]

Independentemente da diversidade dos conceitos, a essência do que se entende por rio repousa, conforme Antonio Pádua Nunes, *no volume de água e na sua extensão*.[30]

---

original: The Physical Science Basis Human-caused climate change has driven detectable changes in the global water cycle since the mid-20th century and it is projected to cause substantial further changes at both global and regional.

24. STOCKHOLMRESILIENCE.ORG. The nine planetary boundaries. Disponível em: https://www.stockholmresilience.org/research/planetary-boundaries.html. Acesso: 10 maio 2022.
25. AGÊNCIA NACIONAL DE ÁGUAS (ANA). Portaria 149, de 26-03-2015. Aprova a Lista de Termos para o Thesaurus de Recursos Hídricos. Brasília, 2014.
26. FREIRE, Laudelino. *Grande e novíssimo dicionário da língua portuguesa*. Rio de Janeiro: A Noite, 1943. v. 5, p. 4473.
27. MENDONÇA, M. I. Carvalho de. *Rios e águas correntes em suas relações jurídicas*. 2. ed. São Paulo: Freitas Bastos, 1939. p. 16.
28. NUNES, Antonio de Pádua. *Código de águas*. São Paulo: Revista dos Tribunais, 1980. p. 3.
29. AGÊNCIA NACIONAL DE ÁGUAS (ANA). Portaria 149, de 26-03-2015. Aprova a Lista de Termos para o Thesaurus de Recursos Hídricos. Brasília, 2014.
30. NUNES, Antonio de Pádua. *Código de águas*. São Paulo: Revista dos Tribunais, 1980. p. 3.

Não basta, contudo, definir o conceito de rio. É necessário verificar, como será feito a seguir, os elementos que o formam, pois a água que corre nos rios está, necessariamente, em uma calha, ou seja, sobre um leito,[31] e entre margens. Segundo Pádua Nunes, citando Daniel de Carvalho, *a água corrente, as margens e o leito são os três elementos que formam o rio, como partes integrantes de um todo*.[32]

Corrente

Corrente provém do latim *currens entis*. *É o que corre, que não está estagnado (falando de águas); movimento seguido de águas; curso de águas vivas; rio; ribeiro; regato*.[33] Segundo Manoel I. Carvalho de Mendonça, corrente consiste na *água que passa de um lugar a outro, conforme uma direção regular e determinada*.[34] É também o *curso de água de grande dimensão que serve de canal para a drenagem de uma bacia*;[35] *massa de água escoando geralmente num canal superficial natural; água que escoa num conduto aberto ou fechado, jato de água que flui de um orifício ou massa de água corrente subterrânea.*[36]

Para Alfredo Valladão,

> no direito de águas, 'corrente', em sentido amplo, compreende as nascentes. E assim deve ser, pois que a própria lei fala em 'curso' de nascente. Em sentido restrito, corrente é a água dos rios, córregos ou ribeirões.[37]

Curso de água

Trata-se de canal natural ou artificial em que a água escoa contínua ou intermitentemente. Segundo a UNESCO, é o *canal natural ou artificial através do qual a água pode fluir*.[38] Em outras palavras, é o rio natural mais ou menos importante, não totalmente dependente do escoamento superficial da vizinhança imediata,

---

31. Ou álveo, que é sinônimo perfeito. Todavia, utilizaremos apenas o termo "leito", para simplificar o texto. Apenas nas citações, quando for o caso, será utilizado o vocábulo "álveo".
32. NUNES, Antonio de Pádua. *Código de águas*. São Paulo: Revista dos Tribunais, 1980. p. 19.
33. FREIRE, Laudelino. *Grande e novíssimo dicionário da língua portuguesa*. Rio de Janeiro: A Noite, 1941. v. 2, p. 1600.
34. MENDONÇA, Manoel I. Carvalho de. *Rios e águas correntes em suas relações jurídicas*. 2. ed. Rio de Janeiro: Freitas Bastos, 1939. p. 17.
35. DNAEE – Departamento de Águas e Energia Elétrica. *Glossário de Termos Hidrológicos*. Brasília, 1976, n. 868.
36. DNAEE – Departamento de Águas e Energia Elétrica. *Glossário de Termos Hidrológicos*. Brasília, 1976, n. 1.048.
37. VALLADÃO, Alfredo. *Direito das águas*. São Paulo: Revista dos Tribunais, 1931. p. 28.
38. UNESCO. *Glossário Internacional de Hidrologia*. Disponível em: https://unesdoc.unesco.org/ark:/48223/pf0000221862. Acesso 10 maio 2022.

correndo em leito entre margens visíveis, com vazão contínua ou periódica, desembocando em ponto determinado numa massa de água corrente (curso de água ou rio maior) ou imóvel (lago, mar), que pode também desaparecer sob a superfície do solo.[39]

Como se pode verificar, a partir da comparação dos conceitos anteriores, a expressão **curso de água** é sinônima de **corrente de água**.

De acordo com o fixado no inciso VII do art. 2º da Instrução Normativa do MMA 04/2000, trata-se o curso d'água de *canal natural para drenagem de uma bacia, tais como: boqueirão, rio, riacho, ribeirão, córrego ou vereda.*

A Constituição Federal, ao fixar o domínio da União, no art. 20, inciso III, menciona *os lagos, rios e quaisquer correntes de água*. Enquadram-se, dessa forma, como bens da União, todos os rios e todos os demais corpos de água, qualquer que seja sua natureza, além dos lagos, desde que localizados de acordo com o dispositivo constitucional citado. A exceção consiste nas águas subterrâneas, que pertencem aos Estados e ao Distrito Federal, por força do disposto no art. 26, I, da Constituição.

1.2.5 Leito

Parte mais baixa do vale de um rio, modelada pelo escoamento da água, ao longo da qual se deslocam, em períodos normais, a água e os sedimentos.[40]

Para Antonio Pádua Nunes, *é o canal por onde correm as águas.*[41] Segundo M. I. Carvalho de Mendonça, *fundo de rio é toda aquela parte que suporta o peso total das águas.*[42] Ainda sobre o fundo, Pádua Nunes afirma que se trata da *parte que suporta as águas. Pode ser arenoso, empedrado ou paludoso. O fundo não se confunde com as margens internas, que na verdade constituem as paredes laterais do rio.*[43]

O art. 9º do Código de Águas assim define leito, utilizando seu sinônimo: *álveo é a superfície que as águas cobrem sem transbordar para o solo natural e ordinariamente enxuto.*

---

39. SECRETARIA DE ESTADO DE DESENVOLVIMENTO ECONÔMICO SUSTENTÁVEL – SC. Glossário. Disponível em: http://www.sirhesc.sds.sc.gov.br/sirhsc/conteudo_visualizar_dinamico.jsp?idEmpresa=1&idMenu=99. Acesso: 10 maio 2022.
40. DNAEE – Departamento de Águas e Energia Elétrica. *Glossário de Termos Hidrológicos*. Brasília, 1976, n. 869.
41. NUNES, Antonio Pádua. *Código de águas*. São Paulo: Revista dos Tribunais, 1980. t. 1, p. 8.
42. MENDONÇA, M. I. Carvalho de. *Rios e águas correntes em suas relações jurídicas*. 2. ed. Rio de Janeiro: Freitas Bastos, 1939. p. 17.
43. NUNES, Antonio Pádua. *Código de águas*. São Paulo: Revista dos Tribunais, 1980. t. 1, p. 9.

1.2.6 Margens internas e externas

Margens internas são *ribanceiras cobertas pelas águas. Integram o álveo e acompanham sua condição jurídica.*[44]Margens externas constituem as *faixas de terreno que terminam na linha da interna. Não são cobertas pelas águas, a não ser nas enchentes. As margens são, em geral, naturais. Podem ser barrancas ou praias, se forem altas ou baixas, ou formadas por escavação ou aluvião.*[45]

Conforme o ensinamento de Manoel Ignácio Carvalho de Mendonça, *a margem é esquerda ou direita em relação ao espectador suposto colocado no eixo das águas e olhando para a direção para onde as águas fluem.*[46]

No que se refere à proteção das margens internas e externas dos rios, estatui o inciso XIX do art. 2º da Instrução Normativa MMA 04/00 que é garantida por meio de obras ou serviços que objetivam evitar o desmoronamento das margens e o consequente assoreamento.

1.2.7 Nascente

Qualquer jato de água, que brota da terra, natural ou artificial. Se as águas das nascentes se reúnem antes de correrem, chama-se a essa reunião de lago.[47] Ou local de início de um curso d´água, caracterizado pelo lugar de maior altitude desse curso onde seu trecho de drenagem mais a montante (primeiro *trecho) surge no terreno com ou sem escoamento superficial de água.*[48]

Nos termos do art. 89 do Código de Águas,

> consideram-se 'nascentes', para os efeitos deste Código, as águas que surgem naturalmente ou por indústria humana, e correm por dentro de um só prédio particular e, ainda que o transponham, quando elas não tenham sido abandonadas pelo proprietário do mesmo.

Segundo a Lei 12.651/12 (Código Florestal), art. 3º, inciso XVII, nascente é o *afloramento natural do lençol freático que apresenta perenidade e dá início a um curso d'água.* É importante salientar que a definição de nascente contida no novo Código Florestal, possui o propósito específico de estabelecer a faixa a ser mantida nos limites específicos das Áreas de Preservação Permanente (APP).

---

44. NUNES, Antonio Pádua. *Código de águas*. São Paulo: Revista dos Tribunais, 1980. t. 1, p. 8.
45. MENDONÇA, M. I. Carvalho de. *Rios e águas correntes em suas relações jurídicas*. 2. ed. Rio de Janeiro: Freitas Bastos, 1939. p. 17.
46. MENDONÇA, M. I. Carvalho de. *Rios e águas correntes em suas relações jurídicas*. 2. ed. Rio de Janeiro: Freitas Bastos, 1939, p. 17.
47. MENDONÇA, M. I. Carvalho de. *Rios e águas correntes em suas relações jurídicas*. 2. ed. Rio de Janeiro: Freitas Bastos, 1939, p. 17.
48. AGÊNCIA NACIONAL DE ÁGUAS (ANA). Portaria 149, de 26-03-2015. Aprova a Lista de Termos para o Thesaurus de Recursos Hídricos. Brasília, 2014.

O Código Florestal ainda define olho d'água em seu art. 3º, inciso XVIII como o *afloramento natural do lençol freático, mesmo que intermitente*.[49]

1.2.8 Foz

Foz é o *ponto mais baixo de um sistema de drenagem*.[50] Ou ainda embocadura significa a *extremidade onde o rio descarrega suas águas no mar*.[51] Nos termos da definição adotada pela ANA, a foz não ocorre necessariamente no mar, consistindo no *local de término de um curso d´água, caracterizado pelo lugar de menor altitude desse curso d'água onde seu trecho de drenagem mais a jusante (último trecho) desemboca em outro curso d'água, lago, mar ou qualquer outro corpo d'água*.[52]

A forma da foz pode ser classificada em dois tipos: estuário e delta. O estuário consiste em um longo canal de forma afunilada e o delta ocorre quando se verifica o aparecimento da construção de uma série de ilhas, braços e canais que forma intrincada rede potâmica, como por exemplo os deltas do Nilo, do Mississipi, do Parnaíba etc. O aparecimento do delta só se torna possível quando se verifica a existência de uma série de condições tais como uma grande quantidade de material sólido em suspensão, pouca profundidade na foz, ausência de fortes correntes marinhas etc.[53]

Há aqui uma importante questão a destacar e que se refere à localização da foz como critério de definição do estado dominial dos rios, assunto que foi tratado em parecer da Procuradoria-Geral da República, que, embora exarado na vigência da Constituição Federal anterior, suscitou uma discussão de interesse peculiar.

A Emenda Constitucional de 1969 incluía, em seu art. 5º, entre os bens dos Estados, *os lagos em terrenos de seu domínio e os que têm nascente e foz no território estadual*.

---

49. Anteriormente à Lei 12.651/12, a Resolução CONAMA 303/02, que dispõe sobre parâmetros, definições e limites de Áreas de Preservação Permanente, definia em seu art. 2º, II, nascente ou olho d'água como o *local onde aflora naturalmente, mesmo que de forma intermitente, a água subterrânea*. Apesar de a Resolução CONAMA n. 303/02 não estar formalmente revogada, os referidos conceitos foram alterados pela nova Lei, prevalecendo, portanto, sobre o regulamento.
50. DNAEE – Departamento de Águas e Energia Elétrica. *Glossário de Termos Hidrológicos*. Brasília, 1976, n. 708.
51. DNAEE – Departamento de Águas e Energia Elétrica. *Glossário de Termos Hidrológicos*. Brasília, 1976, n. 871.
52. AGÊNCIA NACIONAL DE ÁGUAS (ANA). Portaria 149, de 26-03-2015. Aprova a Lista de Termos para o Thesaurus de Recursos Hídricos. Brasília, 2014.
53. GUERRA, Antonio Teixeira. *Dicionário geológico-morfológico*. 4. ed. Rio de Janeiro: Fundação IBGE, 1978. p. 193.

O entendimento que vigorava antes de 1979 era no sentido de que os rios que desaguassem no Oceano seriam de domínio da União, enquanto somente os rios que tivessem nascente e foz no mesmo Estado-membro seriam estaduais.

> Os (rios) que nascem e percorrem o interior de um só Estado, desaguando no Oceano, devem ser considerados federais, visto terem sua foz no mar territorial que está incluído, como prevê o inciso VI, art. 4º, da Constituição Federal, entre os bens da União.

Em 29-9-79, o Secretário Especial do Meio Ambiente, em declaração afirmando que

> os Estados vêm reclamando contra essa interpretação por se julgarem prejudicados, tendo em vista o insignificante número de rios a serem considerados estaduais, pois quase todos deságuam no Oceano,

suscitou a necessidade de

> um pronunciamento de âmbito federal que constitua norma, dirima por completo a dúvida existente na Administração Pública e fundamente a distinção correta entre os rios federais e estaduais, tendo em vista as atribuições específicas da União e das Unidades da Federação, quanto ao recurso natural consubstanciado neles, a água.

Essa discussão encerrava, na verdade, o interesse dos Estados em ampliar o número de rios sob seu domínio e, portanto, sob sua administração, o que constituía uma disputa pelo poder entre os Estados e a União.

No citado parecer, entendeu-se que a foz é território do Estado-membro e, portanto, se o rio tem nascente e foz no Estado, ele deverá ser classificado como estadual, mesmo que deságue no oceano. Após várias considerações efetuadas, a conclusão a que se chegou foi que,

> desde que não estejam situados totalmente em terrenos de domínio da União, não banhem mais de um Estado nem constituam limite com outros países, os rios que tenham nascente e foz localizadas nos lindes geográficos do mesmo Estado ou Território incluem-se entre os bens dessas unidades federadas, ainda que deságuem no oceano.[54]

1.2.9 Aquífero

Formação geológica que possui água, sendo que essa rocha deve ter um volume considerável de água e capacidade de transmiti-la[55]. Rocha cuja permeabi-

---

54. Parecer P – 22/82, de 25-8-82, *Diário Oficial da União*, 23-9-82, Seção I, p. 17927-17933.
55. VILLAR, Pilar Carolina GRANZIERA, Maria Luiza Machado. Direito de Águas à Luz da Governança. Brasília: ANA, 2020, pg. 105.

lidade permite a retenção de água, dando origem a águas interiores ou freáticas.[56] Formação porosa (camada ou extrato) de rocha permeável, areia ou cascalho, capaz de armazenar e fornecer quantidades significativas de água.[57] Formação geológica permeável capaz de armazenar, transmitir e proporcionar quantidades aproveitáveis de água[58]. Ou seja, **aquífero** é o meio físico (rocha porosa, cascalho etc.) que contém a **água subterrânea**.

1.2.10 Lago e lagoa. Águas estáticas

Lago é *massa continental de água superficial de extensão considerável*.[59]

As águas estáticas são naturais ou artificiais. Dessa forma, lago consiste em uma grande massa de água perene, cercada de terras e colocada em uma depressão do terreno ou uma extensa e perene acumulação de águas formada pela natureza ou reunida pelo esforço humano.[60] Lagoa pode ser definida como pequeno *reservatório, natural ou artificial*.[61]

1.2.11 Bacia hidrográfica

Área de drenagem de um curso d'água ou lago.[62] Ou *área com um único exutório comum para o escoamento de suas águas*.[63] Ou, ainda, *espaço geográfico delimitado pelo respectivo divisor de águas cujo escoamento superficial converge para seu interior sendo captado pela rede de drenagem que lhe concerne*.[64] Nos termos do inciso IV do art. 2º da Instrução Normativa 04/2000, é *área de drenagem de um curso d'água ou lago*.

---

56. Vocabulário básico de meio ambiente. Fundação Estadual de Engenharia do Meio Ambiente, compilado por Iara Verocai Dias Moreira, Rio de Janeiro, 1990 (citando Guerra, A.T., Dicionário Geológico-geomorfológico, Rio de Janeiro, IBGE, 1978), p. 25.
57. DNAEE – Departamento de Águas e Energia Elétrica. *Glossário de Termos Hidrológicos*. Brasília, 1976, nº 38.
58. UNESCO. *Glossário Internacional de Hidrologia*. Disponível em: https://unesdoc.unesco.org/ark:/48223/pf0000221862. Acesso: 10 maio 2022.
59. DNAEE – Departamento de Águas e Energia Elétrica. *Glossário de Termos Hidrológicos*. Brasília, 1976, nº 619.
60. No que tange aos terrenos submersos, se parte deles já constituir um lago anterior à implantação de determinado projeto de acumulação de água para geração de energia elétrica, por exemplo, e uma faixa for desapropriada para permitir o levantamento do nível da água, entende-se que o tratamento a ser dado a essas duas hipóteses deve ser o mesmo.
61. DNAEE – Departamento de Águas e Energia Elétrica. *Glossário de Termos Hidrológicos*. Brasília, 1976, n. 753.
62. DNAEE – Departamento de Águas e Energia Elétrica. *Glossário de Termos Hidrológicos*. Brasília, 1976, n. 66.
63. DNAEE – Departamento de Águas e Energia Elétrica. *Glossário de Termos Hidrológicos*. Brasília, 1976, n. 273.
64. AGÊNCIA NACIONAL DE ÁGUAS (ANA). Portaria 149, de 26-03-2015. Aprova a Lista de Termos para o Thesaurus de Recursos Hídricos. Brasília, 2014.

A noção de bacia fluvial significa o conjunto constituído por um rio, seus afluentes e mesmo as águas subterrâneas, formando o que se chama de sistema hidrográfico.[65]

Para Pádua Nunes, *a bacia hidrográfica de um rio é formada pelo território do qual pode afluir água para esse rio.*[66]

Manoel Ignácio Carvalho de Mendonça tratou do tema de forma mais extensa, ensinando que se *dá o nome de bacia ao conjunto das terras cujas águas todas se lançam em um rio de ambas as margens*. Além disso, menciona que a bacia hidrográfica consiste em *uma porção do território cujas águas têm por derivativo ou escoadouro um rio*. E alerta o autor que a bacia não é somente o vale que um rio atravessa, e sim, também o de seus afluentes.

As bacias são separadas por cadeias hidrográficas que as limitam e cuja linha da divisão das águas, é o divortium aquarium *dos romanos. A linha mais baixa é o talvegue.*[67]

A importância da definição de *bacia hidrográfica* consiste no fato de que ela é considerada pela legislação nacional (e outras) como unidade territorial para implementação da Política Nacional de Recursos Hídricos e atuação do Sistema de Gerenciamento de Recursos Hídricos[68]. Trata-se, pois, não apenas de uma porção geográfica do espaço, mas o objeto de uma série de normas ambientais, de proteção e gestão, a serem compreendidas e aplicadas de modo integrado.

Daí a Lei 9.433/97 ter expressamente inserido, entre as diretrizes norteadoras da política de águas:[69] 1. a integração da gestão de recursos hídricos com a gestão ambiental;[70] 2. a articulação do planejamento de recursos hídricos com o dos setores usuários e com os planejamentos regional, estadual e nacional;[71] 3. a articulação da gestão de recursos hídricos com a do uso do solo.[72]

1.2.12 Gestão de recursos hídricos

Em sentido lato, é a forma pela qual se pretende equacionar e resolver as questões de escassez relativa dos recursos hídricos. Realiza-se mediante procedimentos integrados, de planejamento e de administração.[73]

---

65. COLLIARD, Claude-Albert. Régime des fleuves internationaux. In: _____. *Recueil des Cours*. 1968. v. 3, t. 125, p. 398.
66. NUNES, Antonio Pádua. *Código de águas*. São Paulo: Revista dos Tribunais, 1980. t. 1, p. 12.
67. MENDONÇA, M. I. Carvalho de. *Rios e águas correntes em suas relações jurídicas*. 2. ed. Rio de Janeiro: Freitas Bastos, 1939, p. 18.
68. Lei 9.433/97, art. 1º, VI.
69. GRANZIERA, Maria Luiza Machado. *Direito ambiental*. 5. ed. Indaiatuba: Editora Foco, 2019. p. 252.
70. Lei 9.433/97, art. 3º, III.
71. Lei 9.433/97, art. 3º, IV.
72. Lei 9.433/97, art. 3º, V.
73. BARTH, Flávio Terra. Fundamentos para a gestão de recursos hídricos. In: BARTH, Flávio Terra. *Modelos para gerenciamento de recursos hídricos*. São Paulo: Nobel ABRH, 1987 t. p. 12.

Um tema intrinsecamente ligado à gestão dos recursos hídricos consiste na **governança**. A partir da edição das políticas de águas, deixou de vigorar a sistemática em que apenas os detentores do domínio hídrico – União, Estados e Distrito Federal – eram competentes para proceder à gestão. No direito vigente, o princípio da **participação** é um dos pilares das políticas públicas de águas, sendo os Comitês de Bacias Hidrográficas e os Conselhos de Recursos Hídricos (nacional e estaduais) os fóruns de discussão.

A participação, nesse cenário, significa que os usuários, os órgãos e entidades gestoras de recursos hídricos e a sociedade civil organizada – ONG, instituições de ensino e pesquisa e associações técnicas – atuam conjuntamente para tratar dos temas muitas vezes complexos que envolvem os recursos hídricos, evitando o surgimento de conflitos pelo uso da água, buscando garantir a melhoria da qualidade e da quantidade disponível desse recursos, para as atuais e futuras gerações[74], o que pode ser traduzido como **segurança hídrica**, consistindo no principal objetivo das políticas públicas de recursos hídricos.

1.2.13 Potencial de energia hidráulica

A Constituição Federal inclui, entre os bens da União, descritos no art. 20, VIII, os *potenciais de energia hidráulica*.

O Código de Águas, em seu art. 142, define o termo *potência* como *o produto da altura de queda pela descarga máxima de derivação concedida ou autorizada*.

Queda-d'água consiste em *queda vertical ou declividade muito acentuada de um curso d'água.*[75]

1.2.14 Terrenos de marinha

Nos termos do art. 2º do Decreto-lei 9.760, de 5-9-46, os terrenos de marinha consistem em faixas de terra fronteiras ao mar numa largura de 33 m contados da linha do preamar médio de 1.831 para o interior do continente, bem como as que se encontram à margem dos rios e lagoas que sofram a influência das marés, até onde se faça sentir, e mais as que contornam ilhas situadas em zonas sujeitas a essa mesma influência. Considera-se influência das marés a oscilação periódica do nível médio das águas igual ou superior a 5 cm.

Os terrenos de marinha pertencem à União, conforme disposto no art. 20, VII, da Constituição Federal e constituem bens dominiais. Não devem ser con-

---

74. Lei 9.433/97, art. 2º, I.
75. DNAEE – Departamento de Águas e Energia Elétrica. *Glossário de Termos Hidrológicos*. Brasília, 1976, n. 1.217.

fundidos com as praias, que são bens públicos (art. 20, IV, da Constituição), de uso comum e que também pertencem à União.[76]

1.2.15 Terrenos reservados

O Código de Águas, em seu art. 14, estabelece que

> os terrenos reservados são os banhados pelas correntes navegáveis, fora do alcance das marés, vão até a distância de 15 metros para a parte da terra, contados desde o ponto médio das enchentes ordinárias.

Quanto à situação dominial, o Código de Águas, em seu art. 11, dispõe que

> são públicos dominiais, se não estiverem destinados ao uso comum, ou por algum título legítimo não pertencerem ao domínio particular: 1° os terrenos de marinha; 2° os terrenos reservados nas margens das correntes públicas de uso comum, bem como dos canais, lagos e lagoas da mesma espécie. Salvo quanto às correntes que, não sendo navegáveis nem flutuáveis, concorrem apenas para formar outras simplesmente flutuáveis, e não navegáveis.

Segundo o art. 31 do Código de Águas, *pertencem aos Estados os terrenos reservados às margens das correntes e lagos navegáveis se, por algum título, não forem do domínio federal, municipal ou particular.* Conforme o parágrafo único desse dispositivo, *este domínio sofre idênticas limitações às que trata o art. 29, que cuida da divisão do domínio das águas públicas de uso comum entre a União, Estados e Municípios.* Essa restrição encontra-se no § 1° do art. 29, que limita *o domínio dos Estados e Municípios sobre quaisquer correntes, pela servidão que à União se confere, para o aproveitamento industrial das águas e da energia hidráulica, e para navegação.*

Os terrenos marginais são espécies do gênero terrenos reservados e constituem propriedade da União como bens imóveis, nos termos do Decreto-lei 9.760, de 5-9-46, cujo art. 1° inclui, entre outros:

> *a) os terrenos marginais dos rios navegáveis, em Territórios Federais se, por qualquer título legítimo, não pertencerem a particular;*
>
> *b) os terrenos marginais de rios e ilhas nestes situadas, na faixa de fronteira do território nacional e nas zonas onde se faça sentir a influência das marés.*

O caráter público dos terrenos marginais foi reconhecido pelo Supremo Tribunal Federal (STF), por meio da Súmula 479/STF que declara que *as margens*

---

76. MELLO, Celso Antônio Bandeira de. *Curso de direito administrativo.* 30. ed. São Paulo: Malheiros, 2013. p. 938.

dos rios navegáveis são de domínio público, insuscetíveis de expropriação e, por isso mesmo, excluídas da indenização.

1.2.16 Praias fluviais

A Lei 7.661, de 16-5-88, que institui o Plano Nacional de Gerenciamento Costeiro, define praia como a

> área coberta e descoberta periodicamente pelas águas, acrescida da faixa subsequente de material detrítico, tal como areias, cascalhos, seixos e pedregulhos, até o limite onde se inicie a vegetação natural ou, em sua ausência, onde comece um outro ecossistema.

1.2.17 Efluente

Líquido que escoa para fora de um recipiente ou de outro sistema. Águas servidas que saem de um depósito ou de uma estação de tratamento.[77]

A Resolução CONAMA 357, de 17-3-2005, alterada pelas Resoluções 410/2009 e 430/2011, dispõe sobre a classificação dos corpos de água e diretrizes ambientais para o seu enquadramento, bem como estabelece as condições e padrões de lançamento de efluentes, tema a ser abordado no item relativo ao Enquadramento dos Corpos Hídricos.

1.3 OUTROS CONCEITOS

1.3.1 Água de jusante

Água situada imediatamente depois de uma estrutura hidráulica (no sentido da corrente).[78]

1.3.2 Água potável

Água apropriada para a bebida.[79]

A Portaria de Consolidação do Ministério da Saúde 5/2017, Anexo XX, estabelece os padrões de potabilidade da água, incorporando as diretrizes para controle e vigilância da qualidade da água para consumo humano e seu padrão

---

77. DNAEE – Departamento de Águas e Energia Elétrica. *Glossário de Termos Hidrológicos*. Brasília, 1976, n. 299.
78. DNAEE – Departamento de Águas e Energia Elétrica. *Glossário de Termos Hidrológicos*. Brasília, 1976, n. 1.085.
79. DNAEE – Departamento de Águas e Energia Elétrica. *Glossário de Termos Hidrológicos*. Brasília, 1976, n. 1.174.

de potabilidade nas normas sobre as ações e os serviços de saúde do Sistema Único de Saúde (SUS).

1.3.3 Água salobra

Água que contém sais em concentrações menores do que a água do mar. A concentração da quantidade total de sais dissolvidos está compreendida entre 1.000 e 10.000 mg/l.[80]

Nos termos da Resolução CONAMA nº 357/11 são as águas com salinidade superior a 0,5‰ e inferior a 30‰.[81]

1.3.4 Água Salina

Águas salinas, de acordo com o disposto na Resolução CONAMA 257/05 possuem salinidade igual ou superior a 30 ‰.[82]

1.3.5 Águas servidas

Águas de abastecimento de uma comunidade, rejeitadas após várias utilizações. Podem resultar, também, da mistura de resíduos ou despejos domésticos, municipais ou industriais, com águas superficiais e subterrâneas.[83]

1.3.6 Água superficial

Água que se escoa ou se acumula na superfície do solo.[84]

1.3.7 Balanço hídrico

Balanço das entradas e saídas de água no interior de uma região hidrológica bem definida (uma bacia, um lago etc.), levando em conta as variações efetivas de acumulação.[85] Trata-se da *operação que quantifica, durante um certo intervalo de tempo, as afluências totais a uma bacia ou formação aquática, o total das saídas*

---

80. DNAEE – Departamento de Águas e Energia Elétrica. *Glossário de Termos Hidrológicos*. Brasília, 1976, n. 1.168.
81. Resolução CONAMA 357/05, art. 2º, II.
82. Resolução CONAMA 357/05, art. 2º, III.
83. DNAEE – Departamento de Águas e Energia Elétrica. *Glossário de Termos Hidrológicos*. Brasília, 1976, n. 925.
84. DNAEE – Departamento de Águas e Energia Elétrica. *Glossário de Termos Hidrológicos*. Brasília, 1976, n. 1.208.
85. DNAEE – Departamento de Águas e Energia Elétrica. *Glossário de Termos Hidrológicos*. Brasília, 1976, n. 1.165.

mais a variação, positiva ou negativa, do volume de água armazenado nessa bacia ou massa de água.[86] O balanço hídrico consiste em um dos indicadores da quantidade dos recursos hídricos disponíveis, para os diversos usos, inclusive para a geração de energia elétrica.

1.3.8 Drenagem

Remoção de água, superficial ou subterrânea, de uma área determinada, por bombeamento ou por gravidade.[87] Os serviços de drenagem e manejo das águas pluviais urbanas fazem parte do universo dos serviços públicos de saneamento básico, objeto da Lei 11.445/2007.

1.3.9 Eclusa

Para Laudelino Freire, é uma *represa feita sobre um rio ou sobre um canal para reter ou deixar correr as águas. É bacia construída entre duas calhas ou partes de canal de diferentes níveis. O mesmo que comporta.*[88] *Compartimento limitado por duas portas com válvulas na parte inferior, construído em rios, canais ou reservatórios, a fim de facilitar a passagem de embarcações onde há desnível das águas; construção que se destina a represar as águas de um rio ou canal; represa; dique.*[89]

1.3.10 Lençol freático

Lençol de água subterrânea que se encontrava em pressão normal e que se formou em profundidade relativamente pequena.[90]

1.3.11 Meio ambiente

De acordo com o art. 3º, I, da Lei 6.938, de 31-7-81, que instituiu a Política Nacional do Meio Ambiente, consiste no *conjunto de condições, leis, influências e interações de ordem física, química e biológica, que permite, abriga e rege a vida em todas as suas formas.*

---

86. AGÊNCIA NACIONAL DE ÁGUAS (ANA). Portaria 149, de 26-03-2015. Aprova a Lista de Termos para o Thesaurus de Recursos Hídricos. Brasília, 2014.
87. DNAEE – Departamento de Águas e Energia Elétrica. *Glossário de Termos Hidrológicos*. Brasília, 1976, n. 272.
88. FREIRE, Laudelino. *Grande e novíssimo dicionário da língua portuguesa*, com a colaboração técnica de J. L. de Campos. Rio de Janeiro: A Noite, 1940. v. 2, p. 2141.
89. NASCENTES, Antenor. *Dicionário ilustrado da língua portuguesa*. Rio de Janeiro: Bloch, 1976. v. 2, p. 574.
90. *Vocabulário básico de meio ambiente*. Fundação Estadual de Engenharia do Meio Ambiente, compilado por Iara Verocai Dias Moreira, Rio de Janeiro, 1990, citando Banco Mundial, 1978, p. 125.

1.3.12 Montante

Direção oposta à corrente.[91]

1.3.13 Qualidade da água

Propriedades físicas, químicas e biológicas da água.[92]

1.3.14 Talvegue

Segundo Laudelino Freire, é a *linha mais ou menos sinuosa no fundo de um vale, pela qual se dirigem as águas, constituindo a interseção de duas encostas.*[93] Parte mais funda do leito de um rio (do alemão: Talweg = caminho do vale).[94]

A importância em definir a localização do talvegue consiste no fato de ser esse o local mais propício à navegação, por ser o mais profundo. Nos rios internacionais navegáveis, que possuem como fronteira o rio, o talvegue consiste em um dos critérios de divisão dos cursos d'água.[95]

1.3.15 Turbidez

Condição de um líquido que, pela presença de sedimentos finos, visíveis, em suspensão, impede a passagem da luz.[96] *Medida da penetração da luz na água, que é influenciada pela presença de material fino em suspensão e sustâncias coloidais.*[97]

1.3.16 Vazão

Volume líquido de fluido que passa, na unidade de tempo, através de uma superfície (por exemplo, a seção transversal de um curso d'água).[98]

---

91. DNAEE – Departamento de Águas e Energia Elétrica. *Glossário de Termos Hidrológicos.* Brasília, 1976, n. 1.131.
92. DNAEE – Departamento de Águas e Energia Elétrica. *Glossário de Termos Hidrológicos.* Brasília, 1976, n. 1.200.
93. FREIRE, Laudelino. *Grande e novíssimo dicionário da língua portuguesa*, com colaboração técnica de J. L. de Campos. Rio de Janeiro: A Noite, 1943. v. 5, p. 4827.
94. NASCENTES, Antenor. *Dicionário ilustrado da língua portuguesa.* Rio de Janeiro: Bloch, 1976. v. 4, p. 1595.
95. SAUSER-HALL. L'utilization industrielle des fleuves internationaux. In: _____. *Recueil des Cours*, 1953, t. 83, p. 841.
96. DNAEE – Departamento de Águas e Energia Elétrica. *Glossário de Termos Hidrológicos.* Brasília, 1976, n. 1.125.
97. AGÊNCIA NACIONAL DE ÁGUAS (ANA). *Portaria 149, de 26-03-2015.* Aprova a Lista de Termos para o Thesaurus de Recursos Hídricos. Brasília, 2014.
98. DNAEE – Departamento de Águas e Energia Elétrica. *Glossário de Termos Hidrológicos.* Brasília, 1976, n. 245.

A Instrução Normativa MMA 4/2000 estabeleceu a *vazão de diluição*, como

a parcela de vazão do corpo receptor necessária para diluir um lançamento de efluentes. A vazão de diluição do corpo receptor deve ser tal que a mistura resultante tenha concentração máxima permitida pelo enquadramento do respectivo trecho. Para efeito de outorga, são calculadas as vazões de diluição para todos os parâmetros físico-químicos que compõem o lançamento, sendo que a maior vazão de diluição calculada será atribuída ao lançamento (art. 2º, XXXII).

No que se refere à *vazão ecológica*, estatui o citado diploma legal, em seu art. 2º, inciso XXXIII, que se trata de *vazão mínima necessária para garantir a preservação do equilíbrio natural e a sustentabilidade dos ecossistemas aquáticos*.

1.3.17 Zona semiárida

Zona na qual a evaporação frequentemente excede as precipitações.[99] Grande parte do território nordestino e da região norte de Minas Gerais classifica-se como área semiárida, sendo que a disponibilidade da água nesse ambiente é determinada pelo regime de chuvas. Chove em apenas alguns meses do ano e a distribuição das chuvas não obedece a um padrão regular nos diferentes territórios. Como o solo é raso, a infiltração não é suficiente para manter a terra úmida e minimizar os efeitos da seca.

A região é também sujeita ao fenômeno de secas periódicas onde as chuvas são ainda mais reduzidas e as populações enfrentam problemas tanto no abastecimento de água como na manutenção dos processos produtivos.

Além disso, o Semiárido [100] sofre um forte processo de insolação, que provoca altas taxas de evapotranspiração e temperaturas médias altas, ocorrendo nessa região os **rios não perenes**, entendidos como *trechos de drenagem cuja disponibilidade hídrica não é positiva durante todo o ano*[101]. Essas particularidades climáticas do Semiárido brasileiro induziram a uma visão específica da gestão e uso da água.

Sob o aspecto físico, em face da existência de rios não perenes, as soluções encontradas para a sustentabilidade hídrica foram:

- construção de **reservatórios** de diferentes capacidades (açudes[102] grandes, médios, pequenos, cisternas, chafarizes, poços, entre outros);

---

99. DNAEE – Departamento de Águas e Energia Elétrica. *Glossário de Termos Hidrológicos*. Brasília, 1976, n. 1.277.
100. IBGE. Semiárido Brasileiro. Disponível em: https://geoftp.ibge.gov.br/organizacao_do_territorio/estrutura_territorial/semiarido_brasileiro/Situacao_23nov2017/mapa_Semiarido_2017_11_23.pdf. Acesso: 10 maio 2022.
101. AGÊNCIA NACIONAL DE ÁGUAS E SANEAMENTO BÁSICO (ANA). Portaria ANA 149/2015, que aprova a "Lista de Termos para o Thesaurus de Recursos Hídricos".
102. Conjunto constituído pela estrutura de barragem e o respectivo reservatório ou lago.

- **adução da água reservada** por meio de adutoras, o que permite que trechos de rios se tornem **perenizáveis**;
- construção de **canais de integração** entre reservatórios e/ou bacias hidrográficas.

Essas obras são necessárias para garantir a reservação da água. Todavia, as decisões sobre o uso ensejam uma grande complexidade, tanto sob os aspectos técnicos como nas questões de **governança da água**, sobretudo em face das **incertezas** quanto às quantidades que estarão disponíveis no futuro, isto é, quando ocorrer o próximo período de chuvas.

1.3.18 Zona úmida

Zona na qual a precipitação excede a evaporação potencial.[103] O Código Florestal – Lei 12.651/2012 define as áreas úmidas como *pantanais e superfícies terrestres cobertas de forma periódica por águas, cobertas originalmente por florestas ou outras formas de vegetação adaptadas à inundação.*[104]

Esse tema possui relevância em âmbito internacional, cabendo destacar a Convenção Relativa às Zonas Úmidas de Importância Internacional, Particularmente como Habitat das Aves Aquáticas, realizada na cidade de Ramsar, Irã, em 1971, promulgada no Brasil pelo Decreto 1.905, de 16-5-1996.

Zonas úmidas, para efeito da Convenção Ramsar, são *as áreas de pântanos, charcos, turfas e corpos d'água, naturais ou artificiais, permanentes ou temporários, com água estagnada ou corrente, doce, salobra ou salgada, incluindo-se estuários, planícies costeiras inundáveis, ilhas e áreas marinhas costeiras, com menos de seis metros de profundidade na maré baixa, nos quais se encontram alguns dos ambientes de maior diversidade biológica do planeta. Aves aquáticas são todos os pássaros ecologicamente dependentes de zonas úmidas.*[105]

---

103. DNAEE – Departamento de Águas e Energia Elétrica. *Glossário de Termos Hidrológicos.* Brasília, 1976, n. 1.274.
104. Lei 12.651/2012, art. 3º, XXV.
105. Convenção RAMSAR art. 1º.

2
PRINCÍPIOS APLICÁVEIS À GESTÃO DE RECURSOS HÍDRICOS

2.1 CONCEITO DE PRINCÍPIO

A importância da água em todos os aspectos das atividades humanas é bem conhecida; a disponibilidade hídrica é condição básica para a sobrevivência dos homens, dos animais e das plantas. A água, combinada com a terra, produz plantas e florestas, as quais, por seu turno, são indispensáveis à manutenção da vida humana e animal. É também importante elemento para a estabilidade social e o desenvolvimento econômico. Qualquer comunidade, país ou civilização depende de sua disponibilidade.[1]

Esse panorama de equilíbrio denota a importância da água, assim como a necessidade de estabelecer regras para sua utilização, com a finalidade de garantir a manutenção permanente desse equilíbrio. Daí a existência de normas do direito nacional e internacional, sobre os recursos hídricos e os recursos hídricos compartilhadas.

Antes de falar especificamente nas normas em vigor, um estudo sobre as águas não pode prescindir da análise prévia dos princípios a elas aplicáveis, incluindo aqueles que se reportam ao meio ambiente, tendo em vista a marcante evolução ocorrida nessa área, no plano internacional, e seus reflexos nos direitos internos, incluindo o brasileiro.

Contudo, o que significam tais princípios? Qual sua importância e sua função no direito cogente? Por que incluir princípios do direito ambiental em um estudo sobre recursos hídricos? A resposta a essas questões tem a ver com a busca dos fundamentos do direito de águas, na forma como é hoje entendido, ou seja, de um direito moderno, cuja estrutura abrange conceitos inovadores que, por sua própria natureza, atingem de perto as normas ambientais.

Segundo Miguel Reale,

---

1. V. CAPONERA, Dante. *Principles of water law and administration*. Roterdã: Balkema, 1992. p. 1.

> toda forma de conhecimento filosófico ou científico implica a existência de princípios, isto é, de certos enunciados lógicos admitidos como condição ou base de validade das demais asserções que compõem dado campo do saber.[2]

No entendimento do citado jurista, princípios gerais de direito são *enunciações normativas de valor genérico, que condicionam e orientam a compreensão do ordenamento jurídico, quer para sua aplicação e integração, quer para a elaboração de novas normas.*[3] Princípios, para Carlos Ary Sundfeld, *são ideias centrais de um sistema, ao qual dão sentido lógico, harmonioso, racional, permitindo a compreensão de seu modo de organizar-se.*[4] É a partir dessas ideias, que afinal indicam as diretrizes a adotar, que se formulam as normas jurídicas.

No campo do direito das águas, Mario Tavarela Lobo assevera que

> as legislações recentes se têm orientado pelos salutares princípios da gestão dos recursos hidráulicos, adotando sempre que possível o ideário da moderna política hídrica, ou seja, o conjunto de princípios e normas que informam a atuação do Estado no âmbito da gestão da água, tendo como objetivo a exploração e planificação, a conservação e maximização dos mesmos recursos hídricos.[5]

Quando se fala em conservação da água, como um recurso natural, revela-se a importância das normas ambientais nessa matéria. Sobre conservação, cabe efetuar uma abordagem relativa ao abastecimento público, serviço de saneamento básico. Cada vez mais a demanda por água nos centros urbanos exige que novos mananciais sejam construídos, ou que a água seja trazida de muitos quilômetros.

A isso se dá o nome de **produção de água**. Todavia, os mananciais, até em função do aumento da demanda, estão cada vez mais limitados. Daí a importância do conceito de *conservação* das águas, no sentido de não as poluir e tratar corretamente os esgotos, além de diminuir as perdas dos sistemas de abastecimento público.

A partir da análise dos princípios que se aplicam às águas e também ao meio ambiente, podem-se extrair as bases do direito de águas em vigor no Brasil e verificar como tais princípios conferem embasamento para a proteção e a conservação das águas.

Toda a principiologia sobre as águas tem sua origem – remota ou mais recente – nos tratados e declarações internacionais. As regras fixadas na Lei 9.433/97 fundamentam-se em princípios formulados no âmbito do direito internacional.

---

2. REALE, Miguel. *Lições preliminares de direito.* 22. ed. São Paulo: Saraiva, 1995. p. 299.
3. REALE, Miguel. *Lições preliminares de direito.* 22. ed. São Paulo: Saraiva, 1995. p. 300.
4. SUNDFELD, Carlos Ari. *Fundamentos de Direito Público.* 4. ed. São Paulo: Malheiros, 2008. p. 143.
5. LOBO, Mario Tavarela. *Manual do direito de águas.* Coimbra: Coimbra Editora, 1989. v. 1, p. 136.

Trata-se de teorias e princípios tradicionalmente adotados pelos Estados, visando a um entendimento mais completo da legislação brasileira.

Além dos fundamentos históricos, trazidos como complementação do entendimento dos princípios aplicáveis à água, daremos maior ênfase aos estudos, seminários e conferências internacionais, dos quais se destacam a Carta Europeia da Água, proclamada pelo Conselho da Europa em Estrasburgo, França, em 1968, a Conferência de Estocolmo sobre Meio Ambiente, de 1972, a Conferência das Águas de 1977, em Mar Del Plata, a Declaração de Dublin, de 1992, sobre Água e Desenvolvimento Sustentável, a Conferência Rio/92, que, entre outros documentos, gerou a Agenda 21 e a Conferência Internacional sobre Água e Desenvolvimento Sustentável, realizada em Paris, em março de 1998, a Conferência das Nações Unidas sobre Desenvolvimento Sustentável, a Rio + 20, cuja Declaração, *O Futuro que Queremos*, aborda o tema da água em todos os tópicos, e os Objetivos do Desenvolvimento Sustentável (Agenda 2030), cujo Objetivo 6 é *assegurar a disponibilidade e gestão sustentável da água e saneamento para todos*.

Nas declarações que emanaram das citadas conferências, dois tipos de princípios se destacam: uns, a serem observados pelos Estados, diante dos demais; outros, a serem adotados internamente, na busca de soluções para minimizar os efeitos da poluição e da degradação ambiental, que afetam, entre outros recursos naturais, as águas, mas que interessam à comunidade internacional, pois não há fronteiras para o meio ambiente.

2.2 PRINCÍPIOS

2.2.1 Meio ambiente como direito humano

Os chamados *direitos do homem* vêm evoluindo à medida que as sociedades, ao se desenvolverem, incluem novos temas nesse rol de direitos. O surgimento de novos direitos humanos é reflexo de um processo histórico, cujo dinamismo constitui uma de suas características.

O direito do homem, de viver em ambiente não poluído, é considerado, hoje, um direito de *terceira geração*. Segundo Bobbio,

esses direitos não poderiam ter sido sequer imaginados quando foram propostos os de segunda geração, do mesmo modo como esses últimos (por exemplo, o direito à instrução ou à assistência) não eram sequer concebíveis quando foram promulgadas as primeiras Declarações setecentistas.[6]

---

6. BOBBIO. Norberto. *A era dos direitos*. Rio de Janeiro: Campus, 1992. p. 6-7.

A formulação das normas sobre meio ambiente e recursos hídricos, editadas nas últimas décadas, em vários países, inclusive no Brasil, são o resultado de uma resposta às necessidades experimentadas pela sociedade, que decidiu ser o momento de mudanças no enfoque das relações *homem-natureza*.

Entre as declarações que consagram, no plano internacional, o reconhecimento de um direito humano ao meio ambiente, ou a importância fundamental desse ao homem, destaca-se a Declaração de Estocolmo de 1972, cujo princípio 1 estabelece:

> *O homem tem o direito fundamental à liberdade, à igualdade e ao desfrute de condições de vida adequadas, em um meio ambiente de qualidade tal que permita levar uma vida digna, gozar de bem-estar e é portador solene de obrigação de proteger e melhorar o meio ambiente, para as gerações presentes e futuras.*[7]

A Carta Africana de Direitos Humanos e dos Povos, declarada em Nairóbi, em 28-6-81, proclama, em seu art. 24, que *todos os povos têm direito a um meio ambiente satisfatório e global, propício ao seu desenvolvimento*.[8]

Até esse momento, a preocupação foi preservar a Natureza para o desfrute do homem. A ideia é que o meio ambiente fica dissociado do ser humano, que o domina, explora e deve protegê-lo. Clara fica, dessa forma, a visão do homem como figura central do planeta e que não será, contudo, a posição a prevalecer.

Alterando o enfoque do meio ambiente saudável como um direito exclusivamente do homem, Michel Prieur pondera que o direito ao meio ambiente, como direito humano, enseja alguma dificuldade em sua formulação concreta, pois a proteção ambiental concerne não só ao homem, mas a todos os seres vivos e à biosfera. Mais que um direito humano no sentido estrito, deve tratar-se de um direito da espécie que protege tanto o homem como o meio em que ele vive. Segundo o autor, *a evolução prospectiva do direito ambiental conduz inevitavelmente a encontrar uma fórmula jurídica que garanta que esse direito envolva não apenas o homem, mas também a natureza e seus companheiros em ecologia* [9] De acordo com esse posicionamento, o homem faz parte do meio ambiente, integrando a natureza.

A Conferência das Nações Unidas sobre Meio Ambiente e Desenvolvimento de 1992 parece ter colocado essa questão com maior propriedade, fixando, em seu princípio 1:

---

7. CUNHA, Veiga da. *A gestão da água*. Lisboa: Fundação Calouste Gulbenkian, 1980. p. 532.
8. DHNET Carta Africana dos Direitos Humanos e dos Povos. Disponível em: http://www.dhnet.org.br/direitos/sip/africa/banjul.htm. Acesso: 10 maio 2022.
9. PRIEUR, Michel. *Droit de l'environnement*. 8. ed. Paris: Dalloz, 2019. p. 66.

Os seres humanos estão no centro das preocupações com o desenvolvimento sustentável. Têm direito a uma vida saudável e produtiva, em harmonia com a natureza.

No campo normativo brasileiro, o art. 225 da Constituição Federal dispõe, em seu *caput*, que

todos têm direito ao meio ambiente ecologicamente equilibrado, bem de uso comum do povo e essencial à sadia qualidade de vida, impondo-se ao Poder Público e à coletividade o dever de defendê-lo e preservá-lo para as presentes e futuras gerações.

Ficou assim transportado para o campo constitucional brasileiro o entendimento de que o meio ambiente equilibrado – e essa palavra possui uma conotação bastante abrangente – constitui direito de todos e que se trata de bem de uso comum do povo. Além disso, sua defesa e proteção, por conseguinte, compete ao Poder Público e à coletividade. Ou seja, a todos é assegurado o direito de uso, no sentido de usufruir, assim como a responsabilidade pela proteção do meio ambiente.

2.2.2 Desenvolvimento sustentável

A água é uma das chaves do desenvolvimento sustentável; possui importância crucial para as dimensões social, econômica e ambiental do desenvolvimento.[10] O princípio do desenvolvimento sustentável tem sua origem remota no início da década de 70, quando uma equipe de cientistas do Instituto de Tecnologia de Massachussets – MIT – encaminhou ao Clube de Roma, em 1974, um relatório denominado *The Limits of Growth*, que teve grande repercussão internacional.[11]

O *Relatório Meadows*, em que pese a existência de discussões técnicas sobre a correção dos cálculos e prognósticos apontados, exerceu forte influência na elaboração dos estudos preliminares para a Conferência de Estocolmo, em que, inicialmente, *os conceitos 'meio ambiente' e 'desenvolvimento' eram tidos como antagônicos.*[12]

A Conferência de Estocolmo,[13] sobre Meio Ambiente Humano, realizada em 1972, estabeleceu, em seus princípios, o **planejamento racional** e a adoção, pelos Estados, de uma concepção integrada e coordenada do planejamento de seu

---

10. Conferência Internacional sobre Água Doce, Bonn, Alemanha, 2001.
11. Esse documento é conhecido como "Relatório *Meadows*", por ter sido elaborado sob a orientação de Donella Meadows.
12. Cf. SILVA, Geraldo Eulálio Nascimento e. *Direito ambiental internacional*. Rio de Janeiro: Thex, Biblioteca Estácio de Sá, 1995. p. 46-47.
13. *A gestão da água*. Lisboa: Fundação Calouste Gulbenkian, 1980. p. 532.

desenvolvimento, para compatibilizar a necessidade de proteger e de melhorar o ambiente, no interesse de sua população. O princípio 13 assim preconizou:

> *13 – A fim de lograr um ordenamento mais racional dos recursos e assim, melhorar as condições ambientais, os Estados deveriam adotar um enfoque integrado e coordenado da planificação de seu desenvolvimento, de modo a que fique assegurada a compatibilidade do desenvolvimento com a necessidade de proteger e melhorar o meio ambiente humano, em benefício da população.*[14]

Até então, no Brasil, assim como em todo o Terceiro Mundo, o desenvolvimento econômico constituía a grande promessa para tirar o País da situação de subdesenvolvimento e 'alçá-lo' à categoria de Estado 'em desenvolvimento'. Tinha, portanto, prioridade sobre qualquer outra preocupação que pudesse vir à baila, inclusive o meio ambiente.

A Conferência da ONU de 1972 deflagrou o alerta, pois mostrou ao mundo os efeitos do desenvolvimento e da industrialização, sem um planejamento e uma cautela especial na preservação dos recursos naturais.

É certo que há os que são contra qualquer tipo de desenvolvimento e desejam a natureza intacta. Sem entrar no mérito dessa ou daquela posição filosófica a respeito do assunto, constata-se que não foi esse o caminho adotado pelas nações, no afã de promover o desenvolvimento, ao menos em uma primeira etapa.

Já, posteriormente, o direcionamento de ações voltadas ao progresso das relações econômicas e as reflexões sobre os efeitos de tais atividades levaram os estudiosos ao conceito do **desenvolvimento sustentável**, em que se permite e se encoraja o desenvolvimento, desde que adequado às normas de proteção ambiental.

No que se refere ao campo conceitual da expressão *Desenvolvimento Sustentável*, a Comissão Mundial sobre Meio Ambiente e Desenvolvimento, criada na Organização das Nações Unidas com o objetivo de propor novas medidas tendentes a combater a degradação ambiental e a melhoria das condições de vida das populações carentes, da qual resultou o Relatório Brundtland,[15] convencionou denominar desenvolvimento sustentável da seguinte forma:

> *Desenvolvimento sustentável é o desenvolvimento capaz de garantir as necessidades do presente sem comprometer a capacidade das gerações futuras de atenderem às suas necessidades.*[16]

---

14. Silva, Geraldo Eulálio Nascimento e. *Direito ambiental internacional*. Rio de Janeiro: Thex, Biblioteca Estácio de Sá, 1995. p. 164.
15. O Relatório Brundtland denominou-se "Nosso Futuro Comum".
16. COMISSÃO MUNDIAL SOBRE MEIO AMBIENTE E DESENVOLVIMENTO. Nosso futuro comum. 2. ed. Rio de Janeiro: Editora da Fundação Getulio Vargas, 1991. p. 9.

Trata-se de um processo de transformação no qual a exploração dos recursos, a direção dos investimentos, a orientação do desenvolvimento tecnológico e a mudança institucional se harmonizam e reforçam o potencial presente e futuro, a fim de atender às necessidades e aspirações humanas.[17]

Na Declaração do Rio de Janeiro sobre Meio Ambiente e Desenvolvimento, de 1992, a expressão *desenvolvimento sustentável* permeia todos os documentos correlatos, principalmente a Agenda 21, documento que estabeleceu as diretrizes da ação para o século 21. Repete-se várias vezes a expressão, o que enfatiza a ideia de que o desenvolvimento econômico deve, necessariamente, incluir a proteção do meio ambiente, em todas as suas ações e atividades, para garantir a permanência do equilíbrio ecológico e da qualidade de vida humana, inclusive para as futuras gerações.

Para assegurar o cumprimento desse princípio, deve haver um mecanismo institucional de controle das atividades, de modo que se possa aferir se as normas previstas na legislação em vigor, concernentes à proteção do meio ambiente, estão sendo corretamente observadas pelos empreendedores. Essa competência concerne às leis e ao exercício do poder de polícia, no que tange ao estabelecimento de regulamentos, normas e padrões ambientais, a serem observados pelos empreendedores e pela Administração Pública, na fiscalização e aplicação de penalidades, pois não basta que inicialmente se comprove a sustentabilidade de um empreendimento. É preciso que a mesma perdure, ao longo de toda a atividade.

O desenvolvimento sustentável é um princípio atinente a toda política ambiental, pois possui interfaces com a outorga do direito de uso da água, o licenciamento ambiental, os usos múltiplos, a noção de bacia hidrográfica como unidade de planejamento e gerenciamento.

Nos termos da Convenção de Paris, de 1998,

é indispensável incentivar o conhecimento e a compreensão dos recursos hídricos em todos os níveis, a fim de melhorar o seu aproveitamento, gestão e proteção, promovendo sua utilização mais eficaz, equitativa e sustentável.[18]

O enfoque que se pretende dar, hoje, à sustentabilidade, extrapola a questão econômica, englobando o aspecto ambiental, social, político, ético e cultural. Nesse sentido, a Declaração emitida da Conferência das Nações Unidas sobre Desenvolvimento Sustentável, a Rio + 20, *O Futuro que Queremos*, menciona

---

17. COMISSÃO MUNDIAL SOBRE MEIO AMBIENTE E DESENVOLVIMENTO. Nosso futuro comum. 2. ed. Rio de Janeiro: Editora da Fundação Getulio Vargas, 1991. p. 49.
18. FREITAS, Vladimir Passos de (Coord.). *Águas*: aspectos jurídicos e ambientais. Curitiba: Juruá, 2000. Anexo III, p. 250.

expressamente destacar a importância crítica da água e saneamento dentro das três dimensões do desenvolvimento sustentável.

Também no âmbito das Nações Unidas, a agenda de desenvolvimento pós-2015 foi consolidada em 17 Objetivos de Desenvolvimento Sustentável (ODS), também denominados Agenda 2030, que têm como lema *não deixar ninguém para trás*. Os ODS têm como objetivo direcionar as decisões globais de ação para o desenvolvimento sustentável, entre elas acabar com a pobreza, promover a prosperidade e o bem-estar para todos, proteger o meio ambiente e enfrentar as mudanças climáticas.

2.2.3 Prevenção

O termo prevenir advém do latim proevenire e significa dispor antecipadamente, preparar; precaver; avisar ou informar com antecedência; realizar antecipadamente; dizer ou fazer com antecipação; evitar; acautelar-se contra.[19] É *vir antes, tomar a dianteira, acautelar-se, preparar-se*.[20]

> A prevenção consiste em impedir a superveniência de danos ao meio ambiente por meio de medidas apropriadas, ditas preventivas, antes da elaboração de um plano ou da realização de uma obra ou atividade.[21]

Constata-se que há correspondência entre os vocábulos **prevenção** e **precaução**. Todavia, a doutrina optou por distinguir o sentido desses termos, consistindo o princípio da precaução em um estágio além da prevenção, à medida que o primeiro tende à não realização do empreendimento, se houver risco de dano irreversível, e o segundo busca, ao menos em um primeiro momento, a compatibilização entre a atividade e a proteção ambiental. Mantém-se a distinção, por razões metodológicas.

Havendo uma análise prévia dos impactos que determinado empreendimento pode causar ao meio ambiente é possível, por meio da adoção de medidas compensatórias e mitigadoras, e mesmo da alteração do projeto em análise, se for o caso, assegurar sua realização, garantindo-se os benefícios econômicos do mesmo, e minimizando os danos ao meio ambiente.

O reflexo mais evidente do princípio da prevenção, no campo normativo brasileiro, é o **Estudo Prévio de Impacto Ambiental (EPIA)**. O Epia, nova

---

19. FREIRE, Laudelino. *Grande e novíssimo dicionário da língua portuguesa*, com a colaboração técnica de J. L. de Campos. Rio de Janeiro: A Noite, 1940. v. 4, p. 4126.
20. FERREIRA, Aurélio Buarque de Holanda. *Novo dicionário da língua portuguesa*. Rio de Janeiro: Nova Fronteira, 1986. p. 1391.
21. PRIEUR, Michel. *Droit de l'environnement*. Paris: Dalloz, 1996. p. 70.

denominação do Estudo de Impacto Ambiental (EIA), foi instituído na Lei 6.938/81, como um dos instrumentos da Política Nacional do Meio Ambiente e posteriormente alçado à categoria de norma constitucional, no art. 225, inciso IV, que dispõe sobre a exigência, *na forma da lei, para instalação de obra ou atividade potencialmente causadora de significativa degradação do meio ambiente, Estudo Prévio de Impacto Ambiental, a que se dará publicidade*.

Em 2018 foi realizado o 8º Fórum Mundial da Água, em Brasília, organizado pelo Conselho Mundial da Água. Um dos resultados do Fórum foi o documento contendo 10 princípios, denominado *Brasília Declaration of Judges on Water Justice*, cujo princípio 4 trata da prevenção, afirmando que

> para evitar medidas custosas posteriores para reabilitar, tratar ou desenvolver novos reservatórios de água ou ecossistemas relacionados com a água, a prevenção de danos futuros aos recursos hídricos e ecossistemas relacionados deve prevalecer sobre a reparação de danos passados, tendo em conta as melhores tecnologias disponíveis e melhor práticas ambientais.[22]

Conforme expressamente ressalvado em seu conteúdo, o texto não representa formalmente um resultado negociado e não reflete necessariamente quaisquer pontos de vista individuais, institucionais, de Estado, ou ainda de qualquer país representado no 8º Fórum Mundial da Água. Tampouco representa as opiniões de um juiz ou um membro do Instituto Judiciário Global sobre Meio Ambiente ou ainda do Comitê Mundial de Meio Ambiente da União Internacional de Conservação da Natureza.

Todavia, em face da temática abordada, o documento possui valor muito relevante, na medida em que serve como fio condutor da abordagem a ser dada às questões concernentes à água, nas análises e decisões judiciais, até porque não existe nenhum outro texto sobre a matéria, que trate de forma tão objetiva a questão da Justiça da Água.

Dessa forma, a Declaração dos Juízes de Brasília se coloca como um documento que poderia ser equiparado a um instrumento de *soft law*, isto é, embora não tenha exequibilidade sob o ponto de vista formal, pode ser um forte influenciador das decisões judiciais atinentes à água. Isso ocorre principalmente pelo conteúdo da Declaração, que se ancorou em princípios já amplamente consolidados, aplicáveis ao direito ambiental e ao direito de águas, seja nos direitos internos, seja no âmbito internacional. Apenas consolidou-os em um único documento, indicando e aprofundando a sua relação intrínseca com o tema da água.

---

22. 8th World Water Forum Brasília (Brazil). Brasilia Declaration of Judges on Water Justice [10 Principle Declaration], 21 March 2018. Disponível em: http://8.worldwaterforum.org/pt-br/documents-0. Acesso: 10 maio 2022.

Pode-se afirmar, em função dos impactos dos acidentes ambientais ocorridos no país nos últimos anos, que a prevenção é o mais importante dos princípios do direito ambiental. Por mais relevante que seja a tutela jurisdicional do meio ambiente, com destaque para a Ação Civil Pública, a prevenção de acidentes é a única forma de evitar danos irreversíveis. Como exemplo diretamente relacionado aos recursos hídricos, cita-se o caso de Mariana, em que o vazamento de uma represa de rejeitos da mineração poluiu 600 km do rio Doce, e comprometeu as atividades ribeirinhas em toda essa extensão, incluindo o litoral do Espírito Santo.

2.2.4 Precaução

O termo *precaução* origina-se do latim *proecautio* e significa *o que se faz por prevenção, para evitar qualquer mal; prudência; cautela.*[23] É *medida antecipada que visa prevenir um mal.*[24]

O princípio da precaução apresenta-se como o cerne do direito ambiental. São seus elementos que compõem exatamente o que se chama de proteção ao meio ambiente, para as atuais e futuras gerações. Segundo Cristiane Derani,

> esse princípio indica uma atuação 'racional' para com os bens ambientais, com a mais cuidadosa apreensão possível dos recursos naturais, [...] que vai além das simples medidas para afastar o perigo. Na verdade, é uma 'precaução contra o risco', que objetiva prevenir já uma suspeição de perigo ou garantir uma suficiente margem de segurança da linha do perigo.[25]

Tecnologicamente falando, os impactos no ambiente não se detectaram de uma só vez, de forma global. Foram descobertos aos poucos, alguns tardiamente, como foi o caso da camada de ozônio, em que se utilizou o CFC – clorofluorcarbono – como uma substância inerte ao ser humano e ao meio ambiente, sem perceber que ela causava dano à camada de ozônio que envolve o planeta e o protege da radiação do Sol.

Com o intuito de evitar novas e desagradáveis surpresas em matéria de degradação ambiental, vem o princípio da precaução determinar que, na dúvida, é melhor tomar providências drásticas, a fim de evitar danos futuros, por ignorância das consequências que certos empreendimentos, atividades e substâncias podem causar.

---

23. FREIRE, Laudelino. *Grande e novíssimo dicionário da língua portuguesa*, com a colaboração técnica de J. L. de Campos. Rio de Janeiro: A Noite, 1940. v. 3, p. 4094.
24. FERREIRA, Aurélio Buarque de Holanda. *Novo dicionário da língua portuguesa*. Rio de Janeiro: Nova Fronteira, 1986. p. 1379.
25. DERANI, Cristiane. *Direito ambiental econômico*. São Paulo: Max Limonad, 1997. p. 165.

O princípio da precaução tende para a necessidade de maiores prospecções sobre a atividade, com vistas a assegurar, o quanto possível, que a mesma não causará danos, no futuro. E antes de uma resposta consistente sobre os riscos, não se autoriza a sua implantação. Existindo dúvida sobre a possibilidade futura de dano ao homem e ao meio ambiente, a solução deve ser favorável ao ambiente e não ao lucro imediato – por mais atraente que seja para as gerações presentes.

De acordo com Michel Prieur, *em face da incerteza ou da controvérsia científica atual, é melhor tomar medidas de proteção severas [...] do que nada fazer, aguardando que se revelem os danos.*

Segundo o autor, trata-se de uma *segurança para o futuro. Esse princípio coloca em marcha o direito ao meio ambiente das gerações futuras.*[26]

Estabelece o Princípio 15 da Declaração do Rio de Janeiro:

> *Para proteger o meio ambiente, o princípio da precaução deve ser amplamente observado pelos Estados, de acordo com suas capacidades. Em caso de risco de danos graves ou irreversíveis, a ausência de certeza científica absoluta não deve servir de pretexto para procrastinar a adoção de medidas visando prevenir a degradação do meio ambiente.*

Sobre o assunto, Paulo Affonso Leme Machado manifesta-se ainda, visto que

> *a implementação do princípio da precaução não tem por finalidade imobilizar as atividades humanas. Não se trata da precaução que tudo impede ou que em tudo vê catástrofes ou males. O princípio da precaução visa à durabilidade da sadia qualidade de vida das gerações humanas e à continuidade da natureza existente no planeta.*[27]

No 8º Fórum Mundial da Água, realizado em 2018 em Brasília, o documento *Brasília Declaration of Judges on Water Justice* trouxe dois princípios relacionados à precaução especificamente sobre água:

> *Princípio 5 – Justiça e Precaução da Água: O princípio da precaução deve ser aplicado na resolução de disputas relacionadas com a água. Não obstante a incerteza ou complexidade científica em relação à existência ou extensão dos riscos de danos sérios ou irreversíveis à água, à saúde humana ou ao meio ambiente, os juízes devem apoiar ou ordenar a adoção das medidas de proteção necessárias, levando em conta as melhores evidências científicas disponíveis.*
> *Princípio 6 – In Dubio Pro Aqua: Em consonância com o princípio in dubio pro natura, em caso de incertezas, controvérsias hídricas e ambientais perante os tribunais devem ser resolvidas, e as leis aplicáveis interpretadas, de maneira mais provável, para proteger e conservar os recursos hídricos e ecossistemas relacionados.*[28]

---

26. PRIEUR, Michel. *Droit de l'environnement*. 8. ed. Paris: Dalloz, 2019, p. 140.
27. MACHADO, Paulo Affonso Leme. *Direito ambiental brasileiro*. 26. ed. São Paulo: Malheiros, 2018, p. 94.
28. 8th World Water Forum Brasília (Brazil). Brasilia Declaration of Judges on Water Justice [10 Principle Declaration], 21 March 2018. Disponível em: . Acesso: 10 maio 2022.

Releva destacar que o risco existe em todas as atividades. O que varia é a probabilidade de ocorrência do dano e a dimensão de seu impacto. Havendo maior probabilidade de dano irreversível, e de acordo com sua natureza, a atividade não deve ser licenciada.

2.2.5 Cooperação

Cooperar é agir conjuntamente. É somar esforços. A cooperação surge como uma palavra-chave quando há um inimigo a combater, seja a pobreza, seja a poluição, a seca, ou ainda a reconstrução de um Estado ou região, em período de pós-guerra. Na luta contra a poluição e a degradação do meio ambiente, e considerando que, por sua natureza, os recursos naturais não se submetem necessariamente às fronteiras políticas, cabe aos Estados que os compartilham atuar de forma coordenada, inclusive no que se refere às ações internas, para evitar a ocorrência de danos, assim como para racionalizar as medidas de proteção que se fizerem necessárias.

Embora a preocupação com a necessidade de cooperar se verifique nos textos das declarações internacionais sobre águas e meio ambiente, Ramón Martín Mateo, em 1977, já defendia a ideia de que a cooperação internacional em matéria de contaminação só pode realizar-se efetivamente por meio de um corpo normativo novo – acordos, convênios e contratos –, em que se estabeleça uma base legal suficiente para *impor à comunidade internacional uma autêntica disciplina ambiental*, em face da natureza das relações entre os Estados. Essas ações consubstanciaram-se por meio da *formulação de princípios que recomendam um quadro de obrigações e deveres recíprocos entre os Estados [...]*.[29]

De fato,

> *a maioria dos acordos internacionais celebrados referem-se mais a direitos e obrigações dos países relativamente à água do que às formas de cooperação na gestão dos recursos hídricos em nível das bacias hidrográficas internacionais. Essa cooperação não pode, aliás, ser efetiva, antes de serem convenientemente definidos aqueles direitos e obrigações, o que nem sempre é fácil de conseguir a contento das partes interessadas.*[30]

A Carta Europeia da Água estabelece, em seu art. 12, que *a água é um bem comum que impõe uma cooperação internacional*. Em matéria de recursos hídricos

---

29. MATEO, Ramón Martín. *Derecho ambiental*. Madrid: Instituto de Estudios de Administración Local, 1977. p. 143.
30. CUNHA, L. Veiga da et al. *A gestão da água*. Lisboa: Fundação Calouste Gulbenkian, 1980. p. 272.

compartilhados, essa cooperação deve ocorrer por meio de tratados específicos, em que os Estados limítrofes estabelecem formas conjuntas de atuar.[31]

A Conferência de Estocolmo, realizada em 1972, estabelece, no que se refere à cooperação, dois dispositivos, um tratando da cooperação na efetivação da responsabilidade por danos, outro que enfatiza a necessidade de cooperação para ações conjuntas.

De acordo com o Princípio 22,

> os Estados devem cooperar no progressivo desenvolvimento do direito internacional no que concerne à responsabilidade e à indenização das vítimas da poluição e de outros prejuízos ecológicos que as atividades exercidas nos limites da jurisdição destes Estados ou sob seu controle causem às regiões situadas fora dos limites da sua jurisdição.

Nota-se, nesse princípio, a obrigação de criar regras de direito internacional visando facilitar a responsabilização e a efetividade das indenizações por danos que um Estado venha a causar a outro.[32]

Já o Princípio 24 cuida das ações conjuntas, a serem desenvolvidas pelos Estados:

> Os assuntos internacionais relativos à proteção e melhoria do meio ambiente devem ser tratados por todos os países, grandes ou pequenos, com espírito de cooperação, em pé de igualdade. É essencial a cooperação, mediante providências multilaterais, bilaterais e outros meios apropriados, para eficazmente limitar, evitar, reduzir e eliminar as agressões ao ambiente resultantes de atividades exercidas em todos os domínios, tomando, todavia, na devida consideração a soberania e os interesses de outros Estados.

O Plano de Ação de Mar Del Plata, extraído da Conferência de Mar Del Plata sobre Recursos Hídricos, e exarado em 25-3-1977, prevê, em seu item 85, que:

> Os Países que compartilham recursos hídricos deveriam examinar, com a assistência adequada de organismos internacionais e outros órgãos de apoio, a pedido dos Países interessados, as técnicas existentes e disponíveis para a ordenação dos rios compartilhados e cooperar com o estabelecimento de programas, mecanismos e instituições necessárias para o desenvolvimento coordenado de tais recursos. As esferas de cooperação, com o acordo das partes interessadas, podem incluir o planejamento, o desenvolvimento, a regulação, a ordenação, a proteção ambiental, a utilização e a conservação, os prognósticos etc. Tal cooperação deve constituir um elemento fundamental em um esforço destinado a superar as dificuldades mais graves, como

---

31. Constituem exemplos de Tratados específicos, celebrados entre o Brasil e países vizinhos, com vista em estabelecer regras de utilização de recursos hídricos compartilhados, os Tratados da Bacia do Prata, Itaipu, Yaciretá e Garabi.
32. A primeira ocorrência de reparação de dano ambiental no plano internacional deu-se no Caso Trail Smelter, sobre poluição atmosférica, entre Canadá e Estados Unidos. Ver SOARES, Guido Fernando Silva. *As responsabilidades no direito internacional do meio ambiente*. Campinas: Kamedi, 1995. p. 149-150.

a falta de capital e mão de obra capacitada, assim como as exigências do desenvolvimento dos recursos naturais.

Muitos dos Princípios da Conferência Rio/92 sobre Meio Ambiente e Desenvolvimento Sustentável tratam da cooperação. O de n. 5 menciona que todos os Estados e todos os indivíduos devem cooperar visando à erradicação da pobreza, para reduzir as disparidades nos padrões de vida. Trata-se de um mandamento genérico, em que cada Estado e cada indivíduo seria responsável por atuar na melhoria da qualidade de vida das populações. Parece ser esse um princípio genérico demais, que não objetiva qualquer ação concreta no campo da erradicação ou atenuação da pobreza e dos baixos índices de nível de vida. Além disso, colocar a mesma responsabilidade sobre os Estados e sobre os indivíduos pode ter por efeito o enfraquecimento da ordem seja para uns, seja para outros, diante da diferença que existe entre os seus destinatários.

O Princípio 7 trata da cooperação entre os Estados, em espírito de parceria global, para a conservação, proteção e restauração da saúde e da integridade do ecossistema terrestre. No que se refere às responsabilidades, os países desenvolvidos reconhecem seu papel na busca do desenvolvimento sustentável, pelas pressões que suas sociedades exercem sobre o meio ambiente, e pelas tecnologias e recursos que controlam.

De acordo com o Princípio 9, devem os Estados cooperar com vista no fortalecimento da capacitação endógena para o desenvolvimento sustentável, no que se refere à tecnologia e a sua transferência.

O Princípio 14 tem por objeto a cooperação voltada à prevenção da transferência de substâncias ou atividades para outros Estados que causem degradação ao ambiente ou prejudiquem a saúde.

Finalmente, no Princípio 27 está consignado que os Estados e os povos devem cooperar de boa-fé e imbuídos de espírito de parceria para observar as regras da Declaração e realizar o desenvolvimento do direito internacional no campo de desenvolvimento sustentável.

A Conferência de Paris, de 1998, estabelece que *a água é um recurso natural fundamental para a prosperidade e estabilidade futuras, e deve ser reconhecido como um elemento catalisador de cooperação intrarregional.*[33]

A cooperação é tema abordado nos Fóruns Mundiais da Água. Na 6ª edição realizada em Marselha, França, em 2012, tendo em vista que a ONU declarou com direito humano o acesso à água potável e ao saneamento básico, na linha de

---

33. FREITAS, Vladimir Passos de (Coord.). *Águas:* aspectos jurídicos e ambientais. Curitiba: Juruá, 2000. Anexo III, p. 250.

dar especial enfoque a esses temas, a Declaração Ministerial estabeleceu que a elaboração e a implementação das respectivas ações necessárias a garantir esses direitos dependem de estruturas políticas intersetoriais integradas e coerentes e também da cooperação entre todas as autoridades e das partes interessadas.[34]

O tema foi pauta também da 8ª edição do Fórum Mundial da Água realizado em Brasília, Brasil, em 2018, na qual o Manifesto dos Parlamentares reforçou a necessidade *de fortalecer a Rede Internacional de Parlamentares pela Água por meio do apoio na cooperação entre os países com vistas à solução dos problemas que dizem respeito a água e saneamento, ao compartilhamento de melhores práticas legislativas, bem como à iniciativa e aperfeiçoamento de proposições legislativas relacionadas a água. Liderar as negociações sobre cooperação, políticas públicas e orçamento público.*[35] Ainda, na Declaração Ministerial, foi reforçada a necessidade de

> *contribuição de todas as partes interessadas, incluindo governos, sociedade civil, academia, povos indígenas e comunidades locais e setor privado, para o desenvolvimento e implementação de políticas positivas e proativas e cooperação em questões de água, bem como de soluções que podem ser compartilhadas entre os países e entre as partes interessadas, com base na perspectiva fonte-ao-mar e usando a água como um conector.*[36]

Conforme observa Cristiane Derani, *o princípio da cooperação não é exclusividade do direito ambiental. Esse princípio faz parte do Estado Social, que informa uma ação conjunta do Estado e sociedade, na escolha dos processos decisórios. O princípio da cooperação orienta a realização de outras políticas relativas ao bem comum, inerentes à razão constituidora do Estado. É um princípio de orientação do desenvolvimento político, por meio do qual se pretende uma maior composição das forças sociais.*[37]

O dever de cooperar, na forma exposta, não possui exequibilidade, pois os acordos e declarações mencionadas são manifestações de vontade genéricas, cabendo aos Estados o detalhamento das obrigações recíprocas mediante a celebração de acordos específicos de utilização compartilhada de recursos ambientais, como, por exemplo, os recursos hídricos, em que se estabelecem, concretamente, as obrigações e as responsabilidades de cada parte.

No direito brasileiro, a cooperação em matéria ambiental transparece no art. 23 da Constituição Federal, que dispõe sobre a competência comum da União,

---

34. Declaração Ministerial do Fórum Mundial da Água, realizado em Marselha, França, 2012.
35. 8th World Water Forum Brasília (Brazil). Manifesto dos Parlamentares, 20 March 2018. Disponível em: http://8.worldwaterforum.org/pt-br/documents-0. Acesso: 10 maio 2022.
36. 8th World Water Forum Brasília (Brazil). Declaração Ministerial, 20 March 2018. Disponível em: http://8.worldwaterforum.org/pt-br/documents-0. Acesso: 10 maio 2022.
37. DERANI, Cristiane. *Direito ambiental econômico*. São Paulo: Max Limonad, 1997. p. 157.

Estados, Distrito Federal e Municípios, para proteger o meio ambiente e combater a poluição. Seu parágrafo único remete a lei complementar – ainda não editada –, a fixação de normas de cooperação entre os entes políticos, tendo em vista o equilíbrio do desenvolvimento e do bem-estar no âmbito nacional. Ainda não se tem notícia de tramitação de projeto de lei no Congresso Nacional sobre essa matéria, o que se traduz, em termos práticos, na dependência da vontade individual ou política dos administradores para promover essa cooperação.

O art. 225 da Constituição Federal estabelece implicitamente a cooperação, à medida que impõe ao Poder Público e à coletividade o dever de defender e proteger o meio ambiente para as presentes e futuras gerações.

No que se refere ao gerenciamento dos recursos hídricos, a cooperação se traduz nos esforços conjuntos, dos entes governamentais e da sociedade civil, para tornar eficazes as disposições da Lei 9.433/97 e as ações dela decorrentes.

A cooperação é fundamental na gestão de bacias hidrográficas, sobretudo quando nelas se encontram corpos hídricos de diferentes domínios. Os órgãos e entidades de gestão devem envidar esforços para trocar o máximo de informações, buscando compatibilizar os procedimentos administrativos, a fiscalização, e a implementação de instrumentos econômicos indutores de comportamentos ambientalmente desejáveis, como a conservação do solo, a manutenção da cobertura vegetal no entorno das nascentes, entre outras ações protetivas das águas.

Em matéria de águas subterrâneas, essa questão se torna estratégica, na medida em que o domínio é estadual e os aquíferos ultrapassam as fronteiras dos Estados, como é o caso dos Sistemas Aquífero Guarani (SAG) e Aquífero Urucuia (SAU).

2.2.6. Participação

A participação de outros atores, além dos governos responsáveis pela gestão das águas, veio modificar o cenário anterior, introduzindo a noção de governança em matéria de águas, isto é, a reunião de diversos agentes sociais que passam a discutir as questões relativas às águas, por se tratar de bem de interesse comum, em busca de acordos negociados, possíveis e efetivos.

Essa é a tônica dos Comitês de Bacia Hidrográficas e conselhos de Recursos Hídricos, em que seus membros deliberam sobre as matérias relacionadas à gestão da água. As declarações internacionais sobre a água, realizadas nos últimos anos, ressaltam a participação da sociedade como um todo nas discussões, como é o caso do Fórum Mundial da Água, realizado em Marselha, França, em 2012.

Segundo a Declaração Ministerial exarada nesse encontro, *a boa governança da água exige plataformas com múltiplos atores e marcos jurídicos institucionais que facilitem a participação de todos, incluídas as comunidades autóctones, marginalizados e vulneráveis, e a promoção de igualdade de gênero, da democracia e da integridade*.[38] Fica assim explicitada a necessidade de inclusão dessas pessoas como membros dos comitês.

A participação também foi pauta do 8º Fórum Mundial da Água, realizado em Brasília, em 2018, no qual a Declaração Ministerial reforçou o comprometimento dos governos para *apoiar o fortalecimento de arranjos institucionais de água nacionais e, quando apropriado, subnacionais transparentes, eficazes, inclusivos e responsáveis, com a participação de todas as partes interessadas relevantes e a consideração das circunstâncias locais no processo de elaboração de políticas, ao mesmo tempo que promove as parcerias necessárias, a construção de confiança, a troca e compartilhamento de informações e experiências entre atores públicos, privados e da sociedade civil*.[39]

2.2.7 Valor econômico da água

Recurso hídrico é bem de valor, à medida que há interesse sobre ele. Tornando-se escasso, esse valor passa a ter caráter econômico.

De acordo com a Carta Europeia da Água,

> *a água é um patrimônio comum, cujo valor deve ser reconhecido por todos; cada um tem o dever de economizar e de a utilizar com cuidado e a gestão dos recursos hídricos deve inserir-se no âmbito da bacia hidrográfica natural e não das fronteiras administrativas e políticas.*

A Declaração de Dublin trata da matéria, inserindo em seu Princípio 4 que

> *a água tem valor econômico em todos os seus usos e deve ser reconhecida como um bem econômico. De acordo com esse princípio, é vital reconhecer como prioritário o direito básico de todo ser humano a ter acesso à água potável e ao saneamento, a um preço acessível. No passado, o não reconhecimento do valor econômico da água conduziu ao seu desperdício e a danos ambientais decorrentes do seu uso. A gestão da água, como bem econômico, é uma importante forma de atingir a eficiência e equidade no seu uso e de promover a sua conservação e proteção.*[40]

A Lei 9.433/97 estabeleceu, como um dos fundamentos da Política Nacional de Recursos Hídricos, que a água é um recurso natural limitado, dotado de valor econômico (art. 1º, II).

---

38. Declaração Ministerial do Fórum Mundial da Água, realizado em Marselha, França, 2012.
39. 8th World Water Forum Brasília (Brazil). Declaração Ministerial, 20 March 2018. Disponível em: / documents-0. Acesso: 10 maio 2022.
40. Declaração de Dublin sobre Água e Desenvolvimento Sustentável Dublin, Irlanda, 31 de janeiro de 1992.

Em 2015, a OCDE publicou o relatório *Governança dos Recursos Hídricos no Brasil* e estabeleceu como um dos passos para o fortalecimento da governança da água *elevar a questão da água como prioridade estratégica com benefícios econômicos mais amplos para a agenda política nacional*. A organização recomenda os planos de recursos hídricos orientem as decisões de alocação da água e façam o melhor uso de uma variedade de instrumentos econômicos para apoiar a sua implementação.[41]

2.2.8 Poluidor-pagador e Usuário-pagador

Se em tempos passados a água era considerada algo a ser utilizado indiscriminadamente, o atual cenário de degradação e escassez das águas vem demonstrar a necessidade de coibir o desperdício e controlar esse uso.

Ao longo do tempo, políticas e sistemas administrativos de gestão de recursos hídricos foram incorporados nos direitos internos, considerando, em sua grande maioria, a bacia hidrográfica como unidade básica de planejamento e gestão.

Os instrumentos econômico-financeiros de execução das políticas ambientais, incluindo-se como recurso ambiental a água, têm sido objeto de discussões e de incorporação nos ordenamentos jurídicos internos, como mecanismo indireto de controle de uso das águas (com base na justiça e equidade) e também como fonte de recursos para obras e serviços de despoluição, saneamento e outros, voltados à proteção ambiental das bacias hidrográficas.

No que se refere ao princípio poluidor-pagador, a fundamentação adotada é que os usuários têm o direito a um ambiente limpo, enquanto que os poluidores não possuem o direito de efetuar descargas de resíduos.

A Lei 6.938/81 prevê, no art. 4º, a imposição, ao **poluidor** e ao predador, da obrigação de recuperar e/ou indenizar os danos causados e, ao **usuário,** da contribuição pela utilização de recursos ambientais com fins econômicos. O Código de Águas já havia introduzido a noção de *poluidor-pagador*, estabelecendo que a ninguém é lícito conspurcar ou contaminar as águas que não consome, com prejuízo de terceiros,[42] e que os trabalhos para a salubridade das águas serão executados à custa dos infratores, que, além da responsabilidade criminal, se houver, responderão pelas perdas e danos que causarem e pelas multas que lhes forem impostas nos regulamentos administrativos.[43]

---

41. OECD (2015), Governança dos Recursos Hídricos no Brasil, OECD Publishing, Paris. Disponível em: http://dx.doi.org/10.1787/9789264238169-pt. Acesso em: 10 maio 2022.
42. Decreto 24.643/34, art. 109.
43. Decreto 24.643/34, art. 110.

O entendimento e a aplicação desses princípios devem considerar as normas ambientais brasileiras. Segundo o art. 3º, III, da Lei 6.938/81, poluição é a degradação da qualidade ambiental resultante de atividades que direta ou indiretamente: (a) prejudiquem a saúde, a segurança e o bem-estar da população; (b) criem condições adversas às atividades sociais e econômicas; (c) afetem desfavoravelmente a biota; (d) afetem as condições estéticas ou sanitárias do meio ambiente; (e) lancem matérias ou energia em desacordo com os padrões ambientais estabelecidos.

A poluição é caracterizada pela descrição do fato ocorrido e a correspondente previsão legal. É o que ocorre com uma atividade que tenha prejudicado a saúde, a segurança e o bem-estar da população, que tenha criado condições adversas às atividades sociais e econômicas, que tenha afetado desfavoravelmente a biota ou ainda as condições estéticas ou sanitárias do meio ambiente, tudo isso devidamente demonstrado no respectivo processo – administrativo ou judicial.

Lançar substâncias fora dos padrões legalmente fixados também caracteriza a poluição, por presunção legal, independentemente dos efeitos reais, que dependem das condições do meio receptor: vazão, época do ano, classificação etc. Caracterizada a poluição fica o agente – pessoa física ou jurídica, de direito público ou privado –, sujeito à responsabilidade administrativa, penal e civil, dispõe o § 3º do art. 225 da Constituição Federal.[44]

Assim, no princípio poluidor-pagador, os custos sociais externos que acompanham a atividade econômica devem ser internalizados, isto é, devem ser suportados pelo empreendedor. É o caso da construção de estação de tratamento de efluentes industriais, da adoção de tecnologias *limpas*, do reuso da água, da disposição de efluentes industriais em aterros licenciados, especialmente construídos e dotados de níveis de segurança que impeçam a contaminação do solo e dos recursos hídricos. Ainda assim, ocorrendo poluição, ficam os poluidores sujeitos às sanções fixadas na legislação.

O princípio poluidor-pagador, então, incide em duas órbitas: no conjunto de ações voltadas à prevenção do dano, a cargo do empreendedor, e na responsa-

---

44. A título de esclarecimento, a Diretiva 2000/60/CE, da União Europeia, não adota, como hipótese de poluição, o lançamento de substâncias acima de padrões. Segundo essa norma, poluição é a introdução direta ou indireta, em resultado da atividade humana, de substâncias ou de calor no ar, na água ou no solo, que possa ser prejudicial para a saúde humana ou para a qualidade dos ecossistemas aquáticos ou dos ecossistemas terrestres diretamente dependentes dos ecossistemas aquáticos, que dê origem a prejuízos para bens materiais, ou que prejudique ou interfira com o valor paisagístico/recreativo ou com outras utilizações legítimas do ambiente. Dessa forma, o sentido de poluidor pagador, para os países da União Europeia, é distinto do conceito brasileiro.

bilidade pela ocorrência de dano, e a obrigação de reparação integral, conforme o § 3º do art. 225 da Constituição Federal e legislação infraconstitucional.

Já o princípio usuário pagador refere-se ao uso autorizado de um recurso, observadas as normas vigentes, inclusive os padrões legalmente fixados. Trata-se de pagar pelo uso privativo de um recurso ambiental de natureza pública, em face de sua escassez, e não como uma penalidade decorrente do ilícito.

O princípio da precaução tende para a necessidade de maiores prospecções sobre a atividade, com vistas a assegurar, o quanto possível, que a mesma não causará danos no futuro. E antes de uma resposta consistente sobre os riscos, não se autoriza a sua implantação. Existindo dúvida sobre a possibilidade futura de dano ao homem e ao meio ambiente, a solução deve ser favorável ao ambiente e não ao lucro imediato – por mais atraente que seja para as gerações presentes.

Historicamente, o primeiro enunciado, em nível internacional, sobre o assunto, foi incluído no *Guiding Principles Concerning the International Economic Aspects of Environmental Policies*, aprovado pelo Conselho da Organisation for Economic Cooperation and Development – OECD – em 26-5-72.[45] Uma segunda recomendação, de 14-11-1974, embora mencione a implementação desse princípio, estabelece, em realidade, algumas exceções ao mesmo, à medida que fixa subvenções, vantagens fiscais e outras medidas aos poluidores.

Na observação de Michel Prieur, a ajuda aos poluidores só é compatível com a essência do princípio se for *seletiva, limitada a períodos de transição, ou adaptada a situações regionais particulares.*[46]

Essa teoria consagrou-se no Princípio 16 da Declaração do Rio sobre Meio Ambiente e Desenvolvimento de 1992, que dispõe:

> *tendo em vista que o poluidor deve, em princípio, arcar com o custo decorrente da poluição, as autoridades nacionais devem procurar promover a internalização dos custos ambientais e o uso de instrumentos econômicos, levando na devida conta o interesse público, sem distorcer o comércio e os investimentos internacionais.*[47]

No que diz respeito às águas, os princípios do poluidor-pagador e do usuário-pagador foram objeto da *Brasília Declaration of Judges on Water Justice*, produzida em março de 2018, no 8º Fórum Mundial da Água, em Brasília. O princípio 7 desse documento afirma que

---

45. OECD. *Recommendation of the Council concerning the Application of the Polluter-Pays Principle to Accidental Pollution*. Disponível em: . Acesso: 10 maio 2022.
46. PRIEUR, Michel. *Droit de l'environnement*. 8 ed. Paris: Dalloz, 2019, p. 202.
47. ONU Brasil. Declaração do Rio. Disponível em: https://sustainabledevelopment.un.org/content/documents/1709riodeclarationeng.pdf. Acesso: 10 maio 2022.

fatores ambientais devem ser incluídos na avaliação e precificação dos recursos hídricos e seus serviços, incluindo: (a) princípio do poluidor-pagador: aqueles que causam poluição da água e degradação do ecossistema devem arcar com os custos de contenção, evasão e redução, e de remediar, restaurar e compensar qualquer dano causado à saúde humana ou ao meio ambiente, (b) princípio do usuário-pagador: aqueles que usam recursos hídricos e seus serviços no comércio ou na indústria devem pagar preços ou encargos baseados no ciclo de vida completo dos recursos hídricos. e os seus serviços ecossistêmicos, incluindo a sua utilização, e a eliminação final de qualquer resíduo; também devem ser cobradas taxas sobre o uso doméstico dos serviços de água para refletir os custos de prestação de tais serviços, incluindo os custos ambientais, embora medidas apropriadas de proteção social devam ser empregadas para assegurar que aqueles que não puderem pagar tais custos não sejam privados de abastecimento de água adequado. serviços de saneamento, e (c) obrigações duradouras: as obrigações legais para restaurar as condições ecológicas dos recursos hídricos e seus serviços ecossistêmicos são obrigatórias para qualquer usuário do recurso e qualquer proprietário do local do recurso, e a responsabilidade não termina com transferência do uso ou título do recurso para terceiros (obrigação propter rem).[48]

Segundo a OCDE, a implementação dos princípios *poluidor-pagador* e *usuário-pagador* no Brasil é essencial para assegurar que aqueles que geram danos futuros ou se beneficiam dos recursos também se responsabilizem pelos custos relacionados.[49]

2.2.9 Protetor-recebedor

O princípio do protetor-recebedor encontra respaldo na legislação brasileira no art. 6º, II, da Lei 12.305, que instituiu a Política Nacional de Resíduos Sólidos. Apesar de previsto na norma que trata de resíduos sólidos, sua aplicação não se limita a esse tema, abarcando a remuneração por serviços que de alguma forma minimizem os impactos negativos no meio ambiente ou auxiliem a natureza a se recuperar da degradação.[50]

Trata-se de um instrumento econômico da política ambiental que visa induzir a adoção de comportamentos adequados em relação à proteção de recursos ambientais como a água, conferindo benefícios financeiros ou de assistência técnica às pessoas que voluntariamente aderirem aos programas.

No caso dos recursos hídricos já existem programas no Brasil que remuneram pessoas que conservam, mantém, recuperam ou melhoram as condições do solo e da água. É o caso, na esfera federal, do Programa Produtor de Água

---

48. 8th World Water Forum Brasília (Brazil). Brasilia Declaration of Judges on Water Justice [10 Principle Declaration], 21 March 2018. Disponível em: http://8.worldwaterforum.org/pt-br/documents-0. Acesso em: 20 maio 2022.
49. OECD (2015), Governança dos Recursos Hídricos no Brasil, OECD Publishing, Paris. Disponível em: http://dx.doi.org/10.1787/9789264238169-pt. Acesso em: 10 maio 2022.
50. GRANZIERA, Maria Luiza. Direito Ambiental. 5 ed. Indaiatuba, SP: Foco, 2019, p. 60.

da Agência Nacional de Águas (ANA), que estimula os produtores a investirem no cuidado do trato com as águas, recebendo apoio técnico e financeiro para implementação de práticas conservacionistas.[51] Alguns municípios também têm iniciativas que se valem do princípio do protetor-recebedor, como é o caso do município de Campinas, em São Paulo, que criou o programa PSA Água (Lei Municipal 15.046/15).

2.2.10 Bacia hidrográfica como instrumento de planejamento e gestão

A noção de bacia hidrográfica não é recente. Conforme apontado por Claude Aubert Colliard, essa definição *aparece todas as vezes que um tratado, em vez de se limitar a um único rio, visa também a seus afluentes*.[52]

Já a noção mais moderna de bacia hidrográfica, a que se denomina *bacia integrada*, foi introduzida nos trabalhos da International Law Association, em Dubrovnik, em 1956, na preparação da Reunião realizada em New York, em 1958. Nos termos do princípio de Dubrovnik número 8:

> *Na medida do possível, os Estados ribeirinhos devem cooperar, visando assegurar a exploração completa dos recursos hidráulicos e, para essa finalidade, de uma parte, considerar a bacia fluvial como um todo a integrar e, de outra, não negligenciar qualquer utilização possível da água, de maneira que todos os interesses tirem o máximo de proveito.*[53]

Ainda segundo Colliard, *essa ideia de proveito corresponde à noção de utilização máxima que governa a teoria da bacia hidrográfica.*[54]

---

51. AGÊNCIA NACIONAL DE ÁGUAS. Programa Produtor de água. Disponível em: https://www.gov.br/ana/pt-br/acesso-a-informacao/acoes-e-programas/programa-produtor-de-agua. Acesso: 10 maio 2022.
52. O autor menciona, nessa ordem de ideias, o tratado assinado em Viena, em 1º de maio de 1616, entre a Turquia e a Áustria, sobre o direito de navegação sobre o Danúbio e sobre outros rios. Mais explícito, o tratado concluído em 1618, entre a Polônia e Brandemburgo, previa a navegação sobre o rio Oder e sobre *seus afluentes*. Segundo o autor, esse último tratado constituiu, provavelmente, a primeira amostra de uma teoria de bacia hidrográfica, ainda que se tratasse mais de uma simples enumeração de rios, do que propriamente uma teoria. Na América Latina, o Tratado de Paz entre o Brasil e a República das Províncias Unidas do Rio da Prata (Argentina), de 1928, abrange o sistema hidrográfico do Rio da Prata; o Tratado Brasil-Peru, de 1851, dispõe sobre a navegação aberta no Rio Amazonas e seus afluentes, entre os Estados signatários; o Tratado Argentina-Paraguai, de 1852, oferece aos navios dos dois Estados o acesso aos Rio Paraguay e a seus afluentes; o Tratado USA-Bolívia, de 1858, concerne à navegação nas Bacias do Amazonas e no rio da Prata; segundo o Tratado Brasil-Peru, de 1891, todos os rios comuns e seus afluentes são abertos à navegação de navios dos dois Estados; o Tratado Brasil-Colômbia, de 1907, dispõe sobre o rio Amazonas e seus afluentes.
53. COLLIARD, Claude-Albert. Régime des fleuves internationaux. In: _____. *Recueil des cours*, 1968. t. 125, v. 3, p. 405.
54. COLLIARD, Claude-Albert. Régime des fleuves internationaux. In: _____. *Recueil des cours*, 1968. t. 125, v. 3, p. 406.

As questões jurídicas concernentes à bacia hidrográfica, assim como sua conceituação, originam-se no direito internacional. Segundo Veiga da Cunha,

> situações típicas são, por exemplo, as que ocorrem numa bacia hidrográfica internacional em resultado da utilização de cursos de água para recepção de efluentes ou da transferência de água de uma bacia hidráulica internacional para outras bacias, operações estas realizadas por países de montante com manifestos prejuízos para países situados a jusante.
>
> Outras situações típicas de confrontação de interesses nacionais são as decorrentes do aproveitamento de troços fronteiriços de cursos de água, que, obviamente, só podem ser resolvidos com base em acordos entre os países confinantes.
>
> Por outro lado, a progressiva carência de água implica a necessidade de melhorar o aproveitamento dos recursos hídricos através de uma gestão integrada no âmbito das bacias hidrográficas. Se as bacias hidrográficas incluem territórios de dois ou mais países, então esta gestão, para ser eficaz, tem necessariamente que envolver a cooperação entre aqueles países.[55]

A necessidade de cooperação, como já visto, entre os usuários dos recursos hídricos de uma bacia hidrográfica, está sempre presente, sejam esses usuários países, unidades federativas, ou simplesmente o conjunto de pessoas físicas e jurídicas, de direito público ou privado, que se utilizam do recurso hídrico para o atendimento de suas necessidades.

Os princípios do direito internacional, que se aplicam ao Estados, com vista na cooperação, nos usos múltiplos e na adoção da bacia como unidade de planejamento e gerenciamento, aplicam-se, da mesma forma, aos direitos internos.

Embora se possam encontrar inúmeros exemplos diferentes de planejamento de recursos hídricos, a tendência moderna é não se considerarem, *a priori*, quaisquer utilizações preferenciais, mas sim contemplar uma série de usos segundo uma perspectiva de gestão global, visando à utilização racional da bacia hidrográfica. Isso porque as bacias hidrográficas são hoje consideradas indivisíveis, e seu aproveitamento deve ser o mais otimizado possível, no intuito de proporcionar um melhor desenvolvimento econômico e social à região.[56] Apenas em caso de escassez a Lei 9.433/97 determina que o uso prioritário da água é o consumo humano e a dessedentação dos animais.

De acordo com o art. 1 da Resolução exarada pela International Law Association de New York, em 1958, os cursos de água e os lagos que constituem uma bacia hidrográfica devem ser considerados não isoladamente, mas como um todo integrado. Conforme Colliard, a bacia hidrográfica engloba águas superficiais e

---

55. CUNHA, Veiga da. *A gestão da água*. Lisboa: Fundação Calouste Gulbenkian, 1980. p. 271-272.
56. CUNHA, Veiga da. *A gestão da água*. Lisboa: Fundação Calouste Gulbenkian, 1980. p. 273.

águas subterrâneas.[57] Nesse sentido, o art. 2 das Regras de Helsinque, fixadas em 1967 pela International Law Association, dispõe que *em uma bacia hidrográfica consideram-se as águas superficiais e subterrâneas.*[58]

Também nesse sentido dispõe a Carta Europeia da Água, que estabelece, em seu art. 11, que *a gestão dos recursos hídricos deve inserir-se no âmbito da bacia hidrográfica natural e não no das fronteiras administrativas e políticas.*

Outra não é a recomendação de Veiga da Cunha, sobre a unidade básica de gestão ser a bacia hidrográfica, mencionando a Conferência de Caracas, promovida pela Associação Internacional de Direito de Águas – ainda em 1976, que recomenda a adoção dos seguintes princípios fundamentais, na elaboração de legislação básica relativa às águas:

- *centralizar o planejamento no âmbito das bacias ou regiões hidrográficas de gestão das águas e confiar os aspectos executivos às entidades públicas ou privadas responsáveis pelas diversas utilizações;*
- *adotar a bacia hidrográfica como unidade de gestão dos recursos hídricos, sem prejuízo da existência de unidades político-geográficas de gestão (relacionadas, por exemplo, com o desenvolvimento econômico) mais amplas ou não coincidentes com as bacias hidrográficas.*[59]

A Lei 9.433/97 dispõe, em seu art. 1º, inciso V, que *a bacia hidrográfica é a unidade territorial para implementação da Política Nacional de Recursos Hídricos e atuação do Sistema Nacional de Gerenciamento de Recursos Hídricos*, posicionamento adotado nas leis estaduais sobre política e gerenciamento de recursos hídricos.

Cabe aqui destacar a importância dos ecossistemas na gestão das bacias hidrográficas. Conforme recomendação da Conferência Internacional sobre a Água Doce, realizada em Bonn, Alemanha, em 2001, *as quantidades atribuídas aos usuários devem, no mínimo, garantir a alimentação dos ecossistemas de modo a permitir a preservação da integridade dos mesmos.*

2.2.11 Equilíbrio entre os diversos usos da água

O equilíbrio entre os possíveis usos da água (ou os usos múltiplos da água) tem sido considerado o ideal, observados, também, os aspectos sociais e ambientais envolvidos, além da questão econômica.

---

57. COLLIARD, Claude-Albert. Régime des fleuves internationaux. In: _____. *Recueil des cours*, 1968. t. 125, v. 3, p. 406.
58. CUNHA, Veiga da. *A gestão da água*. Lisboa: Fundação Calouste Gulbenkian, 1980. p. 579.
59. CUNHA, Veiga da. *A gestão da água*. Lisboa: Fundação Calouste Gulbenkian, 1980. p. 131.

Nas Recomendações sobre Planejamento de Recursos Hídricos a Longo Prazo, exaradas em Seminário organizado pelo Comitê de Problemas das Águas da Comissão Econômica da Europa para a ONU, em 1976, encontra-se que

> os planos a longo prazo para gestão das águas devem considerar todos os aspectos pertinentes, incluindo não só os aspectos técnicos, mas também os relacionados com a estrutura institucional, economia e legislação; deve ser dada particular atenção não só ao custo-eficácia dos aproveitamentos hidráulicos planejados, mas também assegurar a otimização dos benefícios sociais da utilização dos recursos hídricos, bem como a proteção do ambiente em seu conjunto.[60]

Essa recomendação ilustra a tendência moderna de se procurar um equilíbrio entre as diversas utilizações dos recursos hídricos, de forma que se obtenham resultados não só técnicos, mas também sociais.

No que se refere às prioridades, a recomendação é: *Na elaboração de planos a longo prazo de gestão da água, deve-se dar prioridade aos aproveitamentos de recursos hídricos para fins múltiplos e objetivos múltiplos, tendo em vista designadamente a otimização dos investimentos; em particular, a construção de novos aproveitamentos hidrelétricos deve ser precedida de um estudo pormenorizado das necessidades agrícolas, industriais e municipais da área interessada.*

Também são dignas de nota as recomendações da Conferência da Água das Nações Unidas, realizada em Mar Del Plata, em 1977, segundo as quais o estudo dos impactos das obras hidráulicas sobre o ambiente deve ser abordado sob uma óptica interdisciplinar, a fim de que o impacto global de tais obras possa ser avaliado da forma mais completa, efetiva e coordenada do que seria possível, procedendo-se de outro modo.

A Lei 9.433/97 estabelece, entre seus fundamentos, que a gestão dos recursos hídricos deve sempre proporcionar o uso múltiplo das águas.[61] Além disso, a Lei 9.984, de 17-7-2000, que dispõe sobre a criação da Agência Nacional de Águas (ANA), fixa, no rol de suas competências, a de

> definir e fiscalizar as condições de operação de reservatórios de agentes públicos e privados, visando a garantir o uso múltiplo dos recursos hídricos, conforme estabelecido nos planos de recursos hídricos das respectivas bacias hidrográficas.[62]

Conforme as recomendações da Conferência Internacional da Água, realizada em Bonn, Alemanha, em 2001,

---

60. CUNHA, Veiga da. *A gestão da água*. Lisboa: Fundação Calouste Gulbenkian, 1980. p. 538.
61. Lei 9.433/97, art. 1º, IV.
62. Lei 9.984/00, art. 4º, XII.

a água deveria ser repartida de maneira equânime e sustentável a fim, primeiramente, de satisfazer as necessidades essenciais dos seres humanos e também de permitir o bom funcionamento dos ecossistemas e de servir aos diferentes usos econômicos, incluída aí a segurança alimentar. Os mecanismos de repartição deveriam manter um justo equilíbrio entre os usos concorrentes e ter em conta o valor social, econômico e ambiental da água, assim como da interligação entre as águas superficiais e as águas subterrâneas e entre as massas de água continentais e as águas costeiras, da urbanização crescente, da gestão das terras, da necessidade de preservar a integridade dos ecossistemas e das ameaças de desertificação e de degradação do meio ambiente.

Cabe considerar que a água é historicamente utilizada para diluir efluentes. O lançamento de efluentes nos corpos hídricos constitui um dos usos previstos nas leis, passível de outorga e de cobrança. Há padrões legalmente fixados para regular esses lançamentos, de acordo com a classe do corpo receptor, de modo que os corpos hídricos, ainda que recebendo efluentes, possam estar disponíveis para os demais usos.

Todavia, há uma condicionante para que essa sistemática se sustente: os padrões devem ser estritamente observados. E não poderia ser diferente, já que eles representam o máximo de poluição permitida para as águas, de modo a assegurar que outros usos possam ocorrer com segurança para os usuários e, no limite, os rios permaneçam vivos.

Na medida em que nem sempre os padrões de lançamento são respeitados, e que ainda se lançam pelo País afora esgotos domésticos sem qualquer tratamento, os usos múltiplos se comprometem cada vez mais. Nesse passo, dois fatores devem ser considerados: 1. o direito à água potável é considerado pela ONU um direito humano;[63] 2. a demanda por água potável aumenta na medida em que cresce a população nos centros urbanos.

Nessa lógica, há cada vez menos água potável disponível nas regiões próximas às cidades, muitas com alguns milhões de habitantes, sobretudo pelo fato de que as águas próximas estão poluídas e indisponíveis para usos mais nobres. Nessa linha, o tratamento dos esgotos domésticos e o controle da poluição industrial, incluindo o agronegócio, passa a ser uma condição da sobrevivência e de segurança hídrica, principalmente nos centros urbanos, em que se encontram 80% da população brasileira.

Essa questão foi abordada no Fórum Mundial da Água de 2012, cuja Declaração Ministerial trata do acesso à água potável e ao saneamento, estabelecendo que *um enfoque integrado do saneamento e da gestão de águas residuais, que inclua o recolhimento, o tratamento, o monitoramento e o reuso é essencial para otimizar*

---

63. A/RES/64/292.

os benefícios e o valor da água. E que *devemos intensificar os esforços para prevenir e reduzir a contaminação da água, com vistas a acelerar o acesso a um saneamento sustentável, melhorando a qualidade dos recursos hídricos e dos ecossistemas*.[64]

Os Princípios da OCDE para a Governança da Água, adotados em 2015, também trouxeram diretrizes para a melhor gestão da água, considerando seus múltiplos usos. O Princípio 11 recomenda *encorajar quadros de governança da água que ajudem a gerir compromissos equilibrados entre os múltiplos usos da água, entre áreas urbanas e rurais e entre diferentes gerações*,[65] o que se mostra cada vez mais relevante com o crescimento populacional e a escassez de recursos hídricos.

2.3 ELEMENTOS DA IMPLEMENTAÇÃO DAS POLÍTICAS DE ÁGUAS

A implementação das políticas de águas exige a compreensão acerca dos objetivos, seus fundamentos e diretrizes, além do domínio e seus instrumentos. Todos os atores envolvidos com a gestão de recursos hídricos, e sobretudo os usuários, necessitam entender qual a sistemática dessas políticas. Nessa linha, dois elementos se colocam como essenciais para o sucesso da implementação da cobrança: a capacitação e a governança.

2.3.1 Capacitação

A **capacitação** enseja dois focos. Um mais técnico, relativo aos gestores com a atribuição de implementar os instrumentos e outro, de ordem mais geral, destinado aos demais atores.

A capacitação é necessária não apenas em relação aos instrumentos, mas em relação ao gerenciamento dos recursos hídricos. Trata-se da compreensão das bases da Política Nacional de Recursos Hídricos – fundamentos, diretrizes e objetivos da Lei -, cabendo, desses últimos, destacar aquele que se refere a *assegurar à atual e às futuras gerações a necessária disponibilidade de água, em padrões de qualidade adequados aos respectivos usos*[66.]

Não apenas os membros dos Comitês e Conselhos necessitam de capacitação, mas os órgãos e entidades gestoras, assim como a sociedade civil e os municípios.

---

64. Declaração Ministerial do Fórum Mundial da Água, realizado em Marselha, França, 2012.
65. OCDE. *Princípios da OCDE para a Governança da Água*. Acolhidos pelos Ministros na Reunião do Conselho Ministerial da OCDE de 4 de junho de 2015. Disponível em: https://www.oecd.org/cfe/regionaldevelopment/OECD-Principles-Water-portuguese.pdf. Acesso: 10 maio 2022.
66. Lei 9.433/1997, art. 2º, I.

2.3.2 Governança

O tema da **Governança** aplica-se a vários aspectos das políticas de águas. Como exemplo, citam-se a implantação dos Comitês de Bacia Hidrográfica, a definição dos Regimentos internos e a implementação dos instrumentos de gestão, sobretudo em bacias interestaduais, em que o domínio dos corpos de água envolve mais de um ente federativo. Todos os atores envolvidos precisam discutir e negociar acordos exequíveis. No que se refere aos instrumentos, os entes do Singreh, responsáveis pelas várias decisões que culminam com a sua implantação efetiva, necessitam trabalhar em um ambiente de governança.

Na aprovação do Plano de Recursos Hídricos e do Plano de Ações para a Bacia, a governança é necessária para discutir e aprovar quais atividades serão financiadas sobretudo pelos recursos da Cobrança, o que enseja um olhar adicional para os valores praticados e análises periódicas sobre se esses valores são suficientes para fazer face às demandas. A discussão acerca dos valores a serem cobrados deve ser fundamentada em informações transparentes. O cenário de fundo para tais discussões é o recurso hídrico, de interesse de todos.

A falta de governança entre os atores que fazem parte do Singreh enseja a paralisação das discussões os avanços na implementação das políticas de água, entre outros temas. A OCDE indica **princípios de boa governança** em termos de águas. A **legitimidade** refere-se o poder que decorre da lei. Nesse sentido, os membros do Singreh possuem competências legais no que se refere à gestão dos recursos hídricos, devendo exercê-las de acordo com a lei. Cabe ressaltar que esse poder é também um dever, no que diz respeito ao cumprimento das atribuições estabelecidas.

A **transparência** tem a ver com a publicidade das ações desenvolvidas pelos diversos atores, no âmbito de atuação de cada um. E considerando que a água é um bem público, deve prevalecer o direito à informação. A **responsabilização** está relacionada com a atuação dos entes dentro do Singreh. A partir do momento em que as competências estão fixadas em lei, o seu cumprimento é responsabilidade de cada ator, que responde por seus atos. Os **direitos humanos**, no que diz respeito à água, conectam-se com o direito de todos a esse recurso, sobretudo no que concerne ao consumo humano. É preciso também considerar que o direito ao acesso à água e ao esgotamento sanitário são direitos humanos, declarados pela ONU em 2010[67] e que, por sua vez, propiciam a **inclusão social**.

A **governança da água**, nesse sentido, consiste em um *conjunto de regras políticas, institucionais e administrativas, além de práticas e processos (formais e*

---

67. ORGANIZAÇÃO DAS NAÇÕES UNIDAS (ONU), Resolução A/HRC/RES/15/, 2010.

informais) através dos quais as decisões são tomadas e implementadas, as partes interessadas articulam os seus interesses e têm as suas preocupações consideradas, e os decisores são responsabilizados pelos procedimentos e resultados da gestão da água[68].

Podem-se apontar três dimensões da governança que se complementam e reforçam mutuamente, contribuindo *para políticas públicas claras e orientadas para resultados*[69]:

- eficácia: diz respeito à contribuição da governança para a **definição de objetivos e metas** claros e sustentáveis para as políticas da água a todos os níveis de governo, para a prossecução desses objetivos e para o cumprimento das metas desejadas.
- eficiência: diz respeito à contribuição da governança para a **maximização dos benefícios** de uma gestão sustentável da água e bem-estar associado ao menor custo para a sociedade.
- confiança e compromisso: dizem respeito à contribuição da governança para o reforço da **confiança da sociedade** e para garantir a **inclusão das partes interessadas** através de mecanismos de legitimação democrática e de equidade para a sociedade como um todo.

O fato de haver distintos[70] domínios dos corpos hídricos de uma mesma bacia hidrográfica implica que os órgãos e entidades com atribuições relacionadas com a implantação das políticas de águas, assim como os usuários, os municípios e a sociedade civil, precisam dialogar em uma base de governança. A **governança** entre os diversos atores envolvidos é elemento essencial para a implementação dos instrumentos de gestão em todo o território da bacia.

---

68. OCDE. Princípios da OCDE para a Governança da Água. Acolhidos pelos Ministros na Reunião do Conselho Ministerial da OCDE de 4 de junho de 2015, p. 5.
69. OCDE. Princípios da OCDE para a Governança da Água. Acolhidos pelos Ministros na Reunião do Conselho Ministerial da OCDE de 4 de junho de 2015, p. 3.
70. A Constituição Federal de 1988 estabelece, no artigo 20, III, como bens da União *os lagos, rios e quaisquer correntes de água em terrenos de seu domínio, ou que banhem mais de um Estado, sirvam de limites com outros países, ou se estendam a território estrangeiro ou dele provenham, bem como os terrenos marginais e as praias fluviais.* Segundo o artigo 26, inciso I, são bens dos Estados *as águas superficiais ou subterrâneas, fluentes, emergentes e em depósito, ressalvadas neste caso, na forma da lei, as decorrentes de obras da União.*

3
DIREITO HUMANO À ÁGUA E AO ESGOTAMENTO SANITÁRIO

3.1 CONSIDERAÇÕES GERAIS

Neste capítulo será apresentado um breve histórico do reconhecimento do **direito humano à água** em diversos documentos internacionais. Ao mesmo tempo, caberá associar a esse tema a Agenda 2030 – Objetivos de Desenvolvimento Sustentável (ODS), não apenas o de número 6, diretamente relacionado com a água e o saneamento[1], mas os demais. A ideia é apontar as relações intrínsecas existentes entre os diversos ODS, as metas fixadas e o direito humano à água.

Verifica-se, por exemplo, que as mudanças do clima possuem impacto em diversos outros temas, como o ciclo da água, a erradicação da pobreza, da desigualdade e da fome, a segurança alimentar, a agricultura sustentável, as cidades e os assentamentos humanos inclusivos, seguros, resilientes e sustentáveis, as infraestruturas resilientes, a conservação e uso sustentável dos oceanos, a proteção, recuperação e promoção do uso sustentável dos ecossistemas terrestres, a gestão sustentável das florestas, o combate à desertificação, a necessidade de deter e reverter a degradação da terra e deter a perda de biodiversidade.

No que se refere à água existe uma **transversalidade** entre os ODS, que deve ser considerada, pois da mesma forma como foi exposto no parágrafo anterior, a grande parte dos ODS têm relação intrínseca com o acesso à água e ao esgotamento sanitário.

Os documentos citados neste capítulo tratam do acesso à água potável e ao esgotamento sanitário como um direito humano e fundamental. Segundo Fachin

---

1. Chama-se a atenção para o fato de que no Brasil, a expressão "saneamento básico" refere-se a quatro serviços públicos: abastecimento de água potável, esgotamento sanitário, manejo de resíduos sólidos urbanos e limpeza urbana e drenagem e manejo de resíduos da drenagem, conforme define a Lei 11.445/2007. Em outros países – em sua grande maioria, o termo "saneamento" equivale apenas ao serviço de esgotamento sanitário – coleta, afastamento, tratamento e disposição adequada dos resíduos e efluentes". E o abastecimento de água consiste em outro serviço. Daí termos textos estrangeiros e internacionais que tratam de "água e saneamento".

e Silva, o acesso à água potável é reconhecido como o *direito fundamental de sexta dimensão*. A realidade atual que demonstra a dificuldade de acesso à água potável pelas pessoas em várias partes do mundo, bem como os diagnósticos de incerteza quanto à disponibilidade hídrica para as gerações futuras foram os indicadores do surgimento dessa nova dimensão de direito fundamental consolidado pelo acesso à água potável[2].

3.2 O RECONHECIMENTO DO DIREITO HUMANO À ÁGUA NO CONTEXTO INTERNACIONAL

Reconhecer e declarar que o direito de acesso à água consiste em um direito humano não foi uma decisão pacífica ao longo do tempo, no contexto internacional. Havia uma tendência a negar esse direito. A consolidação dessa ideia sobreveio paulatinamente a partir da interpretação de documentos das Nações Unidas voltados a outros direitos como a paz, a segurança internacional, a dignidade e o valor do ser humano, a liberdade, a saúde, o bem-estar e o saneamento, entre outros. O argumento utilizado foi que esses direitos incluíam necessariamente o direito humano à água, embora não houvesse ainda uma afirmação expressa nesse sentido.

As primeiras referências implícitas constam na Carta das Nações Unidas de 1945, que destaca a **cooperação internacional** como uma forma de resolver os problemas de caráter econômico, social, cultural ou humanitário e para promover e estimular o respeito aos direitos humanos e às liberdades fundamentais para todos, sem distinção de raça, sexo, língua ou religião[3]. Além disso, menciona-se a necessidade de buscar uma solução dos problemas internacionais econômicos, sociais, sanitários e conexos[4].

A **Declaração Universal dos Direitos Humanos** de 1948 assegura o direito à saúde e ao bem-estar, dentro de um rol exemplificativo de outras garantias, como a saúde, o bem estar e a alimentação[5]. Certamente a água é essencial para garantir a segurança alimentar, pois é fator condicionante da viabilidade tanto da agricultura como da pecuária. Mas ainda não se abordava um direito específico à água.

No que se refere à saúde, é importante considerar também a qualidade da água, que impacta diretamente a saúde das pessoas. No País, segundo o Instituto Trata Brasil, a *Em 2010, a incidência de internações por doenças associadas à falta*

---
2. FACHIN, Zulmar. SILVA, Deise Marcelino da. Acesso à água potável: direito fundamental de sexta dimensão. 3. ed. Londrina/PR: Thoth, 2017, p. 77.
3. Carta das Nações Unidas, art. 1º, 3. Decreto 19.841/45.
4. Carta das Nações Unidas, art. 55, b. Decreto 19.841/45.
5. Declaração Universal dos Direitos Humanos, art. XXV.

de saneamento para cada 10 mil habitantes foi de 31,83 – ano com a maior taxa. Esse índice reduziu timidamente com anos posteriores, mas ainda não representa uma melhora significativa. No país, em 2017 essa incidência de internações por doenças associadas à falta de saneamento foi de 12,46 internações por 10 mil habitantes. Dessas doenças, a dengue é de longe a doença com a maior quantidade de internações. Só no ano de 2017 foram registrados cerca de 19.776 casos, quase 10 vezes mais que o número de casos de leptospirose, que é a segunda doença com mais internações no Brasil. Em contra partida, houve uma baixa de quase 55 mil casos de 2010 até 2017, mas mesmo com essa melhora, o número ainda é altíssimo[6].

O **Pacto Internacional sobre Direitos Econômicos, Sociais e Culturais**[7] de 1966 reconhece o *direito de toda pessoa a um nível de vida adequando para si próprio e sua família, inclusive à alimentação, vestimenta e moradia adequadas, assim como a uma melhoria continua de suas condições de vida*, assegurando a exploração e a utilização mais eficazes dos recursos naturais na proteção contra a fome[8]. Ainda aqui não se mencionou expressamente o direito humano à água, embora claramente a água estivesse implícita nessa declaração.

Foi somente na **Conferência das Nações Unidas para a Água de Mar del Plata**, realizada em 1977, primeiro evento multilateral realizado sob os auspícios da ONU genuinamente global, que se debruçou sobre a problemática da água. Nesse evento, o **direito à água** foi expressamente reconhecido pela primeira vez[9]. Levaram-se em conta as demandas do desenvolvimento humano que requeriam maior atenção na regulação dos recursos hídricos, assim como a consciência das estreitas ligações entre a água e o meio ambiente, os assentamentos humanos e a produção de alimentos.

Nessa Conferência foi criado o primeiro Plano de Ação, reconhecendo que *todos os povos, independentemente do estágio de desenvolvimento e das condições sociais e econômicas, têm o direito de ter acesso à água potável em quantidades e com qualidade equivalente às suas necessidades básicas.*

As necessidades mais urgentes à época eram a produção de alimentos e o abastecimento de água para consumo humano como estratégias para minimizar

---

6. TRATA BRASIL. INTERNAÇÕES DE DOENÇAS POR VEICULAÇÃO HÍDRICA NO BRASIL. Disponível em: https://www.tratabrasil.org.br/pt/saneamento-basico/painel-do-saneamento/internacoes-de-doencas-por-veiculacao-hidrica-no-brasil. Acesso: 10 maio 2022.
7. Decreto 591/92.
8. Pacto Internacional sobre Direitos Econômicos, Sociais e Culturais, art. 11.
9. LAVÍN, Antonio Riva Palacio. El Pacto Internacional de Derechos Económicos, Sociales y Culturales. Colección del sistema universal de protección de los derechos humanos – fascículo 4. Ciudad de México: Comisión Nacional de los Derechos Humanos, 2012.

os efeitos nocivos de secas e inundações e ameaças à qualidade da água, não que isso significasse negligenciar outras questões que também deviam ser priorizadas.

Nota-se aqui a influência da Conferência da ONU sobre Meio Ambiente Humano – Estocolmo 72 – nessa nova visão sobre a água. Segundo a Declaração de Estocolmo, *milhões de pessoas seguem vivendo muito abaixo dos níveis mínimos necessários para uma existência humana digna, privada de alimentação, [...] de condições de saúde e de higiene adequadas.* Claramente a falta de água está implícita, entre outros fatores, nessa situação. A água encontra-se mencionada no Princípio 2, que trata da necessidade de preservação dos recursos naturais da terra, em benefício das gerações presentes e futuras, mediante planejamento ou ordenamento.

A partir daí, o reconhecimento do direito à água passou a constar de vários documentos internacionais. Os Protocolos I e II, adicionais às Convenções de Genebra de 1949, adotados em 10-6-1977 pela **Conferência Diplomática sobre a Reafirmação e o Desenvolvimento do Direito Internacional Humanitário aplicável aos Conflitos Armados**[10] também trataram da garantia à água, em situação de guerra.

O Protocolo I aborda, em seu art. 54, a proteção dos bens indispensáveis à sobrevivência da população civil, dispondo no item 2 que *é proibido atacar, destruir, remover ou inutilizar os bens indispensáveis à sobrevivência da população civil, tais como os gêneros alimentícios e as zonas agrícolas que os produzem, as colheitas, o gado, as instalações e reservas de água potável e as obras de irrigação, com a deliberada intenção de privar desses bens, por seu valor, como meios para assegurar a subsistência a população civil ou a Parte adversa, seja qual for o motivo, quer seja para fazer padecer de fome as pessoas civis ou para provocar seu deslocamento, ou com qualquer outro propósito.*

O Protocolo II, em seu art. 5, trata das pessoas privadas de liberdade por motivos relacionados com o conflito armado, internadas ou detidas, que receberão, na mesma medida que a população local, alimentos e água potável e desfrutarão de garantias de salubridade e higiene e de proteção contra os rigores do clima e os perigos do conflito armado.[11]

Ao tratar da **Proteção dos Bens Indispensáveis à Sobrevivência da População Civil**, o Protocolo II proíbe a utilização da fome contra os civis como método de combate. É, portanto, *proibido atacar, destruir, subtrair ou inutilizar os bens indispensáveis a sobrevivência da população civil, tais como gêneros alimentícios*

---

10. Decreto 849/1993.
11. Protocolo II, art. 5, 1.b.

e as zonas agrícolas que os produzem, as colheitas, o gado, as instalações e reservas de água potável e as obras de irrigação.[12]

A **Convenção sobre a Eliminação de Todas as Formas de Discriminação contra a Mulher**, de 1979[13], em seu art. 14, 2 dispõe que os Estados-Partes adotarão todas as medidas para eliminar a discriminação contra a mulher nas zonas rurais para assegurar, em condições de igualdade entre homens e mulheres, que participem no desenvolvimento rural e dele se beneficiem, assegurando o direito de, entre outros, *gozar de condições de vida adequadas, particularmente nas esferas da habitação, dos serviços sanitários, da eletricidade e do abastecimento de água, do transporte e das comunicações*[14].

A **Convenção sobre os Direitos da Criança** de 1990[15] determina, no art. 24, 2, que *os Estados Partes garantirão a plena aplicação do direito da criança de gozar do melhor padrão possível de saúde e dos serviços destinados ao tratamento das doenças e à recuperação da saúde e, em especial, adotarão as medidas apropriadas com vistas a, entre outros, "combater as doenças e a desnutrição dentro do contexto dos cuidados básicos de saúde mediante [...] o fornecimento de alimentos nutritivos e de água potável, tendo em vista os perigos e riscos da poluição ambiental"*[16].

A **Conferência Internacional sobre Água e Meio Ambiente – Dublin/1992** estabelece na Agenda de Ação a *prioridade ao desenvolvimento e à gestão dos recursos hídricos para acelerar o fornecimento de alimentos, água e saneamento aos milhões de pessoas não atendidas.* Nota-se nos princípios da Conferência de Dublin um acentuado avanço na questão humanitária, ao trazer o tema da participação social nas decisões e destacar o papel das mulheres.

O Princípio 3 declara que *as mulheres desempenham um papel central na prestação, gestão e preservação da água como provedoras e usuárias de água e guardiãs do ambiente em que vivem,* argumentando-se que raras vezes isso se reflete nas disposições institucionais para o desenvolvimento e a gestão dos recursos hídricos. O texto vai além, tratando tanto da aceitação do princípio como da sua aplicação, o que *exige políticas positivas para enfrentar as necessidades específicas das mulheres e para equipar e capacitar as mulheres para participar em todos os níveis de programas que envolvam recursos hídricos, incluindo a tomada de decisões e implementação, em formas definidas por elas.*

---

12. Protocolo II, art. 14.
13. Decreto 4.377/2002.
14. Convenção sobre a Eliminação de Todas as Formas de Discriminação contra a Mulher de 1979, art. 14, 2, *h*.
15. Decreto 99.710/90.
16. Convenção sobre os Direitos da Criança de 1990, art. 24, 2, *c*.

Esse tema está intrinsecamente associado ao princípio da participação.

Princípio 4 da Declaração de Dublin merece atenção. Ao dispor que *a água possui um valor econômico em todos os seus usos e deve ser reconhecida como um bem econômico*, o texto ressalva que *dentro deste princípio é vital para reconhecer primeiramente o direito fundamental de todos os seres humanos de ter acesso à água potável e ao saneamento básico a um preço acessível*. Ou seja, em nenhuma hipótese é aceitável colocar um valor excessivo no preço da água, que possa pôr em risco a segurança das pessoas.

A Declaração pondera que erros no passado, de não reconhecer o valor econômico da água, têm levado ao desperdício e a usos nocivos para o ambiente. Nesse sentido, *a gestão da água como um bem econômico é um importante caminho para alcançar um uso eficiente e equitativo e de promover a conservação e proteção dos recursos hídricos*[17].

A Agenda 21, produto da Conferência da ONU sobre Meio Ambiente e Desenvolvimento, tratou da água e do saneamento no capítulo 18. O conteúdo ali introduzido é bastante atual, o que remete ao fato de que as grandes preocupações relacionadas com a água, inclusive como direito humano, entre outros temas, já eram claras no cenário internacional já no início da década de 1990.

O objetivo geral estabelecido é *assegurar que se mantenha uma oferta adequada de água de boa qualidade para toda a população do planeta, ao mesmo tempo em que se preserve as funções hidrológicas, biológicas e químicas dos ecossistemas, adaptando as atividades humanas aos limites da capacidade da natureza e combatendo vetores de moléstias relacionadas com a água*. Como se percebe, não há um foco específico no direito humano à água, mas também a ele. Nessa linha, o texto menciona a *proteção da saúde pública, tarefa que exige não apenas o fornecimento de água potável digna de confiança, como também o controle de vetores insalubres no ambiente aquático*.

Se ainda havia alguma dificuldade para associar a água aos direitos humanos, a Conferência Internacional sobre População e Desenvolvimento realizada em 1994 no Cairo abordou a matéria de forma ampliada, afirmando que *todo homem tem direito a um adequado padrão de vida para si mesmo e sua família, inclusive alimentação, vestiário, habitação, água e saneamento*. Nota-se aqui uma espécie de complementação ao art. 11 do Pacto Internacional sobre Direitos Econômicos, Sociais e Culturais de 1966, que, no entanto, não havia mencionado a água no rol dos direitos humanos.

---

17. Ver Capítulo sobre Águas – Cobrança pelo Uso de Recursos Hídricos.

O item 3.13. da Conferência Internacional sobre População e Desenvolvimento menciona que a pobreza – tema do ODS 1– está intimamente relacionada com uma inadequada distribuição espacial da população, com o uso insustentável e uma distribuição desigual de recursos naturais como terra e água e com uma séria degradação ambiental. O item 8.10. menciona que "todos países devem dar prioridade a medidas que melhorem a qualidade de vida e a saúde, assegurando um meio ambiente seguro e saudável para todos os segmentos da população, por meio de medidas que visem evitar congestionamentos de moradia, reduzir a poluição do ar, assegurar acesso à água tratada e ao saneamento, melhorar o manejo do resíduo e aumentar a segurança do local de trabalho."

Segundo o item 9.18, *os governos devem promover o desenvolvimento e a implementação de eficientes estratégias de manejo ambiental em aglomerados urbanos, dispensando especial atenção ao manejo da água.*

Na Conferência Internacional sobre Água e Desenvolvimento Sustentável, realizada em Paris em 1998 afirmou-se que *os recursos hídricos são essenciais à satisfação das necessidades humanas básicas, de saúde, energia e produção de elementos e à preservação de ecossistemas, assim como ao desenvolvimento social e econômico em todas as suas fases: social, política etc.* Além disso, é imprescindível que os países ribeirinhos compartilhem uma visão comum com miras ao aproveitamento, gestão e proteção eficazes das águas de curso sucessivo, de tipo doce e de natureza fronteiriça.

Após a realização da Cúpula do Milênio em 2000 a ONU aprovou os Objetivos de Desenvolvimento do Milênio (ODM), estabelecendo metas para o período de 2000 a 2015. O objetivo 7 referia-se à Qualidade de Vida e ao Respeito ao Meio Ambiente e sua Meta 7C consistia em "reduzir pela metade, até 2015, a proporção de pessoas sem acesso sustentável à água potável e saneamento básico." Segundo o Relatório da ONU Sobre os Objetivos de Desenvolvimento do Milênio de 2015:

> *Em 2015, 91% da população mundial usa uma fonte de água potável melhorada, em comparação com os 76% em 1990.*
>
> *Dos 2,6 mil milhões de pessoas que obtiveram acesso a água potável melhorada desde 1990, 1,9 mil milhões obtiveram acesso a água potável canalizada no local. Mais de metade da população mundial (58%) desfruta agora deste nível mais elevado de serviço.*
>
> *Globalmente, 147 países alcançaram a meta da água potável, 95 países alcançaram a meta do saneamento e 77 países alcançaram ambas.*
>
> *Em nível mundial, 2,1 mil milhões de pessoas obtiveram acesso a saneamento melhorado. A proporção de pessoas que recorre à defecação ao ar livre caiu para quase metade desde 1990.*[18]

---

18. ONU. Relatório Sobre os Objetivos de Desenvolvimento do Milênio, 2015, p. 7. Disponível em: http://abm.org.br/ods/wp-content/uploads/2017/10/Relatorio-sobre-os-Objetivos-do-Milenio-2015.pdf

Em 2001, uma das questões discutidas na Conferência Internacional sobre Água Doce, realizada em Bonn, Alemanha denominada *Água – Chave para o Desenvolvimento Sustentável*, foi a necessidade de *assegurar o acesso equitativo da água para todas as pessoas*. Nesse evento deu-se destaque para a necessidade de instituições eficazes, a partir da melhoria da transparência institucional, troca de informações, boa governança, e processos participativos.

Como forma de reforçar a importância do reconhecimento do direito humano à água, o Comitê de Direitos Econômicos, Sociais e Culturais das Nações Unidas, órgão que interpretou o conteúdo do Pacto Internacional sobre Direitos Econômicos, Sociais e Culturais afirmou, em 2003, no seu Comentário Geral sobre o Direito à Água – Capítulo 15, que *o direito humano à água [deve] garant[ir] a todos o acesso a água suficiente, segura, aceitável, fisicamente acessível e barata para uso pessoal e doméstico. É necessária uma quantidade adequada de água potável para evitar a morte por desidratação, reduzir o risco de doenças relacionadas à água e fornecer consumo, cozimento, requisitos pessoais e domésticos de higiene* [19] (trad. da autora).

Em 28 de julho de 2010, a Assembleia Geral das Nações Unidas declarou, por sua Resolução A/RES/64/292, "o acesso seguro à água potável e ao saneamento como um direito humano fundamental para o pleno aproveitamento da vida e de todos os outros direitos humanos." Essa resolução:

1. Reconhece que o direito à água potável e ao saneamento é um direito humano essencial para o pleno exercício da vida e de todos os direitos humanos;

2. Exorta os Estados e as organizações internacionais a fornecer recursos financeiros e incentivar a capacitação e a transferência de tecnologia por meio da assistência e cooperação internacional, em particular para os países em desenvolvimento, a fim de intensificar esforços para fornecer à população inteira acesso econômico a água potável e saneamento.

O texto reproduzido no item 2 acima, apesar da importância da resolução em que está inserido, possui um foco ultrapassado no sentido de alcance da efetividade. Ao mencionar os Estados nacionais e organizações internacionais,

---

Acesso: 10 maio 2022.

19. OFFICE OF THE HUMAN COMISSION FOR HUMAN RIGHTS. General Comment 15: The Right to Water (Arts. 11 and 12 of the Covenant). Adopted at the Twenty-ninth Session of the Committee on Economic, Social and Cultural Rights, on 20 January 2003. (Contained in Document E/C.12/2002/11). "The human right to water entitles everyone to sufficient, safe, acceptable, physically accessible and affordable water for personal and domestic uses. Na adequate amount of safe water is necessary to prevent death from dehydration, to reduce the risk of water-related disease and to provide for consumption, cooking, personal and domestic hygienic requirements." Disponível em: https://www.refworld.org/pdfid/4538838d11.pdf. Acesso: 18 maio 2022.

como os únicos entes responsáveis pela viabilização das ações voltadas ao acesso à água e ao saneamento, deixou de considerar uma enorme gama de atores públicos e privados que podem e fazem acontecer as ações relacionadas com o acesso à água e ao saneamento.

Estados nacionais e organizações internacionais são sujeitos do direito internacional clássico com origem no século XVII. O cenário do século XXI aponta para outra realidade, tratada no Direito Ambiental Internacional, ramo complementar do Direito Internacional clássico. Nos termos dessa nova disciplina, além daqueles atores – Estados nacionais e Organizações Internacionais –, cuja atuação permanece relevante, outros entes surgem com forte protagonismo. Governos subnacionais, municípios, populações locais, organizações não governamentais e o setor privado fazem parte dessa nova lógica, principalmente em questões a respeito de água e saneamento, cuja implementação é necessariamente local.

No Brasil, a titularidade dos serviços de saneamento básico[20], nos termos da Lei 11.445/2007, pertence:

> aos Municípios e ao Distrito Federal, no caso de interesse local, isto é, nos casos em que as infraestruturas e instalações operacionais atendam a um único Município[21];
>
> ao Estado, em conjunto com os Municípios que compartilham efetivamente instalações operacionais integrantes de regiões metropolitanas, aglomerações urbanas e microrregiões, instituídas por lei complementar estadual, no caso de interesse comum, em que se verifique o compartilhamento de instalações operacionais de infraestrutura de abastecimento de água e/ou de esgotamento sanitário entre 2 (dois) ou mais Municípios, denotando a necessidade de organizá-los, planejá-los, executá-los e operá-los de forma conjunta e integrada pelo Estado e pelos Municípios que compartilham, no todo ou em parte, as referidas instalações operacionais[22].

Considerando as diversidades geográficas, climáticas, econômicas e sociais do imenso território do país, esperar que apenas o Governo central resolva a questão do acesso à água e ao saneamento é ignorar oportunidades que somam de forma relevante na universalização do serviço. As soluções podem ser locais. Municípios podem fazer parcerias, consórcios públicos e outros acordos administrativos entre si para viabilizar tanto a obtenção de recursos, como a elaboração de projetos e a realização de obras comuns, necessárias ao abastecimento de água ou o tratamento dos esgotos. Para isso, a articulação política, técnica e administrativa entre os entes federados destaca-se como um fator essencial.

Os governos estaduais, mesmo nos casos de interesse local, podem unir-se aos municípios apoiando as ações voltadas ao acesso à água e ao saneamento.

---

20. Lei 11.445/2007, art. 8º.
21. Lei 11.445/2007, art. 3º, XV.
22. Lei 11.445/2007, art. 3º, XIV.

Os comitês de bacia hidrográfica podem deliberar no sentido de que parte dos recursos arrecadados pela cobrança pelo uso da água sejam aplicados no financiamento dos planos municipais de saneamento básico (demanda induzida).

A Resolução da ONU menciona que os meios de atingimento do acesso seriam o fornecimento de recursos financeiros e incentivo à capacitação e transferência de tecnologia. A cooperação internacional não está descartada. Todavia, não se pode deixar de considerar a participação outros agentes que não apenas os estados nacionais e as organizações internacionais.

As organizações não governamentais exercem papel relevante na matéria, seja com estudos, na capacitação dos operadores de sistemas locais em regiões menos favorecidas.

Da mesma forma, o setor privado, seja como usuário da água, seja como prestador dos serviços, seja como viabilizador do acesso à água potável e ao saneamento deve ser considerado.

O Conselho de Direitos Humanos, a partir desses marcos, adotou na última década diversas resoluções que reconhecem o acesso seguro à água potável e ao saneamento como um direito humano relacionado ao direito à vida e à dignidade humana. Entre as ferramentas e mecanismos apropriados para alcançar progressivamente a plena conformidade com as obrigações relacionadas ao acesso seguro à água potável e ao saneamento, incluem-se aquelas que estão atualmente sem serviço ou com serviço insuficiente (ONU, Resolução A/HRC/RES/15/, 2010).

Além disso, a Resolução 21/2, de 2012, deu ênfase especial à questão da acessibilidade econômica dos serviços de água potável e saneamento, financiamento e sustentabilidade dos sistemas, cooperação internacional, participação cidadã e prestação de contas. Reforça a necessidade de os países adotarem uma abordagem de direitos humanos para a gestão de recursos hídricos e publicarem novos regulamentos alinhados com esse tema.

Do ponto de vista da atuação dos Estados, a ONU estabeleceu que eles devem priorizar medidas para atingir a "regulação e monitoramento independente da água e saneamento, bem como mecanismos de responsabilização para as práticas de endereços que minam a realização progressiva deste direito humano". Da mesma forma, cabe aos Estados conduzir processos de planejamento abrangentes que visam a alcançar o "acesso sustentável universal, mesmo nos casos em que o setor privado, doadores e organizações não governamentais participam da prestação de serviços" (ONU, Resolução 24/18, 2013).

A Resolução do Conselho de Direitos Humanos sobre direito à água, A/HRC/RES/33/10, de outubro de 2016, traz, inclusive, a preocupação com a desigualdade de gênero no acesso à água potável e saneamento, estabelecendo diretrizes para os Estados no sentido de alterar leis e adotar critérios para a efetiva equidade de gênero em relação a esse direito.

A Assembleia Geral da ONU também adotou resoluções no sentido de consolidar o direito à água como um direito humano e estabelecer diretrizes para a sua efetivação. A Resolução A/RES/68/157, de 2013, reafirma *a responsabilidade dos Estados de garantir a promoção e proteção de todos os direitos humanos, que são universais, indivisíveis, interdependentes* e que é preciso *dar a devida consideração ao direito humano à água potável e ao saneamento na preparação de a agenda para o desenvolvimento após 2015, em particular ao definir metas, objetivos e indicadores específicos, levando em conta uma abordagem que apoie a promoção e a proteção dos direitos humanos.*

4
BREVE HISTÓRICO DO TRATAMENTO JURÍDICO DA ÁGUA

4.1 DIREITO ROMANO

Para os romanos, os bens particulares (*res singulorum*) se opunham *às res communes omnium, as res publicae* e as *res universitatum*. As coisas comuns a todos, nas palavras de Mário Masagão, *eram as de abundância incalculável, e destinadas ao uso indiscriminado de qualquer pessoa, como o ar, a água, a corrente, e o mar*. As coisas públicas eram as que pertenciam ao povo romano, embora, natural ou civilmente, pudessem estar franqueadas ao uso de todos, como os portos, os rios, os caminhos públicos.[1]

Segundo Mário Tavarela Lobo, da análise dos textos legislativos romanos

logo se infere uma acentuada tendência para a ampliação do domínio público das águas em detrimento do domínio privado, tendência que viria a assumir no direito moderno a sua maior expressão e amplitude.[2]

Os romanos adotaram a classificação tripartida das águas, classificando-as em comuns, públicas e particulares. As águas comuns pertenciam a todos, sendo insuscetíveis de apropriação, quer por parte do Estado, quer pelos particulares, coletiva ou individualmente. Não estavam ocupadas e não tinham dono, constituindo *res nullius*. Consistiam as águas comuns nas águas dos barrancos, nas águas pluviais e nas águas correntes (*acqua profluens*), sendo permitida sua utilização para fins domésticos – beber, lavar etc.

Em razão de seu uso ser facultado a todos, não se constituía direito de propriedade sobre elas, que ficavam fora do domínio da lei. Como não se revestiam de importância fundamental, em relação aos usos vigentes à época, não havia necessidade de estabelecer-se um domínio legal específico.

---

1. MASAGÃO, Mário. *Curso de direito administrativo*. São Paulo: Revista dos Tribunais, 1974, p. 127.
2. LOBO, Mário Tavarela. *Manual do direito de águas*. Coimbra: Coimbra Editora, 1989. v. 1, p. 17.

As águas públicas eram as *destinadas pelo Estado ao uso público, mediante a observância, por todos os utentes, dos respectivos regulamentos*.[3] Diferentemente do que ocorria com as águas comuns, o sujeito do direito de propriedade era o povo romano.

Segundo Tavarela Lobo,

> *públicas eram as águas que corriam pelos grandes rios, sempre suscetíveis de navegação – (flumen) –, entendido como cursos de água perene* (flumina perennia); *os canais; os lagos* (lacus), *destinados aos usos públicos de navegação; os depósitos de águas temporárias* (stagnum) *formados no inverno, as fossas ou receptáculos de água artificial* (fossa) *etc.*

Essas águas públicas destinavam-se basicamente à navegação e ao transporte. Em consequência, proibiam-se quaisquer obras que provocassem diminuição do caudal. Todavia, desde que observados os regulamentos vigentes, podiam os cidadãos navegar, extrair água, dar de beber aos animais ou satisfazer a outras necessidades primárias da vida.

Ainda no que se refere às águas fluviais das correntes não navegáveis nem flutuáveis, não há unanimidade entre os romanistas sobre sua condição jurídica.[4] Reputavam-se públicas as fontes e as águas subterrâneas existentes em lugares públicos.[5] As águas públicas estavam fora do comércio, sendo assim inalienáveis e imprescritíveis, não se perdendo pelo não uso, além de insuscetíveis de sobre elas constituírem-se servidões.

Conclui Tavarela Lobo que *o direito romano perfilhava a teoria do livre uso das águas públicas por todos e que sua propriedade pertencia ao povo romano, representado pelo Estado.*

Já as denominadas águas particulares eram suscetíveis de apropriação individual, sendo dos particulares a titularidade dos direitos de propriedade e de uso.

Chama-se a atenção para o fato de que as águas particulares se encontravam sob o regime de comércio, podendo ser alienadas e prescritíveis, além de sobre elas poderem recair servidões. Não se sujeitavam aos usos públicos da pesca, extração de água, bebedouro de animais e outros gastos domésticos ou ao uso público da navegação.

Integravam as águas particulares (*aqua privata*) as fontes e nascentes dum prédio particular (*portio enim agri videtur aqua viva*), as águas subterrâneas existentes em terrenos particulares, as que corriam por prédios e canais de domínio particular e as que formavam lagos ou depósitos destinados a aproveitamentos privados. Além disso, no domínio das correntes não navegáveis nem flutuáveis,

---

3. LOBO, Mário Tavarela. *Manual do direito de águas*. Coimbra: Coimbra Editora, 1989. v. 1, p. 18.
4. LOBO, Mário Tavarela. *Manual do direito de águas*. Coimbra: Coimbra Editora, 1989. v. 1, p. 19.
5. LOBO, Mário Tavarela. *Manual do direito de águas*. Coimbra: Coimbra Editora, 1989. v. 1, p. 21.

eram particulares as correntes perenes não reputadas públicas pelos habitantes da região e as não perenes (*flumina torrentia*), ou seja, os cursos que na época de estiagem costumam secar – cursos descontínuos ou variáveis.

Tavarela Lobo registra ainda que

> não se pode menosprezar a alta importância da distinção da água pública e privada no direito romano. A disciplina jurídica da água não significa um mero problema de titularidade do seu domínio, mas um problema diverso e mais complexo da disponibilidade do seu uso e gozo em correlação com as diversas formas de utilização coletiva e individual.[6]

4.2 IDADE MÉDIA

Na Idade Média, em face das alterações de cunho social havidas, sobretudo o fortalecimento do regime feudal, passou o príncipe a assumir a tutela das coisas públicas mais importantes. Resta verificar qual a extensão dessa alteração de titularidade.

Em Portugal, esse fenômeno refletiu-se nas Ordenações do Reino, declarando-se que o patrimônio das correntes era exclusivo da Coroa. E mencionando-se, entre os Direitos Reais, as

> estradas, as ruas públicas, antigamente usadas, e os rios navegáveis, e os de que se fazem os navegáveis, se são caudais, que corram em todo o tempo. E posto que o uso dos rios seja igualmente comum a toda a gente, e ainda a todos os animais, sempre a propriedade fica no Patrimônio Real.
>
> Desse modo, em frisante contraste com o regime jurídico do direito romano que atribuía ao povo, representado pelo Estado a propriedade destas correntes navegáveis, a legislação feudal atribuiu ao rei não um simples poder de polícia ou inspeção, mas de propriedade absoluta dos cursos d'água.[7]

A atribuição ao poder real da dominialidade sobre as correntes navegáveis e sobre as que contribuem para a formação daquelas, deu origem às regalias.

Segundo a teoria das regalias,

> o poder do príncipe estendia-se não apenas ao supremo direito de império e jurisdição mas ainda ao verdadeiro e próprio domínio patrimonial das coisas. Ao soberano era atribuído, ao lado do supremo controle da vida pública, o direito de domínio sobre tudo quanto não constitui objeto imediato da propriedade privada. Entendia-se que este domínio pertencia ao príncipe como lógico corolário do direito de propriedade dimanado da conquista, conferindo-lhe direito ao solo e portanto às águas. Iniciada durante a dominação lombarda perdurou essa teoria durante toda a Idade Média até fins do século XVIII, exercendo uma influência profunda nos sistemas legislativos de diversos países.[8]

---

6. LOBO, Mário Tavarela. *Manual do direito de águas.* Coimbra: Coimbra Editora, 1989. v. 1, p. 22.
7. LOBO, Mário Tavarela. *Manual do direito de águas.* Coimbra: Coimbra Editora, 1989. v. 1, p. 24.
8. LOBO, Mário Tavarela. *Manual do direito de águas.* Coimbra: Coimbra Editora, 1989. v. 1, p. 25.

4.3 ORDENAÇÕES

O domínio dos rios foi objeto das Ordenações do Reino de Portugal, Liv. II, tít. XXVI, § 8º. A Resolução de 17-8-1775 declarou que o domínio e a posse das águas particulares pertenciam ao dono do prédio em que nascem. E estabelecia sobre as águas supérfluas uma servidão legal em favor dos prédios inferiores.

O Alvará de 1804, aplicado ao Brasil pelo Alvará de 1819, criou a servidão legal de aqueduto para a agricultura e permitia que as águas dos rios e ribeiros pudessem ser ocupadas por particulares e derivadas para canais ou[9] ainda levadas, em benefício da agricultura e da indústria.

4.4 CONSTITUIÇÕES BRASILEIRAS ANTERIORES

4.4.1 Constituição do Império de 25-3-1824

As águas não foram objeto de tratamento específico nessa Carta, pertencendo todos os rios à Coroa, em conformidade com as Ordenações do Reino. Todavia, o item 22 do art. 179 garantia *o direito de propriedade em toda sua plenitude* e estatuía que o patrimônio privado poderia ser previamente indenizado se o bem público, legalmente verificado, exigisse seu uso e emprego.

A propriedade do solo transmitia-se às riquezas do subsolo, inclusive às águas, segundo a regra do direito comum, de posse e propriedade.

4.4.2 Constituição Republicana de 24-2-1891

A Constituição de 1891 não cogitava expressamente do domínio, mas estabelecia, no art. 13, que o direito da União e dos Estados de legislarem sobre viação térrea e navegação interior seria regido por lei federal.

Em seu art. 34, § 6º, atribuiu ao Congresso Nacional a competência privativa para legislar sobre navegação dos rios que banhassem mais de um Estado ou se estendessem a territórios estrangeiros.

4.4.3 Constituição Republicana de 16-7-1934

O art. 20, I fixou o domínio da União sobre os bens que à época lhe pertenciam, nos termos da lei em vigor. Esse dispositivo constitucional, em seu inciso II, determinou que os lagos e quaisquer correntes em terrenos de seu domínio, ou que banhassem mais de um Estado, servissem de limite com outros países ou

---

9. VALLADÃO, Alfredo. *Rios públicos e particulares*. Belo Horizonte, 1904. p. 23.

se estendessem a território estrangeiro, pertenciam à União, assim como as ilhas fluviais e lacustres nas zonas fronteiriças.

Aos Estados restaram os bens de propriedade destes, conforme a legislação então em vigor, com exceção dos atribuídos à União, de acordo com os termos do art. 21, I. Ainda como propriedade dos Estados, o inciso II do mesmo artigo estabeleceu que as margens dos rios e lagos navegáveis, destinadas ao uso público, se por algum título não fossem do domínio federal, teriam domínio municipal ou particular.

O art. 5º dispunha, em seu inciso XIX, sobre a competência privativa da União, para legislar, entre outros, sobre águas e energia elétrica, florestas, caça e pesca e sua exploração (alínea *j*) e sobre o regime de portos e navegação de cabotagem (alínea *e*). Note-se que não havia, ainda, o entendimento do meio ambiente como um conjunto de elementos naturais e suas relações, o que só viria a ocorrer com a edição da Lei 6.938/81 e, no campo constitucional, por meio da Carta de 1988.

De acordo com o art. 118, as minas e as demais riquezas do subsolo, bem como as quedas d'água, constituíam propriedades distintas da do solo, para efeito de exploração ou aproveitamento industrial, e o art. 119 dispunha que o aproveitamento industrial das minas e das jazidas minerais, bem como das águas e da energia hidráulica, ainda que de propriedade privada, dependia de autorização ou concessão federal, na forma da lei.

No que se refere às ações e planejamento da atividade humana e o combate às calamidades públicas, em benefício do desenvolvimento social e econômico do país, a Carta de 1934 estabelecia, em seu art. 5º, XV, como competência privativa da União, *organizar a defesa permanente contra os efeitos da seca nos Estados do Norte*.[10]

E determinava o art. 177 que a defesa contra os efeitos da seca nos Estados do Norte obedecesse a um *plano sistemático e permanente*, ficando a cargo da União, que despenderia, com as obras e os serviços de assistência, quantia nunca inferior a 4% de sua receita tributária sem aplicação especial.

Aqui, dois pontos importantes se colocam. O primeiro versa sobre o planejamento – plano sistemático e permanente – relativo às ações a serem desenvolvidas visando à defesa dos efeitos da seca, na região Nordeste. O segundo refere-se à reserva orçamentária para obras e serviços de assistência. Encontram-se, aí, dois elementos fundamentais de uma política pública: o plano e o recurso financeiro – vinculação orçamentária – destinado a realizá-lo.

---

10. Entenda-se *Estados do Nordeste*.

Verifique-se que os parágrafos do mencionado art. 177 estabeleciam um *quantum* desse percentual para as obras *normais*, sendo o restante reservado para as populações atingidas pela calamidade (§ 1º). O controle legislativo ficava evidente no texto, à medida que o Poder Executivo se obrigava a encaminhar a relação dos trabalhos terminados e em andamento, dos gastos efetuados e dos recursos necessários à continuidade das obras (§ 2º). Os Estados e os Municípios localizados em áreas assoladas pelas secas obrigavam-se a empregar um percentual de 4% de sua receita tributária, sem aplicação especial, na assistência econômica da população (§ 3º).

4.4.4 Constituição Republicana de 10-11-1937

Essa Constituição não alterou os termos de sua antecessora, no que se refere ao domínio das águas, não se tendo tratado das ações de proteção aos efeitos danosos. O art. 16 estabelecia a competência privativa da União para legislar sobre comunicação e transporte via d'água, de caráter internacional ou interestadual (XI), navegação de cabotagem (XII), bens de domínio federal, energia hidráulica, águas, florestas, caça e pesca e sua exploração (XIV), alfândega e entrepostos, polícia marítima, portuária e das vias fluviais (XIII).

O art. 17 estabelecia que, nas matérias de competência exclusiva da União, a lei poderia delegar aos Estados a faculdade de legislar, seja para regular a matéria, seja para suprir as lacunas da legislação federal, quando se tratasse de questão de interesse de mais de um Estado.

Nos termos do art. 18, independentemente da autorização, os Estados podiam legislar, no caso de haver lei federal sobre a matéria, para suprir-lhe as deficiências ou atender às peculiaridades locais, desde que não dispensassem ou diminuíssem as exigências da lei federal ou, em não havendo lei federal e até que esta o regulasse, sobre, entre outros temas, a água, energia elétrica, florestas, caça e pesca e sua exploração.

De acordo com o parágrafo único, nas duas hipóteses – se o Poder Legislativo Federal ou o Presidente da República expedisse lei ou regulamento sobre a matéria –, derrogava-se a lei estadual, nas partes incompatíveis com a lei ou regulamento federal.[11]

Conforme o disposto no art. 143, as quedas d'água constituíam propriedade distinta da do solo para efeito de exploração ou aproveitamento industrial, os

---

11. Segundo Palhares Moreira Reis, *durante o período de vigência do texto de 1937, nunca funcionaram nem o Congresso Nacional nem os órgãos legislativos dos Estados, ficando tal dispositivo como regra morta*. (A água e sua utilização: aspectos jurídico-institucionais. *Revista Trimestral de Jurisprudência dos Estados*, São Paulo, 12 (55), p. 19-32, ago. 1988).

quais dependiam de autorização federal, mesmo quando se tratasse de propriedade privada.

4.4.5 Constituição Republicana de 18-9-1946

Considerada a mais moderna e liberal Constituição que o país jamais teve, alterou o direito anterior no que se refere ao domínio hídrico, excluindo os municípios da categoria de detentores de domínio das águas. No art. 34, I, atribuiu à União os lagos e quaisquer correntes de água em terrenos de seu domínio ou que banhassem mais de um Estado, servissem de limite com outro país ou se estendessem a território estrangeiro e bem assim a ilhas fluviais e lacustres nas zonas limítrofes com outros países.

Nos termos do art. 35, atribuiu aos Estados os lagos e rios em terrenos de seu domínio e os que tivessem nascente e foz em seu território.[12] Estabeleceu ainda a competência da União, no art. 5º, XIII, para organizar defesa permanente contra os efeitos da seca, das endemias rurais e das inundações.

O art. 198 dispunha que, na execução do plano de defesa contra os efeitos da denominada seca do Nordeste, a União despenderia, anualmente, com as obras e serviços de assistência econômica e social, quantia nunca inferior a 3% de sua renda tributária. O art. 29, das Disposições Transitórias, definia a obrigação, do Governo Federal, pelo período de 20 anos, de traçar e executar um plano de aproveitamento total das possibilidades econômicas do Rio São Francisco e seus afluentes, no qual aplicaria, anualmente, quantia não inferior a 1% de suas rendas tributárias.

Novamente vem a lume, na esfera constitucional, o planejamento, dessa vez voltado a uma bacia hidrográfica, e à respectiva reserva orçamentária.

4.4.6 Constituição Republicana de 24-1-1967

No que se refere ao domínio hídrico da União, não alterou as disposições da Constituição anterior, estatuindo que os lagos e quaisquer correntes de água em terrenos de seu domínio, ou que banhassem mais de um Estado, servissem de limite com outros países ou se estendessem a território estrangeiro, além dos bens que à época lhe pertenciam, constituíam domínio da União, de acordo com o disposto no art. 4º, II e V.

---

12. A propósito desse dispositivo foi exarado parecer da Procuradoria-Geral da República, relatado no Cap. 1.

No que se refere aos Estados, os lagos e rios em terrenos de seu domínio e os que tivessem nascente e foz no território estadual pertenceriam a esses entes federados, nos termos do art. 5º.

Ao tratar da defesa contra os efeitos nocivos das águas, nota-se um avanço nessa Carta que fixou, como competência da União, em seu art. 8º, XIII, *organizar a defesa permanente contra as calamidades públicas, especialmente a seca e as inundações* e, no inciso XIV do mesmo dispositivo, *estabelecer e executar planos regionais de desenvolvimento*.

Não se estabelece, nessa Carta, qualquer disposição sobre a vinculação de percentuais de tributos a serem utilizados nessa atividade.[13]

4.4.7 Emenda 1, de 17-10-1969, à Constituição Republicana de 1967

A Emenda Constitucional 1 não alterou a Carta emendada, nos assuntos concernentes aos recursos hídricos. Nos termos do art. 168, as jazidas, minas e demais recursos minerais e os potenciais de energia hidráulica constituíam propriedade distinta da do solo, para o efeito de exploração ou aproveitamento industrial, que dependiam de autorização ou de concessão.

No que se refere à competência privativa da União para legislar, indicava o art. 8º, inciso XVII, as florestas, a caça e a pesca (*h*), águas e energia (*i*) e o regime dos portos e da navegação de cabotagem, fluvial e lacustre (*m*). A legislação supletiva ou complementar, autorizada pelo Texto Maior, não alcançava essas matérias.

Aos Estados e mais tarde aos Territórios,[14] foram atribuídos os lagos em terrenos de seu domínio, bem como os rios que neles tivessem nascente e foz, as ilhas fluviais e lacustres.

---

13. Essa nova orientação, no entendimento de Palhares Moreira Reis, decorre da implantação, a partir do governo de Juscelino Kubitschek, do sistema de agências governamentais de desenvolvimento regional, como a Sudene – Superintendência de Desenvolvimento do Nordeste e a Sudam – Superintendência de Desenvolvimento da Amazônia. É da mesma época a criação de incentivos fiscais, quando as empresas podiam deduzir até 50% (cinquenta por cento) do Imposto de Renda devido, para sua aplicação no desenvolvimento regional, primeiro no Nordeste e, mais tarde, dividindo o bolo, nas demais regiões do País, e em outras atividades como pesca e reflorestamento, por exemplo (A água e sua utilização: aspectos jurídico-institucionais. *Revista Trimestral de Jurisprudência dos Estados*, São Paulo, 12 (55), p. 19-32, ago. 1988).
14. Emenda 16, de 27-11-80, artigo único.

5
COMPETÊNCIAS NA CONSTITUIÇÃO FEDERAL DE 1988

5.1 CONCEITO

Conforme José Afonso da Silva,

competência é a faculdade juridicamente atribuída a uma entidade ou a um órgão ou agente do Poder Público para emitir decisões. Competências são as diversas modalidades de poder de que se servem os órgãos ou entidades estatais para realizar suas funções.[1]

As competências dos entes federados encontram-se estabelecidas na Constituição Federal de 1988 como legislativas e administrativas ou materiais, em que se abordam os recursos hídricos e outros temas correlatos, a seguir expostos.

5.2 COMPETÊNCIAS LEGISLATIVAS

Legislar significa a competência para estabelecer normas jurídicas, editar regras e fixar princípios dominantes, disciplinando as atividades políticas e administrativas.[2]

A competência legislativa pode ser privativa da União (art. 22), concorrente entre União, Estados e Distrito Federal (art. 24), dos Estados (art. 25, § 1º), dos Municípios (art. 30) e do Distrito Federal (art. 32, § 1º).[3]

5.2.1 Competência privativa da União

O inciso IV do art. 22 estatui que compete à União legislar privativamente sobre águas e energia, entre outros assuntos. Isso não constitui uma novidade da Constituição de 1988, pois tal mandamento já vigorava anteriormente. Essa

---

1. SILVA, José Afonso da. *Curso de direito constitucional positivo*. 42. ed. São Paulo: Malheiros, 2019. p. 483.
2. FERREIRA, Pinto. *Comentários à Constituição brasileira*. São Paulo: Saraiva, 1990. p. 1.
3. Para um estudo mais aprofundado da matéria, v. ALMEIDA, Fernanda Dias Menezes de. *Competências na Constituição de 1988*. 6. ed. São Paulo: Atlas, 2013.

norma, extremamente centralizadora, era adequada ao controle dos potenciais hidráulicos, cujo poder concedente é a União, também competente para legislar privativamente sobre energia.

A competência privativa da União para legislar sobre as matérias fixadas no art. 22 não implica, todavia, que a mesma seja indelegável. De acordo com o parágrafo único do art. 22, a Lei Complementar poderá autorizar os Estados a legislar sobre questões específicas das matérias relacionadas. Como não se tem notícia de movimentação no Congresso Nacional sobre esse tema, mas apenas esboços de norma, as matérias relacionadas no art. 22 permanecem aparentemente como competência privativa da União.

É aparentemente privativa pois, mesmo não havendo a autorização conferida aos Estados por lei complementar, *os Estados podem dispor sobre o aproveitamento de seus bens e a utilização dos recursos hídricos sob o seu domínio, nos termos da competência que lhes conferem o art. 25, § 1º, (competência remanescente) e 26, incisos I e II*.[4] Além disso, o art. 24, inciso VI, trata da competência concorrente para legislar sobre assuntos relativos ao meio ambiente.

Foi com base nessa argumentação, e na competência para legislar sobre saúde, que alguns Estados estabeleceram, na década de 1970, normas ambientais de controle da poluição. No Estado de São Paulo, sob esse fundamento, foi editada a Lei nº 997, de 31-5-76, sobre o controle da poluição do Meio Ambiente, regulamentada pelo Decreto 8.468, de 8-9-76. Essas normas estabelecem regras ambientais de controle de poluição do solo, do ar e também da água.

Assim, coloca-se um paradoxo entre a competência privativa da União para legislar sobre águas e a capacidade dos entes políticos – União, Estados, Distrito Federal e Municípios – para legislar sobre os bens públicos sob seu domínio. Se aos Estados ficasse proibida a competência de fixar normas sobre os bens de seu domínio, restaria uma lacuna no Direito, pois tampouco a União poderia legislar em matéria administrativa, sobre os bens que não lhe pertencem.

A forma de solucionar o impasse foi o entendimento de que a **competência para legislar** sobre águas, em sentido genérico e que pertence à União, não deve ser confundida com a capacidade de cada ente político brasileiro – União, Estados, Distrito Federal e Municípios – para **estabelecer regras administrativas** sobre os bens que se encontram sob seu respectivo domínio, entendido esse termo como guarda e administração.

---

4. BORGES, Alice González. Reflexões sobre a gestão dos recursos hídricos no Estado da Bahia. *RDA*, 213, p. 90.

Segundo Cid Tomanik Pompeu, *a ocorrência de águas do domínio estadual, relativamente às quais os Estados têm o poder-dever de administrá-las, torna indispensável interpretar o texto constitucional no sentido de permitir que isso ocorra. Do contrário, a disposição sobre inclusão destas entre os bens das unidades federadas teria sido inócua. Num estado de direito, seria impossível geri-las sem editar normas, inclusive em forma de lei. Sendo assim, não pode ser negada aos Estados a competência para editarem normas administrativas sobre a gestão das águas de seu domínio, mesmo como lei formal. O que a estes é vedado é criar o direito sobre águas, pois trata-se de matéria privativa da União.*[5] Esse tem sido o entendimento adotado no Brasil, o que se corroborou com a edição das leis sobre políticas estaduais de recursos hídricos, normas de cunho administrativo sobre gestão das águas.

> *Assim, se não podem os Estados-Membros legislar sobre águas, com possíveis repercussões estratégicas ou geopolíticas, em detrimento do equilíbrio federativo da República, nada impede que instituam por lei sua política hídrica de natureza ambiental, para planejar o abastecimento e o saneamento e disciplinar a política administrativa das suas reservas hídricas, constitucionalmente reconhecidas como integrantes do seu patrimônio, quais sejam as explicitadas no art. 26, inc. I.*
>
> *Mesmo porque é bem de se ver que, sobre a matéria de saneamento básico, que abarca também o abastecimento de água, e se acha, portanto, estritamente relacionada com a gestão de recursos hídricos, à União somente compete, nos termos do art. 21, inc. XX, instituir diretrizes básicas, a serem complementadas pela legislação dos Estados.*[6]

Segundo Pompeu, a **criação, alteração e extinção de direitos** sobre a água é bem diversa da instituição de **normas administrativas** referentes à utilização, preservação e recuperação do recurso, na qualidade de bem público. O titular do domínio sobre a água tem o poder-dever de administrá-la, de definir sua repartição entre os usuários, cujo uso pode ser gratuito ou retribuído, e de organizar-se administrativamente para tanto. Respeitados os critérios jurídicos de outorga do uso do bem, referidos na Constituição Federal e disciplinados pelo Código de Águas e outras normas, ao titular do domínio compete, baseando-se em critérios de oportunidade e conveniência próprios, decidir a respeito dos aspectos econômicos, financeiros, hidrológicos e geológicos da outorga.[7]

> *Exemplificativamente, a criação do direito de águas, no Brasil, pode versar sobre o domínio de álveos e margens, aluvião, avulsão, álveo abandonado, retorno das águas ao leito anterior, mudança de curso, direito dos ribeirinhos, garantias de uso gratuito, direito de acesso às águas,*

---

5. POMPEU, Cid Tomanik. Águas doces no direito brasileiro. In: POMPEU, Cid Tomanik. *Águas doces no Brasil*: capital ecológico, uso e conservação. São Paulo: Escrituras, 1999. p. 618.
6. BORGES, Alice González. Reflexões sobre a gestão dos recursos hídricos no Estado da Bahia. *RDA*, 213, p. 90.
7. POMPEU, Cid Tomanik. Águas doces no direito brasileiro. In: POMPEU, Cid Tomanik. *Águas doces no Brasil*: capital ecológico, uso e conservação. São Paulo: Escrituras, 1999, p. 618-619.

inalienabilidade das águas, condições de obrigatoriedade dos prédios inferiores receberem águas que correm dos superiores, condições de desvio das correntes, curso das águas nascentes, ou seja, normas pertinentes ao Direito Civil; e normas sobre hierarquia dos usos das águas públicas, que se referem ao Direito Público.[8]

Uma questão relativa ao entendimento do alcance da competência privativa da União merece registro. Sob a égide da Constituição anterior, instalou-se uma controvérsia entre o Estado de São Paulo e a União, objeto da Representação 1.007/SP, em Acórdão do Supremo Tribunal Federal.

O Estado de São Paulo havia editado as Leis 898, de 18-12-75, e 1.172, de 17-11-76, sobre, respectivamente, o uso do solo para a proteção aos mananciais, cursos e reservatórios de água e demais recursos hídricos de interesse da Região Metropolitana de São Paulo e delimitação das áreas de proteção aos mananciais, cursos e reservatórios de água. Com a decisão do STF, foram declarados inconstitucionais os dispositivos legais que

> *enquadraram sob critério, por elas próprias eleito, corpos de águas destinadas à produção de energia elétrica pelo Decreto Federal 2.008, de 1946, como os reservatórios 'Billings' e 'Guarapiranga', dando-lhes destinação preponderante diversa da estabelecida pela União.*[9]

O parecer de José Carlos de Moraes Salles, que instruiu o processo, conclui:

> Assim sendo, é forçoso admitir que as normas da legislação paulista, referidas na Representação formulada pelo Senhor Procurador-Geral da República, ao disciplinarem a utilização de mananciais, cursos, reservatórios e demais recursos hídricos existentes no Estado, invadiram o campo de competência legislativa da União, violando, consequentemente, a Constituição. Além disso, ao colocarem em posição secundária a geração de energia, destinando, prioritariamente, as águas dos mananciais, cursos e reservatórios ao abastecimento de água, as aludidas normas feriram claramente o disposto na alínea b do inciso XV do art. 8º *da Carta Magna, bem como o que preceitua o art. 29 do Código de Águas (Decreto Federal 24.643, de 10-7-34).*[10]

Essa lide deixa muito clara a importância que se deu, na época, ao uso dos recursos hídricos para a geração de energia elétrica. Instiga à reflexão o fato de que, permanecendo na Constituição de 1988 a *competência privativa da União para legislar sobre águas*, não mais se discutiu judicialmente essa questão, sendo que, desde 1993, a própria represa Billings é considerada um manancial e o bombeamento das águas do rio Pinheiros para esse reservatório encontra-se suspenso

---

8. Secretaria de Recursos Hídricos, Saneamento e Obras do Estado de São Paulo. Elaboração de estudo para implantação da cobrança pelo uso dos recursos hídricos no Estado de São Paulo. *Relatório RP. 01-REV 01 – Consolidação dos Aspectos Relevantes da Legislação*, p. 9.
9. STF. Disponível em: http://redir.stf.jus.br/paginadorpub/paginador.jsp?docTP=AC&docID=263782. Acesso: 10 maio 2022.
10. EMPLASA/SNM. *Legislação básica de interesse metropolitano.* São Paulo, 1985. p. 414.

até os dias de hoje, salvo para o controle de enchentes[11], com fundamento no art. 46 das Disposições Transitórias da Constituição Estadual de 1990.

Todavia, está em vigor o contrato de concessão para a geração de energia elétrica na Usina de Henry Borden, o que supostamente caracterizaria juridicamente esse reservatório como um bem da União por ser potencial hidrelétrico. Mas com a suspensão do bombeamento, ficou, de fato, alterada essa caracterização.

Ainda no que concerne à competência para legislar, a Constituição de 1988 determinou que cabe à União instituir diretrizes para o desenvolvimento urbano, inclusive habitação, saneamento básico e transportes urbanos (art. 21, inciso XX). A Lei 11.445/2007 veio regulamentar esse dispositivo na parte do saneamento básico, ao instituir suas Diretrizes Nacionais.

5.2.2 Competências concorrentes

As competências legislativas concorrentes da União, dos Estados e do Distrito Federal encontram-se estabelecidas no art. 24 da Constituição Federal, sendo que, nos termos do § 1º desse dispositivo, a competência da União limitar-se-á a estabelecer normas gerais.

Segundo Alice Gonzalez Borges,

> *normas gerais são aquelas que, por alguma razão, convém ao interesse público sejam tratadas por igual, entre todas as ordens da Federação, para que sejam devidamente instrumentalizados e viabilizados os princípios constitucionais com que têm pertinência. A bem da ordem harmônica que deve manter coesos os entes federados, evitam-se, desse modo, atritos, colidências, discriminações, de possível e fácil ocorrência.*[12]

O conceito de normas gerais, no sentido constitucional, já havia sido definido pelo Min. Moreira Alves, no voto do julgamento da Representação 1.150-RS, como aquelas *preordenadas para disciplinar matéria que o interesse público exige unanimemente tratada em todo o País*.[13] Aos Estados e ao Distrito Federal cabe o detalhamento nas normas, de acordo com as características e peculiaridades locais, tendo por limite as regras impostas pela União.

Não havendo norma geral sobre determinada matéria, cabe aos Estados exercer a competência legislativa plena, para atender a suas peculiaridades (art.

---

11. Resolução Conjunta SMA/SSE-002/2010.
12. BORGES, Alice Gonzalez. *Normas gerais no estatuto de licitações e contratos administrativos*. São Paulo: Revista dos Tribunais, 1991. p. 27.
13. BORGES, Alice Gonzalez. *Normas gerais no estatuto de licitações e contratos administrativos*. São Paulo: Revista dos Tribunais, 1991, p. 26.

24, § 3º). Sobrevindo lei federal sobre normas gerais, fica suspensa a eficácia da lei estadual, no que lhe for contrário (art. 24, § 4º).

A competência concorrente fixada no art. 24 recai sobre os seguintes temas, correlatos aos recursos hídricos: florestas, fauna, conservação da natureza, defesa do solo e dos recursos naturais, proteção do meio ambiente e controle da poluição (VI); proteção ao patrimônio histórico, cultural, turístico e paisagístico (VII); responsabilidade por dano ao meio ambiente (VIII), defesa da saúde (XII). Essas matérias, intrinsecamente relacionadas com as águas, também fundamentam a competência dos Estados para legislar sobre os recursos hídricos.

Aos Estados foi ainda atribuída a competência para, mediante lei complementar, instituir regiões metropolitanas, aglomerações urbanas e microrregiões, constituídas por agrupamentos de municípios limítrofes, para integrar a organização, o planejamento e a execução de funções públicas de interesse comum (art. 25, § 3º).

Não resta, pois, dúvida quanto à competência dos Estados para legislar sobre matéria administrativa atinente aos recursos hídricos sob seu domínio, em nada ferindo a competência privativa da União, para legislar sobre águas.

Aos municípios cabe legislar sobre assuntos de interesse local (art. 30, I), assim como suplementar a legislação federal e a estadual no que couber (inciso II). A expressão *interesse local* não se refere a um interesse exclusivo ou privativo do Município. O termo *local* denota, basicamente, espaço territorial e não predominância. Como pondera Hely Lopes Meirelles,

> se se exigisse essa exclusividade, essa privatividade, essa unicidade, bem reduzido ficaria o âmbito da administração local, aniquilando-se a autonomia de que faz praça a Constituição. Mesmo porque não há interesse municipal que não seja reflexamente da União ou do Estado-membro, como, também, não há interesse regional ou nacional que não ressoe nos Municípios, como partes integrantes da Federação Brasileira. O que define e caracteriza o 'interesse local' é a predominância do interesse do Município sobre os interesses do Estado ou da União.[14]

Ainda sobre o inciso II, do art. 30, a expressão *no que couber*, deve ser entendida como o conjunto das matérias relativas ao predominante interesse local, desde que não se trate de tema de competência de outro ente político nem fira o ordenamento jurídico posto.

A competência dos Municípios cinge-se ao *interesse local*, relativo aos recursos naturais e à proteção do meio ambiente. Não sendo os Municípios detentores do domínio hídrico, não há que falar na fixação de regras administrativas sobre

---

14. MEIRELLES, Hely Lopes. *Direito municipal brasileiro*. 6. ed. São Paulo: Malheiros, 1993. p. 98.

gestão de águas. Todavia, ainda no que se refere às competências legislativas do município, cabe destacar o disposto no art. 30, VIII da CF/88:

promover, no que couber, adequado ordenamento territorial, mediante planejamento e controle do uso, do *parcelamento* e da ocupação do solo urbano.

Considerando que o uso do solo é fator determinante da qualidade da água, sobretudo em áreas urbanas, pela omissão na ocupação irregular de áreas protegidas, incluindo margens de rios, fundos de vales e encostas de morros, o município possui papel relevante na proteção dos recursos hídricos, embora não seja detentor do domínio da água.

Os municípios também são titulares dos serviços públicos de saneamento básico definidos na Lei 11.445/07, o que implica que a forma como são prestados esses serviços interfere diretamente nas águas.[15]

Nos termos do art. 32, § 1º, da Carta Magna, ao Distrito Federal são atribuídas as competências legislativas reservadas aos Estados e Municípios.

5.3 COMPETÊNCIAS ADMINISTRATIVAS OU MATERIAIS

A competência material ou administrativa refere-se a ações administrativas, ao poder-dever da Administração Pública de cuidar dos assuntos de sua competência.

Entre as competências administrativas da União, encontra-se a de instituir sistema nacional de gerenciamento de recursos hídricos e definir critérios de outorga de direitos de seu uso (CF/88, art. 21, XIX). A regulamentação desse dispositivo consubstanciou-se na Lei 9.433/97.

Nos termos do art. 21, inciso XII, alínea *b*, constitui competência da União explorar, diretamente ou mediante autorização, concessão ou permissão, os serviços e instalações de energia elétrica e o aproveitamento energético dos cursos d'água, em articulação com os Estados nos quais se situam os potenciais hidroenergéticos.[16]

Poderá ainda a União articular sua ação em um mesmo complexo geoeconômico e social, visando a seu desenvolvimento e a redução das desigualdades regionais, de acordo com o disposto no art. 43 da Constituição Federal. Entre os

---

15. Ver Capítulo sobre Políticas Públicas.
16. No Estado de São Paulo, a Constituição Estadual de 1989, em seu art. 212, determina que, na articulação com a União, quando da exploração dos serviços e instalações de energia elétrica, e do aproveitamento energético dos cursos d'água em seu território, o Estado levará em conta os usos múltiplos e o controle das águas, a drenagem, a correta utilização das várzeas, a flora e a fauna aquática e a preservação do meio ambiente.

incentivos regionais indicados no § 2º desse dispositivo, a serem objeto de lei, indica-se a prioridade para o aproveitamento econômico e social dos rios e das massas de água represadas ou represáveis nas regiões de baixa renda, sujeitas a secas periódicas (inciso IV).

Nos termos do art. 42, do Ato das Disposições Constitucionais Transitórias, alterado pela Emenda Constitucional 89, de 15-09-2015, a *União aplicará durante 40 anos, dos recursos destinados à irrigação, 20% na Região Centro-Oeste e 50% na Região Nordeste, preferencialmente no Semiárido*. Segundo o parágrafo único, *desses percentuais, no mínimo 50% serão destinados a projetos de irrigação que beneficiem agricultores familiares que atendam aos requisitos previstos em legislação específica*.

A Lei 12.787, de 11-1-2013 dispõe sobre a Política Nacional de Irrigação, a ser executada em todo o território nacional,[17] cabendo à Agência Nacional de Águas e Saneamento Básico regular e fiscalizar, quando envolverem corpos d'água de domínio da União, a prestação dos serviços públicos de irrigação, se em regime de concessão cabendo-lhe, inclusive, a disciplina, em caráter normativo, da prestação desses serviços, bem como a fixação de padrões de eficiência e o estabelecimento de tarifa, quando cabíveis, e a gestão e auditagem de todos os aspectos dos respectivos contratos de concessão, quando existentes.[18]

5.3.1 Competências comuns

Constituem competências comuns da União, Estados, Distrito Federal e Municípios, entre outras, cuidar da saúde (art. 23, II), proteger o meio ambiente, combater a poluição em qualquer de suas formas (art. 23, VI), preservar as florestas, a fauna e a flora (art. 23, VII), promover a melhoria das condições de saneamento básico (art. 23, IX) e registrar, acompanhar e fiscalizar as concessões de pesquisa e exploração de recursos hídricos e minerais em seus territórios (art. 23, XI). Releva notar que os municípios são os titulares dos serviços públicos de saneamento básico e a forma de como são prestados esses serviços impacta diretamente sobre a qualidade da água.

A Constituição Federal estabelece ainda que ao Poder Público – União, Estados, Distrito Federal e Municípios – compete realizar as ações necessárias para assegurar a efetividade do direito ao meio ambiente equilibrado, bem de uso comum do povo e essencial à sadia qualidade de vida (art. 225, § 1º, I a VII). Essas *ações necessárias* implicam a **cooperação** entre os entes políticos, para

---

17. Lei 12.787/13, art. 1º.
18. Lei 9.984/00, art. 4º, XIX.

garantir a **efetividade das normas**. Ressalta-se que a Constituição menciona o termo *efetividade* indicando a finalidade da cooperação entre os entes políticos, o que nos leva a concluir que essa cooperação vai muito além da simples boa vontade.

Havendo rios estaduais e federais, em uma mesma bacia hidrográfica, e considerando que cabe à pessoa política detentora do respectivo domínio a sua gestão, ou seja, União para os rios de seu domínio, e Estados para os rios estaduais, com a participação dos usuários e da sociedade civil, sem falar nos Municípios, há que haver, além da cooperação, em sentido genérico, uma articulação institucional sistemática e permanente – **governança técnica e política** - entre os órgãos responsáveis pelo controle da quantidade e qualidade das águas, no âmbito do sistema de gerenciamento instituído.

Conforme já mencionado, a organização e prestação dos serviços públicos de interesse local, diretamente ou sob o regime da concessão ou permissão, constitui competência do Município (art. 30, inciso V). Isso não significa que os serviços devam ser necessariamente prestados em âmbito local, tendo em vista que, em regiões metropolitanas, por exemplo, o interesse regional pode determinar uma coordenação entre a União, o Estado-membro e os Municípios envolvidos, para a consecução de um interesse comum, vinculado, inclusive, à saúde pública.

Nesse sentido, a Lei 11.445/2007, em seu art. 8º, estabeleceu expressamente os sujeitos que atualmente detêm a titularidade dos serviços, conforme segue:

Município, no caso de interesse local e,

Estado e Municípios, no caso de interesse comum.

Disso decorre, de forma inequívoca, a necessidade de articulação institucional entre os entes federativos em um ambiente de governança, sem a qual pouco se avançará na universalização dos serviços de saneamento básico.

A cooperação, como já indicado, está prevista no parágrafo único do art. 23, que trata das competências comuns, e que determina que lei complementar fixará normas para a cooperação entre a União e os Estados, o Distrito Federal e os Municípios, tendo em vista o equilíbrio do desenvolvimento e do bem-estar em âmbito nacional.

A regulamentação do referido dispositivo deu-se com a edição da Lei Complementar 140/11, que fixa normas para a cooperação entre a União, os Estados, o Distrito Federal e os Municípios nas ações administrativas decorrentes do exercício da competência comum relativas à proteção das paisagens naturais notáveis, à proteção do meio ambiente, ao combate à poluição em qualquer de suas formas e à preservação das florestas, da fauna e da flora.

Mesmo antes da edição da Lei Complementar 140/11, e como forma de viabilizar essa cooperação, o art. 241 da Constituição Federal, com redação dada pela Emenda Constitucional 19/98, já previa que a União, os Estados, o Distrito Federal e os Municípios disciplinarão por meio de lei os consórcios públicos e os convênios de cooperação entre os entes federados, autorizando a gestão associada de serviços públicos, bem como a transferência total ou parcial de encargos, serviços, pessoal e bens essenciais à continuidade dos serviços transferidos.

A cooperação é um instrumento necessário, na medida em que pode fornecer subsídios e estabelecer diretrizes para o relacionamento e articulação entre União, Estados-membros, Distrito Federal e Municípios, facilitando tratativas e acordos em busca de soluções integradas, que, em matéria de recursos hídricos, possuem grande relevância, uma vez que os limites dos aquíferos, rios, lagos e bacias hidrográficas muitas vezes ultrapassam as fronteiras políticas, tornando-se necessário o diálogo entre os entes federados para uma efetiva gestão desse recurso.

6
DOMÍNIO E USO DA ÁGUA

6.1 PUBLICIZAÇÃO DA ÁGUA: FINALIDADE E SENTIDO

Quanto maior a importância de um bem à sociedade, maior a tendência à sua publicização, com vista na obtenção da tutela do Estado e na garantia de que todos poderão a ele ter acesso, de acordo com os regulamentos estabelecidos. Essa tendência, que leva o Estado a possuir bens, tem como principal razão a necessidade de

> *realizar as múltiplas atividades que desempenha [...]. Os bens têm importância pelo que representam em termos de riqueza pública, integrando o patrimônio do Estado, por serem meios de que dispõe a Administração para atendimento de seus fins e por serem elementos fundamentais na vida dos indivíduos em coletividade.*

Além disso, muitos bens de domínio público possuem relevância para proteção do meio ambiente. Os recursos hídricos enquadram-se, nesse prisma, como *elementos fundamentais na vida dos indivíduos em coletividade*. A água é necessária aos mais variados usos, não só para a vida no planeta como para a economia.

Já em 1941, quando nem todas as águas no Brasil eram públicas,[1] Themístocles Brandão Cavalcanti, na introdução ao livro *Rios e águas correntes*, de J. I. Carvalho de Mendonça, asseverava que

> *o que caracteriza, apenas, o direito moderno é a ampliação do domínio público; hoje as coisas que se destinam ao uso comum são em número tanto maior, quanto mais absorvente se mostra o Estado, chamando a si, ao seu domínio, maior quantidade de bens, destinando-os à utilização e aproveitamento da coletividade.*[2]

---

1. O Código de Águas admitia as águas particulares e comuns, além das públicas de uso comum e dominicais.
2. P. IX. Ressalte-se que não se está entrando na seara do Estado empresário, que aglutina as atividades econômicas ou a prestação dos serviços públicos. O tema é outro, e limita-se aos bens públicos, em geral de uso comum, como é o caso dos recursos hídricos.

Mário Masagão, ao tratar dos bens públicos, ou seja, os que *pertencem às pessoas jurídicas de direito público interno*, e *estão sujeitos a regime especial, oriundos das normas de direito público*, assevera que

> pertencerem ao Estado não implica em serem todos os bens públicos objeto de direito pessoal ou real no sentido das leis civis. Muitos desses bens pertencem-lhe no sentido de que são por ele administrados, no interesse coletivo.[3]

Segundo Laubadère, tais bens dividem-se em *duas classes: domínio público e domínio privado, distinção que é o ponto de partida para a elaboração completa da teoria do domínio.*

Nesta obra, adotamos as expressões **patrimônio** e **domínio** como sinônimas, até porque, em se tratando de recursos hídricos, o tema versará sempre em torno de bens corpóreos, nunca incorpóreos.

O domínio dos recursos hídricos, dessa forma, está muito mais próximo do *dever de zelar* do que de *exercer o poder* sobre algo. Esse *poder*, no sentido de propriedade, dá lugar à *responsabilidade pela condução do gerenciamento das águas*, considerando que o principal objetivo da Política Nacional de Recursos Hídricos é *assegurar à atual e às futuras gerações a necessária disponibilidade de água, em padrões de qualidade adequados aos respectivos usos*[4].

A Constituição Federal de 1988 dividiu o domínio hídrico entre a União e os Estados, o que foi reafirmado pela Lei 9.433/97, cujo art. 1º, inciso I, tornou definitiva a condição pública das águas no Brasil, ao dispor que *a água é um bem de domínio público*. Todavia, cumpre tecer algumas considerações sobre essa publicização ilimitada, no que se refere a algumas situações peculiares, às quais não se aplicam, a nosso ver, as regras vigentes para a gestão das águas públicas.

É o caso, por exemplo, das águas pluviais, como será tratado nesta obra[5]. Além disso, apenas as águas contidas em corpos hídricos – rios, lagos e aquíferos encontram-se sob a égide do regime jurídico de direito público. Uma vez extraídas desses copos, as águas passam para o domínio da pessoa – física ou jurídica – que foi autorizada a retirá-la.

Tradicionalmente, apenas o **detentor** do domínio das águas, assim como dos demais bens públicos, possuía competência para administrá-los, formulando o planejamento e implantando as metas a serem alcançadas, de acordo com a conveniência e oportunidade, como se demonstra nas indicações sobre os direitos anteriores.

---

3. MASAGÃO, Mario. *Curso de direito administrativo*. São Paulo: Revista dos Tribunais, 1974. p. 130.
4. Lei 9.433/1997, art. 2º, I.
5. Ver capítulo sobre Direito de Vizinhança.

Ocorre que, muitas vezes, a conveniência e a oportunidade eram muito mais do administrador que propriamente relativas ao **interesse público**: nas décadas de 1950, 1960 e 1970, em que vigorava no País a ideia do crescimento a qualquer preço, as políticas dos recursos hídricos priorizavam o desenvolvimento energético, a partir da construção de usinas hidrelétricas, sem uma preocupação equivalente com o equilíbrio ambiental nem com outros usos fundamentais, como o abastecimento público, o que, entre outros, resultou no descaso com a poluição dos corpos hídricos.

Daí a necessidade de introduzir novas fórmulas para a administração dos recursos hídricos, limitando a atuação dos detentores de seu domínio e transferindo uma parcela do poder de decisão, sobretudo em relação ao planejamento, aos usuários da água e à sociedade civil. Essa formulação tem sua origem na experiência estrangeira, que consolidou a gestão participativa nas bacias hidrográficas, passando outros entes a interferir no gerenciamento dos recursos hídricos.

A partir da promulgação da Constituição Federal de 1988, todas as águas passaram a pertencer à União, aos Estados ou ao Distrito Federal, conforme sua localização.

6.2 DOMÍNIO DA UNIÃO

O art. 20, inciso III, da Constituição Federal de 1988 indica, entre os **bens da União**,

> os lagos, rios e quaisquer correntes de água em terrenos do seu domínio, ou que banhem mais de um Estado, sirvam de limites com outros países, se estendam a território estrangeiro ou dele provenham, bem como os terrenos marginais e as praias fluviais.

Os rios que banham mais de um Estado podem pertencer a essa categoria de duas formas: 1. constituindo a própria fronteira geográfica entre os mesmos ou 2. atravessando vários Estados, sucessivamente. Em cada uma delas, a gestão das águas, nos aspectos qualidade e quantidade, apresenta características distintas.

Na primeira hipótese, o rio delimita os territórios dos Estados ribeirinhos. Faz fronteira. Sendo o rio de domínio da União, a ela cabe outorgar o direito de uso da água, para os empreendimentos em ambos os Estados limítrofes. Não há, em princípio, conflito sobre a quantidade do recurso,[6] considerando que o ato

---

6. Veiga da Cunha revela que, em 1911, o Instituto de Direito Internacional elaborou a Declaração de Madri, em que se distinguiam os rios que definem fronteiras dos rios que intersectam fronteiras. Relativamente aos primeiros, estabelecia-se que nenhum Estado poderia promover, sem consentimento prévio, alterações nos recursos hídricos fronteiriços que prejudicassem a margem do outro Estado. Com vista nos segundos, estabelecia-se que a utilização da água pelos Estados de montante não deveria modificar substancialmente as utilizações feitas pelos Estados de jusante. In: CUNHA, Veiga da. *A gestão da água*, p. 276.

administrativo da outorga é editado por um único ente – União ou, mais precisamente, a Agência Nacional de Águas e Saneamento Básico (ANA). Considere-se, adicionalmente, que o plano de bacia hidrográfica deve conter as prioridades para outorga, de acordo com o art. 7º, VIII, da Lei 9.433/97. Além disso, o art. 13 dispõe que toda outorga estará condicionada às prioridades de uso estabelecidas nos planos de recursos hídricos.

Já em matéria de **controle de poluição**, a questão se coloca sob um outro prisma, pois a competência administrativa para licenciar empreendimentos é dividida entre União, Estados, Municípios e Distrito Federal, nos termos da Lei Complementar 140/2011. Com essa alteração, deve ser considerada a relação entre a outorga e o licenciamento ambiental, cabendo a colaboração entre os órgãos competentes,[7] considerando que tanto a outorga como o licenciamento ambiental tratam do lançamento de efluentes nos corpos hídricos.

A Resolução CNRH 65, de 7-12-2006 estabelece diretrizes de articulação dos procedimentos para obtenção da outorga de direito de uso de recursos hídricos com os procedimentos de licenciamento ambiental. De acordo com essa norma, art. 1º, os órgãos e entidades integrantes do Sistema Nacional de Gerenciamento de Recursos Hídricos e do Sistema Nacional de Meio Ambiente devem articular-se de forma continuada com vistas a compartilhar informações e compatibilizar procedimentos de análise e decisão em suas esferas de competência.

Se não houver comunicação e interação entre os Estados limítrofes e Municípios, e deles com a União, cada órgão ambiental poderá licenciar empreendimentos que, isoladamente, não causam dano à qualidade ou à quantidade das águas, mas que, em conjunto, podem causar sérios danos ambientais, embora haja licenciamentos legais. Tanto os Estados como os Municípios com atribuições para o licenciamento ambiental, localizados em cada margem do rio (no caso, de domínio da União) necessitam estabelecer meios de articulação sistemática e permanente, para que o corpo hídrico que receberá os efluentes dos diversos empreendimentos licenciados se mantenha nos padrões de qualidade legalmente estabelecidos.

A segunda possibilidade é o rio atravessar mais de um Estado. Nessa hipótese, cada Estado possui, em matéria de proteção ambiental, por exemplo, competência em ambas as margens. Se a competência para o licenciamento ambiental tiver sido delegada para alguns municípios, a necessidade de articulação fica ampliada, pois os despejos, mesmo que autorizados para determinado trecho, podem vir a comprometer a utilização das águas no Estado a jusante.

---

7. Nesse sentido, a Resolução Conama 237/97 representa um grande avanço, ao incluir a outorga de direito de uso da água como condição para obter-se a Licença Prévia.

Cumpre destacar os lagos, rios e quaisquer correntes que sirvam de limites com outros países, se estendam a território estrangeiro ou dele provenham. Trata-se dos corpos hídricos compartilhados, em que não só os aproveitamentos conjuntos de águas são objeto de tratados específicos, como o sistema das responsabilidades é peculiar, não tendo relação com os direitos administrativos internos.

Todavia, o trecho do rio compartilhado, localizado no território brasileiro, estará adstrito, no que se refere ao controle do uso, às normas do direito administrativo brasileiro. Isso vale para os rios que se estendem a território estrangeiro ou dele provêm (transfronteiriços), assim como para aqueles que formam a fronteira entre dois ou mais países (fronteiriços).[8]

Evidentemente, clara está a necessidade de articulação com os Estados limítrofes, no equacionamento das questões atinentes às águas compartilhadas. A Lei 9.984, de 17-7-00, que instituiu a Agência Nacional de Águas e Saneamento Básico (ANA), dispõe, em seu art. 4º, § 1º, que essa autarquia, na execução de suas competências, deverá considerar, nos casos de bacias hidrográficas compartilhadas com outros países, os respectivos acordos e tratados. Além disso, o art. 39, § 2º, da Lei 9.433/97, dispõe que, nos Comitês de Bacias de rios fronteiriços e transfronteiriços de gestão compartilhada, a representação da União deverá incluir um representante do Ministério de Relações Exteriores[9].

O art. 20, § 1º, da Constituição Federal assegura, nos termos da lei, aos Estados, ao Distrito Federal e aos Municípios, bem como a órgãos da administração direta, da União, participação no resultado da exploração de petróleo ou gás natural, de recursos hídricos para fins de geração de energia elétrica e de outros recursos minerais no respectivo território, plataforma continental, mar territorial ou zona econômica exclusiva, ou compensação financeira por essa exploração.

O art. 176 dispõe que as jazidas, em lavra ou não, e demais recursos minerais e os potenciais de energia elétrica constituem propriedade distinta da do solo, para efeito de exploração ou aproveitamento, e pertencem à União. A exploração e o aproveitamento somente podem ser efetuados mediante autorização ou concessão da União.

No que se refere às terras ocupadas por indígenas, o art. 231 dispõe que os rios e lagos nelas existentes destinam-se à posse permanente daqueles, cabendo-lhes o usufruto exclusivo (§ 2º). O aproveitamento dos recursos hí-

---

8. No caso de Itaipu, entre Brasil e Paraguai, foi criada uma empresa internacional incumbida de efetuar o aproveitamento dos recursos hídricos compartilhados. A jurisdição dessa empresa escapa aos Estados, cabendo à pessoa de direito internacional as atribuições relativas ao planejamento e controle das atividades realizadas na área delimitada, sob a influência do Tratado.
9. Ver Capítulo sobre o Sistema Nacional de Gerenciamento de Recursos Hídricos.

dricos, incluídos os potenciais energéticos, em terras indígenas, só podem ser efetuados com a autorização do Congresso Nacional, ouvidas as comunidades afetadas (§ 3º). São nulos e extintos os atos relativos, entre outros, à exploração dos rios e lagos, ressalvado relevante interesse público da União, de acordo com lei complementar (§ 6º).

Em Unidades de Conservação instituídas pela União, cujo regime jurídico implique a natureza pública do território, como é o caso dos parques nacionais, estações ecológicas e reservas biológicas, os corpos hídricos existentes nesses espaços protegidos pertencem à União, dentro dos limites da UC. Fora desses limites, há duas possibilidades: se o corpo hídrico banhar mais de um Estado, ele pertencerá, em sua totalidade, à União. Todavia, se ele estiver contido no território de um único Estado, suas águas, fora da Unidade de Conservação de domínio da União, pertencerão ao Estado. Essa é a lógica da expressão *"rios e quaisquer correntes de água em terrenos do seu domínio"* fixada na CF/88.

Da mesma forma, serão de domínio da União as águas contidas em um açude construído por órgão ou entidade da União em rio de domínio estadual. Nesse caso, para fins de concessão de outorgas de direito de uso de recursos hídricos, a gestão pode ser delegada pela União ao Estado, como forma de simplificar o sistema de decisões envolvido[10].

6.3 DOMÍNIO DOS ESTADOS

Nos termos do art. 26, inciso I, da Constituição Federal, incluem-se entre os bens dos Estados e do Distrito Federal *as águas superficiais ou subterrâneas, fluentes, emergentes e em depósito, ressalvadas, neste caso, na forma da lei, as decorrentes de obras da União*.[11]

A Constituição, ao fixar as águas que pertencem aos Estados, adotou o princípio da exclusão, ou seja, as águas estaduais serão aquelas que não pertencerem à União. O Texto Constitucional também estabeleceu que as águas subterrâneas pertencem aos Estados, ao não citar essas águas entre os bens da União. Restava, assim, a dúvida relativa a não existirem águas subterrâneas de domínio da União.

Cabe reproduzir a opinião de Cid Tomanik Pompeu sobre o assunto, em texto anterior à Lei 9.433/97, publicado logo após a edição da Constituição Federal de 1988:

---

10. Lei 9.433/97, art. 14, § 1º.
11. Essa lei, sobre as obras da União, não foi editada.

por mencionar, simplesmente, 'águas subterrâneas', e deixar de levar em consideração os respectivos depósitos naturais, o texto confunde mais as coisas, pois, se unicamente as águas pertencem aos Estados, poderão estes, pelo menos em tese, extraí-las à vontade, cada um em seu território. Com isso, surgirão possíveis conflitos, prevendo-se a exaustão dos aquíferos, até que lei federal venha disciplinar a extração de tais águas. Com mais propriedade, quando subjacentes a mais de um Estado, esses depósitos deveriam integrar o patrimônio da União, conforme princípio federativo segundo o qual as matérias que interessam a mais de um Estado devem ficar a cargo desta. O objetivo da disciplina constitucional, portanto, seriam os aquíferos subterrâneos, evidentemente com seu conteúdo, mas não apenas este.[12]

O termo *aquífero* refere-se ao *extrato subterrâneo de terra, cascalho ou rocha porosa que contém água*[13]. Significa também *formação geológica (ou um grupo de formações) que contém água e permite que a mesma se movimente em condições naturais e em quantidades significativas.*[14] Segundo a Diretiva 2000/60/CE do Parlamento Europeu e do Conselho, trata-se de *uma ou mais camadas subterrâneas de rocha ou outros estratos geológicos suficientemente porosos e permeáveis para permitirem um fluxo significativo de águas subterrâneas ou a captação de quantidades significativas de águas subterrâneas.*[15]

O termo *aquífero* diferencia-se da expressão *água subterrânea*, que significa o *suprimento de água doce sob a superfície da terra, em um aquífero ou no solo, que forma um reservatório natural para o uso do homem.*[16] A água subterrânea está contida no aquífero.

Na opinião de Vladimir Passos de Freitas,

apesar da importância, as águas subterrâneas não vêm sendo objeto de regulamentação. Segundo o art. 26, inc. I, da Constituição Federal, elas se incluem entre os bens dos Estados. Nem sempre foi assim. Antes da vigência da nova ordem constitucional, elas eram consideradas do proprietário, por acessão (CC, art. 526), admitindo o art. 96 do Código de Águas que o dono do terreno delas se apropriasse, contanto que não prejudicasse aproveitamentos existentes. O do-

---

12. POMPEU, Cid Tomanik. Recursos hídricos na Constituição de 1988. *Revista Águas e Energia Elétrica*, n. 14, 1988, p. 42-49.
13. FUNDAÇÃO ESTADUAL DE ENGENHARIA DO MEIO AMBIENTE. *Vocabulário básico de meio ambiente*. compilado por Iara Verocai Dias Moreira, Rio de Janeiro, 1990, citando trabalho do Banco Mundial de 1978, p. 25.
14. AGÊNCIA NACIONAL DE ÁGUAS. Lista de termos para o thesaurus de recursos hídricos da Agência Nacional de Águas, v. 39, baseado em TUCCI, Carlos E. M. (Org.). Hidrologia: ciência e aplicação. Porto Alegre: UFRGS: ABRH, 2009. Disponível em: http://arquivos.ana.gov.br/imprensa/noticias/20150406034300_Portaria_149-2015.pdf Acesso em: 8 abr. 2020.
15. AGÊNCIA NACIONAL DE ÁGUAS. Lista de termos para o thesaurus de recursos hídricos da Agência Nacional de Águas, v. 39, baseado em TUCCI, Carlos E. M. (Org.). Hidrologia: ciência e aplicação. Porto Alegre: UFRGS: ABRH, 2009. Disponível em: http://arquivos.ana.gov.br/imprensa/noticias/20150406034300_Portaria_149-2015.pdf Acesso em: 27 jun. 2022.
16. FUNDAÇÃO ESTADUAL DE ENGENHARIA DO MEIO AMBIENTE. Vocabulário básico de meio ambiente. compilado por Iara Verocai Dias Moreira, Rio de Janeiro, 1990, citando trabalho do Banco Mundial de 1978, p. 19.

mínio das águas subterrâneas ordenado na Carta Magna não resolve, por completo, as dúvidas existentes. Discute-se, por exemplo, a quem pertencem essas águas quando se estendem pelo território de mais de um País, como por exemplo o aquífero de Botucatu [...]. Todavia, a meu ver, não é possível concluir que tal circunstância torne as águas subterrâneas bens da União, pois inexiste qualquer dispositivo na Carta Magna que disponha de tal forma. E não é possível falar-se em analogia com a situação das águas superficiais, ou seja, os rios que dividem ou atravessam dois ou mais Estados.[17]

Não há mais dúvida quanto ao domínio estadual das águas subterrâneas. Todavia, os problemas não estão resolvidos, na medida em que os aquíferos ultrapassam os territórios dos Estados. O desafio, então, consiste na articulação institucional e na gestão integrada para garantir que esses importantes mananciais não sofram superexplotação nem fiquem contaminados.

6.4 USO DA ÁGUA COMO BEM PÚBLICO

O art. 99 do novo Código Civil classifica os bens públicos como de uso comum, de uso especial e dominicais. Dá como exemplo de bens públicos de uso comum do povo os mares, rios, estradas, ruas e praças (art. 99, I).

Utilizando ainda o parâmetro do uso, o Código Civil classifica *os edifícios ou terrenos destinados a serviço ou estabelecimento da administração federal, estadual ou municipal,* inclusive de suas autarquias, como bens de uso especial daquelas entidades (art. 99, II).

Mudando o critério de uso para o de domínio, o Código Civil indica, como bens dominicais, os que constituem o patrimônio da União, dos Estados ou dos Municípios, como objeto de direito pessoal ou real de cada uma dessas entidades (art. 66, III), o que deve ser estendido àquelas anteriormente incluídas.

6.4.1 Uso comum

Maria Sylvia Zanella Di Pietro indica as características básicas do uso comum:

> *a) é aberto a todos ou a uma coletividade de pessoas, para ser exercido anonimamente, em igualdade de condições, sem necessidade de consentimento expresso e individualizado por parte da Administração;*
>
> *b) é, em geral, gratuito, mas pode ser remunerado, sem que isso desnature o uso comum; este não perde, pelo fato da retribuição, a característica de utilização*

---

17. FREITAS, Vladimir Passos de. Águas. Considerações Gerais. In: FREITAS, Vladimir Passos de (Coord.) *Águas*: aspectos jurídicos e ambientais. Curitiba: Juruá, 2000, pp. 23-24.

anônima, ut universi, *igual para todos e independente do consentimento da Administração. Embora não seja pacífico, esse entendimento parece incontestável no direito positivo brasileiro, diante do art. 68 do Código Civil Brasileiro, que expressamente permite que o uso comum dos bens públicos seja gratuito ou remunerado, conforme as leis da União, dos Estados e dos Municípios, a cuja administração pertencerem;*[18]

c) está sujeito ao poder de polícia do Estado, que compreende a regulamentação do uso, a fiscalização e a aplicação de medidas coercitivas, tudo com o duplo objetivo de conservação da coisa pública (coibindo e punindo qualquer espécie de ação danosa por parte dos administrados) e de proteção do usuário (garantindo-se a fruição do bem público de acordo com sua destinação; no exercício desse encargo, que constitui verdadeiro poder-dever do Estado, a Administração não precisa necessariamente recorrer ao Poder Judiciário, pois dispõe de meios próprios de defesa do domínio público, que lhe permitem atuar diretamente; é o privilégio da Administração que se denomina de autotutela administrativa;

d) o uso comum não tem, em regra, natureza de direito subjetivo; constitui 'o exercício natural de uma faculdade que faz parte integrante da esfera de liberdade humana, que o homem tem como homem, não apenas como habitante de um determinado lugar'; podem exercê-lo todas as pessoas, nacionais e estrangeiras, sem distinção.[19]

No que se refere à utilização por todos, Miguel Angel Berçaitz ensina que essa categoria de bens públicos se sujeita ao uso comum e direto de todos os habitantes, pela única condição de habitante ou integrante, permanente ou acidental, de uma comunidade, conforme os regulamentos estabelecidos pela autoridade competente, regulando a forma e o modo do exercício desse uso.[20] Vale dizer que o uso comum proíbe qualquer distinção de cunho pessoal do usuário. No entanto, permite e mesmo exige, para esse uso, uma norma para regulá-lo. Coube ao Código de Águas e à Lei 9.433/97 estabelecerem essas normas em conjunto com as leis estaduais sobre recursos hídricos.

A sujeição ao **poder de polícia**, no que tange às águas, refere-se aos regulamentos, às outorgas do direito de uso e ao licenciamento ambiental, bem como à fiscalização e aplicação de penalidades, relativos ao controle administrativo do uso dos recursos hídricos.

---

18. Atual art. 103.
19. DI PIETRO, Maria Sylvia Zanella. *Uso privativo de bem público por particular*. São Paulo: Revista dos Tribunais, 1983. p. 10-11.
20. BERÇAITZ, Miguel Angel. *Problemas jurídicos del urbanismo*. Buenos Aires: Abeledo-Perrot, 1972. p. 74.

A utilização dos bens públicos de uso comum por particular pode ser de natureza comum ou privativa. A primeira consiste no uso exercido em igualdade de condições, por todos os membros da coletividade, nacionais ou estrangeiros, sem necessidade de consentimento individualizado por parte da Administração. É o caso da rua ou da praça, das praias, dos rios navegáveis.

O uso comum caracteriza-se, nesse caso, por ser anônimo, gratuito, igual para todos e exercido livremente. Todavia, o usuário não fica dispensado da sujeição às normas impostas pelo poder de polícia administrativa do Estado, com o objetivo de conservação do bem e da própria proteção daqueles.

Na hipótese de uso comum, Maria Sylvia Zanella Di Pietro aponta duas posições para os administrados, que se aplicam em relação ao interesse sobre as águas:

a) como membro da coletividade, participa do interesse coletivo na preservação do uso comum;

b) individualmente considerado, como usuário concreto do bem de uso comum, ele pode ser titular de direito subjetivo público, defensável nas vias administrativa e judicial, quando sofrer cerceamento no livre exercício do uso comum, em decorrência de ato de terceiro ou da própria Administração.[21]

Em geral, a utilização de bens de uso comum é gratuita. Todavia, é possível a sua remuneração. Como exemplo, citam-se o pedágio em estradas, o estacionamento em ruas, a permanência em portos, ancoragem de portos etc. Sendo as águas públicas, em sua maioria, de uso comum, pertencentes à União ou aos Estados, conforme a localização, essa utilização pode ser passível de remuneração.

O Código de Águas assegurava, no art. 34, o uso gratuito de qualquer corrente ou nascente de água, para as primeiras necessidades da vida, se houvesse caminho público que a tornasse acessível, garantido o direito de passagem, desde que não causasse dano aos proprietários. As primeiras necessidades da vida consistem na

extração ou apreensão da água nas fontes, correntes ou reservatórios, por meio de quaisquer recipientes, para preparar comida, lavar casas e utensílios, lavar roupa no próprio leito ou álveo, para aí beber o homem ou dar de beber aos animais e regar as plantas que tenha em casa.[22]

Na Lei 9.433/97, independem de outorga e consequentemente de cobrança o uso de recursos hídricos para a satisfação das necessidades de pequenos núcleos populacionais, distribuídos no meio rural e as derivações, captações e lançamentos, assim como acumulações de volumes de água considerados insignificantes (art. 12, § 1º).

---

21. DI PIETRO, Maria Sylvia Zanella. *Uso privativo de bem público por particular*. São Paulo: Revista dos Tribunais, 1983. p. 11-12.
22. NUNES, Antonio de Pádua. Código de Águas. São Paulo: Revista dos Tribunais, t. 1, p. 134.

6.4.2 Uso privativo de bem público

Além do uso de natureza comum, outra hipótese de utilização de bem público ocorre quando determinada pessoa utiliza o bem privativamente, implicando a impossibilidade de os demais o utilizarem.

Conforme Maria Sylvia Zanella Di Pietro, *uso privativo é o que se exerce, com exclusividade, por pessoas determinadas, mediante título jurídico conferido individualmente pela Administração*.[23]

Cabe destacar alguns contornos do uso privativo de bem público aplicáveis à água:

   a) Compatibilidade com o interesse público – o uso privativo pelo particular não pode contrariar o interesse público pois, se assim fosse, não poderia ocorrer. [...]

   b) Consentimento da Administração – o uso privativo do bem por particular depende de consentimento da Administração, que é o título legal para esse uso. Há figuras jurídicas que veiculam esse consentimento e a legislação a respeito há que ser cumprida pela Administração e particulares. A ausência de consentimento possibilita medidas da Administração visando a reaver o bem (ou medidas intentadas pelo Tribunal de Contas ou por particulares, contra a omissão da Administração).

   c) Observância das condições fixadas pela Administração – a Administração pode fixar conceitos relativos ao uso pelo particular e este deverá observar tais regras, sob pena de cessação do uso.

   d) Pagamento de preço – o uso privativo de um bem público admite a cobrança, pelo Poder Público, de um preço por seu uso.

No caso da Zona Azul ou sistemas similares, o particular se apropria de certo espaço da via pública para estacionar seu veículo, por tempo determinado, pagando por isso um preço certo, em detrimento do direito de qualquer outra utilização.

A natureza da Zona Azul distingue-se da do pedágio, ainda que se trate de bem da mesma natureza, rua ou estrada, vale dizer, via pública. No pedágio, cobra-se pelo direito de passagem do veículo, sem prejuízo do direito de outros também passarem. É uso comum, remunerado. Na Zona Azul paga-se pelo uso privativo, em benefício de um interesse particular, em detrimento do interesse dos demais. Uma vaga na Zona Azul ocupada significa que o espaço correspon-

---

23. DI PIETRO, Maria Sylvia Zanella. *Uso privativo de bem público por particular.* São Paulo: Revista dos Tribunais, 1983. p. 10.

dente está bloqueado, tanto para a passagem como para o estacionamento. É uso privativo, remunerado.

Na hipótese de determinado tipo de uso da água realizar-se em benefício de certo interesse e em detrimento dos demais, com possibilidade de afetar a quantidade ou qualidade do recurso, assim como o regime das águas contidas nos corpos hídricos, cabe uma regulamentação específica para essa utilização. É o caso da **outorga do direito de uso da água**, objeto do Código de Águas e da Lei 9.433/97.

A utilização dos recursos hídricos, no ordenamento jurídico brasileiro – Código de Águas –, já permitia sua cobrança, posteriormente estabelecida pelas políticas nacional e estadual de recursos hídricos, e já em vigor em algumas bacias hidrográficas do País, conforme será abordado no item relativo à cobrança pelo uso de recursos hídricos.

7
ÁGUAS NO DIREITO DE VIZINHANÇA

7.1 DIREITO DE VIZINHANÇA

O Código Civil de 2002, em seus arts. 1.228 a 1.302, trata da **propriedade**, estabelecendo uma série de regras, incluindo aquelas acerca da convivência entre os vizinhos e as questões de interesse comum, entre elas as águas.

Segundo Silvio Rodrigues, *os direitos de vizinhança poderiam ser definidos como limitações impostas pela lei às prerrogativas individuais e com o escopo de conciliar interesses de proprietários vizinhos, reduzindo os poderes inerentes ao domínio e de modo a regular a convivência*[1]. Trata-se de regras que, conforme Washington de Barros Monteiro, regulam a *convivência social, que se inspira na lealdade e na boa-fé. A propriedade deve ser usada de tal maneira que torne possível a coexistência social. Se assim não se procedesse, se os proprietários pudessem invocar uns contra os outros seu direito absoluto e ilimitado, não poderiam praticar qualquer direito, pois as propriedades se aniquilariam no entrechoque de suas várias faculdades.*[2]

Os **direitos de vizinhança** são, pois, uma manifestação concreta da função social da propriedade, caracterizando limitações legais ao próprio exercício desse direito, com viés notadamente *recíproco e comunitário*. *O que caracteriza um determinado direito como de vizinhança é a sua imprescindibilidade ao exercício do direito de propriedade em sua função social.*[3]

O direito à água é um direito de vizinhança na medida em que se refere ao aproveitamento de uma riqueza natural de domínio público[4] pelos proprietários de imóveis que sejam ou não abastecidos por esse recurso.

Logo de início, o art. 1.228, em seu § 1º, já estabelece a tônica que rege o direito de propriedade, o qual *deve ser exercido em consonância com as suas finalidades*

---

1. RODRIGUES, Silvio. Direito Civil: direito das coisas. 27. Ed., Saraiva, 2002, v.5, p. 120, n. 68.
2. MONTEIRO, Washigton de Barros. Curso de Direito Civil: direito das coisas. 39ª. ed. Atualizada por Carlos Alberto Dabus Maluf. São Paulo: Saraiva, 2009, v.3, p. 145.
3. Recurso Especial 1.616.038 – RS (2015/0230806-0).
4. Lei 9.433/1997, art. 1º, I.

econômicas e sociais e de modo que sejam preservados, de conformidade com o estabelecido em lei especial, a flora, a fauna, as belezas naturais, o equilíbrio ecológico e o patrimônio histórico e artístico, bem como evitada a poluição do ar e das águas.

Vê-se que a **função social** da propriedade, fixada no art. 5º, XXIII, é detalhada no Código Civil, ficando clara a limitação ao exercício desse direito no que se refere aos bens ambientais, incluída explicitamente a água. O uso da propriedade não pode permitir a poluição. No caso específico da água, que é bem público, poluir esse recurso implica um uso privativo – despejo de efluentes – que restringe os demais usos que ficam comprometidos pela poluição, de acordo com o uso pretendido. Cabe verificar, aqui, os contornos do conceito de poluição.

O art. 12, III, da Lei 9.433/1997 impõe a necessidade de outorga de direito de uso de recursos hídricos para o *lançamento em corpo de água de esgotos e demais resíduos líquidos ou gasosos, tratados ou não, com o fim de sua diluição, transporte ou disposição final.* A política de água menciona que os efluentes lançados podem ser *tratados ou não.* Esse **não tratamento** significa que, nos casos em que o efluente já atenda aos padrões previstos nas normas de qualidade da água para a classe do corpo hídrico receptor sem necessidade de tratamento, será permitido o lançamento. Se o efluente não atender aos padrões legais, é obrigatório o tratamento antes do despejo no corpo receptor.

Cabe lembrar que a Resolução CONAMA 357/2005 dispõe sobre a classificação dos corpos de água e diretrizes ambientais para o seu enquadramento e a Resolução CONAMA 430/2011 trata das condições e padrões de lançamento de efluentes.

Ou seja, como já mencionado nesta obra, há limites – padrões ambientais[5] - para o lançamento de efluentes nos corpos de água, dentro dos quais não se caracteriza a poluição. A Política Nacional do Meio Ambiente – Lei 6.938/1981, em seu art. 3º, III, define **poluição**, estabelecendo as hipóteses de sua ocorrência. Entre elas – alínea *d* – verifica-se o lançamento de *matérias ou energia em desacordo com os padrões ambientais estabelecidos.* O art. 1.228 do Código Civil, dessa forma, deve ser interpretado à luz dos demais dispositivos, que conceituam e caracterizam a poluição.

O art. 1.291 dispõe sobre tema também relacionado à poluição. Segundo o dispositivo, *o possuidor do imóvel superior não poderá poluir as águas indispensáveis às primeiras necessidades da vida dos possuidores dos imóveis inferiores; as demais, que poluir, deverá recuperar, ressarcindo os danos que estes sofrerem, se não for possível a recuperação ou o desvio do curso artificial das águas.* O texto

---

5. Lei 6.938/1981, art. 9, I.

estabelece uma distinção entre a poluição 1. das águas indispensáveis às primeiras necessidades da vida, o que não pode ocorrer, 2. das demais águas que, se poluídas, deverão ser recuperadas, cabendo o ressarcimento em caso de impossibilidade de recuperação ou o desvio do curso artificial das águas.

Esse dispositivo não faz sentido à luz do ordenamento jurídico brasileiro. Em primeiro lugar, a Lei 9.433/1997 menciona os usos da água para as **primeiras necessidades da vida** em dois dispositivos: 1. o *consumo humano* (e a dessedentação dos animais) como *prioridade em caso de escassez*[6] e 2. a dispensa de outorga, pelo Poder Público, *para o uso de recursos hídricos para a satisfação das necessidades de pequenos núcleos populacionais, distribuídos no meio rural*[7].

Os textos acima tratam de uso de água – prioridade e dispensa de outorga. Em nenhum momento essas hipóteses estão relacionadas à qualidade e por esse motivo não se vê sentido no teor do art. 1.291. Evidentemente que as águas não podem ser poluídas, sob pena de responsabilização do poluidor, com a exceção do que foi dito acerca dos padrões ambientais. Não importa a finalidade. Sobre essa matéria, e corroborando o que foi dito, o Enunciado do Conselho de Justiça Federal (CJF) 244 determina que *o art. 1.291 deve ser interpretado conforme a Constituição, não sendo facultada a poluição das águas, quer sejam essenciais ou não às primeiras necessidades da vida*.

Os próximos dispositivos abordam questões relacionadas com modificações físicas dos rios e lagos, que impactam o exercício do direito de propriedade. É o caso, por exemplo, da movimentação do solo nas margens, quando passa a incorporar a propriedade ribeirinha. Segundo o art. 1.250, *os acréscimos formados, sucessiva e imperceptivelmente, por depósitos e aterros naturais ao longo das margens das correntes, ou pelo desvio das águas destas, pertencem aos donos dos terrenos marginais, sem indenização.*

Trata-se de fenômenos que independem, em tese, do comportamento dos proprietários propriamente ditos, mas são causados tanto por alterações naturais, como a mudança do curso de um rio, como por atividade antrópica, como é o caso das barragens artificiais.

No caso de **álveos abandonados**, ou seja, leitos de rios que se tornaram secos, o art. 1.252 estabelece que tais áreas pertencem *aos proprietários ribeirinhos das duas margens, sem que tenham indenização os donos dos terrenos por onde as águas abrirem novo curso, entendendo-se que os prédios marginais se estendem até o meio do álveo.*

---

6. Lei 9.433/1997, art. 1º, III.
7. Lei 9.433/1997, art. 12, § 1º, I.

O art. 1.288 aborda questão relacionada com as águas provenientes de propriedade vizinha situada em terreno acima. Pela lei da gravidade, as águas, se não forem bombeadas, correm para baixo. O dispositivo estabelece que *o dono ou o possuidor do prédio inferior é obrigado a receber as águas que correm naturalmente do superior, não podendo realizar obras que embaracem o seu fluxo; porém a condição natural e anterior do prédio inferior não pode ser agravada por obras feitas pelo dono ou possuidor do prédio superior.*

Na primeira parte do texto, trata-se da obrigação de o proprietário ou possuidor do imóvel situado em terreno abaixo receber as águas provenientes do terreno vizinho, situado acima, de forma natural. O vizinho que recebe as águas não poderá construir qualquer obra que impeça o fluxo das águas – um muro, por exemplo. Por outro lado, o proprietário ou possuidor do prédio superior não pode realizar obras que possam vir a causar danos ao imóvel inferior.

O Superior Tribunal de Justiça apreciou questão envolvendo o tema e, tendo sido *comprovada a falha na execução dos serviços por parte da demandada ora agravante, causando danos aos moradores do prédio vizinho, além de imensa angústia e aflição ao recorrido, "ao ver seu imóvel invadido pela água em decorrência da conduta ilícita praticada pela demandada que deu causa ao evento em questão",* configurou-se a responsabilidade pelos fatos ocorridos.[8]

O art. 1.289 trata da situação em que as águas, quando *artificialmente levadas ao prédio superior, ou aí colhidas, correrem dele para o inferior. Nesse caso, o dono poderá reclamar que se desviem, ou se lhe indenize o prejuízo que sofre deduzido o valor do benefício obtido.*

Segundo Álvaro Villaça de Azevedo, *assim como o dono do prédio inferior tem de suportar as águas naturais, que seguem o seu traçado, não são obrigados a suportar incômodos das águas artificiais, que sejam causados pelo dono do prédio superior, obrigando-o a desviar o curso das águas, sem maiores prejuízos ao dono do prédio inferior, ou ao pagamento do dano sofrido. O certo é que essas águas artificiais devem ser recebidas limpas, e sobrarem, pelo proprietário inferior, que tem direito a se utilizar dessas sobras.*[9]

O art. 1.290 dispõe que *o proprietário de nascente, ou do solo onde caem águas pluviais, satisfeitas as necessidades de seu consumo, não pode impedir, ou desviar o curso natural das águas remanescentes pelos prédios inferiores.* O texto não é claro. Quando menciona *as necessidades de seu consumo,* não fica especificado se se

---

8. AgInt no AREsp 1275489 / RS. AGRAVO INTERNO NO AGRAVO EM RECURSO ESPECIAL 2018/0081330-0. DJe 15/09/2020.
9. AZEVEDO, Álvaro Villaça. Curso de direito civil 5 – direito das coisas. 2. ed. São Paulo: Saraiva, 2019. E-book.

trata das primeiras necessidades da vida ou de quaisquer outras necessidades. Melhor seria se o cerne da questão fosse de fato as primeiras necessidades da vida de forma explícita. No modo em que o texto está construído, não há qualquer limite para a satisfação do proprietário em relação à água, seja da nascente, seja da água de chuva. Em outras palavras, o dispositivo não garante equidade para os vizinhos abaixo, em relação ao imóvel acima.

O art. 1.292 aborda o direito ao **represamento** das águas, desde que não se cause dano aos vizinhos. Nessa linha, *o proprietário tem direito de construir barragens, açudes, ou outras obras para represamento de água em seu prédio; se as águas represadas invadirem prédio alheio, será o seu proprietário indenizado pelo dano sofrido, deduzido o valor do benefício obtido.* Em verdade, trata-se de não causar dano, qualquer que seja a sua natureza, a outrem. Na ocorrência, cabe a indenização.

O art. 1.293 permite, *a quem quer que seja, mediante prévia indenização aos proprietários prejudicados, construir canais, através de prédios alheios, para receber as águas a que tenha direito, indispensáveis às primeiras necessidades da vida, e, desde que não cause prejuízo considerável à agricultura e à indústria, bem como para o escoamento de águas supérfluas ou acumuladas, ou a drenagem de terrenos.*

Essa matéria foi objeto de decisão do Superior Tribunal de Justiça[10]. A questão versou sobre se o *proprietário de um imóvel tem o direito de transportar a água proveniente de outro imóvel através do prédio vizinho.* O entendimento da corte é que a *exegese da permissão contida no art. 1.293 do CC/02 deve [...] partir da averiguação de uma contingência: não deve haver outro meio de acesso às águas. Caso presente essa eventualidade, a leitura de referido dispositivo há de resultar no reconhecimento de que se cuida de verdadeiro direito de vizinhança e, portanto, limite interno inerente ao direito de propriedade.*

A ideia é que, não havendo caminho público até as águas, a busca e a retirada estão asseguradas por lei, já que a pessoa que a elas não tenha acesso tem para si dois direitos: o de usar a água e também o acesso a ela. Esses direitos não se reconhecem como de vizinhança apenas no caso em que houver outros meios possíveis de acesso à água.

Para o exercício do direito de passagem aplica-se a regra de o responsável pela construção do aqueduto assumir todos os custos a ele inerentes e de forma a causar o menor impacto nas demais propriedades. Segundo a lei, *o aqueduto será construído de maneira que cause o menor prejuízo aos proprietários dos imó-*

---

10. RECURSO ESPECIAL 1.616.038 – RS (2015/0230806-0).

veis vizinhos, e a expensas do seu dono, a quem incumbem também as despesas de conservação[11].

Além disso, cabe a regra da indenização na hipótese de *ocorrência de dano por infiltração ou irrupção das águas*, bem como da *deterioração das obras destinadas a canalizá-las*[12]. No caso de *áreas edificadas, pátios, hortas, jardins ou quintais*, o proprietário prejudicado poderá exigir que a canalização seja *subterrânea.*[13]

Além do que já foi dito, o art. 1.294 determina que se aplica ao direito de aqueduto o disposto nos arts. 1.286[14] e 1.287[15], que tratam da passagem de cabos e tubulações.

Fica facultado aos proprietários o cercamento do imóvel e a construção sobre ele, *sem prejuízo para a sua segurança e conservação; os proprietários dos imóveis poderão usar das águas do aqueduto para as primeiras necessidades da vida*[16]. Se é obrigatório permitir o acesso de um vizinho à água, não haveria sentido em proibir a utilização do aqueduto construído para as **primeiras necessidades da vida**.

Havendo ainda, *no aqueduto, águas supérfluas, outros - com preferência para os proprietários dos imóveis atravessados pelo aqueduto poderão canalizá-las* - para os fins previstos no art. 1.293. Cabe, nessa hipótese, *o pagamento de indenização aos proprietários prejudicados e ao dono do aqueduto, de importância equivalente às despesas que então seriam necessárias para a condução das águas até o ponto de derivação*[17].

O art. 1.300 estabelece que *o proprietário construirá de maneira que o seu prédio não despeje águas, diretamente, sobre o prédio vizinho*. Mas não prevê indenização. Entende-se que, havendo algum despejo direto de água, caberão as medidas para impedir essa ocorrência.

---

11. Lei 10.406/2002, art. 1.293, § 3º.
12. Lei 10.406/2002, art. 1.293, § 1º.
13. Lei 10.406/2002, art. 1.293, § 2º.
14. Art. 1.286. Mediante recebimento de indenização que atenda, também, à desvalorização da área remanescente, o proprietário é obrigado a tolerar a passagem, através de seu imóvel, de cabos, tubulações e outros condutos subterrâneos de serviços de utilidade pública, em proveito de proprietários vizinhos, quando de outro modo for impossível ou excessivamente onerosa. Parágrafo único. O proprietário prejudicado pode exigir que a instalação seja feita de modo menos gravoso ao prédio onerado, bem como, depois, seja removida, à sua custa, para outro local do imóvel.
15. Art. 1.287. Se as instalações oferecerem grave risco, será facultado ao proprietário do prédio onerado exigir a realização de obras de segurança.
16. Lei 10.406/2002, art. 1.293.
17. Lei 10.406/2002, art. 1.296.

7.2 ÁGUAS PLUVIAIS

As águas pluviais possuem um regime jurídico próprio, diverso dos recursos hídricos contidos em corpos de água. De acordo com o disposto no art. 102, do Código de Águas, *consideram-se águas pluviais as que procedem imediatamente das chuvas*. Tais águas, nos termos do art. 103, *pertencem ao dono do prédio onde caírem diretamente, podendo o mesmo dispor delas à vontade, salvo existindo direito em sentido contrário*.

O dispositivo legal estabelece que não será permitido: (1) desperdiçar essas águas em prejuízo dos outros prédios que delas se possam aproveitar sob pena de indenização aos proprietários dos mesmos, nem (2) desviar essas águas de seu curso natural para lhes dar outro, sem consentimento expresso dos donos que irão recebê-las.

Mais que isso, o Código de Águas dispõe, no art. 104, que, *transpondo o limite do prédio em que caírem, abandonadas pelo proprietário do mesmo, as águas pluviais, no que lhes for aplicável, ficam sujeitas às regras ditadas para as águas comuns e para as águas públicas*.

Ou seja, a água da chuva que cair em um prédio pode ser aproveitada pelo proprietário, desde que não restem prejudicados os vizinhos. No que se refere ao período entre a transposição do limite do terreno e a sua destinação aos corpos hídricos, está-se tratando das águas que correm pela cidade ou em galerias, sob a responsabilidade municipal.

Essas mesmas águas, quando encontrarem os corpos hídricos, sujeitam-se ao regime das águas públicas, da União ou dos Estados. Essa ideia, nos dias de hoje, é talvez mais importante que à época da edição do Código de Águas, pela possibilidade de aproveitamento da água da chuva em um cenário onde esse recurso tem se mostrado escasso ao abastecimento público e a ocorrência de inundações vem causando cada vez mais danos.

Nas cidades, a água é, em geral, fornecida aos domicílios por meio da rede de distribuição pública. Em grande parte dos municípios brasileiros, a água distribuída contém flúor, tendo sido submetida a tratamento, como a aplicação de cloro, para desinfecção.

Há um custo determinado para que a água chegue às casas com tais propriedades, ou seja, potável, pronta para consumo. Alguns usos, todavia, prescindem desse nível de tratamento: rega de jardins, lavagem de pátios etc. podendo realizar-se a partir do uso da água proveniente da chuva. A utilização da água de chuva para fins menos nobres pode ser uma forma de racionalização do uso da água.

Além disso, a impermeabilização dos solos nas cidades – ruas asfaltadas, jardins cimentados, construções de imóveis nas várzeas dos córregos e ribeirões, regulares ou não, tudo isso fez com que os riscos de inundação tenham aumentado substancialmente. Uma das formas sugeridas para conter as águas pluviais que correm dos imóveis, por não serem absorvidas pelo solo, e aumentarem o volume das águas das redes pluviais, é justamente a sua contenção por meio de reservatórios, no interior do terreno.[18] Tal diretriz foi, inclusive, incorporada aos objetivos da Política Nacional de Recursos Hídricos que deve *incentivar e promover a captação, a preservação e o aproveitamento de águas pluviais*.[19]

Voltando ao Código de Águas, dispõe o art. 105 que as águas do beiral de um imóvel não poderão cair no imóvel do vizinho. Tamanha importância foi dada às águas pluviais que o art. 106 declarou *imprescritível* o direito de seu uso.

A legislação em vigor, ao afirmar simplesmente que a água é um bem de domínio público, sem qualquer ressalva, teria alterado o regime das águas pluviais, pois, se as mesmas são públicas, ficam então adstritas a esse respectivo regime. Mas não é isso que vigora, pois a Lei 9.433/97, em seu art. 12, que estabelece os usos sujeitos à outorga, é clara ao definir, no inciso I, a *derivação ou captação de parcela da água existente em um corpo de água para consumo final, inclusive abastecimento público, ou insumo de processo produtivo*.

Ora, a água pluvial não se encontra em um corpo de água, não havendo previsão legal para a outorga do direito de seu uso, podendo o proprietário do prédio em que caíram tais águas delas se apropriar para as finalidades que desejar, desde que não cause dano a terceiros.

A lei não incluiu o uso das águas pluviais nas dispensas de outorga. Diante, porém, das ponderações efetuadas, embora a Lei 9.433/97 estabeleça que a água é um bem de domínio público, o regime aplicável a algumas delas não é exatamente o público, permanecendo dessa forma, em vigor, as disposições do Código de Águas, no que se refere à possibilidade de uso das águas pluviais, e que podem ser por ele utilizados, sem necessidade de qualquer ato administrativo específico.

---

18. A título de exemplo, o Código de Obras e Edificações do Município de São Paulo, Lei 16.642/2017, e seu regulamento, o Decreto 57.776/2017, estabelecem regras para garantir a absorção das águas pluviais no lote por meio de área livre de pavimentação ou construção ou a construção de reservatório ligado ao sistema de drenagem.
19. Lei 9.433/1997, art. 2º, IV, incluído pela Lei 13.501, de 30-10-2017.

8
ÁGUAS SUBTERRÂNEAS

8.1 CARACTERIZAÇÃO E PROBLEMÁTICA

As águas subterrâneas possuem papel preponderante no ciclo da água, considerando-se que a água constitui um só elemento, em formas e localizações variadas.

Segundo Rebouças, *a quase totalidade das águas subterrâneas representa a parcela do ciclo hidrológico que ocorre "escondida" na sua superfície. Efetivamente, uma fração da água que infiltra na superfície das terras [...] vai constituir a umidade do solo, a qual é suporte fundamental da biomassa vegetal da Terra e interface atmosfera/litosfera. Por sua vez, o excedente de água infiltrada no solo percola em profundidade, alimentando a umidade do subsolo – rocha/sedimento – não saturado.*[1]

Águas subterrâneas podem ser conceituadas como *suprimento de água doce sob a superfície da terra, em um aquífero ou no solo, que forma um reservatório natural [...].*[2] De acordo com a Resolução CNRH 15/2001, art. 1, I, são subterrâneas *as águas que ocorrem naturalmente ou artificialmente no subsolo*. Da mesma forma estabelece a lei paulista: *são consideradas subterrâneas as águas que ocorrem natural ou artificialmente no subsolo, de forma suscetível de extração e utilização pelo homem.*[3] Já o aquífero *constitui o corpo hidrogeológico com capacidade de acumular e transmitir água através dos seus poros, fissuras ou espaços resultantes da dissolução e carreamento de materiais rochosos.*[4]

---

1. REBOUÇAS, Aldo de C. Águas Subterrâneas. In: p. 93-125. Águas Doces no Brasil. Capital Ecológico. Uso e Conservação. 4. Ed. Revisada e atualizada. Org. BRAGA, Benedito; TUNDISI, José Galiza; TUNDISI, Takako Matsumura; CIMINELLI, Virginia S. T. São Paulo: Escrituras, 2015.
2. FUNDAÇÃO ESTADUAL DE ENGENHARIA DO MEIO AMBIENTE. Vocabulário básico de meio ambiente. Compilado por Iara Verocai Dias Moreira. Rio de Janeiro, 1990, citando trabalho do Banco Mundial de 1978, p. 19.
3. Lei 6.134, de 2-6-88, sobre a preservação dos depósitos naturais de águas subterrâneas do Estado de São Paulo, art. 1°.
4. Resolução CNRH n. 15/2001, art. 1, III.

As águas subterrâneas constituem *a principal reserva disponível para os seres humanos, pois respondem por 30,1% do volume de água doce mundial, enquanto as águas doces correspondem a apenas 0,3% do volume disponível.*[5]

Nesse contexto, as águas subterrâneas passam ser estratégicas e, embora abundantes no território nacional, são muito menos conhecidas que as águas superficiais. Discutir a proteção desse recurso é discutir a segurança hídrica do País, uma vez que as águas subterrâneas possuem um enorme potencial para garantir o abastecimento hídrico de qualidade e em quantidades adequadas para o uso humano. Essas águas podem e devem ser utilizadas, porém de forma racional e coordenada, para não comprometer os mananciais para as presentes e futuras gerações.

O fato de a água subterrânea não poder ser vista, como é o caso das águas superficiais, faz com que sua degradação, poluição e escassez não sejam facilmente observadas. Entretanto, isso não significa que os problemas envolvidos com esses recursos sejam menos graves do que em relação às águas superficiais. A recarga e a purificação dos aquíferos são mais lentas e complexas, o que torna ainda mais relevante e necessário o gerenciamento adequado, o controle das outorgas de direito de uso, o cadastramento de poços e o efetivo exercício do poder de polícia, impedindo o abuso, a utilização irregular a poluição e a degradação.

Toda essa complexidade é agravada pelo fato que esse tema é novo e é insuficiente o conhecimento sobre os aquíferos e as águas subterrâneas no Brasil.

8.2 DOMÍNIO E GESTÃO

Como já observado nesta obra, o critério constitucional de definição do domínio das águas subterrâneas não acompanhou aquele adotado para as águas superficiais. Para as águas subterrâneas, o critério adotado foi o domínio estadual. Segundo a CF/88, aos Estados pertencem *as águas superficiais ou **subterrâneas**, fluentes, emergentes e em depósito, ressalvadas as decorrentes de obras da União.*[6]

Ocorre que as águas subterrâneas não correspondem às fronteiras estaduais, de modo que a articulação institucional - técnica e política - é extremamente necessária para a gestão desse recurso. Atualmente, devido à combinação das estruturas geológicas com fatores geomorfológicos e climáticos, o Brasil é dividido

---

5. VILLAR, Pilar Carolina; GRANZIERA, Maria Luiza Machado. Direito de Águas à Luz da Governança. Brasília: Agência Nacional de Águas e Saneamento Básico, 2020, p. 105. Disponível em: https://capacitacao.ana.gov.br/conhecerh/bitstream/ana/924/4/UNIDADE%2001_ANA.pdf. Acesso: 10 maio 2022.
6. CF/88, art. 26, I.

em 10 províncias hidrogeológicas, regiões com sistemas aquíferos com condições semelhantes de armazenamento, circulação e qualidade de água[7].

Os Estados, detentores do domínio das águas subterrâneas, em sua grande maioria possuem regras específicas para a gestão desse recurso, seja em suas Políticas Estaduais de Recursos Hídricos, seja em suas leis ambientais ou ainda em diplomas editados exclusivamente para tratar do tema[8]. Essas regras, de maneira geral, trazem instrumentos apropriados para a proteção desse recurso. Porém, na prática, o que se nota é que os instrumentos previstos nas leis nem sempre são aplicados de forma abrangente, resultando, muitas vezes, em um verdadeiro abismo entre a previsão legal e a efetiva gestão e proteção das águas subterrâneas.

Essa questão torna-se ainda mais complexa na medida em que os limites dos aquíferos, além de não acompanhar as fronteiras políticas dos Estados, tampouco obedecem aos limites das bacias hidrográficas. Grandes aquíferos são compartilhados por diversos Estados. Como exemplo, o Sistema Aquífero Guarani (SAG) abrange 8 Estados da federação[9] e o Sistema Aquífero Urucuia (SAU) 6 Estados.[10]

Decisões estaduais isoladas, sobre a gestão de um corpo hídrico compartilhado com outros Estados, não são ideais, uma vez que o impacto global no aquífero acaba não sendo considerado, o que pode resultar em superexplotação ou em contaminação. Se por um lado ações integradas parecem ser o único meio de gerenciar esses corpos hídricos, por outro, articular essas ações entre os diversos entes é uma tarefa desafiadora.

A questão que se coloca é que, de acordo com o direito em vigor, não há uma instância legalmente estabelecida para que os Estados que compartilham os aquíferos estabeleçam um planejamento ou uma gestão integrada de modo vinculado. No momento anterior à concessão das outorgas, tampouco existe, institucionalmente, um âmbito de negociação entre os Estados que compartilham o aquífero, para que se estabeleçam as regras comuns (equivalentes às regras de

---

7. ABAS. Águas Subterrâneas. O que são? Disponível em: https://www.abas.org/aguas-subterraneas-o--que-sao/#ind24. Acesso: 10 maio 2022.
8. Os Estados adotaram diplomas distintos para tratar da proteção das águas subterrâneas. No Estado de Santa Catarina, por exemplo, a Lei 14.675/2009, que instituiu o Código Estadual do Meio Ambiente, possui uma seção específica para tratar das águas subterrâneas. Já no Estado do Paraná, a própria Política Estadual de Recursos Hídricos, Lei 12.726/1999, traz um capítulo sobre a matéria. Há também exemplos de Estados que editaram normas específicas para tratar do tema como o Estado do Rio Grande do Sul (Decreto 42.047/2002), Mato Grosso do Sul (Lei 3.183/2006), Minas Gerais (Lei 13.771/2000), São Paulo (Lei 6.134/1988 e Dec. 32.955/1991), entre outros.
9. No território brasileiro, Sistema Aquífero Guarani (SAG) é compartilhado entre os seguintes Estados: Paraná, Santa Catarina, Rio Grande do Sul, São Paulo, Minas Gerais, Mato Grosso do Sul, Mato Grosso e Goiás.
10. O Sistema Aquífero Urucuia (SAU) é compartilhado entre os seguintes Estados: Tocantins, Maranhão, Piauí, Bahia, Goiás e Minas Gerais.

operação de barragens que impactem mais de uma bacia hidrográfica), válidas para a utilização das águas do aquífero compartilhado.

O art. 4º da Lei 9.433/1997 dispõe que *a União articular-se-á com os Estados tendo em vista o gerenciamento dos recursos hídricos de interesse comum*, que podem ser apontados como aqueles corpos hídricos que, localizados em uma mesma bacia hidrográfica, são objeto de domínio distintos. A articulação é necessária ao planejamento integrado, à aplicação dos instrumentos de gestão e à sistematização de procedimentos, de forma a garantir a observância do princípio da adoção da bacia hidrográfica como unidade de planejamento e gerenciamento e, consequentemente, a proteção da qualidade e da quantidade dos recursos hídricos. Dessa forma, a União deverá articular-se com os Estados, na busca desses objetivos.

Todavia, a lei não prevê a *articulação entre os Estados*, para tratar das *águas subterrâneas compartilhadas entre eles*, já que a União não detém esse domínio, embora os aquíferos sejam fornecedores de água para os corpos hídricos, inclusive os da União. Essa questão é mais nevrálgica na medida em que as águas subterrâneas, por suas características, se por um lado apresentam melhor qualidade, por outro lado estão expostas a riscos maiores, em função da fragilidade de sua auto recuperação.

Nesse tema, a Lei 9.433/1997 aborda a matéria prevendo uma instância de governança, no âmbito da atuação dos órgãos colegiados – Comitês de Bacia Hidrográfica e Conselhos de Recursos Hídricos, na linha da gestão descentralizada e participativa. Entende-se aqui por governança os trabalhos atinentes à conclusão de acordos sobre temas complexos por meio de concessões mútuas, em que as partes buscam seus interesses, porém em harmonia com os interesses das outras partes.

Sem a articulação/governança entre os vários órgãos e entidades, as decisões não avançam e perde-se a necessária coesão no âmbito dos poderes públicos. O termo *integração*, nesse cenário, é a base da atuação administrativa na gestão das águas. Cabe ainda considerar que muitas vezes a bacia hidrográfica em que atua um Comitê nem sempre corresponde à área de incidência do aquífero, o que explicita outra dificuldade e a necessidade de coordenação de mais de um Comitê, quando se trata de gestão de águas subterrâneas.

Cabe salientar que a Lei 9.433/1997 tem natureza de norma geral, e se aplica a todo o território nacional. Os Estados, ao formularem suas políticas estaduais de recursos hídricos, devem seguir a norma geral, conforme determina os parágrafos do art. 24 da Constituição. Dessa forma, ainda que as águas subterrâneas pertençam aos Estados, e a eles caiba a sua gestão, a Lei 9.433/1997 poderia ter estabelecido diretrizes para a articulação entre esses entes, no que diz respeito à gestão das águas subterrâneas compartilhadas. Ao longo do tempo, o Conselho Nacional de Recursos Hídricos (CNRH) passou a estabelecer regras indicativas aos Estados para a gestão de águas subterrâneas.

8.3 O PAPEL DO CNRH NA GESTÃO DAS ÁGUAS SUBTERRÂNEAS

Os principais documentos disciplinadores da temática das águas subterrâneas no Brasil são as resoluções específicas do Conselho Nacional de Recursos Hídricos (CNRH)[11], editadas no intuito de complementar o conteúdo da Lei de Águas para a gestão desse recurso, bem como para a gestão integrada dos recursos hídricos em geral, cabendo citar as mais relevantes.

A gestão integrada das águas subterrâneas e superficiais é objeto da Resolução CNRH 15/2001. Na aplicação dos instrumentos da Política Nacional de Recursos Hídricos, a referida resolução determina que, no caso dos aquíferos [...] subjacentes a duas ou mais Unidades da Federação, o Sistema Nacional de Gerenciamento de Recursos Hídricos (SINGREH) promoverá a integração dos diversos órgãos dos governos federal, estaduais e do Distrito Federal, que têm competências no gerenciamento de águas subterrâneas.[12] Se é positiva essa regra, dispondo sobre a articulação, a norma não estabelece as formas de realizar essa articulação, o que remete à decisão discricionária dos órgãos e entidades, no que se refere à necessária atuação conjunta, na busca de integração.

Além disso, a resolução mencionada prevê que os Municípios devem ser orientados no que diz respeito às diretrizes para promoção da gestão integrada das águas subterrâneas em seus territórios, em consonância com os planos de recursos hídricos.[13]

Um ponto fundamental consiste na proposta de estímulo aos Municípios para a proteção das áreas de recarga dos aquíferos e a adoção de práticas de reuso e de recarga artificial, com vistas ao aumento das disponibilidades hídricas e da qualidade da água. Entende-se que os estímulos se reportam a Instrumentos Econômicos, em que os Estados, detentores do domínio das águas subterrâneas, ofereceriam benefícios aos municípios que aderissem às práticas definidas como desejáveis. Um exemplo a ser considerado consiste no ICMS Ecológico, em que o Estado transfere recursos aos Municípios, como forma de compensação por

---

11. Guimarães, Patrícia Borba Vilar; Ribeiro, Márcia Maria Rios. Águas subterrâneas: aspectos compartilhados para gestão de recursos hídricos na legislação brasileira, p.5. Disponível em: http://aguassubterraneas.abas.org/asubterraneas/article/view/23316. Acesso: 10 maio 2022.
12. Resolução CNRH 15/2001, art. 5º.
13. Resolução CNRH 15/2001, art. 6º.

restrições ao uso do solo ou outra situação similar, de acordo com a lei estadual que instituir esse repasse.

Nesse sentido, a Lei 14.119/202, que Institui a Política Nacional de Pagamento por Serviços Ambientais, dispõe em seu art. 21 que *as receitas oriundas da cobrança pelo uso dos recursos hídricos de que trata a Lei 9.433/1997, poderão ser destinadas a ações de pagamento por serviços ambientais que promovam a conservação e a melhoria da quantidade e da qualidade dos recursos hídricos e deverão ser aplicadas conforme decisão do Comitê da Bacia Hidrográfica*. Sobretudo a proteção das áreas de recarga de aquíferos podem ser objeto de projetos financiados pela cobrança.

Outro instrumento estratégico, na gestão das águas subterrâneas, consiste nos Planos de Recursos Hídricos, documentos técnicos que fornecem as informações e os dados necessários à gestão sistêmica, integrada e participativa dos recursos hídricos.

A Resolução CNRH 22/2002 objetiva introduzir as águas subterrâneas nos planos de recursos hídricos, detalhando a citada Resolução CNRH 15/2001. Nessa linha, os Planos de Recursos Hídricos devem promover a caracterização dos aquíferos e definir suas inter-relações com os demais corpos hídricos superficiais e subterrâneos e com o meio ambiente, visando à gestão sistêmica, integrada e participativa das águas.

No caso de aquíferos subjacentes a grupos de bacias ou sub-bacias hidrográficas contíguas, os Comitês deverão estabelecer os critérios de elaboração, sistematização e aprovação dos respectivos Planos de Recursos Hídricos, de forma articulada, o que implicaria uma necessária articulação entre os Comitês.

Trata-se de uma estratégia para contornar o fato de que a localização dos aquíferos não coincide com as bacias hidrográficas, como já mencionado, o que gera um vazio normativo. Afinal, os Planos de Recursos Hídricos, previstos na Lei 9.433/1997, não se reportam aos espaços ocupados pelos aquíferos, pois as dimensões destes não correspondem às bacias hidrográficas, nem aos Estados, nem aos Países.

Na prática, seguindo as regras da lei federal e também das leis estaduais, que tratam esse tema de forma similar, para estabelecer o planejamento de um aquífero, considerando todo o corpo hídrico, é necessário que os planos das bacias hidrográficas que tenham incidência no aquífero sejam elaborados conjuntamente, no que concerne às águas subterrâneas, cabendo aos Comitês estabelecer os critérios de elaboração, sistematização e aprovação dos respectivos Planos de Recursos Hídricos, de forma articulada.

A Resolução CNRH 91/2008 dispõe sobre procedimentos gerais para enquadramento dos corpos de água superficiais e subterrâneos. O enquadramento dos corpos de água se dá por meio do estabelecimento de classes de qualidade conforme o disposto nas Resoluções CONAMA 357/2005 e 396/2008, tendo como referência básica a bacia hidrográfica como unidade de gestão e os usos preponderantes mais restritivos.

A proposta de enquadramento deve considerar, de forma integrada e associada, as águas superficiais e subterrâneas, com vistas a alcançar a necessária disponibilidade de água em padrões de qualidade compatíveis com os usos preponderantes identificados.

Nesse sentido, a Resolução CONAMA 396/2008, dispõe sobre a classificação e diretrizes ambientais para enquadramento, especificamente em relação às águas subterrâneas. Essa norma constitui um avanço, ao reconhecer que os aquíferos se apresentam em diferentes contextos hidrogeológicos e podem ultrapassar os limites de bacias hidrográficas, e que as águas subterrâneas possuem características físicas, químicas e biológicas intrínsecas, sendo necessário que suas classes de qualidades sejam pautadas nessas especificidades.

Além disso, a referida resolução considera a necessidade de integração das Políticas Nacionais de Gestão Ambiental e de Recursos Hídricos, bem como de uso e ocupação do solo, a fim de garantir as funções social, econômica e ambiental das águas subterrâneas. Nesse sentido, estabelece que os órgãos ambientais, em conjunto com os órgãos gestores dos recursos hídricos, deverão implementar áreas de proteção de aquíferos e perímetros de proteção de poços de abastecimento, objetivando a proteção da qualidade da água subterrânea.

A norma prevê ainda a implantação de áreas de restrição e controle do uso das águas subterrâneas, quando necessário para proteção dos aquíferos, da saúde humana e dos ecossistemas. Para tanto, os órgãos de gestão de recursos hídricos e de meio ambiente deverão articular-se para definição das restrições e das medidas de controle do uso das águas subterrâneas.

A Resolução CONAMA 396/2008 determina que as restrições e exigências da classe de enquadramento das águas subterrâneas deverão ser observadas no licenciamento ambiental, no zoneamento ecológico-econômico e na implementação dos demais instrumentos de gestão ambiental. Em relação à disposição de efluentes e de resíduos sólidos, determina que estes não poderão conferir às águas subterrâneas características em desacordo com seu enquadramento.

Essa norma vem preencher uma lacuna no que se refere às tratativas voltadas ao enquadramento das águas subterrâneas, estabelecendo um conteúdo específico para os planos de bacias hidrográficas, inclusive no que se refere à efetividade das decisões. Todavia, esse instrumento de gestão não vem sendo implementado no Brasil, na forma prevista nas políticas de recursos hídricos e na Resolução CONAMA 357/2005, nem em relação às águas subterrâneas, tampouco em relação às superficiais.

A Resolução CNRH 92/2008 fixa critérios e procedimentos gerais para proteção e conservação das águas subterrâneas no território brasileiro, visando identificar, prevenir e reverter processos de superexplotação, poluição e contaminação, considerando especialmente as áreas de uso restritivo previstas na Resolução CNRH 22/2002, acima comentada.

Na continuidade da regulamentação das águas subterrâneas, e tendo em vista a necessidade da atuação integrada dos órgãos componentes do SINGREH na implementação da Política Nacional de Recursos Hídricos, a Resolução CNRH 126/2011 estabelece as diretrizes para o cadastro de usuários de recursos hídricos e para a integração das bases de dados referentes aos usos de recursos hídricos superficiais e subterrâneos.

Releva destacar a importância do cadastro de usuários de recursos hídricos. Embora não conste da lista de instrumentos da Política Nacional de Recursos Hídricos, o cadastro de usuários é uma ferramenta poderosa para nortear todo o planejamento das bacias hidrográficas e da utilização dos aquíferos.

Nos termos da Resolução CNRH 126/2011, o cadastro de usuários de recursos hídricos tem como objetivo o conhecimento da demanda pelo uso da água, bem como oferecer suporte à implementação dos instrumentos das políticas de recursos hídrico e a fiscalização dos usos e interferências nos recursos Hídricos.[14]

As resoluções do CNRH avançaram no tema das águas subterrâneas, estabelecendo as diretrizes básicas para a sua gestão e mesmo definindo a necessidade de articulação entre os Estados na implementação dos instrumentos das políticas de águas. Além disso, deu-se ênfase à necessidade de apoio aos Municípios para que eles, como entes federados competentes para o ordenamento do uso do solo, também participem das ações relacionadas à proteção das águas subterrâneas.

8.4 DESAFIOS A TRANSPOR NA GESTÃO DAS ÁGUAS SUBTERRÂNEAS

O ordenamento jurídico brasileiro não apresenta fórmulas para a articulação institucional entre os entes federados, no que se refere à gestão das águas subterrâneas. Todavia, os instrumentos de gestão de recursos hídricos, previstos

---

14. Resolução CNRH 126/2011, art. 2º.

nas normas estaduais, se implementados, podem conferir a necessária segurança hídrica desses recursos, desde que implementados e permanentemente revistos.

A questão a colocar, dessa forma, é que as dificuldades impostas 1. pelo critério de domínio, e 2. pela não coincidência da localização dos aquíferos com as bacias hidrográficas, núcleo da gestão das águas no país, não impedem que se proceda à gestão eficiente e sustentável das águas subterrâneas.

O cadastro de usuários é uma base de dados de importância estratégica para o mapeamento dos usos, localização e finalidades. Sem conhecimento, fica prejudicado o processo de gestão. Em se tratando de águas subterrâneas compartilhadas entre vários Estados, o sistema de cadastro de cada Estado deve ser minimamente compatível com os sistemas dos demais, o que explicita a necessidade de utilização de bases de informação que *conversem* entre si, sob pena de se perderem os recursos aplicados nesses meios de conhecimento sobre os recursos hídricos.

O cadastro de usuários é um instrumento relacionado com a outorga de direito de uso de águas. É necessário um esforço integrado dos Estados na busca de auto declarações de uso, em processo público, com prazos determinados, para que o usuário, cadastrado ou não, e que tenha ou não outorga de uso de recursos hídricos regular, possa declarar os usos de águas subterrâneas, com a oportunidade de regularizar-se, sem sofrer penalidades durante a vigência desse processo.

Esse procedimento não é inédito e foi adotado com sucesso quando da implantação da cobrança pelo uso de recursos hídricos na Bacia do Rio Paraíba do Sul e em outras bacias hidrográficas. A Resolução CNRH 48/2005, que estabelece critérios gerais para a cobrança pelo uso dos recursos hídricos incluiu, entre as condições necessárias ao início da cobrança, o *processo de regularização de usos de recursos hídricos sujeitos à outorga na respectiva bacia, incluindo o cadastramento dos usuários da bacia hidrográfica*.[15]

No que se refere às outorgas, além dos procedimentos administrativos deverem ser o mais uniformes possível para a sua concessão, há que haver uma negociação sistemática entre os Estados que compartilham um aquífero, com vistas a estabelecer regras comuns, válidas para a utilização das águas do aquífero compartilhado. Além disso, ainda que cada Estado tenha a competência para outorgar o uso da água, é fundamental a troca de informações entre todos os Estados que as compartilham, para evitar danos irreparáveis no futuro.

---

15. Resolução CNRH 48/2005, art. 6°, II.

Considerando que parte dos riscos de contaminação decorrem de defeitos na construção e na manutenção dos poços, a fiscalização é necessária, mas, antes disso, os programas de comunicação social podem transmitir a importância do cuidado na operação e manutenção dos poços profundos aos usuários e à população em geral.

No que se refere à implantação de empreendimentos em área de incidência dos aquíferos, há Estados que já exigem estudos pormenorizados de natureza hidrogeológica, como condicionante das licenças ambientais. Esses estudos tendem a permanecer isolados nos processos de licenciamento junto aos órgãos e entidades estaduais de meio ambiente, mas poderiam ser transmitidos aos sistemas estaduais de informação, como fonte adicional de conhecimento a respeito dos aquíferos.

No que se refere à gestão participativa, já foi dito que a área de atuação dos Comitês de Bacia Hidrográfica não corresponde necessariamente à área de incidência dos aquíferos. Dessa forma, todas a atividades de planejamento relacionado às águas subterrâneas, a cargo dos órgãos gestores, Agências de Bacia ou Entidades Delegatárias e também dos Comitês – prioridade de usos para a outorga de uso de recursos hídricos, proposta de enquadramento dos corpos hídricos, definição de usos de pouca expressão, proposta de mecanismos e valores para a cobrança de recursos hídricos, entre outros, deve ser feita de comum acordo com todos os Comitês cuja área incida sobre o aquífero.

Além do âmbito dos instrumentos de gestão de águas, há que mencionar a possibilidade de criação de Unidades de Conservação em áreas de afloramento ou recarga dos aquíferos, como forma de limitar o uso do solo e impedir a contaminação por essas vias. Esses espaços protegidos, quando de *proteção integral*, obrigam que o Poder Público proceda à desapropriação da área, ensejando maiores gastos à Administração. Uma alterativa mais factível seria a criação de Unidades de Conservação de Uso Sustentável, ficando para o respectivo Plano de Manejo o zoneamento da área, imponto maiores restrições aos usos em áreas de afloramento ou recarga.

É importante salientar o papel dos municípios na proteção das águas subterrâneas, que muitas vezes são a fonte de abastecimento público. Nessa linha, há que haver uma forte articulação entre os Estados e seus municípios localizados nas áreas de incidência dos aquíferos, com vistas a estabelecer formas conjuntas de uso e ordenamento do solo de modo a proteger esses mananciais.

Vislumbra-se, aqui, a aplicação de instrumentos econômicos na busca da efetividade da proteção dos aquíferos, como por exemplo a previsão, em lei, de acesso a financiamentos estaduais e a outros tipos de incentivos, especificamente para municípios que considerem as águas subterrâneas e sua fragilidade, em suas leis de uso e ocupação do solo, e que efetivamente cumpram as regras de proteção fixadas.

Assim, a chave da proteção das águas subterrâneas é a condução dos procedimentos administrativos, aplicando os instrumentos previstos nas leis, de forma articulada, tendo em vista o compartilhamento desses recursos. A cooperação, princípio básico da gestão, e objeto do parágrafo único do art. 23 da Constituição, é também mencionado nas várias convenções internacionais sobre temas ambientais, e em suas respectivas declarações.

A Lei Complementar 140/2011 foi editada para regulamentar a cooperação entre a União, os Estados, o Distrito Federal e os Municípios nas ações administrativas decorrentes do exercício da competência comum relativas à proteção, entre outros bens, do meio ambiente e ao combate à poluição em qualquer de suas formas. Para tanto, prevê várias formas de cooperação: 1. consórcios públicos; 2. convênios, acordos de cooperação técnica e outros instrumentos similares com órgãos e entidades do Poder Público; 3. Comissões Tripartites; 4. fundos públicos e privados e outros instrumentos econômicos; 5. delegação de atribuições de um ente federativo a outro, respeitados os requisitos previstos nesta Lei Complementar; e 6. delegação da execução de ações administrativas de um ente federativo a outro.

A adoção desses mecanismos pode ser frutífera. Todavia, esses arranjos institucionais demandam custos administrativos para a sua implementação. Considerando a necessidade de aplicação desses recursos na implantação dos instrumentos das políticas públicas, voltados à real proteção das águas subterrâneas, é possível que os órgãos e entidades estaduais possam, desde logo, buscar formas mais simples de articulação para a solução de problemas comuns que poderão constituir o embrião de estruturas mais perenes.

A partir das considerações efetuadas, é fundamental traçar caminhos que possibilitem a gestão compartilhada desses corpos hídricos. Apesar do arcabouço legislativo tratado no item acima, que abrange os principais instrumentos a serem aplicados, verifica-se que a gestão estadual dos aquíferos ocorre tradicionalmente de forma isolada. A integração, dessa forma, é um longo caminho a ser percorrido, com muitos desafios a serem transpostos, considerando que se trata de uma medida de efetividade da lei.

Não há metodologia específica para que ocorra a articulação, e nem poderia existir. É a troca de informações, e sobretudo a compreensão da importância e da fragilidade das águas subterrâneas que alimentam esse conceito. A forma de superar a dificuldade consiste no fortalecimento institucional dos atores envolvidos, e a disponibilização, para as pessoas envolvidas com a gestão de recursos hídricos, dos meios adequados, para que se dê a articulação.

Nessa ordem de ideias, a implantação de uma política pública deve ser considerada como um empreendimento, formulando-se estratégias de atuação e desenvolvendo-se uma cultura empreendedora, que aceite o desafio de fazer acontecer os resultados, sem deixar de lado a transparência nas decisões e cumprindo-se a regra imposta na Constituição Federal, sobre a obrigação de proteger e preservar o meio ambiente, em que se incluem as águas, para as atuais e futuras gerações.

Parte II
POLÍTICA NACIONAL DE RECURSOS HÍDRICOS

PART II

POLÍTICA NACIONAL
DE RECURSOS HÍDRICOS

9
POLÍTICAS PÚBLICAS

A formulação de políticas no campo específico dos recursos hídricos no Brasil veio responder a uma necessidade há muito detectada, mas que não encontrava a base de sua sustentação no ordenamento então em vigor. No quadro existente, composto (1) pela mudança do clima, (2) pelos efeitos da utilização dos recursos hídricos ao longo do tempo, sem o necessário planejamento; e (3) pela situação de risco de poluição e escassez, em vários níveis, essa temática é cada vez mais atual, tendo em vista a necessidade de perpetuação dos atuais usos da água, para as presentes e futuras gerações.

Não é objetivo desta obra discutir profundamente o tema políticas públicas.[1] Todavia, é necessário formular um conceito básico para o termo, de forma que se possa compreendê-lo de modo uniforme.

Conforme o conceito de M. Paula Dallari Bucci, políticas públicas são programas de ação governamental visando a coordenar os meios a disposição do Estado e as atividades privadas para a realização de objetivos socialmente determinados.[2]

Essa expressão é normalmente entendida como o conjunto de ações decididas e implementadas pelo Estado.[3] O qualificativo *públicas* advém da concepção de que o Estado tem por finalidade realizar o bem comum, o interesse público. No entanto, no que consiste o interesse público? Qual o interesse público em relação às águas doces? Após a verificação dos conflitos de interesse e a incompatibilidade entre certos usos, não há como definir o interesse público de forma única. Mas pode-se dizer que ele está associado à sobrevivência da sociedade.

Os objetivos comuns de uma sociedade são extremamente gerais e genéricos, daí ser praticamente impossível sua determinação concreta. Nesse sentido, o bem comum só pode ser entendido como sendo o conjunto dos valores que

---

1. Para fins da abordagem de políticas públicas, serão consideradas as sociedades de economia capitalista e regime democrático.
2. *Direito administrativo e políticas públicas*. São Paulo: Saraiva, 2002.
3. Não só o Executivo e o Legislativo atuam nas políticas públicas. O Judiciário, ao aplicar o direito ao caso concreto, fornece o contorno final da regra jurídica, estabelecendo, efetivamente, o que vigora.

em determinado período a sociedade – ou a maioria de seus membros – aceita e se propõe a realizar.

Em verdade, não há um interesse público único em vigor. A questão é muito mais complexa, à medida que há vários interesses originados dos diferentes segmentos da sociedade, como os diversos tipos de usuários, cada qual com suas necessidades específicas sobre a água e também da população em geral, caracterizando o interesse difuso e sobretudo o direito humano à água, declarado pela ONU em 2010[4]. Nesse cenário, muitos interesses são conflitantes entre si e ensejam uma negociação, a ser conduzida no âmbito dos Sistemas de Gerenciamento de Recursos Hídricos e dos quais devem emanar as decisões refletindo o desejo da maioria. Em uma democracia, as coisas funcionam dessa maneira.

Segundo Bobbio, os fins que se pretendem alcançar pela ação das políticas são aqueles que, em cada situação, são considerados prioritários para o grupo.[5]

As ações do Estado – políticas públicas –, constituem um complexo processo de alocação e distribuição de valores,[6] em que se destinam, basicamente, recursos financeiros a determinados setores, como por exemplo saúde, meio ambiente, educação, recursos hídricos, transporte etc., sempre com vista no alcance de um bem comum.

Essa alocação de valores consiste em uma verdadeira disputa, que constantemente envolve confrontos, conflitos, alianças e negociações, pois, como já se disse, a sociedade encontra-se sempre dividida em inúmeros grupos, que possuem interesses, expectativas de futuro e percepções bastante variados. Isso não se coloca de forma diferente quando se trata de recursos hídricos.

9.1 POLÍTICAS DE ÁGUAS

Segundo Dante Caponera, todo o objetivo de uma política de águas é alcançar a maximização dos benefícios advindos dos recursos hídricos disponíveis e seu gerenciamento racional,[7] devendo-se considerar que é no planejamento que se fixam as metas a serem alcançadas e que devem refletir o interesse público ou o interesse predominante em certa sociedade, a determinado tempo. A questão que se coloca refere-se a quais usos devem ser beneficiados, em detrimento dos demais e como organizar essa questão, sob o ponto de vista econômico-financeiro.

---

4. Resolução da Assembleia Geral da ONU A/RES/64/292, de junho de 2010.
5. *Dicionário de política*. 12. ed. Brasília: UnB, 1999. v. 2, p. 957.
6. ABRANCHES, S. H. Política social e combate à pobreza: a teoria da prática. In: *Política social e combate à pobreza* (Coletânea). Rio de Janeiro: Jorge Zahar, 1987. p. 10.
7. *Principles of water law and administration*. Roterdã: Balkema, 1992. p. 2.

Essa maximização de benefícios, porém, não deve ser entendida como a utilização total dos recursos. Ou seja, o uso da água pelas atividades antrópicas não pode comprometer a manutenção dos ecossistemas aquáticos e terrestres e as próprias vazões mínimas para a permanência dos corpos hídricos. Pensar de outro modo reduziria a noção de corpos hídricos a meros tubos de distribuição de água – H2O. As vazões de referência[8], previstas na legislação ambiental, são uma tentativa de assegurar os volumes mínimos para rios e lagos.[9]

9.1.1 Código de Águas

O Decreto 24.643/1934 foi editado na vigência da Constituição de 1934. O Código de Águas estabeleceu uma política de recursos hídricos bastante avançada para a época e muito bem-estruturada, cuidando dos diversos aspectos relativos à água: propriedade e domínio, relações com o solo e sua propriedade, desapropriação, aproveitamento das águas, navegação, derivações, desobstrução, regras sobre as águas nocivas, força hidráulica e seu aproveitamento, concessões, autorizações, fiscalização, aplicação de penalidades. Embora tenha tratado das águas particulares, abordou também as águas sob o prisma do Direito Público.

Sobre o enfoque público-privado das águas, é relevante a opinião de Vladimir Passos de Freitas, para quem:

é possível dizer que durante décadas e mesmo sob a vigência do Código de Águas de 1934, o enfoque dado ao tema era sempre mais sob a ótica do direito privado do que do direito público.[10]

Apesar de o Código de Águas abordar os diversos aspectos da água, sua regulamentação, contudo, limitou-se ao desenvolvimento do setor elétrico, deixando-se praticamente de lado os usos múltiplos e a proteção da qualidade das águas.[11]

Embora avançado para a época em que surgiu, terceira década do século [XX], o Código de Águas não foi complementado pelas leis e pelos regulamentos nele previstos, necessários para a completa aplicação de suas várias disposições. Essa lacuna normativa e o posterior descumprimento de seus princípios por leis extravagantes provocaram verdadeiro retrocesso no campo legislativo pertinente à matéria.[12]

---

8. Ver Capítulo sobre o Controle do Uso de Recursos Hídricos.
9. Cf. GRANZIERA, Maria Luiza Machado. A fixação de vazões de referência adequadas como instrumento de segurança jurídica e sustentabilidade ambiental na concessão de outorgas de direito de uso de recursos hídricos. *Revista de Direito Ambiental*, ano 18, v. 70, abr./jun. 2013, p. 127 a 148.
10. FREITAS, Vladimir Passos de. Op. cit. p. 19.
11. BARTH, Flávio Terra. Aspectos institucionais do gerenciamento de recursos hídricos. In: *Águas doces no Brasil*: capital ecológico, uso e conservação. São Paulo: Escrituras, 1999. p. 566.
12. POMPEU, Cid Tomanik. Águas doces no direito brasileiro. In: *Águas doces no Brasil*: capital ecológico, uso e conservação. 4ª. ed. REBOUÇAS, Aldo da C.; BRAGA, Benedito; TUNDISI, José Galízia (Org.). São Paulo: Escrituras, 2015, p. 656.

Complementando esse pensamento, Cid Tomanik indica algumas disposições que,

> por razões que não se podem explicar, não foram regulamentadas e, consequentemente, deixaram de ser aplicadas: (a) desobstrução dos cursos d'água pela Administração, à custa dos infratores; (b) multas; (c) reposição do leito e das margens no estado anterior, quando indevidamente ocupados; (d) inspeção e autorização das águas comuns e particulares; (e) desobstrução das águas comuns; (f) salubridade das águas à custa dos infratores; (g) servidores urbanos de aqueduto, canais, fontes, esgotos sanitários e pluviais; disciplina das águas nascentes; e (h) fixação de sanções pelo descumprimento de normas.

Enquanto o Brasil buscava seu desenvolvimento econômico, na segunda metade do século XX, passando a utilizar a água de forma mais intensa, para os vários tipos de uso, não havia uma política adequada que se aplicasse aos recursos hídricos, além da política energética, essa bastante estruturada, com um marcante traço de centralização nas decisões. Segundo Milaré, o Brasil ia deixando de ser um país essencialmente agrícola. A indústria expandia-se e era necessário disciplinar os serviços públicos de luz e força, até então concedidos por Municípios e por Estados.[13]

A título de exemplo, as centrais hidrelétricas, embora contivessem as eclusas em seus projetos básicos e executivos, não tiveram construídas as obras necessárias à manutenção da navegação nos rios, um dos usos tradicionalmente mais importantes. Tampouco foi dada atenção às escadas de piracema, necessárias ao retorno dos peixes às cabeceiras dos rios, para desova, o que comprometeu de forma significativa a fauna aquática e os próprios recursos pesqueiros.

Outro exemplo importante, no plano internacional, foi o Tratado de Itaipu, que teve por objeto o aproveitamento do trecho do rio Paraná apenas para a geração de energia elétrica, sem considerar os outros usos.[14]

A própria estrutura administrativa brasileira denotava a tendência a relevar a geração de energia elétrica como prioridade: o órgão federal responsável pelas outorgas do direito de uso das águas de domínio federal, para quaisquer finalidades, a partir da década de 1940, era o Conselho Nacional de Águas e Energia Elétrica – CNAEE –, substituído pelo Departamento Nacional de Águas e Energia Elétrica – DNAEE –, que pertencia à estrutura administrativa do Ministério de Minas e Energia[15].

---

13. MILARÉ, Édis. Direito do Ambiente, 10. ed. São Paulo: Revista dos Tribunais, 2015, p. 916.
14. Atente-se para o fato de o Tratado de Itaipu ter sido celebrado em 1980, quando a preocupação com o meio ambiente no cenário nacional e internacional já alcançava importância considerável.
15. Atualmente, as competências estão divididas da seguinte maneira: à Aneel – Agência Nacional de Energia Elétrica cabem a decisão, a regulação e a fiscalização sobre os serviços de energia elétrica, e à Agência Nacional de Água – ANA, do Ministério do Meio Ambiente, compete as ações relativas às outorgas, em corpos hídricos de domínio da União entre outras atividades (Lei 9.984/00).

No entanto, essa situação não poderia prevalecer, seja no âmbito legal, seja no institucional, pois havia, efetivamente, a necessidade de formulação de políticas relacionadas com os demais usos da água. Inicialmente, foram feitas tentativas isoladas para estabelecer, se não políticas estruturadas, ao menos ações voltadas à proteção da quantidade e da qualidade das águas.

Em verdade houve, durante várias décadas, o entendimento de que o uso da água para fins de geração de energia elétrica sobrepunha-se a qualquer outro. Sobretudo na Região Sudeste, a indústria teve um desenvolvimento relevante, o que atraiu as pessoas de todos os cantos do País, em busca de empregos. As cidades cresceram sem o necessário planejamento e o resultado, entre outros, foi a poluição hídrica, de origem industrial e doméstica, sendo que com a segunda convive-se até o presente na maioria das cidades.

Somente com a edição das políticas públicas de recursos hídricos, e a instituição dos Sistemas de Gerenciamento, na década de 1990, é que se retomou o tratamento desse recurso à luz dos usos múltiplos, um dos fundamentos da Política Nacional de Recursos Hídricos.

9.1.2 Antecedentes da Política Nacional de Recursos Hídricos

De acordo com Flávio Terra Barth, um

> marco importante de integração intergovernamental e interinstitucional para o gerenciamento dos recursos hídricos no Brasil foi a celebração do acordo do Ministério de Minas e Energia e o Governo do Estado de São Paulo, em 1976, que objetivou atingir melhores condições sanitárias nas bacias dos rios Tietê e Cubatão, o desenvolvimento de ações em situações críticas, adequação de obras de saneamento, abastecimento de água e tratamento e disposição de esgotos.
>
> Foram criados comitês com participação de órgãos e entidades do Governo Federal e do Estado e da concessionária Light, que tomaram importantes decisões de conciliação de interesses de abastecimento de águas, controle de poluição e enchentes, em face da geração de energia elétrica.[16]

Com base nessa primeira experiência, os Ministérios do Interior e de Minas e Energia instituíram o Comitê Especial de Estudos Integrados de Bacias Hidrográficas (Ceeibh) em 1978, com os objetivos de classificar os cursos de água da União e proceder ao estudo integrado e ao acompanhamento da utilização racional dos recursos hídricos. Ainda segundo Barth,

> em diversas bacias hidrográficas de rios de domínio federal foram criados comitês executivos, vinculados ao Ceeibh. Esses comitês tiveram atribuições consultivas, nada obrigando a implantação de suas decisões, faltando-lhes, para isso, respaldo legal. Embora carentes de apoio, técnico, administrativo e financeiro, constituíram-se em experiências importantes.[17],[18]

---

16. BARTH, Flávio Terra. Op. cit., p. 566.
17. Idem, ibidem.
18. Essa questão será retomada no Capítulo sobre o Sistema Nacional de Recursos Hídricos.

Note-se que, embora já existisse a tendência de se estabelecer um gerenciamento sistemático para os recursos hídricos, não havia um sistema normativo que pudesse dar base legal a tais iniciativas, o que ocasionou grande e grave atraso nas decisões sobre a conservação e melhoria dos aspectos de quantidade e qualidade das águas. A gestão dos recursos hídricos, nessa nova óptica, ainda não estava contida no ordenamento jurídico brasileiro.

Outro marco a ser registrado, na evolução das ações que culminaram com a edição das políticas de recursos hídricos, foi o Seminário Internacional de Gestão de Recursos Hídricos, em Brasília, realizado no ano de 1983. Participaram desse evento especialistas de vários países, tendo-se desencadeado o debate sobre o gerenciamento dos recursos hídricos em âmbito nacional, abordando-se temas como, por exemplo, o sistema de informações, a gestão integrada de bacias hidrográficas, o princípio poluidor-pagador e a cobrança pelo uso da água.

O período seguinte foi de maturação dessas ideias, tendo a redemocratização do País contribuído para a tomada de medidas efetivas visando, finalmente, à instituição de políticas públicas voltadas aos recursos hídricos. Note-se que a legislação ambiental já se encontrava em pleno desenvolvimento, o que ajudou a impulsionar, também, a formulação das novas normas relativas à gestão das águas, pois ambas as matérias se complementam e se interpenetram.

A partir de 31-12-91, com a edição da Lei Paulista no 7.663, uma nova era surgiu no campo normativo dos recursos hídricos, tendo muitos Estados saído à frente da União, ao estabelecer e implantar suas próprias políticas e sistemas de gerenciamento. A partir daí, muitos Estados deram início ao processo legislativo de criação de suas políticas de recursos hídricos. Em 1997, a Lei 9.433 finalmente instituiu a Política Nacional de Recursos Hídricos, que cuida do planejamento e do controle administrativo dos usos.

9.2 FUNDAMENTOS DA PNRH

Os fundamentos da Política Nacional de Recursos Hídricos decorrem de declarações em Conferências e Acordos Internacionais sobre gestão de recursos hídricos, que foram adotadas na legislação brasileira.

O primeiro fundamento trata da natureza pública da água, objeto do Capítulo 5.

O segundo fundamento aborda o fato de a água ser um recurso natural limitado, dotado de valor econômico, objeto do Capítulo 13, sobre os Instrumentos Econômicos, nos quais se insere a Cobrança pelo Uso de Recursos Hídricos.

O terceiro fundamento refere-se ao uso prioritário dos recursos hídricos – consumo humano e a dessedentação de animais em situações de escassez, o que remete ao Direito Humano à Água, objeto do Capítulo 3, objeto do Capítulo 2, que trata dos princípios aplicáveis à gestão das águas.

O quarto fundamento refere-se à a bacia hidrográfica como a unidade territorial para implementação da Política Nacional de Recursos Hídricos e atuação do Sistema Nacional de Gerenciamento de Recursos Hídricos, tema que faz parte dos Capítulos 1 e 2.

Por fim, a gestão dos recursos hídricos, que deve ser descentralizada e contar com a participação do Poder Público, dos usuários e das comunidades é objeto do Capítulo 14, sobre o Sistema Nacional de Gerenciamento de Recursos Hídricos.

9.3 OBJETIVOS DA PNRH

Pode-se afirmar que o principal objetivo de uma política pública de águas diz respeito a assegurar à atual e às futuras gerações a necessária disponibilidade de água, em padrões de qualidade adequados aos respectivos usos[19]. Se esse objetivo não for cumprido, ocorre a falência da lei. Como se trata de água, essa não é uma opção. Por esse motivo, é responsabilidade de todos os atores, no âmbito de suas atribuições legais, buscar a implementação da norma em vigor.

Os demais objetivos da lei referem-se a ações necessárias ao alcance do primeiro objetivo. A utilização racional e integrada dos recursos hídricos, incluindo o transporte aquaviário, com vistas ao desenvolvimento sustentável[20] trata de temas distintos em um único dispositivo.

O uso racional é um dos tópicos mais importantes quando se trata de recursos hídricos. O termo racional diz respeito à razão, ao raciocínio. No caso da água, tem a ver com a forma de usar a água, de maneira que não haja desperdício. Sendo a água um recurso natural limitado[21], o desperdício restringe os demais usos.

A expressão uso racional aplica-se aos vários usos, em relação à quantidade. No que se refere à qualidade, pode-se afirmar que os padrões ambientais legalmente fixados estabelecem o que seria o uso racional dos corpos hídricos. Qualquer matéria ou energia lançadas em desacordo com os padrões ambientais estabelecidos caracteriza a poluição[22] sujeitando os responsáveis às penalidades cabíveis.

---

19. Lei 9.433/1997, art. 2º, I.
20. Lei 9.433/1997, art. 2º, II.
21. Lei 9.433/1997, art. 1º, II.
22. Lei 6.938/1981, art. 3º, III, *e*.

Sendo objeto de norma cogente, é obrigatório o uso racional. Embora não haja regulamentação específica nesse sentido, o ordenamento jurídico brasileiro vem avançando nesse quesito.

A Lei 14.026/2020, alterando a Lei 11.445/2007, incluiu, nos princípios fundamentais que regem a prestação dos serviços públicos de saneamento básico, a redução e controle das perdas de água, inclusive na distribuição de água tratada, o estímulo à racionalização de seu consumo pelos usuários [...], ao reúso de efluentes sanitários e ao aproveitamento de águas de chuva.[23]

Trata-se de uma inovação na política de saneamento, que claramente colocou em foco temas relevantes. Mas o tratamento legal do uso racional não se encerra em princípios. Ao dispor sobre os contratos relativos à prestação dos serviços públicos de saneamento básico, a lei exige que contenham, expressamente, sob pena de nulidade, metas [...], de redução de perdas na distribuição de água tratada [...] e de uso racional da água, [...], do reúso de efluentes sanitários e do aproveitamento de águas de chuva, em conformidade com os serviços a serem prestados[24]. Em verdade, a redução de perdas, o reúso de efluentes e o aproveitamento de água de chuva constituem formas de uso racional da água.

Nos casos de serviços prestados mediante contratos de concessão ou de programa, as normas de regulação dos serviços deverão prever, entre outras condições, a inclusão, no contrato, das metas progressivas e graduais [...] de redução progressiva e controle de perdas na distribuição de água tratada, [...] de uso racional da água [...], em conformidade com os serviços a serem prestados e com o respectivo plano de saneamento básico[25]. Além das normas de regulação, o art. 11-B estabelece que os contratos de prestação dos serviços públicos de saneamento básico deverão definir metas [...] de redução de perdas e de melhoria dos processos de tratamento, o que também constitui uso racional dos recursos hídricos. Afinal, o lançamento de efluentes sem tratamento é ilegal.

Sobre a atuação dos entes reguladores dos serviços de saneamento básico, a lei estabelece que o cumprimento das metas [...] de redução de perdas e de melhoria dos processos de tratamento deverá ser verificado anualmente pela agência reguladora, observando-se um intervalo dos últimos 5 (cinco) anos, nos quais as metas deverão ter sido cumpridas em, pelo menos, 3 (três), e a primeira fiscalização deverá ser realizada apenas ao término do quinto ano de vigência do contrato [26]. Ainda sobre os entes reguladores, o art. 23, XIV, estabelece que,

---

23. Lei 11.445/2007, art. 2º, XIII.
24. Lei 11.445/2007, art. 10-A, I.
25. Lei 11.445/2007, art. 11, § 2º, II.
26. Lei 11.445/2007, art. 11-B, § 5º.

observadas as diretrizes determinadas pela ANA, tais entes editarão normas relativas às dimensões técnica, econômica e social de prestação dos serviços públicos de saneamento básico, que abrangerão, entre outros aspectos, as diretrizes para a redução progressiva e controle das perdas de água. O inciso III do art. 2º da Lei de Águas menciona, ainda como objetivo da Política, a prevenção e a defesa contra eventos hidrológicos críticos de origem natural ou decorrentes do uso inadequado dos recursos naturais. A forma de atingir esse objetivo é justamente a implementação dos instrumentos da lei, incluindo o controle do uso, com vistas a coibir o uso inadequado.

Finalmente, o inciso IV aponta, como objetivo da política de águas, incentivar e promover a captação, a preservação e o aproveitamento de águas pluviais. Falta regulamentação para essa matéria. Os dispositivos do Código de Águas, vigentes sobre o tema, assim como os do Código Civil, não são suficientes para responder à necessidade que se coloca hoje. As águas pluviais são extremamente úteis e a sua reservação necessária, também para diminuir os riscos de inundação nas cidades.

9.4 DIRETRIZES GERAIS DE AÇÃO PARA IMPLEMENTAÇÃO DA PNRH

O art. 3º da Lei 9.433/1997 traz as diretrizes a serem seguidas na implementação da política de águas. Sobre essa matéria, cabem algumas considerações. Trata-se de implementar uma política pública. Para tanto, existe uma estrutura de órgãos e entidades, que compõem o Sistema Nacional de Gerenciamento de Recursos Hídricos (Singreh). A questão que se coloca é que a implantação de uma política de água não se faz de forma isolada, mas em um amplo processo de governança, no exercício das múltiplas competências sobre águas e outros elementos, essenciais para a compreensão dos problemas a serem solucionados.

Objetivamente, trata-se de pessoas, que ocupam funções nos órgãos e entidades, que por sua vez possuem competência legal nos diversos temas relacionados com as diretrizes mencionadas na lei. Em realidade, toda a articulação e a integração, objeto do art. 3º, reporta-se à atuação de pessoas que, no âmbito de suas instituições, trabalharão juntamente com outras pessoas, de outras instituições, cada qual dentro das competências legalmente fixadas, para avançar na implementação das políticas de águas.

Nessa linha, a integração da gestão de recursos hídricos com a gestão ambiental[27] passa necessariamente por decisões coordenadas, definidas conjuntamente pelos órgãos e entidades competentes. Esse dispositivo aplica-se ao planejamento,

---

27. Lei 9.433/1997, art. 3º, III.

assim como ao controle. Como exemplo, cita-se a participação das instituições que cuidam da qualidade da água e outros temas relacionados com o ambiente, como Unidades de Conservação, no acompanhamento da elaboração dos Planos de Recursos Hídricos de Bacias Hidrográficas.

No que se refere ao controle, aplicam-se as normas acerca da e articulação dos procedimentos para obtenção da outorga de direito de uso de recursos hídricos com os procedimentos de licenciamento ambiental, objeto da Resolução CNRH 65/2006 que, em seu art. 2º, dispõe que os órgãos e entidades integrantes do Sistema Nacional de Gerenciamento de Recursos Hídricos e do Sistema Nacional de Meio Ambiente devem articular-se de forma continuada com vistas a compartilhar informações e compatibilizar procedimentos de análise e decisão em suas esferas de competência.

Da mesma forma ocorre com a diretriz que trata da gestão sistemática dos recursos hídricos, sem dissociação dos aspectos de quantidade e qualidade[28]. A Lei 9.433/1997, em seu art. 10, dispõe que as classes de corpos de água serão estabelecidas pela legislação ambiental. De fato, as Resoluções CONAMA 357/2005, 396/2008 e 430/2011 são as normas que estabelecem não apenas as classes de água, mas todos os padrões ambientais relacionados com o tema.

A articulação do planejamento de recursos hídricos com o dos setores usuários e com os planejamentos regional, estadual e nacional[29]. Sobre esse tema, a Lei 11.445/2007, que institui as Diretrizes Nacionais para o Saneamento Básico determina que os planos de saneamento básico deverão ser compatíveis com os planos das bacias hidrográficas e com planos diretores dos Municípios em que estiverem inseridos, ou com os planos de desenvolvimento urbano integrado das unidades regionais por eles abrangidas[30].

A forma de uso do solo é fator impactante tanto da qualidade como da quantidade da água contida nos corpos hídricos. O adensamento da ocupação urbana, a instalação de polos industriais, ou mesmo a negligência que permite invasões de áreas protegidas comprometem as ações de gestão da água e mesmo ambiental. Em que pesem esses conflitos serem reais no País, deve haver compatibilidade entre o uso do solo e o planejamento da bacia hidrográfica. Nessa linha, a articulação da gestão de recursos hídricos com a do uso do solo[31] implica a necessidade de um processo de governança permanente entre gestores de recursos hídricos e gestores municipais.

---

28. Lei 9.433/1997, art. 3º, V.
29. Lei 9.433/1997, art. 3º, IV.
30. Lei 11.445/2007, art. 19, § 3º.
31. Lei 9.433/1997, art. 3º, V.

O Estatuto da Cidade reforça essa ideia, ao dispor que o conteúdo do plano diretor deverá ser compatível com as disposições insertas nos planos de recursos hídricos, formulados consoante a Lei 9.433/1997[32]. Nesse cenário, pode-se afirmar que o uso mais impactante é o das ocupações irregulares, pois os demais usos observam, necessariamente, as normas municipais, sob pena de não obterem as necessárias licenças. É o caso da indústria, e mesmo dos adensamentos urbanos. Em qualquer caso, seja para captar a água, seja para lançar efluentes nos corpos hídricos ou em redes públicas de esgotamento sanitário, os gestores ambientais exigirão o cumprimento das normas respectivas.

A lei também trata da integração da gestão das bacias hidrográficas com a dos sistemas estuarinos e zonas costeiras[33]. Esse tema é complexo, na medida em que sequer existe uma delimitação específica da Zona Costeira que, no Brasil, corresponde ao espaço geográfico de interação do ar, do mar e da terra, incluindo seus recursos renováveis ou não, abrangendo uma faixa marítima e uma faixa terrestre, com os seguintes limites[34]:

faixa marítima: espaço que se estende por 12 milhas náuticas, medidas a partir das linhas de base – estabelecidas de acordo com a Convenção das Nações Unidas sobre o Direito do Mar, a partir das quais se mede a largura do mar territorial[35] –, compreendendo, dessa forma, a totalidade do mar territorial;

faixa terrestre: espaço compreendido pelos limites dos Municípios que sofrem influência direta dos fenômenos ocorrentes na Zona Costeira.

Verifica-se uma grande dificuldade na delimitação da faixa terrestre, que se limita a mencionar os limites dos municípios que sofrem influência direta dos fenômenos ocorrentes na Zona Costeira. Mesmo que não se possa definir com exatidão os limites da Zona Costeira, muitas são as instituições que exercem suas competências nessa área, assim como são diversos os instrumentos de gestão: planos diretores, planos de recursos hídricos, planos de saneamento básico, planos de mitigação das mudanças do clima, planos de manejo das Unidades de Conservação, outorga de direito de uso de recursos hídricos[36] e licenciamento ambiental, entre outros. A compatibilidade desses documentos técnicos com o espaço costeiro é necessária, embora nem sempre ocorra.

---

32. Lei 10.257/2001, art. 42-A, § 2º.
33. Lei 9.433/1997, art. 3º, VI.
34. Lei 7.661/1988, art. 2º, parágrafo único, e Decreto 5.300/2004, art. 3º.
35. Decreto 5.300/04, art. 2º, VI.
36. CALASANS, Thierry; SILVA, Luciano Meneses Cardoso da. A regulação do uso da água em zona costeira: quais avanços? In: Gestão de recursos hídricos – Abordagens inovadoras. Organização Maria Luiza Machado Granziera, Alcindo Gonçalves Fernando Rei. Santos: Editalivros, 2022, pp.55-73.

Evidentemente, essa dificuldade também se dá nos processos decisórios dos diversos atores envolvidos, como é o caso, por exemplo, das outorgas de direito de uso de recursos hídricos, das licenças ambientais, das licenças para construir etc. Daí ser necessária a integração da gestão das bacias hidrográficas com a dos sistemas estuarinos e zonas costeiras.

A Lei 9.433/1997, ao estabelecer a diretriz relativa à adequação da gestão de recursos hídricos às diversidades físicas, bióticas, demográficas, econômicas, sociais e culturais das diversas regiões do País[37], enseja algumas considerações.

O Brasil é um país de extensão continental, megadiverso, com diferenças profundas em várias vertentes, inclusive na distribuição de seus recursos hídricos. Utilizando como referência a água de chuva, grande fonte de água para o continente, sua quantidade e dinâmica de ocorrência durante o ano são variáveis no território. Embora a chuva média anual do Brasil seja de 1.760 mm, pode-se observar no ano menos de 500 mm de chuva na região Semiárida e mais de 3.000 mm na região Amazônica. Grandes variações da chuva ocorrem inclusive dentro das bacias, como se verifica explicitamente na UGRH São Francisco, por exemplo[38].

A Lei de Águas tem praticamente todo o seu conteúdo voltado às características de regiões como o Sudeste, e não se aplica claramente a todo o território nacional, como é o caso da Amazônia. Como exemplo, não se observou até o momento a viabilidade de se instituir um Comitê de Bacia Hidrográfica de um rio amazônico com as características e dimensões previstas na lei. A necessidade de uma política de recursos hídricos para a Região Hidrográfica da Amazônia encontra-se explicitada no Volume II do PNRH 2022-2040[39]: Elaborar uma política de recursos hídricos para a Amazônia, considerando os usos de água e a proteção ambiental, e tendo por referência as projeções de mudanças climáticas que afetem a região, e por esta via, as demais regiões.

No caso do Semiárido, a lógica da gestão passa por Associações de Usuários que eventualmente fazem parte do Comitê instalado. É o caso, por exemplo, do Comitê do Rio Verde Grande, em que se verifica um processo de integração com as duas Comissões Gestoras vinculadas, que fazem parte da sua estrutura: a do Rio Gorutuba (açude Bico da Pedra – MG) e a do Rio Verde Pequeno (açude Bico

---

37. Lei 9.433/1997, art. 3º, II.
38. ANA. Conjuntura Recursos Hídricos Brasil. 2. Qualidade e Quantidade da Água. Águas Superficiais. 2021. Disponível em https://relatorio-conjuntura-ana-2021.webflow.io/capitulos/quanti-quali. Acesso: 16 maio 2022.
39. Plano Nacional de Recursos Hídricos, Volume II. Plano de Ação: estratégia para a implementação do PNRH 2022-2040, p. 28.

da Pedra – MG)[40]. No caso do Semiárido, as iniciativas de gestão, adaptadas à realidade do território encontram a sua base legal no inciso II do art. 3º. As normas infra legais vieram dar o fundamento para as diversas ações institucionais necessárias a viabilizar a gestão das águas nesse território, e garantir o direito humano à água.

9.5 A AUSÊNCIA DA DIMENSÃO AMBIENTAL DA ÁGUA NA PNRH

A Lei 9.433/1997 tratou de vários temas relacionados com a gestão, com a crítica acima efetuada de que ela serve muito mais para os algumas regiões do que para outras. Mas há uma outra observação a ser feita, sobre essa política pública. Foi deixada de lado uma importante principiologia relacionada com a água, como se não fosse essencial, inclusive para a gestão.

É o caso, por exemplo, do reconhecimento dos recursos hídricos como bem natural de valor ecológico, social e econômico, cuja utilização deve ser orientada pelos princípios do desenvolvimento sustentável[41] da lei de Minas Gerais.

Ou da afirmação de que a água é um patrimônio natural limitado dotado de valor econômico, social e ambiental[42], da lei do Paraná. Na Bahia, é explicitado que todos têm direito ao acesso à água, bem de uso comum do povo, recurso natural indispensável à vida, à promoção social e ao desenvolvimento[43].

No Rio Grande do Norte, a distribuição da água no território do Rio Grande do Norte obedecerá sempre a critérios sociais, econômicos e ambientais; o planejamento, o desenvolvimento e a gestão da utilização dos recursos hídricos do Estado do Rio Grande do Norte serão sempre concordantes com o desenvolvimento sustentável; a água é um bem econômico e deve ser valorada em todos os seus usos concorrentes[44].

Em que pese os estados abordarem a dimensão humana, social, ambiental e de sustentabilidade da água, a norma geral, editada pela União, deixou de explicitar valores essenciais à gestão desse bem. Essa omissão desinforma, e não coloca claramente para os gestores e também para a população que não se está falando apenas de H2O. Essa omissão pode dar a impressão de que, para fins de gestão, trata-se apenas de alocar a água aos vários usuários e apenas isso. E pode

---

40. CBHVERDEGRANDE. Organograma. Disponível em: https://cbhverdegrande.org.br/organograma/ Acesso em: 16 maio 2022.
41. Lei MG 13.199/1999, art. 3º, II.
42. Lei PR 12726/1999, art. 2º, II.
43. Lei BA 11.612/2009, art. 2º, I.
44. Lei RN 6.908/1996, art. 2º, III, IV e V.

dar ensejo a que a política pública de recursos hídricos, em âmbito nacional, prescinde desses valores. O que não é verdade.

Esses princípios não são aleatórios. A Lei 6.938/1981, que instituiu a Política Nacional do Meio Ambiente, define como recursos ambientais, entre outros, as águas interiores, superficiais e subterrâneas, assim como os estuários[45]. Além disso, o art. 2º dispõe que o objetivo da Política Nacional do Meio Ambiente é a preservação, melhoria e recuperação da qualidade ambiental propícia à vida, visando assegurar, no País, condições ao desenvolvimento socioeconômico, [...] e à proteção da dignidade da vida humana.

É certo que a legislação ambiental e as normas do CNRH e do CONAMA, assim como as leis que dispõem sobre outros temas, abordam a principiologia que falta na lei de águas. As Diretrizes Nacionais para o Saneamento Básico, Lei 11.445/2007, já coloca o princípio fundamental da universalização dos serviços como base para toda a política. Afinal, o saneamento é fator de inclusão social. A falta dele não provoca apenas danos à saúde e ao meio ambiente. Afeta a dignidade das pessoas.

A Lei 11.346/2006, que cria o Sistema Nacional de Segurança Alimentar e Nutricional – SISAN com vistas em assegurar o direito humano à alimentação adequada, estabelece que a segurança alimentar e nutricional abrange a ampliação das condições de acesso aos alimentos por meio da produção, em especial da agricultura tradicional e familiar, do processamento, da industrialização, da comercialização, incluindo-se os acordos internacionais, do abastecimento e da distribuição de alimentos, incluindo-se a água, bem como das medidas que mitiguem o risco de escassez de água potável, da geração de emprego e da redistribuição da renda[46].

A omissão da Lei de Águas apenas revela falta de sensibilidade do legislador em um tema tão nevrálgico para a população, deixando de enfatizar a importância da água nessas dimensões. Caberia inserir esses temas nos fundamentos da Política Nacional de Recursos Hídricos.

---

45. Lei 6.938/1981, art. 3º, V.
46. Lei 11.346/2006, art. 4º, I.

10
USO DE RECURSOS HÍDRICOS

10.1 CONCEITO DE USO

O termo *uso* origina-se do latim *usus* e significa *ação ou efeito de se servir de alguma coisa*.[1] De acordo com o art. 2º, inciso XXIX da Instrução Normativa MMA 04/2000, o uso de recursos hídricos consiste em *toda atividade que altere as condições qualitativas e quantitativas, bem como o regime das águas superficiais ou subterrâneas, ou que interfiram em outros tipos de usos*.

É usuário, nos termos do inciso XXXI do art. 2º da citada Instrução Normativa, *toda pessoa física ou jurídica, de direito público ou privado, que faça uso de recursos hídricos que dependem ou independem de outorga, sendo obrigatório o cadastramento*.

Diversos são os tipos de uso dos recursos hídricos, no desenvolvimento das atividades humanas. Segundo Veiga da Cunha,[2]

> das várias utilizações resultam efeitos que podem ser de diferente natureza. Assim, algumas das utilizações, como abastecimento urbano ou a irrigação, implicam o consumo de uma certa quantidade de água que não é diretamente restituída às fontes de abastecimento iniciais; outras utilizações, como o abastecimento de certas indústrias, podem não implicar a redução da quantidade de água mas apenas deterioração de sua qualidade, ocasionada pela poluição; outras, ainda, como a produção de energia elétrica, em aproveitamentos sem armazenamentos importantes não acarretam praticamente prejuízo nem da quantidade nem da qualidade da água.[3]

O abastecimento urbano e rural, a irrigação, a piscicultura e a indústria consomem a água, em maior ou menor quantidade, de acordo com as tecnologias utilizadas. São os chamados usos consuntivos. É certo que os processos de produção industrial têm buscado tecnologias que permitam a reciclagem ou o reuso da água, quando não houver finalidade de consumo do recurso, como é o caso, por exemplo, do resfriamento de máquinas.

---

1. FREIRE, Laudelino. Op. cit., p. 5115.
2. CUNHA, da Veiga. Op. cit., p. 122-125.
3. Como é o caso das PCH – Pequenas Centrais Hidrelétricas. Já em grandes aproveitamentos os danos ambientais ocorrem de forma mais intensa.

Já os usos sem derivação de água correspondem à navegação, fluvial e lacustre, à diluição, assimilação e transporte de efluentes, à geração de energia elétrica, à pesca, à manutenção da vida selvagem e aos usos recreativos, como os esportes náuticos, sendo que cada um deles provoca efeitos distintos na qualidade e na quantidade dos recursos hídricos.

A utilização da água pode, assim, ser classificada de dois modos:

a) pela quantidade apenas derivada de seu curso natural, podendo ser lançada de volta posteriormente;

b) pela quantidade consumida, quando o recurso se incorpora a um produto ou perde-se na atmosfera e não mais retorna ao corpo hídrico em que foi captado.[4]

10.2 ASPECTOS LEGAIS E INSTITUCIONAIS DOS USOS DE RECURSOS HÍDRICOS

10.2.1 Saneamento básico

O consumo humano constitui o uso prioritário da água, pois relaciona-se diretamente como o direito à vida. Com esse fundamento a ONU reconheceu o direito à água potável e ao saneamento como um direito humano.[5] Nos termos da Lei 9.433/1997, *em situações de escassez, o uso prioritário dos recursos hídricos é o consumo humano e a dessedentação de animais*[6].

A Lei nº 11.445/07, que instituiu as Diretrizes Básicas para o Saneamento Básico no Brasil, define abastecimento de água potável como o serviço *constituído pelas atividades e pela disponibilização e manutenção de infraestruturas e instalações operacionais necessárias ao abastecimento público de água potável, desde a captação até as ligações prediais e seus instrumentos de medição*[7] e esgotamento sanitário como o serviço *constituído pelas atividades e pela disponibilização e manutenção de infraestruturas e instalações operacionais necessárias à coleta, ao transporte, ao tratamento e à disposição final adequados dos esgotos sanitários, desde as ligações prediais até sua destinação final para produção de água de reúso ou seu lançamento de forma adequada no meio ambiente.*[8]

---

4. GOULT e GRANT. *Cases and materials on water law.* St. Paul: West Publishing, 1995.p. 2.
5. ONU. O Direito Humano à Água e Saneamento. Disponível em: https://www.un.org/waterforlifedecade/pdf/human_right_to_water_and_sanitation_media_brief_por.pdf. Acesso: 30 maio 2022.
6. Lei 9.433/1997, art. 1º, III.
7. Lei 11.445/07, art. 3º, I, *a*.
8. Lei 11.445/07, art. 3º, I, *b*.

Cabe um tratamento mais detalhado dessa forma de utilização das águas, principalmente pela prioridade que se dá ao abastecimento de água potável às populações (art. 1º, III, da Lei nº 9.433/97), garantia da própria vida, além de sua interface com as questões ambientais, provocadas pelo lançamento de esgotos *in natura* nos corpos hídricos, problema que assola a grande maioria dos municípios do país e que vem ameaçando, a cada dia, a segurança hídrica, pois as águas poluídas ou não servem para o abastecimento humano, impondo relevantes riscos para a saúde, ou implicam um custo muito expressivo para o tratamento adequado.

O **abastecimento de água potável**, por meio de canalização, é um indicador do desenvolvimento de um país, principalmente pela estreita relação do abastecimento com a saúde pública.[9] Nos centros urbanos, é necessário o investimento em sistemas de captação, tratamento, adução e distribuição de água, assim como de coleta, tratamento dos esgotos e disposição final dos lodos resultantes desse tratamento.

Esses sistemas podem, por outro lado, causar sérios impactos na qualidade e na quantidade dos recursos hídricos. É certo que o uso da água, para satisfazer às necessidades de pequenos núcleos populacionais, distribuídos no meio rural, conforme estabelece o art. 12, I, da Lei nº 9.433/97, em praticamente nada afeta a qualidade ou as quantidades existentes. Já em grandes núcleos urbanos, a questão se coloca sob outra ótica.

É dever do Poder Público garantir o abastecimento de água potável à população, que pode ser obtido de rios, reservatórios ou aquíferos. A água que se deriva dos mananciais, para o abastecimento público, deve possuir condições tais que, mediante tratamento, em vários níveis,[10] possa ser fornecida à população nos padrões legalmente estabelecidos de potabilidade, sem qualquer risco de contaminação. A Portaria MS 2.914, 12-12-2011, é a regra em vigor sobre potabilidade.

Um tema que merece atenção consiste nas **ações baseadas na natureza** com vistas à proteção de mananciais, exortando o papel dos prestadores dos serviços de abastecimento de água potável na proteção dos mananciais.

Trata-se da compreensão da intersecção normativa e institucional entre a gestão de recursos hídricos, especificamente a segurança hídrica (qualidade e

---

9. O art. 200 da Constituição Federal de 1988 estabelece, entre outras atribuições do Sistema Único de Saúde, participar da formulação da política e da execução das ações de saneamento básico e colaborar na proteção do meio ambiente (incisos IV e VIII). A Lei 8.080, de 19-9-90, que regula as ações e os serviços de saúde, incorpora o saneamento básico e o meio ambiente como fatores determinantes e condicionantes da saúde (art. 3º, alterado pela Lei nº 12.864/13). No que concerne às competências, cabe à União, aos Estados, ao Distrito Federal e aos Municípios participar da formulação da política e execução das ações de saneamento básico e colaborar na proteção e recuperação do meio ambiente.
10. Ver o Capítulo sobre o Enquadramento dos Recursos Hídricos.

quantidade), a proteção de mananciais e os serviços de abastecimento de água potável, além da saúde. A ideia é buscar os fundamentos conceituais e normativos para que os prestadores dos serviços contribuam com um percentual da tarifa de água a ser aplicado em ações relacionadas com a proteção dos mananciais, tendo em vista a importância desses corpos hídricos para o próprio serviço.

Um ponto fundamental para a compreensão do problema dos mananciais diz respeito ao conjunto de normas – políticas públicas que incidem sobre os mananciais, em aspectos distintos. Embora se trate de normas específicas – saneamento, recursos hídricos, meio ambiente e saúde –, a sua implementação implica a integração entre os atores envolvidos, com vistas à garantia de efetividade desses diplomas legais. Não há como estudar de modo estanque esses temas, porque eles estão intrinsecamente relacionados com a água. Nesse cenário inclui-se o tema da **governança**, como instrumento de articulação entre os vários setores estudados, com foco na proteção dos mananciais.

Os **mananciais** são corpos hídricos de domínio da União ou dos Estados, regidos pela Lei 9.433/1997 e por leis estaduais. À parte disso, suas águas são utilizadas pelos Municípios, como fontes de abastecimento público urbano, cuja norma vigente é a Lei 11.445/2007. Há regras específicas para os padrões de potabilidade, com vista na saúde pública, definidas na Portaria de Consolidação 5, de 2017, Anexo XX, do Ministério da Saúde. Os mananciais, como qualquer corpo hídrico, também se caracterizam como recursos ambientais, regidos pela Lei 6.938/1981.

Dessa forma, é clara a relação institucional que deve existir entre a gestão de recursos hídricos e os serviços de saneamento básico, muito embora esses dois parâmetros não se confundam. Nominalmente, a gestão de recursos hídricos compete aos detentores de seu domínio, juntamente com os órgãos colegiados – conselhos de recursos hídricos e comitês de bacia hidrográfica. O saneamento básico tem como titulares os Municípios e o Estado, nos termos do art. 8 da Lei n 11.445/2007. Essa divisão, todavia, não impede, e até pressupõe, uma necessária articulação técnica e institucional entre todos os atores envolvidos, em um ambiente de governança permanente e sistemática.

O art. 4º da Lei 11.445/2007 faz uma distinção no sentido de que *os recursos hídricos não integram os serviços públicos de saneamento básico*. Isso não significa que não possa haver integração nas ações. Em verdade, o setor do saneamento (serviço público) é um usuário de recursos hídricos (bem público). O abastecimento de água potável depende necessariamente de mananciais em boa qualidade e quantidade, que sejam capazes de fornecer água segura às populações. Daí a relação intrínseca, que justifica abrir uma discussão acerca da aplicação de um percentual da tarifa de água na proteção dos mananciais.

Outra premissa desse tema refere-se ao manancial e seu território de abrangência, no que se refere à zona de impacto sobre a(s) captação(ões). Em cada caso deve ser verificada a situação local e a partir daí tomadas as decisões cabíveis. Para tanto, caberá aprofundar quais ações são consideradas como *proteção de mananciais*.

Como referência, a Nota Informativa – Programa Produtor de Água da Agência Nacional de Águas e Saneamento Básico indica as ações relacionadas com a proteção de mananciais: *manutenção de áreas de recarga hídrica, conservação de vegetação natural, plantios de vegetação arbórea, culturas perenes, proteção de nascentes, cercando e cuidando da vegetação, proteção de margens de cursos d'água, conservação de solos mediante construção de terraços em curva de nível, construção de barragens ou caixas de acúmulo e infiltração de água, plantio direto para culturas anuais, reforma e bom manejo de pastagens, descompactação de solos, sistemas agrossilvipastoris, dentre outras medidas que variam conforme características de cada região e da propriedade rural.*[11]

Essas ações deverão ser definidas em cada modelo, de acordo com as características e necessidades locais. Não apenas as **ações de recuperação** devem ser consideradas, mas também e principalmente as **ações preventivas**, em geral menos custosas e menos complexas, mas que por não serem emergenciais, acabam sendo deixadas para o futuro.

Uma terceira premissa do tema consiste na **governança**, instrumento institucional de busca de soluções para, no caso, a proteção de mananciais. Abrir a discussão a respeito do papel dos prestadores de serviço de abastecimento de água potável, como atores relevantes também no financiamento de ações de proteção aos mananciais, ou em um outro enfoque, na contribuição da cidade na melhoria da qualidade da água que consome – é uma nova forma de vislumbrar a gestão integrada da água e a própria segurança hídrica.

Sobre o **esgotamento sanitário**, o fator *captação da água* encontra-se estreitamente ligado à ideia do *lançamento das águas servidas*. Parte da água captada é devolvida após o uso. Essa devolução implica que a água servida deve submeter-se a **tratamento antes de seu lançamento**, para não prejudicar a qualidade do corpo receptor e, é claro, a qualidade da água captada a jusante. Em rios que banham várias cidades, conurbadas ou não, muitas vezes o ponto de captação de águas para o abastecimento de uma cidade localiza-se a jusante (rio abaixo) do ponto de despejo da cidade que se situa a montante (rio acima).

---

11. AGÊNCIA NACIONAL DE ÁGUAS. Nota Informativa – Programa Produtor de Água. Disponível em: https://www.gov.br/ana/pt-br/acesso-a-informacao/acoes-e-programas/programa-produtor-de-agua Acesso: 10 maio 2022.

Os esgotos lançados *in natura* nos corpos hídricos têm sido fonte de preocupação da sociedade, dos governos e do Ministério Público. Essa questão chegou a suscitar a indagação acerca da competência do Poder Judiciário para determinar à Administração Pública, titular dos serviços, a tomada de medidas de caráter essencialmente administrativo, sem ferir o princípio da independência dos poderes.

Segundo o Atlas Esgotos,

O lançamento de esgotos nos corpos hídricos sem o adequado tratamento tem resultado no comprometimento da qualidade da água, principalmente próximo às áreas urbanas, podendo impactar na saúde da população e até inviabilizar o atendimento de usos a jusante, especialmente o abastecimento humano[12].

A matéria assume maior interesse tomando-se como exemplo o Estado de São Paulo, cuja Constituição Estadual de 1989 veda, no art. 208, *o lançamento de efluentes e esgotos urbanos e industriais, sem o devido tratamento, em qualquer corpo d'água*, sendo que o Decreto 8.468/76, que regulamenta a Lei 997/76, estabelece padrões de qualidade e de lançamento de efluentes nos corpos hídricos e na rede de esgotos. A norma é completa e não gera dúvida quanto ao fato de o lançamento de efluentes fora dos padrões poluir as águas.

Os serviços de saneamento são prestados por: 1. empresas estaduais, concessionárias de serviços públicos de saneamento, controladas pelo poder público, ou 2. por municípios, por meio de seus serviços autônomos, empresas públicas ou ainda dos departamentos de águas; forma pouco expressiva, 3. há empresas particulares, concessionárias dos serviços, cujos contratos de concessão encontram-se sob a égide das Leis nos 8.987/95, 9.074/95 e 11.445/07, que regulamentaram o art. 175 da Constituição Federal e da Lei nº 11.079, de 30-12-04, que institui normas gerais para licitação e contratação de parceria público-privada (PPP) no âmbito da administração pública.

Considerando inicialmente os serviços prestados pelo poder público, tem-se que à Administração Pública cabe tomar as medidas necessárias a garantir a salubridade e a proteção ambiental. Quando isso não ocorre, o Ministério Público busca no Judiciário um remédio para essa ação ou omissão.

A questão, que hoje se encontra solucionada no Poder Judiciário, refere-se às ações civis públicas movidas pelo Ministério Público, para obter tutela jurisdicio-

---

12. ANA. Atlas esgotos: despoluição de bacias hidrográficas / Agência Nacional de Águas, Secretaria Nacional de Saneamento Ambiental. Brasília: ANA, 2017, p. 50. Disponível em: https://arquivos.ana.gov.br/imprensa/publicacoes/ATLASeESGOTOSDespoluicaodeBaciasHidrograficas-ResumoExecutivo_livro.pdf Acesso: 10 maio 2022.

nal determinando à Administração a tomada de medidas efetivas, para impedir o lançamento dos esgotos sem prévio tratamento nos rios e lagos.

Basicamente, havia dois posicionamentos sobre a matéria: 1. um entendendo que o Poder Judiciário pode e deve conceder tutela à qualidade das águas, não importando a identidade do poluidor, se público ou privado, e 2. outro, fundamentado no princípio da independência dos Poderes, julgando-se incompetente para determinar ao Poder Executivo obrigação de não fazer, sob a alegação de que a construção de Estações de Tratamento de Esgotos constituiria matéria objeto de discricionariedade administrativa.

Em julgado que admite a possibilidade de o Judiciário obrigar a Administração Pública a tomar medidas de controle de poluição, o acórdão que negou provimento ao recurso do serviço de água é no sentido de que:

> Todas as partes convêm em que é imperiosa e inadiável a construção de sistemas de tratamento dos esgotos. Sendo-o, não podem as litisconsortes passivas retardá-la, a pretexto de não terem sido ainda definidas as áreas prioritárias de ação governamental. A saúde coletiva é, por sua natureza, prioritária e, a respeito, não há discricionariedade do Poder Público: sem água cujos padrões de pureza se encontrem dentro das classes legais de aproveitamento (cf. Anexo ao Decreto estadual 8.468, de 8 de setembro de 1976), a própria vida não é possível, como bem primeiro![13]

Já outro acórdão, tendente a excluir a responsabilidade da Administração Pública, com base no princípio da independência dos poderes, enfatizava:

> O provimento transborda flagrantemente dos lindes jurisdicionais, implicando grave usurpação da atividade discricionária, que ao Poder Público 'in genere' é atribuída consistindo, mesmo, em uma das mais relevantes motivações funcionais. Contudo, quem executa obras ou serviços públicos deve ter autonomia suficiente para dosar, em cada caso, os imprescindíveis componentes de oportunidade e necessidade, cujo aferimento, como cediço, se alteia à privatividade da Administração. Somente ela tem condição precisa para visualizar o complexo das premências e prioridades públicas, a fim de dosar seu atendimento proporcionalmente ao volume de recursos destinados a seu custeio, bem assim da opção do tempo adequado para pô-la em prática.[14]

Em outro acórdão dizia-se que:

> Não podem os juízes e os Tribunais assomar para si a deliberação de prática de atos de administração, que resultam sempre e necessariamente de exame de conveniência e oportunidade daqueles escolhidos pelo meio constitucional próprio para exercê-los.[15]

Havia um certo desânimo em certos acórdãos, quando se admitia que:

---

13. Apelação Cível 158.646-1/0, Comarca de Marília (SP).
14. Apelação Cível 175.123-1/8, Pederneiras (SP).
15. Apelação Cível 166.981-1/1, Marília (SP).

É certo que há leis, de ordem constitucional, e infraconstitucional, que sistematicamente vem sendo descumpridas, a coibir a degradação do meio ambiente, que efetivamente vem sendo lesionado. [...] No entanto, e lamentavelmente, nós somos um país excessivamente legiferante que procura resolver seus graves problemas apenas nas leis, posto que o papel a tudo aceita, ao invés de resolvê-la na prática e na dura realidade da vida.[16]

Não se duvida da independência dos Poderes, princípio basilar da Constituição e dos sistemas democráticos. A administração das coisas públicas compete ao Poder Executivo, que possui toda uma estrutura com a finalidade de realizar as inúmeras ações necessárias ao alcance do chamado *bem comum* ou *interesse público*.

Todavia, o Poder Legislativo fixa normas relativas a meio ambiente, endereçadas seja ao particular, seja ao Estado, todos obrigados a cumpri-las, sob pena da aplicação das sanções legais. E a aplicação do princípio da legalidade, em sua expressão mais simples, até porque a Administração Pública é a ele expressamente adstrita, na forma do art. 37 da Constituição Federal.

Se o Poder Judiciário admitia a não aplicabilidade das leis, como fato razoavelmente normal, poder-se-ia duvidar da existência do Estado de Direito. Felizmente, a matéria vem se consolidando no sentido de que cabe ao Judiciário, no âmbito de suas competências, e na aplicação da lei ao caso concreto, o papel fundamental de estabelecer o contorno final das políticas públicas, determinando seus limites e suas possibilidades, como já se disse. Esse papel é relevante e deve ser enfatizado, pois sem a participação do Poder Judiciário não haverá certeza sobre a aplicabilidade de qualquer política pública, da efetividade do ordenamento jurídico e da garantia do uso sustentável dos recursos hídricos, assim como da segurança hídrica para o abastecimento público.

A proteção das águas não é matéria de discricionariedade administrativa. É obrigação legal e muitos municípios vedam, em suas leis orgânicas, o lançamento de esgotos sanitários sem o adequado tratamento em curso d'água (córregos ou rios). Essa questão foi tratada no acórdão em que se declara:

A existência, in casu, da legislação municipal que regula a questão, [...] ainda mais obriga o trâmite da ação à prestação jurisdicional, dando-se tempo suficiente às soluções municipais possíveis, inclusive declinadas no processo, ressaltando desde já o efeito que a ação tem provocado, salutarmente lançada a estampar os perigos naquela nociva permanência local. Se se depender apenas do Judiciário, o mérito será afinal sopesado com a necessária proporção e equilíbrio.

Continua ainda o julgado:

A discricionariedade do ato deve ser examinada sob a necessidade ou não da intervenção do Poder Público. A interpretação ultrapassada de interesse público, ou seja, interesse do Estado, é

---

16. Apelação Cível 247 8091/8-00, Duartina (SP).

manifestamente incompleta, já que, em princípio, lhe compete, acima de tudo, concorrer, por todos os meios e modos, no sentido da preservação ecológica local. Este deve preocupar-se sobremaneira com o social, não pode estar voltado para si. Ressalte-se que há interesse pertinente de toda a sociedade do lugar e o órgão jurisdicional está legitimamente impulsionado a realizar tarefa consistente em dirimir controvérsia na direção e forma previstas pela ordem jurídica municipal, diversa, portanto, de pura deliberação de prática de atos de administração, onde certamente não lhe seria lícito intervir.[17]

Alterando a orientação jurisprudencial, os julgados mais recentes adotam a posição de obrigar os serviços de saneamento a efetuar o tratamento dos esgotos antes do lançamento em corpos hídricos,[18] reconhecendo a legitimidade passiva *ad causam* do Município e a responsabilidade solidária com o concessionário de serviço público municipal, com quem firmou convênio para realização do serviço de coleta de esgoto urbano.[19]

Cabe citar, aqui, um importante posicionamento do TJ/SP, em Relatório de José Renato Nalini, sobre a matéria:

Por fim, não há que se afirmar eventual discricionariedade da Administração frente às determinações do Poder Judiciário, na medida em que este é o guardião da Constituição e aquele a quem incumbe concretizar vontade constituinte. O pacto fundamental é ordenamento a ser cumprido e resta superada a dicção de que algumas de suas normas são meramente programáticas, ou constituem metas utópicas. Todas as normas constitucionais têm densidade jurídica suficiente para produzirem efeitos na comunidade. Em nome desta é que os constituintes se reuniram em assembleia e editaram o fundamento de validade de toda a normatividade inferior.

Como já afirmei em caso congênere[20]*, a arguição de dificuldades em nada reduz a omissão da SABESP que, em tantos anos, não conseguiu resolver uma questão inexistente em comunidades de estágio civilizatório mais avançado. Por sinal que essa tem sido a praxe em questões tormentosas. Sob a alegação do nemo impossibilia nemo tenetur, permite-se que as coisas continuem no crescente estado de degradação. Com certa conivência involuntária da Justiça, premida em seu comedimento, com sua reserva imprópria para vencer os desafios postos por uma sociedade cada dia mais complexa e a confundir a inércia processual com a inércia da soberania estatal.*[21]

O texto reproduzido traz uma reflexão importante: as discussões travadas no Judiciário, sobre se existe ou não a obrigação de tratar o esgoto, *é questão inexistente em comunidades de estágio civilizatório mais avançado.* As dificuldades são grandes e existem em todos os países. Mas não se pode alegar que a falta de

---

17. Apelação Cível 246.776-1, Palestina (SP).
18. Apelação Cível 385.658-5/0-00, Câmara Especial do Meio Ambiente 20-4-2006 – v. u. – Voto nº 11.191 (TJSP).
19. *RT* 814/224; *JTJ* 264/235.
20. Apelação Cível nº 385.658.5/0-00 – Apiaí. Rel. Des. RENATO NALINI. Câmara Reservada ao Meio Ambiente. *DJ*: 20.4.2006, v. u.
21. Agravo de Instrumento nº 990.10.096440-2 – São Sebastião, 2010. Des. RENATO NALINI. Câmara Reservada ao Meio Ambiente. 2010.

prioridade ao saneamento básico se deve à pobreza. A falta de saneamento gera doença, onera o sistema público de saúde, degrada o meio ambiente, afeta a paisagem. As populações de baixa renda são as que mais sofrem com isso. Assim, a ideia deve ser outra: a falta de saneamento é uma das causas da pobreza. Não o contrário.

Ainda sobre esse tema, cabe citar Acórdão da Apelação Cível 509.916.5/0,[22] interposta pela SABESP e Município de Águas de Santa Bárbara, contra sentença que julgou procedente a ação civil pública ambiental promovida pelo Ministério Público do Estado de São Paulo, objetivando tratamento de esgoto doméstico lançado *in natura* em cursos d'água.

Segundo o Relator, *obrigou-se a ré a edificar Estação de Tratamento de Esgoto e o contrato faz lei entre as partes. Resiste em cumprir a obrigação e invoca razões todas contornáveis, se existe competência, interesse e vontade política. Ao obrigá-la a honrar compromissos, de maneira a satisfazer uma necessidade primordial da coletividade, o Judiciário nada mais fez senão cumprir com suas responsabilidades. Para isso ele é preordenado. Para fazer incidir a lei no caso concreto. Nem está o Judiciário a invadir a esfera da discricionariedade. A construção de ETE é alternativa à continuidade de uma situação constrangedora, lesiva ao meio ambiente, à saúde da população e à qualidade de vida da qual dependem as futuras gerações. Não se está a ordenar que, dentre tantas opções possíveis, atenda a ré àquela escolhida pelo judiciário. Aqui, o estado de necessidade há de ser invocado a favor da população.*

Verificada a evolução da questão junto aos tribunais, o passo seguinte é a busca do financiamento para as ações relativas à melhoria do saneamento básico, pois não existe proteção ambiental sem a aplicação de recursos financeiros. Daí a necessidade de buscar a sustentabilidade econômica do sistema. Nessa linha, a Lei 11.445/07 estabelece, como princípios fundamentais para a prestação dos serviços públicos de saneamento básico, entre outros, *a eficiência e a sustentabilidade econômica.*[23]

Cabe salientar que o setor do saneamento é um dos beneficiários da aplicação dos recursos provenientes da cobrança pelo uso da água, instrumento da Política Nacional de Recursos Hídricos. Ainda que esses recursos não sejam suficientes para financiar todos os projetos e obras – nem poderiam, pois esse não seria o objetivo fundamental da cobrança –, podem contribuir para a melhoria da qualidade dos recursos hídricos.

---

22. Cerqueira Cesar, 2010. Rel. SAMUEL JÚNIOR. Câmara Reservada ao Meio Ambiente, 2010.
23. Lei 11.445/07, art. 2º, VII.

10.2.2 Agricultura, irrigação e pecuária

Historicamente, as civilizações desenvolveram-se próximo aos rios, que propiciavam a irrigação de suas culturas. Nos tempos atuais, os agricultores são importantes usuários dos recursos hídricos, e consomem grandes quantidades da água, por meio da irrigação mecanizada.

Em 2020, a soma de bens e serviços gerados no agronegócio chegou a R$ 1,98 trilhão ou 27% do PIB brasileiro. Dentre os segmentos, a maior parcela é do ramo agrícola, que corresponde a 70% desse valor (R$ 1,38 trilhão), a pecuária corresponde a 30%, ou R$ 602,3 bilhões.

O valor bruto da produção (VBP) agropecuária alcançou R$ 1,10 trilhão em 2020, dos quais R$ 712,4 bilhões na produção agrícola e R$ 391,3 no segmento pecuário. As estimativas e projeções mais recentes, apontam que o VBP em 2021 deve alcançar R$ 1,20 trilhão em 2021, dos quais R$ 792,0 bilhões na produção agrícola e R$ 406,3 no segmento pecuário -, um incremento de 8,6% frente a 2020[24].

Em que pese toda essa pujança sob o aspecto econômico, trata-se de um setor que depende dos processos ecológicos. A atividade agrícola, se não conduzida dentro de padrões de proteção do solo, da cobertura vegetal e das águas, é um fator considerável de degradação ambiental, pela escassez da água que pode provocar, pela poluição hídrica causada pela utilização de fertilizantes, agrotóxicos e pela erosão do solo.

Por outro lado, a produção agrícola abastece de alimentos os grandes centros urbanos, garantindo a segurança alimentar das populações. Trata-se, pois, de um segmento que deve participar ativamente dos processos de gerenciamento dos recursos hídricos, na qualidade de usuário.

A **Política Nacional de Irrigação** está fixada pela Lei 12.787, de 11-1-2013, que revogou a Lei 6.662, de 25-6-79.

Entre os **princípios** dessa Política (art. 3º), destacam-se: 1. a preocupação com o *uso e o manejo sustentável dos solos e dos recursos hídricos destinados à irrigação*; e 2. o reconhecimento da importância da *integração* com as políticas setoriais de recursos hídricos, de meio ambiente, de energia, de saneamento ambiental, de crédito e seguro rural e seus respectivos planos, com prioridade para projetos cujas obras possibilitem o uso múltiplo dos recursos hídricos.

O princípio que menciona a *articulação entre as ações em irrigação das diferentes instâncias e esferas de governo e entre estas e as ações do setor privado*

---

24. CNA. Panorama do Agro. Disponível em: https://www.cnabrasil.org.br/cna/panorama-do-agro. Acesso: 10 maio 2022.

indica a necessidade de haver processos de governança claros e transparentes para todos os atores envolvidos, seja om os poderes públicos, sejam os usuários da água. Também merece atenção o princípio da *gestão democrática e participativa dos Projetos Públicos de Irrigação com infraestrutura de irrigação de uso comum*. Sendo a água um bem público, e considerando os Projetos de Irrigação, sobretudo em áreas de escassez, mencionar a gestão democrática e a participação apenas corrobora a importância da transparência das decisões e o reconhecimento do direito humano à água.

No campo dos **objetivos**, cabe mencionar: 1. a busca do aumento da produtividade em bases ambientalmente sustentáveis; 2. A promoção do desenvolvimento local e regional, com prioridade para as regiões com baixos indicadores sociais e econômicos; e 3. o aumento da competitividade do agronegócio brasileiro para a geração de emprego e renda.

Como **instrumentos econômicos** direcionados para um real apoio à irrigação, a lei prevê tarifas de energia elétrica especiais para esse setor,[25] assim como a concessão de incentivos fiscais, nos termos da legislação específica, que observará as regiões com os mais baixos indicadores de desenvolvimento social e econômico, bem como as consideradas prioritárias para o desenvolvimento regional.[26]

Um instrumento econômico que pode ser adotado para a proteção do solo e a conservação da água é o **Pagamento por Serviços Ambientais (PSA)**, objeto da Lei 14.119/2021, que define *serviços de suporte* como aqueles *que mantêm a perenidade da vida na Terra, tais como a ciclagem de nutrientes, a decomposição de resíduos, a produção, a manutenção ou a renovação da fertilidade do solo, a polinização, a dispersão de sementes, o controle de populações de potenciais pragas e de vetores potenciais de doenças humanas, a proteção contra a radiação solar ultravioleta e a manutenção da biodiversidade e do patrimônio genético*[27].

A norma mencionada é perfeitamente aplicável para a proteção dos recursos naturais utilizados pela atividade agrícola. Vale também mencionar aqui os *serviços de regulação*, que concorrem para a *manutenção da estabilidade dos processos ecossistêmicos, tais como o sequestro de carbono, a purificação do ar, a moderação de eventos climáticos extremos, a manutenção do equilíbrio do ciclo hidrológico, a minimização de enchentes e secas e o controle dos processos críticos de erosão e de deslizamento de encostas*[28].

---

25. Lei 12.787/2013, art. 5º, VII.
26. Lei 12.787/2011, art. 11.
27. Lei 14.119/2021, art. 2º, II, *b*.
28. Lei 14.119/2021, art. 2º, II, *c*.

Lei 12.787/13 institui a implantação de *Projetos Públicos de Irrigação*, com infraestrutura de irrigação de uso comum. Tais projetos, custeados pela União, Estados, Distrito Federal ou Municípios, isolada ou solidariamente, poderão ser implantados: 1. diretamente pelo Poder Público; 2. mediante concessão de serviço público, precedida ou não de execução de obra pública, inclusive na forma de parceria público-privada; e 3. mediante permissão de serviço público.[29]

A lei ainda prevê as *unidades parcelares* de Projetos Públicos de Irrigação considerados de interesse social, e destinadas majoritariamente a agricultores irrigantes familiares,[30] sendo que os custos de implementação das infraestruturas de irrigação de uso comum, de apoio à produção, das unidades parcelares e social serão suportados pelo Poder Público.[31]

A nova Política de Irrigação, no que se refere aos aspectos ambientais, moderniza o setor por um lado, na medida em que determina que a implantação de projeto de irrigação dependerá de licenciamento ambiental, quando exigido em legislação federal, estadual, distrital ou municipal específica.[32] Além disso, em matéria de controle do uso da água, a lei determina que a utilização de recurso hídrico dependerá de prévia outorga *por projeto* de *irrigação*.[33]

Essa regra permite a otimização das informações sobre os usos das águas em cada projeto, o que não ocorria no direito anterior, em que, por exemplo, os Perímetros Irrigados, projetos implantados na Bacia Hidrográfica do Rio São Francisco pela Companhia de Desenvolvimento dos Vales do São Francisco e do Parnaíba (CODEVASF) na década de 60, não se submetiam a essa exigência, cabendo a outorga apenas para o ponto inicial de captação e não dos projetos individualmente. Com o passar dos anos, as culturas se modificaram, a tecnologia se desenvolveu e as informações contidas nas outorgas, sobre os volumes captados, assim como sobre as culturas beneficiadas, tornaram-se inconsistentes. A nova sistemática modifica a situação anterior.

Importa ainda mencionar que a obtenção da outorga é condição necessária para obter o financiamento da implantação, ampliação e custeio de projetos de irrigação, junto às instituições participantes do sistema nacional de crédito rural, o que funciona como um mecanismo indutor regularização do uso da água, independentemente da fiscalização.

---

29. Lei 12.787/2011, art. 24 e 25.
30. Lei 12.787/2011, art. 24, parágrafo único.
31. Lei 12.787/2011, art. 24.
32. Lei 12.787/2011, art. 22.
33. Lei 12.787/2011, art. 23.

Por outro lado, a lei extrapola a regra de supressão de vegetação em Áreas de Preservação Permanente (APP), fixada na Lei 12.651/12, ao permitir que as obras de infraestrutura de irrigação, inclusive os barramentos de cursos d'água que provoquem intervenção ou supressão de vegetação em área de preservação permanente, sejam consideradas de utilidade pública para efeito de licenciamento ambiental, quando declaradas pelo poder público federal essenciais para o desenvolvimento social e econômico.[34] Essa regra abre precedente, pois não distingue os projetos públicos dos privados para a sua aplicação. E nem prevê qualquer tipo de compensação a ser implantada pela perda de cobertura vegetal.

O **setor agrícola** é contemplado na Lei 8.171, de 17-1-91, com as alterações posteriores, que estabeleceu a **política agrícola**, entendendo-se por atividade agrícola *a produção, o processamento e a comercialização de produtos, subprodutos e derivados, serviços e insumos agrícolas, pecuários, pesqueiros e florestais*.[35]

O art. 20 dispõe que as **bacias hidrográficas** constituem unidades básicas de planejamento do uso, da conservação e da recuperação dos recursos naturais, em consonância com o art. 1º, V, da Lei 9.433/97.

Quanto à irrigação e à drenagem, conforme o art. 85, inciso IV, *compete ao Poder Público apoiar estudos para a execução de obras de infraestrutura e outras relevantes ao aproveitamento das bacias hidrográficas, áreas de rios perenizados ou vales irrigáveis, com vista na melhor e mais racional utilização das águas para irrigação*.

Já a pecuária utiliza a água, basicamente, para dessedentação dos animais, uso prioritário em caso de escassez, na forma do disposto no art. 1º, III da Lei 9.433/97. Todavia, essa atividade econômica pode causar, nos corpos hídricos, alteração da qualidade das águas, originada do despejo de águas servidas, como por exemplo as de lavagem de pocilgas e fezes dos animais.[36] Além disso, o acesso dos animais às margens dos rios deve ser controlado, para não causar degradação.

10.2.3 Pesca, aquicultura, piscicultura e carcinicultura

O uso da água para a pesca, ao contrário de outras formas de utilização, não gera, normalmente, impacto nos aspectos quantidade e qualidade das águas. Pode, eventualmente, causar dano à fauna, se efetuada de forma predatória. Mas necessita que o recurso mantenha níveis de quantidade e qualidade adequados, para favorecer o florescimento da vida aquática. Já a piscicultura é atividade que

---

34. Lei 12.787/2011, arts. 22, § 2º.
35. Lei 8.171/91, art. 1º, parágrafo único.
36. Apelação Cível 171.710-2, Moji Guaçu, SP, 1991.

demanda derivação do recurso de pouca expressão, mas exige qualidade da água utilizada.

Nesse passo, cabe abordar a **carcinicultura**, atividade específica de cultivo de crustáceos, como siris e camarões.[37] Considerando o potencial poluidor dessa atividade nos ecossistemas costeiros, ela é vedada em manguezais, de acordo com o art. 2º, da Resolução CONAMA nº 312/12, que dispõe sobre licenciamento ambiental dos empreendimentos de carcinicultura na zona costeira.

Nesse sentido, o Código Florestal, Lei 12.651/12, ao incluir os manguezais entre as áreas de preservação permanente,[38] também limitou o exercício da carcinicultura nesse ecossistema, mas, permitiu seu exercício em **apicuns e salgados**, exigindo, para tanto, a observância dos requisitos fixados na lei.[39]

10.2.4 Indústria

A indústria utiliza os recursos hídricos de várias formas, em seus processos produtivos: uso consuntivo, em que há consumo da água na própria produção, com pequeno retorno, como é o caso da indústria de bebidas; para o resfriamento de máquinas, em que a água é devolvida praticamente na mesma quantidade captada, porém em temperatura diferente daquela em que houve a captação, e também para a diluição de efluentes, que devem respeitar os padrões de lançamento estabelecidos. Nem sempre, porém, esse tema foi assim tratado.[40]

A relação entre desenvolvimento e meio ambiente é formulação da segunda metade do século XX. Antes disso, o desenvolvimento da indústria era primordial, em detrimento dos recursos naturais, pois ainda não havia uma preocupação forte com o meio ambiente.

Martine Rémond-Gouilloud ilustra a questão citando dois julgados anteriores à era da proteção ambiental, relativos à poluição atmosférica, e que demonstram com muita clareza o lugar que ocupavam a indústria e o desenvolvimento em sociedades menos recentes. *A alguém que reclama da fumaça nociva, a Câmara dos Lordes opõe que, tendo escolhido viver em cidade, deve-se suportar as consequências* (St. Helen Smelting Co. *versus* Tipping (1865, 11H. L. Cas 642). E a quem reclama da poluição do ar, causada por uma refinaria, um juiz da Nova Inglaterra objeta:

---

37. Glossário de Ecologia. Publicação ACIESP 103. 2. ed. 1997. p. 33.
38. Lei 12.651/12, art. 4º, § 7º.
39. Lei 12.651/12, art. 11-A, § 1º.
40. Na linha da racionalização, o reuso vem sendo adotado como alternativa ao consumo, por razões econômicas e ambientais.

todo mundo sabe que nas aglomerações fortemente industrializadas, a atmosfera é inevitavelmente impregnada de odores desagradáveis e de impurezas. É um incômodo que cada um deve suportar em tal vizinhança (Stracher v. Beacon Oil Co., 251, Mass, 749 (1925).[41]

Em [...] 1782, um acórdão do Parlamento da Provence recusa-se a impedir que o proprietário de uma fábrica [...] despeje as águas servidas em um ribeirão público. A alegação refere-se ao fato de que

era necessário submeter as águas públicas à atividade industrial. O comércio não pode sustentar-se que por esse modo. A salubridade das águas o exige, pois não se pode jogar no solo as águas lançadas pelas fábricas e manufaturas, é necessário então fazê-las deixar correr e jogá-las nos leitos públicos das correntes e rios que são destinados a recebê-las.[42]

Hoje a situação coloca-se de forma diametralmente oposta, e no Brasil a responsabilidade imposta aos poluidores pode ser de ordem administrativa, civil e penal, nos termos do § 3° do art. 225 de nossa Constituição.

A atividade industrial, no que concerne à poluição dos rios e demais corpos hídricos, enseja uma particularidade interessante: trata-se da dúvida quanto à autoria do despejo. Já foi visto, no capítulo relativo à caracterização da água como recurso ambiental, que a responsabilidade por dano ambiental é objetiva, ou seja, basta que se prove a autoria do dano, não sendo necessária a comprovação de nexo causal entre o mesmo e a conduta do autor.

No caso da indústria, para que se caracterize a responsabilidade do poluidor, há que se fazer prova de que foi aquela indústria e não outra a responsável pelos despejos que ocasionaram o dano. Em acórdão que cuida exatamente dessa matéria, menciona-se:

a onda poluidora e, portanto, a mortandade dos peixes, ocorreu a jusante do complexo industrial em tela, mais precisamente, o Rio Sorocaba, frente à antena de retransmissão de rádio e o canal do lado direito do mencionado rio, até a saída dos efluentes, próximo ao córrego Cubatão; no trecho referido, não existem outras indústrias a ensejar poluição causadora do desastre [...]. Esses fatos são suficientes para carrear à apelante a responsabilidade pelo dano ecológico.[43]

Essa é a mesma decisão prolatada em outro julgado:

... é fato que somente a empresa ré poderia ter causado o problema em perspectiva nos autos, porque outra não existia, na região, em condições que pudesse dar-lhe causa.[44]

---

41. Idem, ibidem. p. 62
42. Idem, ibidem.
43. Apelação Cível 216.131-1, Sorocaba, SP, 1994.
44. Apelação Cível 159.887-1/6, 1992.

Outra questão digna de nota refere-se à configuração da poluição hídrica quando o corpo d'água já se encontra degradado. Nesse sentido, o entendimento que prevalece é que, em face da legislação em vigor, *é indigente o argumento da impossibilidade de poluir o que já está poluído*.[45]

A capacidade de diluição de um corpo hídrico varia de acordo com a sua vazão. Essa relação é muito bem demonstrada no texto do art. 14, inciso II, sobre a cobrança pelo uso da água, da Lei Paulista 7.663, de 30-12-91, que institui a Política Estadual de Recursos Hídricos, ao estabelecer critérios para a cobrança:

> Art. 14. A utilização dos recursos hídricos será cobrada na forma estabelecida nesta lei e em seu regulamento, obedecidos os seguintes critérios: [...]
>
> II – cobrança pela diluição, transporte e assimilação de efluentes de sistemas de esgotos e de outros líquidos, de qualquer natureza, considerará a classe de uso em que for enquadrado o corpo d'água receptor, o grau de regularização assegurado por obras hidráulicas, a carga lançada e seu regime de variação, ponderando-se, entre outros, os parâmetros orgânicos físico-químicos dos efluentes e a natureza da atividade responsável pelos mesmos.

10.2.5 Navegação

A navegação consiste em *uso de recurso hídrico para o transporte fluvial, quando demandar a manutenção de vazões mínimas em cursos d'água*, de acordo com o disposto no art. 2º, inciso XIII, da Instrução Normativa MMA 04/2000. Constitui um uso que tipicamente causa conflito com aqueles de natureza consuntiva, como o abastecimento urbano e a irrigação, assim como a geração de energia elétrica, se nas barragens não for construída a respectiva eclusa de transposição de nível, garantindo a passagem das embarcações.

Historicamente, por sua importância no comércio, a navegação constituiu um uso prioritário, determinando, inclusive, aos rios navegáveis, a natureza de coisa pública, o que se repetiu em nosso Código de Águas, até a Constituição de 1988.

Segundo o Código de Águas, em seu art. 37, o uso das águas públicas deve realizar-se sem prejuízo da navegação, exceto para o atendimento às primeiras necessidades da vida e no caso de lei especial que, atendendo a superior interesse público, o permita (art. 48, *a* e *b*). Além disso, o art. 48 admite o favorecimento de outros usos, em detrimento da navegação, desde que essa não sirva efetivamente para o comércio.

---

45. Apelação Cível 212.325, Rio das Pedras, Piracicaba, SP. A legislação mencionada é o Decreto estadual 8.468/76.

Dispõe ainda o Código de Águas que, na construção de pontes, deve ser deixada livre passagem para a navegação, na forma do art. 38. E remete a leis especiais os regimes jurídicos dos portos e da navegação e flutuação.

Ocorre que com a facilidade de implantação de outros meios de transporte, e pela decisão política dos governos brasileiros em dar ênfase às estradas de rodagem, como praticamente a única opção para o transporte, a navegação foi perdendo sua importância. O fator preponderante foi a chamada *hulha branca*, ou seja, a energia elétrica, cujas barragens, como já foi dito, praticamente extinguiram esse histórico uso. Sobre o assunto afirmou Pádua Nunes, em 1980: *a navegação, hoje, não goza da preeminência que lhe deu o Código*.[46] Em 2021 pode-se afirmar que a situação não mudou.

Com o renascimento da ideia das hidrovias, na década de 1990, a navegação retomou sua importância, o que se reflete na própria Lei 9.433/97 que, em seu art. 1º, estabelece como fundamento da Política Nacional de Recursos Hídricos *a gestão que proporcione o uso múltiplo*. Além disso, entre os objetivos da Política, fixados no art. 2º, encontra-se *a utilização racional e integrada dos recursos hídricos, incluindo o transporte aquaviário, com vistas ao desenvolvimento sustentável*.

No que se refere às decisões acerca do uso da água, estabelece o art. 13 da Lei das Águas que toda outorga estará condicionada às prioridades de uso estabelecidas nos Planos de Recursos Hídricos e respeitar a manutenção de condições adequadas ao transporte aquaviário, quando for o caso.

Nos termos do parágrafo único desse dispositivo, *a outorga de uso dos recursos hídricos deverá preservar o uso múltiplo destes*.

Em relação ao dano ambiental – poluição hídrica –, diversas têm sido as ocorrências de acidentes envolvendo embarcações que, transportando óleo, derramam seu conteúdo em rios, estuários, canais e mares.[47]

No direito brasileiro, a Lei nº 9.966, de 28-4-2000, estabelece os princípios básicos a serem obedecidos na movimentação de óleo e outras substâncias nocivas ou perigosas em portos organizados, instalações portuárias, plataformas e navios em águas sob jurisdição nacional, assim consideradas as águas marítimas e as águas interiores, que abrangem, entre outras, as águas: 1. dos rios e de suas desembocaduras; e 2. dos lagos, das lagoas e dos canais, não restando dúvida quanto à sua aplicabilidade nas águas doces.

---

46. NUNES, *Código...* Op. cit., p. 150.
47. Os principais casos de poluição por derramamento de óleo encontram-se no âmbito do direito internacional, destacando-se os casos Amoco Cadiz, ocorrido ao norte da Bretanha, França, em 1978, e Exxon Valdez, ocorrido no Alaska, EUA, em 1989.

10.2.6 Usos culturais e recreativos

Usos culturais e recreativos não geram, normalmente, danos. Ao contrário, constituem fatores de benefício ao homem, que pode praticar esportes, pesca, atividades náuticas e mesmo observar as paisagens. É, portanto, um uso a ser garantido, principalmente nos centros urbanos, que costumam ser carentes de áreas de lazer. Todavia, a qualidade da água deve ser adequada a tais atividades.

A Resolução CONAMA 357/2005, que dispõe sobre a classificação dos corpos de água e diretrizes ambientais para o seu enquadramento, define as classes de águas doces, salinas e salobras em que são permitidas atividades recreativas, como pesca, natação, mergulho etc.

10.2.7 Energia elétrica

O aproveitamento de recursos hídricos para a geração de energia elétrica é a principal forma de utilização não consuntiva da água. Como já visto, foi durante décadas o uso prioritário de recursos hídricos, em nome do desenvolvimento do país, o que resultou no fato de o Código de Águas ter sido regulamentado predominantemente com vistas à implantação de um sistema elétrico interligado e, consequentemente, na montagem de um parque industrial que tirasse, como de fato tirou, o Brasil da condição de país unicamente agrícola.

No que se refere ao represamento das águas, além da existência do conflito natural em relação aos outros usos, há o risco de extinção de espécies nativas, que muitas vezes têm por *habitat* apenas aquele espaço geográfico; de desestabilização do equilíbrio natural dos sistemas, principalmente no que se refere à fauna aquática e também de prejuízos sociais e culturais, relativos ao reassentamento das populações. Sem mencionar a alteração do regime do rio.

Veja-se o caso relativo à mortandade de peixes causada pela presença de lodo no fundo da represa. Diz o acórdão:

> *Responsabilidade da empresa que, ao abrir a comporta principal provocou o arrastamento da lama rio abaixo. Existência de outra fonte poluidora (esgoto da cidade), que não exclui a responsabilidade da recorrente. Sentença mantida.*[48]

Outro caso a ser citado, que envolve geração de energia elétrica e poluição hídrica, consiste em acórdão proferido no Estado de São Paulo, sobre o Reservatório Billings, que determinou não apenas a suspensão do bombeamento das águas servidas do Canal do Pinheiros para aquela represa, em atendimento ao disposto no art. 46 do Ato das Disposições Transitórias da Constituição Estadual,

---

48. TJSP, Apelação Cível 253.547-2/4, 1996.

como declarou ilegal o turbinamento dessa águas na Usina de Henry Borden, para o abastecimento da Bacia do Cubatão, na Baixada Santista, quando estivesse deplecionado o reservatório,[49] ou seja, impedir o turbinamento das águas para a Bacia do Rio Cubatão em quantidade superior ao que o reservatório recebe naturalmente, uma vez que estava suspenso o bombeamento do Sistema Tietê-Pinheiros para o mesmo.

Cada vez mais a legislação ambiental tem servido como fundamento para impedir que os aproveitamentos hidroelétricos venham a causar danos irreversíveis ao ambiente, inclusive no ambiente urbano, como no caso de enchimento de reservatório que alterou o sistema de esgotos de Município, condenando-se a concessionária pelos danos ambientais e à obrigação de recompor a citada rede.[50]

10.2.8 Mineração

A atividade de mineração equipara-se às indústrias no que se refere ao uso dos recursos hídricos, basicamente pelo uso intensivo da água em seus processos e também pelos danos ambientais que provoca. Quanto à extração de areias, a responsabilidade por dano ambiental tem imposto aos degradadores a obrigação de repor o ambiente à situação anterior. Em julgado que reflete essa posição, tem-se que:

> Sendo fato incontroverso que, ao extrair areia da margem do rio Iguaçu, produzindo um buraco de grande proporção, a empresa-ré causou danos ao meio ambiente, julga-se procedente a ação civil pública proposta pelo Ministério Público, condenando a ré a repor a área florestal danificada, restaurando a mata ciliar.[51]

As tragédias ocorridas no Municípios de Mariana (2015) e Brumadinho (2019) são exemplos de descaso tanto das empresas envolvidas como dos poderes públicos em relação às populações locais e ao meio ambiente. Apenas para dar uma ideia desse descaso, o Rio Doce sofreu e sofre ainda a contaminação de rejeitos de minério em 600 dos seus 800 quilômetros de extensão.

10.3 O PAPEL DO DIREITO NA DEFINIÇÃO DOS USOS DA ÁGUA

Todos os usos citados e comentados são necessários e benéficos ao homem, direta ou indiretamente, independentemente dos danos que possam vir a causar, seja aos demais usos, seja ao meio ambiente e à saúde pública. Ainda que uma

---

49. TJSP, Apelação Cível 242.913-1.
50. TJSP, Apelação Cível 247.509-1/9-00, 1996.
51. TJPR, Apelação Cível 20.277-7, 1994.

represa possa inundar terras férteis ou afastar e mesmo destruir a fauna, o benefício da energia elétrica – que afinal não polui a atmosfera – é incontestável para as atividades humanas.

Se a indústria pode causar poluição, é também fonte de desenvolvimento e de emprego. Em outras épocas, o desenvolvimento, como já mencionado, sobrepunha-se inclusive ao bem-estar social. Hoje, tenta-se fazer prevalecer o princípio do desenvolvimento sustentável. A agricultura e a irrigação, que mal organizadas comprometem a quantidade de água disponível em um corpo hídrico, respondem pela sobrevivência das pessoas, sobretudo nos centros urbanos.

O que fazer, então, se não há, nos dias de hoje, recursos hídricos – recurso natural limitado – suficientes para atender a todos os usos pretendidos, ou em termos mais apropriados, para atender à demanda?

O uso da força pode condicionar a utilização da água da mesma forma que pode decidir qualquer conflito. Esse é, inclusive, um dos fantasmas do século XXI, no plano internacional. E, conforme estabelece o princípio 24 da Conferência das Nações Unidas de 1992, a guerra é, por definição, contrária ao desenvolvimento sustentável, e o pior meio de solução de conflitos.

No plano interno, tampouco se deseja a perturbação social, em maior ou menor intensidade, no conflito pelo uso da água. Daí o papel do direito para definir a questão. *O Direito de Águas surgiu, como outros surgiram, para permitir e encorajar as atividades desejadas e prevenir ou restringir as condutas indesejáveis.*[52]

O direito, nesse sentido, consiste no Código de Águas, formulado para as necessidades de sua época e, atualmente, na Lei 9.433/97, e nas leis estaduais, que atualizaram o tratamento conferido aos recursos hídricos nos planos federal e estadual, buscando novos caminhos para garantir a continuidade do uso da água para as presentes e futuras gerações, além de todas as outras normas que compõem o ordenamento jurídico pátrio, e que direta ou indiretamente repercutem no uso dos recursos hídricos.

No que se refere à Lei 9.433/97, cabe tecer um pano de fundo para vislumbrar como se relacionam os instrumentos da política e os órgãos do sistema de gerenciamento. Não se pode dissociar a questão econômica, pois quaisquer ações de proteção das águas passam, necessariamente, por investimentos. Seja para construir uma estação de tratamento de esgotos, seja para implantar um programa de educação ambiental em um pequeno Município, ou ainda recuperar a cobertura vegetal das margens dos rios, os aspectos econômicos e financeiros, relativos ao financiamento da política, não podem ser deixados de lado.

---

52. GOULD e GRANT. *Cases and materials on water law*. St. Paul: West Publishing, 1995. p. 3.

11
PLANEJAMENTO DO USO

11.1 INSTRUMENTOS DE PLANEJAMENTO DO USO DA ÁGUA

O Estado brasileiro contemporâneo segue um modelo de Estado de bem-estar social, em uma abordagem **intervencionista**. A implementação de seus objetivos e finalidades, nos âmbitos social, econômico e, mais recentemente, ambiental, implica a instituição de políticas públicas. Segundo Maria Paula Dallari Bucci, *como tipo ideal, a política pública deve visar à realização de objetivos definidos, expressando a seleção de prioridades, a reserva dos meios necessários à sua consecução e o intervalo de tempo em que se espera o atingimento dos resultados.*[1]

No âmbito da temática ambiental, especialmente os recursos hídricos, coube a instituição de normas específicas, visando solucionar tanto as demandas do processo de desenvolvimento, como buscando meios de conservar e proteger as águas. Nesse diapasão, para cumprir os propósitos estabelecidos, surge o planejamento que

> *no conceito de ciência econômica, onde é bastante empregado, é a forma de conciliar recursos escassos e necessidades abundantes. Em matéria atinente aos recursos hídricos, pode ser definido como o conjunto de procedimentos organizados que visam ao atendimento das demandas de água, considerada a disponibilidade restrita desse recurso.*[2]

A noção de planejamento está vinculada às ciências da economia, das finanças e do orçamento. O Estado, ao proceder à intervenção econômica, estabelece metas a serem atingidas, alocando recursos para tanto.

No caso dos recursos hídricos, o planejamento opera-se por meio do estabelecimento de metas de natureza física a serem alcançadas e que podem ser traduzidas em melhoria dos aspectos de quantidade e qualidade das águas. Nessa sistemática, não deixa de haver uma interface com os aspectos econômicos e

---

1. BUCCI, Maria Paula Dallari. O conceito de política pública em direito. In: BUCCI, Maria Paula Dallari (Org.). *Políticas públicas*: reflexões sobre o conceito jurídico. São Paulo: Revista dos Tribunais, 2006. p. 39.
2. BARTH, Flávio Terra. Fundamentos para a gestão de recursos hídricos. In: *Modelos para gerenciamento de recursos hídricos*. São Paulo: Nobel/ABRH, 1987. p. 12.

financeiros, à medida que são necessários recursos dessa natureza para atender aos objetivos propostos, de melhoria dos recursos hídricos e manutenção dos usos, para as atuais e futuras gerações.

Além disso, a inserção de instrumentos econômicos nas políticas ambientais e de recursos hídricos, como forma de garantir a efetividade das normas, por meio da oferta de benefícios aos agentes sociais que aderirem a práticas ambientalmente desejadas, impõe um contraponto de cunho econômico aos mecanismos de comando-controle, insuficientes para garantir a melhoria da qualidade dos bens ambientais.

Eros Roberto Grau, ao manifestar-se sobre o planejamento econômico,[3] cita Charles Bettelhein, para quem

> *a planificação pode ser definida como uma atividade que visa: (1) fixar objetivos e prioridades para o desenvolvimento econômico e social; (2) determinar os meios apropriados para atingir esses objetivos; e (3) por efetivamente em prática esses meios tendo em vista a realização dos objetivos visados.*

Feitas as devidas adaptações, posto que a definição anterior versa especificamente sobre planejamento econômico, é justamente dessa natureza o conteúdo da Lei 9.433/93, que institui a Política Nacional de Recursos Hídricos, e cujos fundamentos encontram-se estabelecidos no art. 1º, conforme segue:

> *I – a água é um bem de domínio público;*
>
> *II – a água é um recurso natural limitado, dotado de valor econômico;*
>
> *III – em situações de escassez, o uso prioritário dos recursos hídricos é o consumo humano e a dessedentação dos animais;*
>
> *IV – a gestão dos recursos hídricos deve sempre proporcionar o uso múltiplo das águas;*
>
> *V – a bacia hidrográfica é a unidade territorial para implementação da Política Nacional de Recursos Hídricos e atuação do sistema Nacional de Gerenciamento dos Recursos Hídricos;*
>
> *VI – a gestão dos recursos hídricos deve ser descentralizada e contar com a participação do Poder público, dos usuários e das comunidades.*

No que se refere aos objetivos da Política, o art. 2º assim os enumera:

> *I – assegurar à atual e às futuras gerações a necessária disponibilidade de água, em padrões de qualidade adequados aos respectivos usos;*
>
> *II – a utilização racional e integrada dos recursos hídricos, incluindo o transporte aquaviário, com vistas ao desenvolvimento sustentável;*
>
> *III – a prevenção e a defesa contra eventos hidrológicos críticos de origem natural ou decorrentes do uso inadequado dos recursos naturais.*

---

3. *Planejamento econômico e regra jurídica*. São Paulo: Revista dos Tribunais, 1978. p. 64-65 (nota de rodapé 101).

No que concerne às diretrizes gerais de ação, a serem observadas pelo Sistema Nacional de Recursos Hídricos, é a seguinte a relação estabelecida no art. 3º:

I – a gestão sistemática dos recursos hídricos, sem dissociação dos aspectos quantidade e qualidade;

II – a adequação da gestão dos recursos hídricos às diversidades físicas, bióticas, demográficas, econômicas, sociais e culturais das diversas regiões do País;

III – a integração da gestão de recursos hídricos com a gestão ambiental;

IV – a articulação do planejamento de recursos hídricos com o dos setores usuários e com os planejamentos regional, estadual e nacional;

V – a articulação da gestão de recursos hídricos com a do uso do solo;

VI – a integração da gestão das bacias hidrográficas a dos sistemas estuarinos e zonas costeiras.

Ou seja, a Lei 9.433/97 fixa, para os recursos hídricos, normas de planejamento similares àquelas descritas por Bettelheim, válidas para o planejamento econômico. São temas que, embora distintos, possuem a mesma metodologia de planejamento, na formulação dos princípios e dos meios para alcançar, com efetividade, as metas propostas.

O planejamento exerce uma função técnica que responde a uma necessidade de regulação. Um esforço de previsão, de harmonização, e principalmente programação, constituem uma exigência mínima dessa regulação.[4]

É o que se pode chamar de gerenciamento. O gerenciamento de uma bacia hidrográfica envolve objetivos, diretrizes e instrumentos. Antes que qualquer plano de gestão possa ser desenvolvido, os objetivos devem ser objeto de acordo: quais usos serão protegidos, quais índices de qualidade serão buscados, quais compromissos devem ser acertados entre os usos conflitantes. Uma vez que os objetivos são conhecidos, é necessário buscar um caminho para realizá-los.

Quaisquer atividades, públicas ou privadas, grandes ou pequenas, salvo as insignificantes,[5] devem ser controladas e coordenadas para que os usos da água sejam compatíveis com o plano estabelecido. Os mecanismos utilizados para alcançar esse controle e essa coordenação chamam-se instrumentos.[6]

Verificados os fundamentos, os objetivos e as diretrizes gerais de ação, estabelecidos na Política Nacional de Recursos Hídricos, e que já foram objeto

---

4. COLSON, Jean Philippe. *Droit public économique*. 2. ed. Paris: LGDJ, 1997. p. 315.
5. A expressão *usos insignificantes* é objeto do art. 12, § 1º, da Lei 9.433/97. Todavia, mesmo que um uso se enquadre nessa categoria, deve ser cadastrado, para garantir um melhor conhecimento sobre os recursos hídricos, nos aspectos quantidade e qualidade.
6. BOLAND, John. *River basin management and user pays principle*. Seminário Recursos Hídricos e o Saneamento Ambiental – novos conceitos do usuário-pagador. São Paulo: Secretaria de Energia e Saneamento de SP, BID, ago. 1992. p. 7.

de análise na Parte I, o passo seguinte consiste em proceder à análise dos meios legalmente fixados para alcançar as metas propostas e, ao final, buscar uma resposta no que se refere à efetividade de toda essa estrutura, considerando, inclusive, se a atuação do Sistema de Gerenciamento vem sendo eficaz na melhoria das condições de uso das águas.

Os instrumentos da Política[7] podem ser classificados em dois grupos: o primeiro relativo ao planejamento e o segundo voltado ao controle administrativo do uso. Como instrumentos de planejamento estão os planos de bacia hidrográfica, a classificação, o enquadramento dos corpos de água em classes, segundo os usos preponderantes e o sistema de informações sobre recursos hídricos. Sua função precípua é organizar e definir a utilização da água, solucionando ou minimizando, *a priori*, os efeitos dos conflitos de interesse sobre esse bem.

De outro lado, o instrumento direto de controle do uso consiste na outorga. Todavia, o licenciamento ambiental, instrumento emprestado da Política Nacional do Meio Ambiente, exerce o controle sobre os despejos de efluentes e águas servidas nos corpos hídricos. Indiretamente, a cobrança pelo uso dos recursos hídricos (instrumento econômico) também tem por finalidade exercer um controle do uso da água.

11.2 PLANOS DE RECURSOS HÍDRICOS

Parece não haver dúvida quanto à importância de planejar as ações a curto, médio ou longo prazos. O planejamento é necessário tanto na vida pessoal como nas empresas e da mesma forma no âmbito do Estado. Planejar é prevenir, é evitar

---

7. Deixamos de tratar da Compensação a Municípios em face do veto desse dispositivo, que continha a seguinte redação: *Art. 24. Poderão receber compensação financeira ou de outro tipo os Municípios que tenham áreas inundadas por reservatórios ou sujeitas a restrições de uso do solo com finalidade de proteção dos recursos hídricos. § 1º A compensação financeira a Município visa a ressarcir suas comunidades da privação das rendas futuras que os terrenos, inundados ou sujeitos a restrições de uso do solo, poderiam gerar. § 2º Legislação específica disporá sobre a compensação prevista neste artigo, fixando-lhe prazo e condições de vigência. § 3º O disposto no caput deste artigo se aplica: I – Às áreas de preservação permanente previstas nos arts. 2º e 3º da Lei 4.771, de 15 de setembro de 1965, alterada pela Lei 7.803, de 18 de julho de 1989; II – aos aproveitamentos hidrelétricos. Razões do veto: O estabelecimento de mecanismo compensatório aos Municípios não encontra apoio no Texto da Carta Magna, como é o caso da compensação financeira prevista no § 1º do art. 20 da Constituição, que abrange exclusivamente a exploração de recursos hídricos para fins de geração de energia elétrica. A par de acarretar despesas adicionais para a União, o disposto no § 2º trará como consequência a impossibilidade de utilização da receita decorrente da cobrança pelo uso de recursos hídricos para financiar eventuais compensações. Como decorrência, a União deverá deslocar recursos escassos das fontes existentes para o pagamento da nova despesa. Além disso, a compensação financeira poderia ser devida em casos em que o poder concedente fosse diverso do federal, como por exemplo decisões de construção de reservatórios por parte de Estado ou Município que trouxesse impacto sobre outro Município, com incidência da compensação sobre os cofres da União. No entanto, as leis estaduais contêm essa condição.*

prejuízo na reparação daquilo que saiu errado. Em matéria ambiental, como de resto em tudo o mais, custa menos prevenir do que remediar. Por isso é importante ressaltar a formulação do princípio da prevenção, que gerou a instituição do estudo prévio de impacto ambiental e do licenciamento, entre outras medidas administrativas, como instrumento da Política Nacional do Meio Ambiente.

Nessa ordem de ideias, fixou-se, como norma jurídica, que o Plano de Recursos Hídricos é um instrumento da Política Nacional de Recursos Hídricos. Sobre o plano, três questões se impõem, no entendimento da matéria:[8]

1. o plano deve ser democrático;

2. o plano é um pacto;

3. o plano deve ser cumprido.

A **democracia**, na concepção do plano, pode ser traduzida no acompanhamento de sua execução e posterior aprovação pelo respectivo órgão colegiado competente: Comitê de Bacia Hidrográfica para planos de bacia, Conselho Estadual de Recursos Hídricos para planos estaduais e Conselho Nacional de Recursos Hídricos (CNRH) para o Plano Nacional. Desses órgãos colegiados participam os representantes de vários segmentos interessados nos recursos hídricos.

No caso dos Comitês de Bacia Hidrográfica, a garantia da efetividade do processo de elaboração do plano está diretamente relacionada com o sistema de decisão que tiver sido adotado por parte de cada comitê, em sua instalação. Em outras palavras, é necessário que o sistema decisório do Comitê seja de tal forma estabelecido para que necessariamente seja exarada uma decisão, por maioria, ou por outro critério que possa representar o desejo predominante de seus integrantes.

Já nos Conselhos Estaduais e no Conselho Nacional de Recursos Hídricos, a formação desses órgãos é mais rígida, não havendo tanto espaço para negociações no que se refere à representação dos segmentos.

O **cumprimento do plano** é a garantia de efetividade de toda a política de recursos hídricos. Coloca-se, nesse passo, a questão acerca de como fazer o plano ser cumprido/implementado, ou dos mecanismos legais que obrigam o cumprimento/implementação dos planos, considerando que esses instrumentos têm por objetivo *fundamentar e orientar a implementação da política e o gerenciamento dos recursos hídricos*[9].

---

8. COLSON, Jean-Philippe. *Droit publique économique*. 2. ed. Paris: LGDJ, 1997. p. 321.
9. Lei 9.433/1997, art. 6º.

Em verdade, não há mecanismos que obriguem ou que estabeleçam prazo para o cumprimento dos planos. A sua implementação depende de acordos entre os inúmeros atores envolvidos na gestão de recursos hídricos, solo, saúde, meio ambiente e outros. Depende também da obtenção de recursos financeiros para as várias ações e medidas planejadas. A **governança** é um instrumento chave para o alcance desse acordo.

No que se refere à **extensão geográfica**, o art. 8º da Lei 9.433/97 determina que os Planos de Recursos Hídricos serão elaborados por bacia hidrográfica, por Estado e para o País. Por força do disposto no art. 37, o conteúdo do plano deve ater-se a uma região determinada, no que toca aos limites da bacia hidrográfica e em consonância com a área de atuação do respectivo comitê.

O **Plano Estadual de Recursos Hídricos** configuraria como uma compilação dos Planos de Bacia Hidrográfica, dando ênfase às questões de interesse do Estado. É diferente do Plano de bacia hidrográfica, que se atém a um território mais restrito, sendo possível um maior aprofundamento dos temas que o compõem.

Já o **Plano Nacional de Recursos Hídricos** traz uma abordagem diversa, na medida em que precisa destacas as questões de interesse nacional acerca das águas. Em 2022 foi aprovado o **Plano Nacional de Recursos Hídricos (PNRH 2022-2040)**, como a *estratégia nacional para o gerenciamento dos recursos hídricos no Brasil e sua elaboração envolveu um amplo diálogo com diferentes atores do Sistema Nacional de Gerenciamento de Recursos Hídricos – SINGREH e dos mais variados setores da sociedade*[10].

De acordo com o art. 7º, da Lei 9.433/97, os planos de recursos hídricos são elaborados com vista em longo prazo, com horizonte de planejamento compatível com o período de implantação de seus programas e projetos e terão o seguinte conteúdo mínimo[11]:

I - diagnóstico da situação atual dos recursos hídricos;

II - análise das alternativas de crescimento demográfico, de evolução de atividades produtivas e de modificações dos padrões de ocupação do solo;

III – balanço entre disponibilidades e demandas futuras dos recursos hídricos, em quantidade e qualidade, com identificação dos conflitos potenciais;

---

10. PNRH 2022-2040, vol. II – Anexo Normativo do Plano de Ação. Disponível em: https://www.gov.br/mdr/pt-br/assuntos/seguranca-hidrica/plano-nacional-de-recursos-hidricos-1/Plano%20de%20Acao%20e%20Anexo%20Normativo%20para%20apreciacao%20do%20CNRH/anexonormativo_pnrhv2022_pcnrh-versaofinal_22-03-22.pdf. Acesso: 6 maio 2022.
11. A Lei 9.433/1997 não faz qualquer distinção acerca do conteúdo mínimo do plano. Todavia, parece que o conteúdo do art. 7º é muito mais relacionado com uma bacia hidrográfica do que ao território de um estado ou mesmo de toda a Nação.

IV – metas de racionalização de uso, aumento da quantidade e melhoria da qualidade dos recursos hídricos disponíveis. Tais metas decorrem do estabelecimento de cenários relativos ao crescimento previsto da população, da demanda pelo uso da água e pelas perspectivas de investimentos;

V – medidas a serem tomadas, programas a serem desenvolvidos e projetos a serem implantados, para o atendimento das metas previstas;

VI – prioridades para outorga de direitos de uso dos recursos hídricos. Este dispositivo revela uma decisão fundamental, à medida que direciona a utilização da água na bacia hidrográfica, o que supõe a solução, ao menos temporária – porque o plano é um processo[12] que se desenvolve ao longo do tempo –, dos conflitos de uso das águas. Todavia, tais prioridades praticamente inexistem nos planos de recursos hídricos de bacias hidrográfica, talvez por falta de acordo sobre esse tema, o que revela a necessidade de discussões mais amplas e abrangentes sobre os usos da água;

VII – diretrizes e critérios para a cobrança pelo uso dos recursos hídricos;

IX – propostas para a criação de áreas sujeitas a restrição de uso, com vista na proteção dos recursos hídricos.

Por conter a definição das prioridades de outorga, assim como as propostas para a criação de **áreas sujeitas a restrição de uso**, com vista na proteção de recursos hídricos, vem a lume a indagação acerca de ser o plano de bacia hidrográfica um instrumento, ainda que indireto, de zoneamento do uso e ocupação do solo, o que implica uma superposição de competências sobre essa matéria.

A esse respeito, cabe salientar que o Município integra os sistemas de gerenciamento de recursos hídricos e, na negociação que deve ocorrer no comitê de bacia hidrográfica, a representação das municipalidades deve participar de modo efetivo.

Todavia, vislumbra-se aí um conflito. Não há dúvida acerca da autonomia do Município na promoção, no que couber, do adequado ordenamento territorial, mediante planejamento e controle do uso, do parcelamento e da ocupação do solo urbano, na forma determinada pelo art. 30, inciso VIII, da Constituição Federal.

A elaboração do plano de bacia hidrográfica não compete à Municipalidade, mas à secretaria executiva – agência de bacia ou outro ente legalmente autorizado. Sendo o plano aprovado pelo Comitê, do qual participam os Municípios, de acordo com a norma instituidora e seu estatuto, como fica a decisão sobre o uso e a ocupação do solo?

Imagine-se um Município que pretende reservar determinada área para distrito industrial, em hipótese de haver decisão do comitê, sobre a não con-

---

12. O sentido de *processo*, nessa afirmação, reporta-se ao encadeamento de fatos e atos ao longo do tempo, não se vislumbrando, necessariamente, a edição de um ato final, diferentemente do que ocorre no processo administrativo para obtenção da outorga, por exemplo.

cessão de outorgas para indústria, em face da vocação turística da região e/ou da fragilidade ambiental dos corpos hídricos (área de nascentes, por exemplo).

Mesmo havendo legislação municipal prevendo a instalação de indústrias, não deverá ser concedida a outorga de uso de recursos hídricos ao empreendimento.

Dessa forma, o conteúdo do plano, na forma fixada no art. 7º da Lei 9.433/97, não só pode estabelecer indiretamente um zoneamento da bacia hidrográfica, como pode, também, alterar o uso e ocupação do solo, ainda que esse tema seja de competência municipal. Tudo dependerá do acordo estabelecido na aprovação do plano de bacia.

Saliente-se que a bacia hidrográfica não abrange, em última análise, os recursos hídricos, mas o solo que forma essa porção territorial. Trata-se de nítida fonte de conflito, cuja solução passa pela cooperação, pelo exercício contínuo de governança e pela prevalência do interesse geral, no âmbito da bacia hidrográfica, sobre o interesse local, do Município.

Pode-se verificar uma evolução nessa matéria, pois a Lei 11.445/07, ao tratar dos Planos de Saneamento Básico, inclusive os municipais, determina que eles devem ser *compatíveis com os planos das bacias hidrográficas em que estiverem inseridos*.[13] Nessa linha, é diretriz geral de ação para implementação de Política Nacional de Recursos Hídricos *a integração da gestão de recursos hídricos com a do uso do solo*.[14] Indo além, o Estatuto da Cidade determina que *o conteúdo do plano diretor deverá ser compatível com as disposições insertas nos planos de recursos hídricos*[15].

Nota-se aqui a convergência de políticas públicas distintas, mas correlatas, que enfatizam a importância da bacia hidrográfica como território a ser considerado no planejamento e na gestão, não apenas dos recursos hídricos, mas no uso do solo e no saneamento básico.

Releva notar que foram vetados os incisos VII e VIII, que estabeleciam, respectivamente as seguintes atribuições aos Comitês de Bacia Hidrográfica:

> VII – aprovar o plano de aplicação dos recursos arrecadados com a cobrança pelo uso dos recursos hídricos; e VIII – autorizar a aplicação, fora da respectiva bacia hidrográfica, dos recursos arrecadados com a cobrança pelo uso dos recursos hídricos em montantes que excedam o previsto no § 3º do art. 22 desta Lei.

As razões do veto foram:

---

13. Lei 11.445/07, art. 19, § 3º.
14. Lei 9.433/97, art. 3º, V.
15. Lei 10.257/2001, art. 42-A, § 2º.

Quanto ao inciso VII, a aplicação dos valores arrecadados com a cobrança de recursos hídricos decorrerá da execução do Plano Nacional e dos Planos de Bacias. Quanto ao Inciso VIII – prejudicado pelo veto ao § 3º do art. 22.

Não parecem convincentes as razões dos vetos. De toda a análise da Lei 9.433/97, essa é a única lacuna que não foi preenchida. Se há arrecadação, deve haver uma decisão – de preferência compartilhada – sobre onde aplicar os recursos. Aliás, quando a Lei 9.433/97 menciona a **gestão descentralizada e participativa**, em seu art. 1º, como um dos fundamentos da Política Nacional de Recursos Hídricos, o entendimento que se extrai desse dispositivo é que o Comitê, ao aprovar o plano de recursos hídricos, define as ações a serem executadas na bacia. Além disso, define e propõe ao CNRH os mecanismos e valores a serem cobrados pelo uso da água e o plano de aplicação destes na bacia hidrográfica. Essa última parte é o cerne da *descentralização*.

Não tendo sido vetado o dispositivo na alínea c, do inciso XI, do art. 44 da Lei 9.433/97, que dispõe sobre a atribuição das Agências de Água de propor ao Comitê o plano de aplicação dos recursos arrecadados com a cobrança pelo uso de recursos hídricos, entende-se que essa competência permanece nos comitês.

Exposto o conteúdo mínimo dos planos e as razões dos vetos havidos, cabe verificar, à luz da Lei 9.344/97, quais as relações existentes entre o Plano, os demais instrumentos e o sistema de gerenciamento.

11.3 ENQUADRAMENTO DE CORPOS HÍDRICOS EM CLASSES, SEGUNDO OS USOS PREPONDERANTES DA ÁGUA

O enquadramento é o **instrumento de gestão** relacionado com a **qualidade da água**. Sua finalidade é *estabelecer os parâmetros técnicos e as medidas administrativas voltados ao alcance da manutenção ou da melhoria da qualidade, seja para os corpos hídricos em sua totalidade ou para trechos deles*[16]. Segundo art. 9º da Lei 9.433/1997, o enquadramento visa *assegurar às águas qualidade compatível com os usos mais exigentes a que forem destinadas, bem como diminuir os custos de combate à poluição das águas, mediante ações preventivas permanentes*.

O enquadramento vai ao encontro do principal objetivo da Política Nacional de Recursos Hídricos, que é *assegurar à atual e às futuras gerações a necessária disponibilidade de água, em padrões de qualidade adequados aos respectivos usos*[17].

---

16. AGÊNCIA NACIONAL DE ÁGUAS E SANEAMENTO BÁSICO (ANA). Direito de águas à luz da governança. Pilar Carolina Villar; Maria Luiza Machado Granziera. Brasília: ANA, 2020, pg. 84. Disponível em: https://biblioteca.ana.gov.br/asp/download.asp?codigo=144503&tipo_midia=2&iIndexSrv=1&iUsuario=0&obra=85953&tipo=1&iBanner=0&iIdioma=0. Acesso: 5 maio 2022.
17. Lei 9.433/1997, art. 2º, I.

A lei menciona o termo *padrões*. Os padrões ambientais são instrumentos da Política Nacional do Meio Ambiente, instituídas pela Lei 6.938/1981. A Lei 9.433/1997 dispõe que as classes de corpos de água serão estabelecidas pela legislação ambiental. Sob essa ótica, o enquadramento dos corpos hídricos em classes, segundo os usos preponderantes, constitui uma **intersecção entre as políticas ambientais e de recursos hídricos**, na medida em que tem por objeto a qualidade da água.

O termo *padrão*, para o enquadramento, diz respeito ao nível ou ao grau de qualidade de um determinado elemento (substância ou produto) que é considerado adequado a um certo propósito. A título de exemplo, em termos de qualidade da água, os padrões podem referir-se: 1. ao nível de qualidade de um corpo hídrico (Classe de uso preponderante), em função das exigências dos usos pretendidos (Resolução CONAMA 357/2005) ou 2. à qualidade e demais condições dos efluentes (Padrões de Emissão) a serem lançados em corpos hídricos (Resolução CONAMA 430/2011) ou em redes públicas de esgotamento sanitário (normas específicas, como o Decreto 8.468/1976, de São Paulo).

É possível estabelecer a relação entre o enquadramento de corpos hídricos e a **segurança hídrica e sanitária**. Ao melhorar a qualidade da água, maior a disponibilidade (quantidade) do recurso, inclusive para usos incompatíveis com a poluição e a contaminação. Como exemplo, citam-se o abastecimento humano, a irrigação de hortaliças e a manutenção das comunidades aquáticas, usos expressamente mencionados na Resolução CONAMA 357/2005.

No caso do abastecimento de água potável, serviço que faz parte do saneamento básico, ainda que a água bruta possa ser tratada, com vistas a garantir a observância dos padrões de potabilidade fixados nas normas do Ministério da Saúde (MS)[18], a má qualidade da água bruta encarece o serviço, pois o tratamento fica mais oneroso e complexo. A melhoria da qualidade, portanto, possui impactos econômicos. Além disso, os índices de ocorrência de doenças veiculadas pela água tendem a diminuir, desonerando o Sistema Único de Saúde (SUS).

Considerando as crises hídricas que o Brasil vem enfrentando nos últimos anos, esse tema é estratégico para que se possa garantir às atuais e futuras gerações o acesso à água, em quantidade e em padrões de qualidade adequados aos usos necessários ao seu desenvolvimento sustentável, na forma como preceitua o objetivo básico da Política Nacional de Recursos Hídricos, estabelecido no art. 2º, I. Todavia, considerando que a situação da qualidade dos corpos hídricos no País, deixa muito a desejar, é preciso investir despoluição

---

18. Portaria de Consolidação MS 05/2017, Anexo XX, art. 5º, III. Norma alterada pela Portaria GM/MS 888/2021.

A legislação brasileira possui regras sobre a qualidade das águas, definindo-se os usos preponderantes mais adequados em relação à qualidade. Todavia, conforme já ponderava Despax,

> deve ser considerado que o objeto de uma política de prevenção não pode ser a proibição de qualquer poluição, mas apenas a prevenção de um certo grau, para manter a poluição em níveis razoáveis.[19]

Ou seja, não se pretende que as águas retornem à pureza anterior ao aparecimento do homem na Terra, mas que os aspectos de quantidade e qualidade sejam mantidos para as atuais e futuras gerações. Por essa razão foram introduzidos a classificação e o enquadramento dos corpos hídricos no ordenamento jurídico.

Classificar vem do latim *classificare* e significa reunir em classes e nos grupos respectivos, sistema ou método de classificação; qualificar[20] é *distribuir em classes e/ou grupos, segundo sistema ou método de classificação*; é determinar *as categorias em que se divide ou subdivide um conjunto*.[21] Em matéria de águas, classificar significa estabelecer níveis de qualidade para as águas – doces, salobras e salinas –, em face dos quais se priorizam determinados tipos de uso, mais ou menos exigentes.

Nos termos do art. 2º, X, da Resolução CONAMA 357/05, a *classificação* de corpos hídricos consiste na *qualificação das águas doces, salobras e salinas em função dos usos preponderantes (sistema de classes de qualidade) atuais e futuros*. A classificação das águas e as diretrizes ambientais para o enquadramento das águas superficiais, as condições e padrões de lançamento de efluentes regem-se pela Resolução CONAMA 357, de 17-3-2005, alterada pelas Resoluções CONAMA 410/09 e 430/11.

A mesma Resolução, em seu art. 2º, XX, conceitua o **enquadramento** como o *estabelecimento da meta ou objetivo de qualidade da água (classe) a ser, obrigatoriamente, alcançado ou mantido em um segmento de corpo de água, de acordo com os usos preponderantes pretendidos, ao longo do tempo*.

Por meio do enquadramento, em cada corpo hídrico ou em trechos dele, são fixados os níveis de qualidade, os usos e, consequentemente, sua finalidade preponderante. Visa assegurar às águas qualidade compatível com os usos mais

---

19. DESPAX, Michel. *Droit de l'environnement*. Paris: Litec, 1980. p. 311.
20. FREIRE, Laudelino. *Grande e novíssimo dicionário da língua portuguesa*. Rio de Janeiro: A Noite, 1941. v. II, p. 1426.
21. FERREIRA, Aurélio Buarque de Holanda. *Novo dicionário da língua portuguesa*. 2. ed. Rio de Janeiro: Nova Fronteira, 1985. p. 416.

exigentes a que forem destinadas e diminuir os custos de combate à poluição das águas, mediante ações preventivas permanentes.[22]

Uma vez estabelecida a classificação, aplicam-se, em corpos hídricos específicos, ou em trechos deles, por meio do enquadramento, as classes de água ou níveis de qualidade fixados, determinando-se os usos ou a finalidade preponderante de cada um.

A Resolução CONAMA 357/05 estabelece cinco classes de uso preponderante para as **águas doces** – águas com salinidade igual ou inferior a 0,5‰: Especial e Classes 1, 2, 3 e 4 (art. 4º), em uma ordem decrescente de qualidade, ou seja, a Classe Especial é a que deve apresentar melhor qualidade da água e a Classe 4 é aquela em que se permite uma qualidade inferior. Mas há limites para os níveis de poluição, inclusive nas classes menos restritivas.

Uma questão relevante consiste na relação do enquadramento com a **biodiversidade**. A proteção dos **ecossistemas aquáticos** está contemplada apenas para as águas doces, na Classe Especial e nas Classes 1 e 2. As demais classes – 3 e 4 – sequer mencionam os ecossistemas aquáticos, o que afronta a própria Constituição Federal, que é clara ao determinar ao Poder Público, como forma assegurar a efetividade do direito de todos ao meio ecologicamente equilibrado, a preservação e a restauração dos **processos ecológicos essenciais** [...].[23]

A fauna aquática é praticamente ignorada quando o tema é a qualidade das águas, o que demonstra, na prática, que a biodiversidade tem pouca importância quando se trata de utilizar as águas para fins antrópicos. Considerando que o Brasil é um dos países megadiversos, ignorar esse fato, no que se refere aos ecossistemas aquáticos e mistos, no mínimo suscita muita estranheza.

As condições (presença de materiais flutuantes, pH, OD etc.) e padrões (limites máximos autorizados para cada substância) que as águas doces devem atender, em cada classe, são as referidas no art. 14.

Já para as **águas salobras** – águas com salinidade superior a 0,5‰ e inferior a 30‰ – e **salinas** – águas com salinidade igual ou superior a 30‰ – foram criadas 4 categorias: a classe especial e as de números 1 a 3, sempre na mesma lógica da qualidade melhor para a pior.

O enquadramento baseia-se não no estado atual do corpo hídrico, mas na qualidade que se pretende que ele possua ao longo do tempo, caracterizando o **caráter de planejamento** do instrumento, que *trabalha com a visão de futuro da*

---

22. Lei 9.433/97, art. 9º.
23. CF/88, art. 225, § 1º, I.

bacia e permite que se defina a tática a ser utilizada nesse caminho rumo à situação desejada[24].

Esse planejamento, se houver intenção de que seja implementado, enseja três vertentes de atuação: 1. o estabelecimento das **metas** a serem atingidas; 2. o cronograma para o seu atingimento e 3. a indicação das fontes que financiarão as ações previstas, além do acompanhamento e fiscalização do Poder Público.

A Resolução CONAMA 357/2005, em seu art. 2º, XXIV, define as **metas** como *sendo o desdobramento do objeto em realizações físicas e atividades de gestão, de acordo com unidades de medida e cronograma preestabelecidos, de* **caráter obrigatório**, o que trouxe para o enquadramento compromissos a serem cumpridos, colocando a qualidade da água em uma dimensão de **responsabilidade** dos entes competentes para tratar do tema de forma inovadora.

Para uma melhor compreensão da matéria, é preciso delimitar dois períodos de tempo: 1. aquele anterior à edição das políticas de águas e 2. o período em que tais normas estão em vigor.

Até o advento das políticas de recursos hídricos na década de 1990, o enquadramento consistia em um ato discricionário do ente detentor do domínio das águas – União ou Estados. Estabelecia-se uma determinada classe para um corpo hídrico, porém não se avançava, no campo normativo, em qualquer processo obrigatório de implantação efetiva.[25] Não havendo norma, tampouco se registram ações relevantes no sentido de alcançar a melhoria da qualidade, por meio da observância do enquadramento.

O primeiro **sistema de classificação** de corpos de água do Brasil foi proposto em São Paulo, por meio do Decreto Estadual 24.806/1955, em atendimento à Lei 2.182/1953, que estabelecia normas para evitar a contaminação e a poluição das águas litorâneas ou interiores. No entanto, o **enquadramento** dos corpos hídricos de São Paulo só foi estabelecido pelo Decreto Estadual 10.755/1977, com base no sistema de classificação previsto no Decreto estadual 8.468/1976, que regulamentou a Lei estadual 997/1976. Na esfera federal, o primeiro sistema de classificação dos corpos d'água foi fixado pela Portaria do Ministério do Interior 13/1976, que dividia as águas doces conforme os usos preponderantes a que elas se destinavam. Após a edição dessa Portaria, outros estados, além de

---

24. AGÊNCIA NACIONAL DE ÁGUAS E SANEAMENTO BÁSICO (BRASIL). Enquadramento dos corpos d'água em classes / Agência Nacional de Águas e Saneamento Básico. Brasília: ANA, 2020, p. 7. Disponível em: http://www.snirh.gov.br/portal/snirh/centrais-de-conteudos/conjuntura-dos-recursos-hidricos/encarte_enquadramento_conjuntura2019.pdf Acesso: 6 maio 2022.
25. No Estado de São Paulo, ainda vigora o Decreto nº 10.755, de 22-11-77, que dispõe sobre o enquadramento dos corpos de água receptores – rios, trechos de rios e reservatórios.

São Paulo, realizaram o enquadramento de seus corpos d'água: Alagoas (1978), Santa Catarina (1979) e Rio Grande do Norte (1984)[26].

Um ponto importante é que os corpos hídricos que não estavam nominalmente indicados nas normas de enquadramento, em classes específicas, eram automaticamente definidos na mesma norma como de Classe 2, regra repetida na Resolução CONAMA 357/2005[27]. Dessa forma, pode-se afirmar que, sob o ponto de vista meramente regulatório, todos os corpos de água do País estão "enquadrados".

Essa sistemática, que inclui a classe 2 "tácita", serve basicamente para nortear as decisões a serem exaradas em outros instrumentos de gestão, como o licenciamento ambiental, a outorga de direito de uso de recursos hídricos, a cobrança pelo uso de recursos hídricos e a fiscalização, já que não existia, nesses casos, uma regulação voltada à efetivação do enquadramento, mas apenas a sua declaração.

Nesse sentido, o art. 14 da Resolução CNRH 91/2008, que trata dos procedimentos gerais para o enquadramento dos corpos de água superficiais e subterrâneos, dispõe que *os corpos de água já enquadrados com base na legislação anterior à publicação da Resolução deverão ser objeto de* **adequação** *aos atuais procedimentos, especialmente no que se refere à aprovação do respectivo comitê de bacia hidrográfica, à deliberação do Conselho de Recursos Hídricos competente e ao programa de efetivação*. Ou seja, ainda que a norma que fixou a classe de um corpo hídrico seja anterior às políticas de águas, os poderes públicos competentes devem buscar o alcance dessas classes por meio da aplicação das regras de efetivação do enquadramento em vigor.

A partir da edição das políticas de águas, que instituíram o *enquadramento dos corpos de água em classes, segundo os usos preponderantes da água*, como um dos instrumentos de gestão de recursos hídricos, ficou mais claro que estava faltando uma regra para transformar a letra da lei em um fato ambiental, ou seja, na melhoria da qualidade da água.

Esse regramento foi introduzido pela **Resolução CNRH 91/2008**, que veio complementar a legislação, estabelecendo e descrevendo as etapas relativas à transição da qualidade dos corpos hídricos.

---

26. AGÊNCIA NACIONAL DE ÁGUAS E SANEAMENTO BÁSICO (BRASIL). Enquadramento dos corpos d'água em classes / Agência Nacional de Águas e Saneamento Básico. Brasília: ANA, 2020, pg. 7. Disponível em: http://www.snirh.gov.br/portal/snirh/centrais-de-conteudos/conjuntura-dos-recursos-hidricos/encarte_enquadramento_conjuntura2019.pdf Acesso: 6 maio 2022.

27. Resolução CONAMA 357/2005, art. 42. Enquanto não aprovados os respectivos enquadramentos, as águas doces serão consideradas classe 2, as salinas e salobras classe 1, exceto se as condições de qualidade atuais forem melhores, o que determinará a aplicação da classe mais rigorosa correspondente.

Todavia, em que pesem os inúmeros estudos e propostas de enquadramento constantes de planos de recursos hídricos, a realidade é que esse instrumento de gestão não se encontra implementado de forma relevante no País. Buscando entender as razões desse vazio normativo, cabe ponderar que o enquadramento, nos termos da Resolução CONAMA 357/05, é de natureza obrigatória, o que significa que, uma vez estabelecida a classe de um determinado corpo hídrico, seu atendimento seria exigível, inclusive pelos órgãos de controle, como o Ministério Público. Isso não ocorre nos decretos estaduais que tratam dessa matéria, pois não há, nesses instrumentos, a caracterização da obrigatoriedade expressa. O enquadramento apenas serve, nesses casos, como norteador dos limites para o licenciamento ambiental e a outorga e outros instrumentos de gestão e comando controle, como a fiscalização.

Mais adiante, além de um forte instrumento de gestão ambiental, o enquadramento impacta no **uso e na ocupação do solo**, à medida que a fixação dos usos preponderantes de um corpo hídrico define a natureza das atividades que poderão ser desenvolvidas em seu entorno. Se um trecho de rio é declarado de Classe 1, fica restrita a implantação de empreendimentos cujos usos sejam incompatíveis com aqueles indicados para essa categoria. Todavia, a condição para que isso ocorra é a efetivação das ações atinentes ao alcance das metas, o que ficou muito mais claro na Resolução CONAMA 357/05, em relação às normas anteriores.

Outra questão a colocar refere-se às competências: o Município, por força da Constituição Federal, em seus arts. 30, inciso VIII e 182, é a pessoa jurídica de direito público interno que estabelece, mediante lei municipal, a política urbana e as condições de ocupação do solo.

Cabe lembrar que a Lei 9.433/97 estabelece, em seu art. 31, que, na implementação da Política Nacional de Recursos Hídricos, os Poderes Executivos do Distrito Federal e dos municípios promoverão a integração das políticas locais de saneamento básico, de uso, ocupação e conservação do solo e de meio ambiente com as políticas federal e estadual de recursos hídricos.

A norma jurídica sobre classificação e enquadramento consiste, em tese, em um mecanismo bastante eficiente para ordenar o uso da água. O ponto crucial sobre a classificação e o enquadramento dos rios é que o desrespeito às normas legais faz com que praticamente se desconheça a sistemática ora abordada, ignorando-se o enquadramento como fator de definição da qualidade da água de um corpo hídrico e, consequentemente, dos usos preponderantes a que o mesmo será submetido.

Fica muito clara a necessidade do estabelecimento de um amplo **processo de governança**, em que todos os atores envolvidos possam discutir seus interesses e estabelecer acordos factíveis, com base no princípio da boa-fé. Essa é a tônica das políticas de águas no Brasil.

O enquadramento inicia-se a partir de um **diagnóstico acerca do estado atual da água em um corpo hídrico**, seguida de uma **proposta** que servirá de orientação para as discussões públicas no âmbito dos Comitês de Bacia Hidrográfica e a sociedade em geral.

Formular as propostas de alternativas de enquadramento é atribuição das *agências de água ou entidades delegatárias do CNRH para atuar como Agências de Água* (Lei 10.881/04), em articulação com os órgãos gestores de recursos hídricos e os órgãos de meio ambiente.[28] Em seguida as propostas devem ser encaminhadas ao respectivo Comitê de Bacia Hidrográfica e, posteriormente, ao também respectivo Conselho Nacional ou Conselhos Estaduais de Recursos Hídricos, de acordo com o domínio do corpo hídrico (Lei 9.433/97, art. 44, XI, *a*).

A proposta de enquadramento deve ser objeto de *articulação* [quer dizer, governança] *com os órgãos de recursos hídricos e de meio ambiente, em conformidade com o Plano de Recursos Hídricos e de maneira integrada ao processo de planejamento.* Além dos planos, devem ser levados em conta *os interesses sociais, econômicos, políticos e ambientais, a serem negociados e compromissados nos comitês de bacia e nos respectivos conselhos de recursos hídricos, instâncias participativas que cumprem papel estratégico para que as ações pactuadas sejam efetivamente implementadas*[29].

A governança, nesse cenário, é um componente essencial para que a implementação desse instrumento possa avançar. Em todas as etapas é fundamental a realização de **consultas públicas** com os diferentes atores envolvidos na bacia, tais como: *órgãos públicos, lideranças da região, empresários, agricultores, pescadores, organizações não governamentais e população em geral. As consultas permitem a identificação de várias "visões de futuro" e, com isso, torna o processo mais legítimo por considerar os diferentes anseios existentes na bacia*[30].

As **etapas do processo de formulação e implementação** do enquadramento consistem em: 1. Diagnóstico da bacia; 2. Prognóstico (cenários futuros); 3. Ela-

---

28. Resolução CNRH 91/2008, art. 8º.
29. AGÊNCIA NACIONAL DE ÁGUAS E SANEAMENTO BÁSICO (BRASIL). Enquadramento dos corpos d'água em classes / Agência Nacional de Águas e Saneamento Básico. Brasília: ANA, 2020, p. 7. Disponível em: http://www.snirh.gov.br/portal/snirh/centrais-de-conteudos/conjuntura-dos-recursos-hidricos/encarte_enquadramento_conjuntura2019.pdf. Acesso: 6 maio 2022.
30. AGÊNCIA NACIONAL DE ÁGUAS E SANEAMENTO BÁSICO (BRASIL). Enquadramento dos corpos d'água em classes / Agência Nacional de Águas e Saneamento Básico. Brasília: ANA, 2020, p. 20. Disponível em: http://www.snirh.gov.br/portal/snirh/centrais-de-conteudos/conjuntura-dos-recursos-hidricos/encarte_enquadramento_conjuntura2019.pdf. Acesso: 2 mar. 2022.

boração da proposta de enquadramento; 4. Análise e deliberação do Comitê e do Conselho de Recursos Hídricos; e 5. Implementação do programa de efetivação.

O **diagnóstico** da qualidade da água é uma das etapas iniciais do enquadramento e ajuda a identificar pontos críticos de qualidade e, assim, elencar conformidades e desconformidades com o enquadramento proposto[31]. Segundo a ANA, *um dos procedimentos utilizados no Brasil para diagnosticar a qualidade das águas é comparar os níveis de concentração dos poluentes com as classes de enquadramento dos corpos hídricos, de modo a serem mapeadas as áreas que mais necessitam de ações de gestão*[32].

A etapa de diagnóstico deve abordar a caracterização geral da bacia hidrográfica e do uso e ocupação do solo; a identificação e localização dos usos da água e interferências que alterem o regime, a quantidade ou a qualidade da água existente em um corpo de água; a identificação, localização e quantificação das cargas das fontes de poluição pontuais e difusas atuais; a disponibilidade, demanda e condições de qualidade das águas superficiais e subterrâneas; potencialidade e qualidade natural das águas subterrâneas; mapeamento das áreas vulneráveis e suscetíveis a riscos e efeitos de poluição, contaminação, superexplotação, escassez de água, conflitos de uso, cheias, erosão e subsidência, entre outros; identificação das áreas reguladas por legislação específica; arcabouço legal e institucional pertinente; políticas, planos e programas locais e regionais existentes, especialmente os planos setoriais, de desenvolvimento socioeconômico, plurianuais governamentais, diretores dos municípios e ambientais e os zoneamentos ecológico-econômico, industrial e agrícola; caracterização socioeconômica da bacia hidrográfica; e capacidade de investimento em ações de gestão de recursos hídricos[33].

Os conteúdos acima mencionados, que compõem o **diagnóstico** da proposta de enquadramento, explicitam a necessidade de articulação [que dizer, governança] com as instituições responsáveis pelas políticas públicas e planejamento setorial com inserção na bacia hidrográfica, para além dos órgãos de meio ambiente e de recursos hídricos.

---

31. MACHADO, E.S.; KNAPIK, H. G.; BITENCOURT, C. C. A. Considerações sobre o processo de enquadramento dos corpos de água. Engenharia Sanitária e Ambiental, v. 24, n. 2, p. 262, 2019. Disponível em: https://www.scielo.br/pdf/esa/v24n2/1809-4457-esa-24-02-261.pdf. Acesso: 6 maio 2022.
32. AGÊNCIA NACIONAL DE ÁGUAS E SANEAMENTO BÁSICO (Brasil). ODS 6 no Brasil: visão da ANA sobre os indicadores Agência Nacional de Águas. Brasília: ANA, 2019, p. 41. Disponível em: https://www.gov.br/ana/pt-br/centrais-de-conteudos/publicacoes/ods6#:~:text=Um%20dos%20 Objetivos%20do%20Desenvolvimento,e%20do%20saneamento%20para%20todos. Acesso: 6 maio 2022.
33. Resolução CNRH 91/2008, art. 4º.

Na etapa de **prognóstico** devem ser avaliados os impactos que a implementação de planos e programas de desenvolvimento causarão sobre os recursos hídricos, considerando a realidade regional com horizonte de curto, médio e longo prazos[34]. A Resolução CNRH 91/2008 determina que será necessário formular projeções consubstanciadas em estudos de simulação de: potencialidade, disponibilidade e demanda de água; cargas poluidoras de origem urbana, industrial, agropecuária e de outras fontes causadoras de alteração, degradação ou contaminação dos recursos hídricos superficiais e subterrâneos; condições de quantidade e qualidade dos corpos hídricos; e usos pretendidos de recursos hídricos superficiais e subterrâneos, considerando as características específicas de cada bacia.

Os horizontes e prazos das projeções do prognóstico devem considerar as diretrizes e recomendações existentes para a bacia hidrográfica, formuladas pelo Comitê de Bacia Hidrográfica, pelo órgão gestor de recursos hídricos ou pelo Conselho de Recursos Hídricos competente. Para a formulação das projeções utilizadas nas simulações, devem ser considerados os diferentes cenários de uso e ocupação do solo, previstos nos planos e políticas públicas[35].

A **proposta de enquadramento** deve ser elaborada tendo em vista o objetivo do enquadramento, que é assegurar às águas uma qualidade compatível com os usos mais exigentes a que forem destinadas e diminuir os custos de combate à poluição das águas, mediante ações preventivas permanentes. É preciso formular um programa preliminar para efetivar o enquadramento, contendo as previsões dos custos necessários para o alcance das metas.

Além disso, *a elaboração da* **proposta de enquadramento** *deve considerar, de forma integrada e associada, as águas superficiais e subterrâneas, com vistas a alcançar a necessária disponibilidade de água em padrões de qualidade compatíveis com os usos preponderantes identificados.*[36]

A formulação das bases da proposta de enquadramento é uma atribuição de caráter técnico e, portanto, deve ser efetuada pela Agência de Água ou Entidade Delegatária e, na sua ausência, pelo órgão gestor de recursos hídricos, em articulação com o órgão de meio ambiente. Essa proposta deve ser posteriormente discutida e pactuada no Comitê de Bacia, que por sua vez, deverá aprová-la e submetê-la à deliberação do respectivo Conselho de Recursos Hídricos.

No enquadramento devem ser considerados os aspectos técnicos, econômicos, sociais e políticos envolvidos. As metas de qualidade de água estabelecidas

---

34. Resolução CNRH 91/2008, art. 5º.
35. Resolução CNRH 91/2008, art. 5º, §§ 1º e 2º.
36. Resolução CNRH 91/2008, art. 3º, § 1º.

devem ser factíveis e coerentes com o planejamento estabelecido, sobretudo no Plano de Recursos Hídricos da Bacia Hidrográfica. As metas devem ser equilibradas. Se forem muito ambiciosas, talvez não haja condições financeiras, políticas e técnicas de serem implementadas no horizonte de tempo pretendido. Por outro lado, se as metas forem por demais modestas, corre-se o risco de haver degradação da qualidade da água, impedindo os usos múltiplos e o desenvolvimento sustentável.

A etapa seguinte envolve a **análise e aprovação do comitê** e posterior encaminhamento para **deliberação** – ato formal – pelo respectivo **conselho de recursos hídricos**. O Comitê de Bacia Hidrográfica é a primeira instância deliberativa, pois, até então, as elaborações técnicas e as consultas públicas representam apenas uma estratégia para dar subsídio às decisões dos respectivos colegiados. A partir dos cenários construídos, o Comitê seleciona a alternativa de enquadramento e o respectivo programa para a efetivação. Na sequência, o comitê submete a proposta de enquadramento ao respectivo conselho de recursos hídricos, que, aprovando o documento, emite uma resolução.

Importante salientar que a Resolução CNRH 91/2008, ao tratar do processo de elaboração da proposta de enquadramento, determina que ela deve ser discutida com *ampla participação da comunidade da bacia hidrográfica, por meio da realização de consultas públicas, encontros técnicos, oficinas de trabalho e outros*[37]. Isso significa que, para fins de enquadramento, não apenas os membros do comitê devem ser ouvidos, mas toda a sociedade. E justamente esse ponto esbarra na falta de conhecimento da população sobre as questões relacionadas com a água, embora todos necessitem e utilizem diariamente esse bem. Nesse passo, a educação pode trazer a população para mais perto de seus mananciais, seus problemas e cobrar dos poderes públicos soluções que venham a atender ao interesse geral.

A última etapa é a mais desafiadora: a implementação do **Programa de Efetivação do Enquadramento**, momento de colocar em prática as metas construídas e pactuadas. Trata-se de ações e obras que levem à qualidade da água compatível com a classe em que o rio foi enquadrado[38]. O Programa para efetivação do enquadramento é o *conjunto de medidas ou ações progressivas e obrigatórias, necessárias ao atendimento das metas intermediárias e final de qualidade de água estabelecidas para o enquadramento do corpo hídrico.*[39]

---

37. Resolução CNRH 91/2008, art. 3º, § 2º.
38. MACHADO, E.S.; KNAPIK, H. G.; BITENCOURT, C. C. A. Considerações sobre o processo de enquadramento dos corpos de água. Engenharia Sanitária e Ambiental, v. 24, n. 2, p. 265, 2019. Disponível em: https://www.scielo.br/pdf/esa/v24n2/1809-4457-esa-24-02-261.pdf. Acesso: 2 mar. 2021.
39. Resolução CONAMA 357/2005.

O programa para efetivação do enquadramento, a ser acompanhado e monitorado, sobretudo pelos Comitês e Conselho de Recursos Hídricos, deve conter **propostas de ações de gestão** e respectivos prazos de execução, os planos de investimentos e os instrumentos de compromisso que compreendam, entre outros[40]:

- recomendações para os órgãos gestores de recursos hídricos e de meio ambiente que possam subsidiar a implementação, integração ou adequação de seus respectivos instrumentos de gestão, de acordo com as metas estabelecidas, especialmente a outorga de direito de uso de recursos hídricos e o licenciamento ambiental – **mecanismos de comando e controle**, como a fiscalização das fontes poluidoras, a aplicação de multas, a outorga e os termos de ajustamento de conduta;
- recomendações de ações educativas, preventivas e corretivas, de mobilização social e de gestão aos órgãos e entidades competentes;
- recomendações aos agentes públicos e privados envolvidos, para viabilizar o alcance das metas e os mecanismos de formalização, indicando as atribuições e compromissos a serem assumidos;
- propostas a serem apresentadas aos poderes públicos federal, estadual e municipal para adequação dos respectivos planos, programas e projetos de desenvolvimento e dos planos de uso e ocupação do solo às metas estabelecidas na proposta de enquadramento;
- subsídios técnicos e recomendações para a atuação dos comitês de bacia hidrográfica;
- identificação dos custos e as principais fontes de financiamento.

Nessa linha, pode-se afirmar que o *Programa de Efetivação do Enquadramento equivale a um Plano de Ação Estratégico e Articulador da Bacia para a melhoria da qualidade das águas. Por meio de diretrizes e termos de compromisso com cronograma obrigatório, são articulados os diferentes planos e medidas estratégicas multisetoriais e multinível para o alcance ou manutenção das metas de qualidade das águas*[41].

O enquadramento, assim como outro qualquer instrumento de planejamento, requer revisões sucessivas para o devido acompanhamento dos resultados pretendidos e possíveis adequações das metas a serem alcançadas. Para que a

---

40. Resolução CNRH 91/2008, art. 7º.
41. MINISTÉRIO PÚBLICO FEDERAL. Efetivação das metas de qualidade das águas no Brasil: atuação estratégica para a melhoria da qualidade das águas/ 4ª. Câmara de Coordenação e Revisão, Meio Ambiente e Patrimônio Cultural. Brasília: MPF, 2018, p. 31.

proposta de enquadramento seja razoável, é importante prever metas intermediárias e progressivas até que se alcance a meta final desejada.

A implementação do enquadramento implica desafios, demandando a articulação e pactuação entre os tomadores de decisão para superar as dificuldades apresentadas. É preciso lidar com alguns desafios, tais como pouca governabilidade, bases de dados insuficientes e demanda por elevados investimentos em infraestrutura. Além disso, as negociações públicas ampliadas que envolvem o enquadramento devem buscar a definição clara dos recursos necessários para atender as metas definidas e gerar termos de compromissos com os setores envolvidos.

Finalmente, uma reflexão. A questão da qualidade da água não é tema simples. Ainda que se consiga vencer todos os desafios e efetivar o enquadramento de um corpo hídrico, haverá sempre situações em que o padrão de qualidade não será garantido. A ocorrência de uma forte chuva no meio urbano vai carrear a poluição difusa para o rio. Se um município tiver greve do serviço de limpeza urbana e nesse período ocorrerem precipitações, a qualidade da água no corpo hídrico sofrerá impacto.

Exigir que durante 100% do tempo o enquadramento seja atendido pode ser uma alterativa irreal. Talvez por essa razão haja tanta dificuldade na implementação de Processos de Efetivação do Enquadramento. Uma forma mais concreta e realista de buscar a efetividade desse importante instrumento de gestão de águas poderia a definição, pela norma ambiental, de um percentual do tempo em que se permita o descumprimento dos padrões ambientais, desde que justificado.

Existem exemplos na legislação que permitem alguma flexibilidade no atendimento da norma, como é o caso da **zona de mistura**, definida na Resolução CONAMA 430/2011 como a *região do corpo receptor, estimada com base em modelos teóricos aceitos pelo órgão ambiental competente, que se estende do ponto de lançamento do efluente, e delimitada pela superfície em que é atingido o equilíbrio de mistura entre os parâmetros físicos e químicos, bem como o equilíbrio biológico do efluente e os do corpo receptor, sendo específica para cada parâmetro*[42].

Nos termos do art. 13 da Resolução CONAMA 430/2011, *na zona de mistura serão admitidas concentrações de substâncias em desacordo com os padrões de qualidade estabelecidos para o corpo receptor, desde que não comprometam os usos previstos para o mesmo. A extensão e as concentrações de substâncias na zona de mistura deverão ser objeto de estudo, quando determinado pelo órgão ambiental competente, às expensas do empreendedor responsável pelo lançamento.*

---

42. Resolução CONAMA 430/2011, art. 4º, XIV.

Considerando que muitas vezes o lançamento de poluição, sobretudo a difusa, proveniente do solo urbano é de difícil controle, a possibilidade de uma norma admitir objetivamente um percentual de flexibilização para o atendimento dos padrões de qualidade estabelecidos para o corpo receptor durante um determinado período de tempo, poderia garantir segurança jurídica a todos os atores envolvidos no Processo de Efetivação do Enquadramento.

11.4 SISTEMAS DE INFORMAÇÕES SOBRE RECURSOS HÍDRICOS

Nos termos do art. 25, da Lei 9.433/97, o Sistema de Informações sobre Recursos Hídricos consiste em um sistema de coleta, tratamento, armazenamento e recuperação de informações sobre recursos hídricos e fatores intervenientes em sua gestão.

Os dados gerados pelos órgãos integrantes do Sistema Nacional de Gerenciamento de Recursos Hídricos serão incorporados ao Sistema Nacional de Informações sobre Recursos Hídricos (parágrafo único)[43].

De acordo com o que dispõe o art. 26, os princípios básicos para o funcionamento do Sistema de Informações são:

1. descentralização da obtenção e produção de dados e informações;

2. coordenação unificada do sistema;

3. acesso a dados e informações garantido a toda a sociedade.

Os objetivos do sistema, conforme estatui o art. 27, são:

1. reunir, dar consistência e divulgar dados e informações sobre a situação qualitativa e quantitativa dos Recursos Hídricos no Brasil;

2. atualizar permanentemente as informações sobre disponibilidade e demanda de Recursos Hídricos em todo território nacional;

3. fornecer subsídios para elaboração dos planos de Recursos Hídricos.

Cabe à Agência Nacional de Águas e Saneamento Básico (ANA) organizar, implantar e gerir o Sistema Nacional de Informações sobre Recursos Hídricos, na forma do art. 4º, XIV, da Lei 9.984/2000.

Sob o aspecto legal e institucional, a relevância dos sistemas de informação consiste no fato de que a informação técnica é a melhor base para **apoiar as decisões**, sejam elas de planejamento, controle, solução de conflitos, prevenção

---

43. Para maiores informações sobre o Sistema de Informações sobre Recursos Hídricos, consultar: Agência Nacional de Águas e Saneamento Básico (Brasil). Sistema de informações sobre recursos hídricos. Brasília: ANA, 2020.

de acidentes, mitigação dos efeitos da mudança do clima, definição de vazões, entre outras finalidades.

A **gestão integrada de recursos hídricos**, definida como o *processo que promove, de forma coordenada, o desenvolvimento e a gestão dos recursos hídricos, do uso do solo e afins, com o objetivo de maximizar o bem-estar econômico e social sem comprometer a sustentabilidade dos ecossistemas e do meio ambiente, em um cenário que contemple vontade política, instituições sólidas e uma abordagem técnica, econômica e social inclusiva*[44] implica necessariamente o acesso à informação.

Na promoção do desenvolvimento e da gestão da água, do uso de solo e demais atividades, há inúmeros atores envolvidos com atribuições sobre vários temas: recursos hídricos – qualidade e quantidade -, meteorologia, uso do solo, saúde, saneamento básico etc. Vários são os órgãos e também as entidades que possuem sistemas próprio de informação. Todavia, todos têm necessidade de acesso a toda a informação possível. Por isso, os sistemas de informação precisam conversar entre si, o que significa que todos os órgãos e entidades deveriam ter acesso a todas as informações disponíveis.

Além disso, deve ser garantido o acesso da população às informações. A Lei 10.650/2003 dispõe sobre o **acesso público** aos dados e informações existentes nos órgãos e entidades integrantes do Sisnama, destacando-se os seguintes temas: I – qualidade do meio ambiente; II – políticas, planos e programas potencialmente causadores de impacto ambiental; III – resultados de monitoramento e auditoria nos sistemas de controle de poluição e de atividades potencialmente poluidoras, bem como de planos e ações de recuperação de áreas degradadas; IV – acidentes, situações de risco ou de emergência ambientais; V – emissões de efluentes líquidos e gasosos, e produção de resíduos sólidos e VI – substâncias tóxicas e perigosas.

Em todos esses temas citados, há uma relação clara com a água. Por exemplo, a qualidade ambiental, assim como os resultados de monitoramento e auditoria nos sistemas de controle de poluição e de atividades potencialmente poluidoras incluem necessariamente a água, cuja gestão compete aos órgãos de controle ambiental, componentes do Sisnama. As políticas, planos e programas, se são potencialmente causadores de impacto ambiental, então podem causar impacto na qualidade ou quantidade dos recursos hídricos. Raramente ocorrerá um acidente ambiental sem qualquer impacto para as águas superficiais ou subterrâneas, assim como qualquer questão que envolva substâncias tóxicas e perigosas.

---

44. AGÊNCIA NACIONAL DE ÁGUAS E SANEAMENTO BÁSICO (ANA). Portaria ANA 149/2015, que aprova a "Lista de Termos para o Thesaurus de Recursos Hídricos". Disponível em: http://arquivos.ana.gov.br/imprensa/noticias/20150406034300_Portaria_149-2015.pdf. Acesso: 6 maio 2022.

Daí a importância do acesso à informação, como base de apoio às inúmeras decisões, públicas e particulares, para garantir não apenas a gestão integrada dos recursos hídricos, mas a prevenção de efeitos danosos, como inundação, estiagem etc.

12
CONTROLE ADMINISTRATIVO DO USO DOS RECURSOS HÍDRICOS

12.1 PODER DE POLÍCIA DAS ÁGUAS

Com base na caracterização dos recursos hídricos, dos princípios aplicáveis e da análise das principais formas de sua utilização, podem-se extrair dois fatores preponderantes, que traduzem a situação das águas no Brasil:
1. a existência de conflitos de interesse sobre a utilização dos recursos hídricos, em função do desequilíbrio entre a demanda e a disponibilidade;
2. o risco de danos pela utilização inadequada, o que compromete os aspectos de quantidade e qualidade e o próprio meio ambiente, cujo equilíbrio passa necessariamente pela despoluição das águas, tornando-as capazes de abrigar os ecossistemas aquáticos e terrestres e garantir a segurança hídrica;
3. a aceleração das mudanças do clima, alterando o ciclo da água e tornando mais recorrentes os eventos críticos relacionados com esse bem.

As políticas de recursos hídricos indicam algumas soluções para esses problemas, em que o planejamento tem por objeto básico ordenar a utilização da água, evitando ou minimizando os conflitos de interesse, a poluição, a escassez e demais eventos críticos, assim como a proteção do meio ambiente. O outro sustentáculo das políticas – controle administrativo da utilização das águas – refere-se ao exercício de atividades administrativas, com vista no controle do uso, evitando danos pela má utilização da água, que possam comprometer a segurança hídrica, para as atuais e futuras gerações.

Segundo Laudelino Freire, o termo *controle* advém do francês *contrôle* e refere-se ao *ato de dirigir qualquer serviço, verificando-o, examinando-o, fiscalizando-o.*[1] Em fase anterior à verificação e à fiscalização, o sentido de controle, em recursos hídricos, refere-se fundamentalmente aos instrumentos juridicamente

---

1. FREIRE, Laudelino. *Grande...* Op. cit. p. 1568.

estabelecidos para manifestar a posição, do poder público, sobre a possibilidade ou não de autorizar o uso do recurso hídrico em casos concretos, com base na lei e em decisões emanadas dos órgãos componentes do sistema de gerenciamento. **Controlar o uso significa, então, manifestar-se favoravelmente ou não sobre a possibilidade de uso privativo e, em caso positivo, fixar os respectivos limites e condições.**

Não se trata do controle que se faz aos atos da Administração Pública, conforme define Manuel María Diez, para quem *o controle administrativo é o que se desenvolve no âmbito da administração, e se dirige contra todos os atos que ela dite ou execute*.² O objeto deste Capítulo é o controle que a Administração Pública – órgãos e entidades gestoras de recursos hídricos – efetua sobre a utilização da água, incluídas as decisões administrativas, e não o controle dessas decisões, à luz da legalidade.

Evidentemente, a Administração Pública está adstrita ao controle interno e externo. Como se disse, não é esse o sentido do controle, objeto deste Capítulo. Tratando-se do poder de polícia, o controle refere-se às **decisões sobre os usos**, assim como à verificação da observância de normas e da aplicação de penalidades aos infratores.

Themístocles Brandão Cavalcanti ensina que *o poder de polícia constitui limitação à liberdade individual, mas tem por fim assegurar esta própria liberdade e os direitos essenciais do homem*.³ Esse conceito coaduna-se perfeitamente com o poder de polícia das águas, na medida em que o controle do uso deve assegurar a sua qualidade e quantidade.

Para Celso Antônio Bandeira de Mello,

*pode-se definir polícia administrativa como a atividade da Administração Pública, expressa em atos normativos ou concretos, de condicionar, com fundamento em sua supremacia geral e na forma da lei, a liberdade e a propriedade dos indivíduos, mediante ação ora fiscalizadora, ora preventiva, ora repressiva, impondo coercivamente aos particulares um dever de abstenção (non facere) a fim de conformar-lhes os comportamentos aos interesses sociais consagrados no sistema normativo.*⁴

No ordenamento jurídico pátrio, o art. 78 do Código Tributário Nacional estabelece o conceito de poder de polícia:

---

2. *Manual de derecho administrativo*. Buenos Aires: Plus Ultra, 1979, t. 2, p. 472.
3. *Tratado de direito administrativo*. 3. ed. Rio de Janeiro/São Paulo: Freitas Bastos, 1956. v. 3.
4. *Curso de direito administrativo*. 30. ed. São Paulo: Malheiros, 2013, sobre a possibilidade ou não de se utilizar o recurso hídrico em casos concretos. p. 853.

Art. 78. Poder de polícia é a atividade da administração pública que, limitando ou disciplinando direito, interesse ou liberdade, regula a prática de ato ou abstenção de fato, em razão de interesse público concernente à segurança, à higiene, à ordem, aos costumes, à disciplina da produção e do mercado, ao exercício de atividades econômicas dependentes de concessão ou autorização do Poder Público, à tranquilidade pública ou ao respeito à propriedade e aos direitos individuais ou coletivos.

Muitas são as definições expostas, que se complementam e convergem. A finalidade do poder de polícia, assim como sua importância no ordenamento jurídico, são fatores que variaram ao longo da evolução do Estado e do próprio direito.

Interessa-nos enfocar o poder de polícia no sentido moderno dessa expressão, produto de evolução que ainda não se cristalizou, e que se reporta não apenas à garantia de segurança, tranquilidade e salubridade pública, mas ao reconhecimento do Estado em um papel mais amplo, na promoção do bem-estar geral, fixando não apenas a ordem pública, mas também a ordem econômica e sobretudo social, pois o acesso à água e ao esgotamento sanitário são direitos humanos declarados pela ONU.

O enfoque há de ser ainda um pouco diferente, pois não cabe, aqui, tratar do poder de polícia como atividade estatal que limita as liberdades individuais, e que em certos momentos da história foi condenado, em favor da doutrina do *due process of law*, instrumento da liberdade individual.

Ao contrário, o poder de polícia das águas consiste no efetivo controle da utilização de um bem cuja preservação é condição básica da existência de vida no planeta. Ao restringir as atividades individuais, não se está pondo em perigo a liberdade humana, mas propiciando justamente melhores condições de vida.

A primeira indagação que se coloca, na busca do sentido do poder de polícia em recursos hídricos, consiste na verificação de qual princípio de direito administrativo lhe dá base, ou seja, qual o fundamento dessa atividade, ínsita ao Estado.

O princípio da **supremacia do interesse público sobre o particular** constitui a essência do exercício do poder de polícia, em que a Administração Pública controla as atividades dos particulares, com a finalidade de atender ao interesse público, o que, no caso dos recursos hídricos, poderia ser traduzido, *grosso modo*, pela proteção das águas, evitando-se a escassez e a poluição e garantindo-se o uso para as atuais e futuras gerações, assim como a proteção dos ecossistemas aquáticos e terrestres que dependem das águas.

Pierre Wigny afirma que o

> *poder público desempenha dupla atividade. Organiza e faz funcionar os serviços públicos cujo objeto é assegurar a satisfação das necessidades essenciais da coletividade. [...] Mas a Administração intervém cada vez com maior abrangência, nas atividades dos indivíduos e organismos privados para que estes, no exercício independente de sua liberdade, não ponham em perigo o interesse geral, o que faz por meio de regulamentos, ordens ou interdições. Essas intervenções constituem a polícia.*[5]

Essa segunda *função* do Estado fornece o âmbito de abrangência do poder de polícia, que se liga à noção de controle.

Wigny indica, com exatidão, os elementos que descrevem essa função do Estado, em relação às águas, à medida que menciona o controle como forma de *não pôr em perigo o interesse geral*. A necessidade de controle reporta-se, assim, à prevenção de um dano, que por sua vez encontra-se relacionado com a escassez e a poluição hídrica e também à degradação do meio ambiente.

Enquanto as águas não ensejavam a existência de um conflito de interesses entre os diversos tipos de uso, não havia por que estabelecer qualquer espécie de política. Da mesma forma, enquanto não havia ameaça de poluição, escassez e comprometimento da utilização e do equilíbrio do meio ambiente, não havia razão, em princípio, para efetuar o controle. Somente no momento em que se vislumbrou esse risco, em decorrência de um uso excessivo e sem planejamento, e dos consequentes danos ambientais que ocorreram, é que veio a lume a necessidade de estabelecer regras de planejamento e controle do uso da água. Uma outra razão para o controle é propiciar o conhecimento do balanço hídrico.

Celso Antônio Bandeira de Mello explica a relação existente entre controle e bem-estar da população. Tratando da matéria genericamente, sem restringir-se aos recursos hídricos ou a qualquer outro tema específico, ensina o autor que

> *através da Constituição e das leis os cidadãos recebem uma série de direitos. Cumpre, todavia, que o seu exercício seja compatível com o bem-estar social. Em suma, é necessário que o uso da liberdade e da propriedade esteja entrosado com a utilidade coletiva, de tal modo que não implique uma barreira capaz de obstar à realização dos objetivos públicos.*[6]

Maria Sylvia Zanella Di Pietro indica os *meios de atuação* dos quais se serve o Estado, para o exercício do poder de polícia:

> 1. *Atos normativos em geral, a saber: pela Lei, criam-se as limitações administrativas ao exercício dos direitos e das atividades individuais, estabelecendo-se normas gerais e abstratas dirigidas indistintamente às pessoas que estejam em idêntica situação; disciplinando a aplicação da lei aos casos concretos, pode o Executivo baixar decretos, resoluções, portarias, instruções.*

---

5. *Droit administratif*: principes généraux. 4. ed. Bruxelas: Établissements Émile Bruylant, 1962. p. 321.
6. MELLO, Celso Antônio Bandeira de Mello. Op. cit., p. 834.

2. Atos administrativos e operações materiais de aplicação da lei ao caso concreto, compreendendo medidas preventivas (fiscalização, vistoria, ordem, notificação, autorização, licença),[7] com o objetivo de adequar o comportamento individual à lei, e medidas repressivas, (dissolução de reunião, interdição de atividade, apreensão de mercadorias deterioradas, internação de pessoa com doença contagiosa), com a finalidade de coagir o infrator a cumprir a lei.[8]

A lei fornece o fundamento para atuação da Administração, à medida que ninguém é obrigado a fazer ou deixar de fazer alguma coisa, senão em virtude de sua existência, conforme estabelece o art. 5º, II, da Constituição Federal. A lei dispõe sobre poder de polícia, definindo direitos e obrigações, tanto da Administração como do particular. O exercício do poder de polícia é, todavia, restrito ao Poder Executivo.

É certo que a lei tem um papel fundamental, pois é com base no dispositivo legal, válido e em vigor, que a Administração Pública fica autorizada e obrigada a atuar no controle do uso das águas, assim como de qualquer outra atividade, com base no princípio da legalidade, fixado no art. 37, *caput*, da Constituição Federal.

A abrangência do poder de polícia, quanto às águas, consiste nas várias atividades de cunho administrativo concernentes à sua utilização, indicando, inicialmente, a de estabelecer **regulamento**, de acordo com o que a lei já tenha fixado. O regulamento tem por finalidade detalhar o conteúdo da lei, explicitando melhor a forma de sua aplicação. Um exemplo é o procedimento a ser adotado para as outorgas de direito de uso de recursos hídricos.

A segunda atividade diz respeito à concessão da **outorga** do direito de uso das águas pelo interessado, pessoa física ou jurídica, de direito público ou privado, permitindo-se, ou não, a utilização pretendida, de acordo com as prioridades que devem (ou deveriam) estar definidas no plano de bacia hidrográfica, conforme dispõe o art. 7º, inciso VIII, da Lei 9.433/97. O ato de concessão da outorga deve respeitar a classe em que o corpo de água estiver enquadrado, além da manutenção de condições adequadas ao transporte aquaviário, quando for o caso, e da observância aos usos múltiplos.[9]

Outorgado o uso, cabe determinar os limites e demais condições do uso e, mais que isso, fiscalizar o cumprimento da regra vigente.

Além da outorga do direito de uso da água, o licenciamento ambiental constitui também instrumento de controle, no que se refere aos despejos nos corpos hídricos, por meio de padrões de lançamento, assim como à sua proteção,

---

7. E também a outorga do direito de uso dos recursos hídricos.
8. *Direito administrativo*. 24. ed. São Paulo: Atlas, 2011. p. 120.
9. Lei 9.433/1997, art. 13.

como é o caso das condicionantes fixadas nas licenças, que impõem medidas de compensação e mitigação dos impactos.

Fiscalizar a observância das normas, regulamentos e limites estabelecidos pela própria administração, em cada caso concreto,[10] assim como aplicar as penalidades cabíveis, no caso de desrespeito à regra instituída, consistem também em atividades administrativas, contidas na abrangência do poder de polícia.

Há que distinguir o poder de polícia das águas que se refere à quantidade, daquele concernente à qualidade. Embora a própria Lei 9.433/97, em seu art. 3º, inciso I, estabeleça que a gestão dos recursos hídricos deva ser sistemática, sem dissociação dos aspectos quantidade e qualidade, há regras específicas para cada aspecto, que devem complementar-se e nunca colidir.

O exercício do poder de polícia engloba tanto a regulação de atividades lícitas, como a repressão de atividades ilícitas.

No que tange à natureza do exercício do poder de polícia das águas, cabe indagar se a União, os Estados e o Distrito Federal exercem tal poder pelo fato de serem os detentores do domínio dos recursos hídricos, ou pelo fato de constituírem o poder público regulamentador. Essa dúvida tem procedência, à medida que cabe aos detentores do domínio dos bens públicos sua guarda e zelo. Por outro lado, é o poder público o responsável pela regulamentação de certas atividades que, embora não se reportem diretamente a ele, são pelo mesmo regulamentadas. Um caso que pode ser citado como exemplo é o da Comissão de Valores Mobiliários (CVM), em que o Estado intervém nas negociações em Bolsa de Valores, não porque esta lhe pertença, mas como instrumento de intervenção no poder econômico.

Quanto aos recursos hídricos, cabem os dois fundamentos: tanto podem a União, Estados e Distrito Federal exercer o poder de polícia, cada qual sobre águas que lhes pertençam, exceto nas hipóteses especiais estabelecidas na Constituição, como é o caso da energia elétrica, como podem os mesmos exercer esse poder apenas no papel de entes reguladores, com a finalidade de evitar danos futuros.

A partir das considerações efetuadas sobre o exercício de poder de polícia das águas, pode-se defini-lo como:

1. a fixação, por meio de regulamento de lei, de procedimentos administrativos e de normas e padrões ambientais sobre recursos hídricos, que permitam ao detentor de seu domínio exercer o controle sobre sua utilização, outorgando ou não o direito de uso, assim como as respectivas condições e limites, em caso positivo;

---

10. Processos administrativos de outorga de direito de uso da água e licenciamento ambiental.

2. o exercício do órgão competente, com base na legislação ambiental, para licenciar empreendimentos potenciais ou efetivamente poluidores, no que concerne também aos recursos hídricos e à sua proteção;

3. a fiscalização, seja das captações, seja dos despejos, e a aplicação de penalidades aos infratores, na forma da lei e de seus regulamentos, observado o devido processo legal.

12.1.1 Estabelecer regulamento

Na ótica de Laubadère a polícia administrativa, entre outras atividades, é *uma forma de ação da administração que consiste em regulamentar a atividade dos particulares visando assegurar a manutenção da ordem pública*[11]. *Segundo o autor*, essa regulamentação deve ser considerada como *equivalente à noção de organização das atividades dos particulares*.

Tanto o planejamento como o controle são componentes da política de recursos hídricos e se complementam. Como exemplo, citam-se as normas sobre classificação e enquadramento das águas. Estes instrumentos constituem o *dever ser* dos corpos hídricos, no âmbito de planejamento, isto é, na indicação da qualidade pretendida para determinado corpo hídrico e seus usos preponderantes ao longo do tempo.

Há que estabelecer, nos regulamentos, os padrões de qualidade dos lançamentos de efluentes que garantam o alcance das metas previamente definidas, ou *o ser*. A regulamentação, segundo Laubedère, seria uma *organizadora* de comportamento, no que se refere a um bem ou interesse público.

Verifica-se nos regulamentos a aplicação do princípio da **prevenção**, em que se autoriza a instalação de uma atividade, mas se estabelecem os respectivos limites, e do princípio da **precaução**, em que se proíbe, efetivamente, um empreendimento, com base no fato de que não há certeza científica de que o mesmo não causará um dano ambiental irreversível. De qualquer modo, não se pretende, com a instituição de políticas de recursos hídricos, planejamento e controle, fazer com que as águas retornem à sua pureza anterior à existência do homem. A ideia é proteger o recurso, porém, no sentido de garantir a continuidade de sua utilização, para as atuais e futuras gerações, e a proteção dos ecossistemas aquáticos e terrestres.

Além das regras relativas aos padrões de qualidade e de emissão, os órgãos competentes para controlar o uso da água determinam, caso a caso, concreta-

---

11. Laubadère; Venezia; Gaudemet. Traité de droit administratif. 14. ed. Paris: LGDJ, 1996. t. 1, p. 789.

mente, as exigências cabíveis, a serem feitas pelo órgão ambiental e que devem ser adotadas pelo particular.

A regulamentação, no que se refere à quantidade das águas, diz respeito às normas administrativas para obtenção da outorga do direito de uso de recursos hídricos. Trata-se de regras administrativas específicas, como a lista de documentos a serem apresentados ao órgão competente, para instruir o pedido de outorga e outros mandamentos correlatos.

12.1.2 Fiscalizar e aplicar penalidade

Fiscalizar é velar por; vigiar, submeter a atenta vigilância, examinar, verificar, censurar, sindicar (os atos de outrem).[12] A fiscalização e a aplicação de penalidades são também atividades essencialmente administrativas, a serem exercidas de acordo com as competências fixadas em lei, pelos agentes dos órgãos e entidades dos poderes executivos Federal e Estaduais, pertencentes ao Sistema Nacional de Gerenciamento de Recursos Hídricos, de acordo com o disposto nos arts. 29 e 30, da Lei 9.433/97, que estatuem sobre a ação do Poder Público, na implementação da Política Nacional de Recursos Hídricos.

12.1.3 Manifestação no caso concreto

Além de estabelecer regulamentos, detalhando os procedimentos a serem desenvolvidos na implementação das políticas públicas, e controlar o cumprimento das normas estabelecidas, uma função relacionada com o poder de polícia é a manifestação em um caso concreto. Como exemplo, citam-se o licenciamento ambiental e a outorga de direito de uso de recursos hídricos. Em ambos os casos a Administração deve manifestar-se acerca do pedido de um interessado, autorizando a atividade solicitada e estabelecendo condições para o seu funcionamento, quando possível, ou negando o pedido.

Trata-se de processos administrativos, que muitas vezes passaram a ser digitais, o que não descaracteriza a sua natureza procedimental, com o fornecimento de estudos e outros documentos exigidos nas normas, para instruir a decisão pelo gestor público, que será sempre fundamentada. Em matéria de águas, a outorga de direito de uso de recursos hídricos e a cobrança pelo uso de recursos hídricos são os instrumentos a serem destacados, sendo que a cobrança também possui o caráter de instrumento econômico, como será visto.

---

12. FREIRE, Laudelino. *Grande...* Op. cit., p. 2564.

12.2 OUTORGA DE DIREITO DE USO DE RECURSOS HÍDRICOS

A Lei 9.433/97 determina, seu art. 1º, I, que *a água é um bem de domínio público*. Os rios são bens públicos de uso comum, conforme o art. 99, I, do Código Civil, Lei 10.406, de 10-1-2002, em vigor a partir de 10-1-2003. Qualquer pessoa pode utilizá-lo, independentemente de identificação, desde que observe as normas administrativas vigentes. Isso vale para quem deseje, por exemplo, atravessar um trecho de rio com seu barco.

Todavia, se um bem público de uso comum é usado privativamente, em benefício de alguém, que subtrai a possibilidade de outros o utilizarem, é necessário um título jurídico conferido pela Administração, que fixe as respectivas condições e limites para essa ação.

A outorga do direito de uso da água é o instrumento através do qual o Poder Público atribui ao interessado, público ou privado, o direito de utilizar privativamente o recurso hídrico. Constitui um dos instrumentos da Política Nacional de Recursos Hídricos, conforme dispõe o art. 5º, inciso III, da Lei 9.433/97, assim como das várias políticas estaduais.

De acordo com o art. 1º da Resolução CNRH 16, de 8-5-2001, *a outorga de direito de uso de recursos hídricos é o ato administrativo mediante o qual a autoridade outorgante faculta ao outorgado previamente ou mediante o direito de uso de recurso hídrico, por prazo determinado, nos termos e nas condições expressas no respectivo ato, consideradas as legislações específicas vigentes.*

A necessidade de controlar o uso da água está intrinsecamente relacionada com a escassez do recurso. À medida que a água é entendida como um bem finito e escasso, passível de valoração econômica, o controle de seu uso assume contornos de garantia de sobrevivência. É nesse quadro que se vislumbra, hoje, a outorga de direito de uso da água.

O instituto já estava regulamentado no Código de Águas, em seu art. 43:

as águas públicas não podem ser derivadas para as aplicações da agricultura, da indústria e da higiene, sem a existência de concessão administrativa, no caso de utilidade pública e, não se verificando esta, de autorização administrativa, que será dispensada, todavia, na hipótese de derivações insignificantes.

O legislador utilizou o termo *derivar*, que significa desviar (as águas de seu curso), desviar-se de seu leito (falando da corrente de água),[13] mudar de direção. Nos termos do inciso VIII do art. 2º, da Instrução Normativa MMA 04/00,

---
13. FREIRE, Laudelino. Grande... Op. cit., v. 2, p. 1763.

Derivação ou Captação de Água de Curso Natural ou Depósito Superficial é toda retirada de água, proveniente de qualquer corpo hídrico.

As derivações para aplicação na agricultura, indústria e higiene consistem na captação ou na retirada do recurso para tais usos, o que implica o seu consumo ou sua simples utilização, para posterior devolução no mesmo corpo hídrico em que houve a captação ou ainda em outro corpo receptor.

Inicialmente, o objetivo primordial da outorga consistiu na realização do controle das quantidades retiradas e devolvidas aos rios e lagos, ou seja, do balanço hídrico dos corpos de água. Tendo em vista que a energia elétrica era a condição fundamental para permitir o desejado desenvolvimento do país, era preciso conhecer e controlar as vazões dos rios, a fim de calcular o potencial hidráulico de cada queda.

A energia elétrica foi, de fato, o uso predominante por décadas. Apesar de o Código de Águas ter sido formulado com grande abrangência e modernidade para a época, foi regulamentado de forma preponderantemente voltada à utilização da água para os aproveitamentos hidroelétricos, não tratando do planejamento para os outros vários usos da água. Releva notar que o projeto do Código remonta ao início do século e o Decreto 24.643 somente foi editado em 1934. Não se estabeleceram, na época, regras de gerenciamento dos recursos hídricos, noção que, de um modo geral, é mais recente.

Em que pesem os problemas enfrentados pela falta de energia elétrica no Brasil, esse uso não mais pode ser considerado de forma independente dos demais, sobretudo pela escassez do recurso em algumas regiões do país e também pelo entendimento de que as águas interiores, superficiais e subterrâneas, e dos estuários, constituem recursos ambientais. A demanda para o consumo humano também vem modificando a lógica anterior. A dimensão da gestão das águas, pois, vai muito além da energia elétrica.

Além do controle do balanço hídrico e dos potenciais hidráulicos, não havia, no Código de Águas, uma preocupação sistemática com o controle do uso em razão da qualidade da água. O Código não incluiu, no capítulo da outorga, a relação quantidade-qualidade que, hoje, entendida como indissociável, integra a própria Lei 9.433/97 que, em seu art. 11, dispõe:

> *o regime de outorga de direitos de uso de recursos hídricos tem como objetivos assegurar o controle quantitativo e qualitativo dos usos da água e o efetivo exercício dos direitos de acesso à água.*

O termo *derivação*, dessa forma, tornou-se insuficiente para representar toda a extensão do da outorga do direito de uso da água. A evolução ocorrida no cenário brasileiro, de aumento da população, urbanização e industrialização sem planejamento, teve um rebatimento muito forte nos recursos hídricos, seja no que toca à quantidade, seja no que se refere à qualidade. A utilização do recurso ficou e ainda fica, em certos locais e em certas épocas, quase que totalmente fora do controle do poder público.

Ao longo do tempo, as legislações e regulamentos estaduais foram adaptando-se para estabelecer que a outorga abranja não só a **derivação** como também a **diluição de afluentes**, no que se refere à adequação da qualidade do efluente ao enquadramento do corpo hídrico receptor.

Todavia, nem todos os Estados da Federação mantiveram regras específicas ou chegaram a implementá-las. A situação anterior mudou com a edição da Resolução Conama 237/97, suas alterações posteriores e das leis estaduais sobre Política de Recursos Hídricos, que condicionam o licenciamento ambiental à obtenção da outorga.

O resultado foi que a legislação sobre águas no Brasil, que nunca havia tratado sistematicamente do gerenciamento desses recursos, teve que se adaptar à nova realidade, estabelecendo regras administrativas de planejamento específicas para as águas.

No que tange às outorgas, embora mantidos os princípios básicos, foi revisto o instituto, que deixou de ser, apenas, ato ou contrato administrativo, mas também e principalmente um importante instrumento da Política Nacional de Recursos Hídricos, voltado a *assegurar à atual e às futuras gerações a necessária disponibilidade de água, em padrões de qualidade adequados aos respectivos usos*[14].

12.2.1 Competência administrativa para conceder a outorga

A outorga do direito de uso dos recursos hídricos constitui exercício do poder de polícia administrativa. No direito brasileiro, compete ao detentor do domínio hídrico conceder ou autorizar essa utilização, conforme critérios legais ou regulamentares. A Lei nº 9.433/97 estabelece, em seu art. 14, que *outorga efetivar-se-á por ato da autoridade competente do Poder Executivo Federal, dos Estados ou do Distrito Federal*.

No que toca aos rios de domínio da União, essa competência era exercida pela Secretaria de Recursos Hídricos do Ministério de Meio Ambiente, que havia assumido algumas das funções do extinto Departamento de Águas e Energia Elétrica (DNAEE), relativas ao controle dos usos para fins outros que não a geração de energia elétrica. Atualmente, cabe à Agência Nacional de Águas e Saneamento

---

14. Lei 9.433/1997, art. 2º, I.

Básico (ANA), criada pela Lei nº 9.984/00, tal atribuição. Nas águas de domínio estadual, ou do Distrito Federal, compete aos órgãos e entidades incumbidas legal e regimentalmente exercer essa atividade, de acordo com o disposto nas leis estaduais.

Um traço que merece destaque, no teor do art. 78 do Código Tributário Nacional (CTN), que define o poder de polícia no campo legislativo, refere-se à *razão de interesse público*, expressão que denota poder discricionário da Administração, no exercício do poder de polícia.

Considerando que a decisão sobre as prioridades para outorga insere-se no âmbito das deliberações do Sistema de Gerenciamento de Recursos Hídricos, pois cabe ao Comitê de Bacia Hidrográfica aprovar o Plano de Bacia, há que verificar e definir o interesse público em tela que fixará as diretrizes norteadoras da decisão administrativa sobre a outorga.

Segundo Escola,

por interesse se entende a aspiração legítima da ordem moral ou material que representa para uma pessoa a existência de uma situação jurídica, a realização de determinada conduta [...], por público se entende tudo o que interessa ao Estado ou à comunidade alcançar, em seu conjunto. Todo interesse que implica um valor, um proveito ou uma utilidade moral ou material que uma pessoa aprecia como tal e deseja adquirir, conservar ou acrescentar, passa a ser público quando não é próprio ou exclusivo de umas poucas pessoas, mas refere-se a toda a comunidade ou a uma parte preponderante dela.[15]

Em matéria de águas, o conceito de interesse abrange três esferas: 1. do Poder Público detentor do domínio, cujo interesse consiste no **poder-dever** de administrar o bem, de acordo com a lei, regulamentos e as decisões e diretrizes emanadas do Sistema de Gerenciamento; 2. dos usuários da água, cada qual com seu interesse específico; 3. da comunidade, na preservação do recurso, em qualidade e quantidade, para as atuais e futuras gerações, com equilíbrio das utilizações, em níveis compatíveis com as necessidades do ser humano, o que se traduz em interesse difuso.

Esses interesses, muitas vezes, se interpenetram e se confundem. Em certos casos, o uso outorgado é facultado a determinada pessoa, como, por exemplo, uma companhia concessionária de serviços de energia elétrica ou de abastecimento público ou a uma autarquia municipal, no segundo caso.

A produção de energia elétrica e a distribuição de água potável constituem serviços essenciais a toda a comunidade, dos quais depende para desenvolver suas diversas atividades. Em matéria de consumo humano, por meio do abasteci-

---

15. ESCOLA, Héctor J. *Legalidad, eficacia y poder judicial*. Buenos Aires: Depalma, 1997, p. 61.

mento de água potável, cogita-se mesmo da proteção do direito à vida e à saúde. Pouco importa se o prestador desses serviços é de natureza pública ou particular.

Isso significa que a identificação dos interesses na utilização dos recursos hídricos nem sempre é cristalina, mesmo quando o interessado na outorga for pessoa jurídica de direito privado. O interesse imediato, nesse caso, pode ser particular, mas a finalidade da utilização da água é pública. Isso corresponderá a um peso maior na decisão sobre as prioridades da outorga, no Plano de Bacia Hidrográfica, quando de sua aprovação pelo respectivo Comitê e também da decisão administrativa sobre a matéria.

Indo um pouco além, se uma indústria possui interesse na obtenção de uma outorga, o seu funcionamento, dependendo do estágio de desenvolvimento da região, pode significar emprego para muitas pessoas, constituindo uma melhora efetiva das condições econômicas e sociais, fator que também pode pesar na fixação de prioridades da outorga e mesmo na decisão administrativa relativa ao caso concreto, desde que sejam tomadas todas as medidas para evitar poluição e degradação ambiental, de acordo com o processo de licenciamento.

Para Escola, o interesse público consiste no

resultado de um conjunto de interesses individuais compartilhados e coincidentes de um grupo majoritário de indivíduos, o qual se estende a toda comunidade como consequência dessa maioria, e encontra sua origem no querer axiológico desses indivíduos, aparecendo como um conteúdo concreto e determinado, atual, eventual ou potencial, pessoal e direto [...], prevalecendo sobre os interesses individuais que a eles se opõem ou afetem.[16]

Além do que foi dito, importa lembrar que os recursos hídricos, como parte integrante do meio ambiente, encontram-se no âmbito dos interesses chamados *difusos*.

Sob esse prisma, a análise das prioridades de outorga deve passar pelo equilíbrio do desenvolvimento socioeconômico em relação à proteção ambiental. Em outras palavras, não poderia ser priorizada uma forma de uso deletéria ao (meio ambiente), ainda que a mesma pudesse gerar empregos e desenvolvimento. O interesse imediato de uma geração não pode e não deve comprometer o meio ambiente para as futuras gerações.

No que toca à concessão das outorgas, algumas questões merecem destaque. A primeira consiste na necessidade de **articulação entre União e Estados**; em segundo lugar, a abrangência territorial da outorga; e, por último, a discricionariedade administrativa da concessão da outorga, em que as prioridades para outorga são definidas no Plano de Bacia Hidrográfica, a ser aprovado pelo

---

16. ESCOLA, Héctor J. *Legalidad, eficacia y poder judicial*. Buenos Aires: Depalma, 1997, p. 64.

Comitê de Bacia Hidrográfica, seguindo a orientação da gestão descentralizada e participativa, princípio fixado no art. 1º, inciso IV, da Lei das Águas. Mas é sempre bom lembrar que a indicação das prioridades de uso para outorga não é incorporada nos planos de recursos hídricos aprovados pelos comitês de bacia hidrográfica. Pode até haver estudos técnicos, mas não se tem visto os acordos prosperarem nesse sentido.

Em grande parte das bacias hidrográficas, há rios de domínio federal e rios de domínio estadual. Na mesma bacia hidrográfica, tanto a União como os Estados possuem poder de polícia para conceder a outorga sobre as águas de seu respectivo domínio. O art. 4º da Lei 9.433/97 dispõe que *a União articular-se-á com os Estados tendo em vista o gerenciamento dos recursos hídricos de interesse comum*.

Articular é entender-se, acordar, discutir, ligar-se.[17] É chegar a um acordo final, a partir de uma negociação. Todavia, a lei não estabelece qualquer parâmetro para que se dê essa articulação. Tal dificuldade verifica-se já na Constituição Federal, em seu art. 21, que dispõe sobre as competências da União. No tocante à exploração de energia elétrica, estabelece que compete à União:

> *XII – explorar, diretamente ou mediante autorização, concessão ou permissão: [...] b) os serviços e instalações de energia elétrica e o aproveitamento energético dos cursos de água, em articulação com os estados onde se situam os potenciais hidroenergéticos;*

Por analogia, a dificuldade é a mesma: a norma determina a negociação, mas não há detalhamento no texto legal a pautar a ação das partes interessadas, assim como a vinculação do ato final da decisão ao resultado de uma negociação realizada. Fica, assim, comprometida a eficácia do mandamento legal, à medida que a negociação constitui, nesses termos, ato discricionário, sem que as autoridades tenham parâmetros legais que possam auxiliá-las, considerando-se que há usos conflitantes.

Por outro lado, não é possível estabelecer regras para tudo, ou parâmetros tão estreitos que *engessem* a atuação do administrador público. É preciso que os critérios a serem estabelecidos sejam inclusive negociados entre os atores envolvidos, em cada caso, considerando a enorme diversidade de situações de recursos hídricos no território nacional.

Uma forma de estabelecer os necessários parâmetros pode ser a fixação de determinada vazão e de certo padrão de qualidade de água, na confluência de rios, um estadual e outro federal, sem restringir demais a ação das partes envolvidas, porém assegurando a não ocorrência de danos sensíveis a jusante.

---

17. FERREIRA, Aurélio Buarque de Holanda. *Novo dicionário da língua portuguesa*. 2. ed. Rio de Janeiro: Nova Fronteira, 1986. p. 177.

Outra forma de proceder à articulação encontra-se expressa no § 1º do art. 14 da Lei 9.433/97, que dispõe que

> o Poder Executivo Federal poderá delegar aos Estados e ao Distrito Federal competência para conceder outorga de direito de uso de recurso hídrico de domínio da União.

O dispositivo legal acima mencionado revela que a competência da União para conceder a outorga de direito de uso de recurso hídrico é de caráter delegável, não sendo, portanto, exclusiva ou privativa da União. Trata-se de norma que autoriza o poder público federal a decidir os casos em que delegará a competência sobre outorgas aos Estados ou ao Distrito Federal. É poder discricionário, uma vez que serão verificadas, em cada caso, a conveniência e a oportunidade, assim como o interesse público nessa delegação.

Outra questão a destacar, e que não se resolve com a *articulação* e nem com a delegação de competência, consiste na necessidade de definição da área territorial abrangida pela outorga. A lei não indica diretamente o espaço territorial que deve ser considerado pela autoridade na decisão administrativa sobre a concessão da outorga de direito de uso da água. Apenas diz que cabe ao detentor do domínio o respectivo exercício do poder de polícia sobre as outorgas.

A Lei nº 9.433/97 resolveu indiretamente essa questão, pois fixou a competência dos Comitês para aprovar o Plano de Bacia Hidrográfica (art. 38, III), que por sua vez conterá, dentre outros elementos, as prioridades para a outorga (art. 7º, VIII) determinando que esse instrumento se condiciona a tais prioridades (art. 13). Esse fato teria restringido em parte a discricionariedade dos órgãos competentes para outorgar o direito de uso das águas, se as prioridades estivessem claramente definidas nas decisões emanadas dos Comitês de Bacias Hidrográficas, o que não tem ocorrido na prática.

Considerando que a área de atuação dos Comitês deve ser previamente definida, parece ter ficado também resolvida a questão da abrangência geográfica para a concessão das outorgas em cada bacia hidrográfica. Não se deve deixar de lado, todavia, que os Comitês podem ter como áreas de atuação, além da bacia hidrográfica, sub-bacias ou grupos de bacias e sub-bacias contíguas. Nesse caso, o poder público deve considerar todos os planos relativos a uma determinada região, para conceder as outorgas.

Os parâmetros a considerar, na decisão sobre a outorga, podem, assim, ser todo o curso de um rio, determinado trecho de rio, uma sub-bacia hidrográfica, a bacia hidrográfica maior etc., de acordo com a área de atuação do Comitê ou dos Comitês, responsáveis pela aprovação dos respectivos Planos.

A questão territorial da incidência da outorga possuiu consequências jurídicas bastante marcantes. Anteriormente à edição da Lei 9.433/97, não havendo previsão legal para a gestão descentralizada, não havia como os usuários do recurso manifestarem seu entendimento e fazer valer determinada diretriz para sua bacia hidrográfica.

Era necessário apenas estabelecer parâmetros técnicos na decisão relativa a cada outorga, para que a autoridade pudesse, durante o processo decisório, considerar alternativas, inclusive quanto a eventuais danos que poderiam ocorrer. Mas não havia mecanismos institucionais de participação daqueles diretamente interessados no uso ou da sociedade civil e mesmo dos municípios. O atual sistema de decisão neutralizou essa dificuldade e seus efeitos.

Finalmente, a terceira questão a colocar versa sobre a **discricionariedade** que envolvia a outorga de direito de uso da água, em momento anterior à instituição da Política Nacional e do Sistema de Gerenciamento. Cabia à autoridade administrativa a decisão, mas não havia parâmetros advindos de um processo de negociação estruturado que a pautassem, seja para articular-se politicamente, seja para estabelecer o espaço a ser considerado na decisão final, mas apenas princípios genéricos que poderiam ser interpretados de várias formas.

Até em face da diversidade de situações dos recursos hídricos no Brasil era discricionário o poder da autoridade administrativa. A discricionariedade deve pautar-se na conveniência e oportunidade de determinado ato, visando, sempre, ao interesse público. A autoridade administrativa deve considerar o interesse público na decisão final.

Mas os próprios usos da água, muitas vezes, como já mencionado, são conflitantes. Quando a decisão advém dos Comitês de Bacia Hidrográfica, supõe-se que o conflito entre os diversos usos da água esteja, ao menos, organizado pelo Sistema de Gerenciamento. A lei colocou adequadamente a gestão participativa, na formulação da estrutura do Sistema. A única questão a ressaltar diz respeito ao sistema decisório de cada Comitê, pois há que haver efetiva representatividade de todos os setores interessados, assim como da sociedade civil. Essa matéria, sobretudo no tocante aos usuários, ocorre caso a caso. A Resolução do Conselho Nacional de Recursos Hídricos 5, de 10-4-2000, alterada pelas Resoluções CNRH 18/2001 e 24/2002, fixou o sistema de participação dos representantes dos diversos setores, para os Comitês federais.

12.2.2 Usos passíveis de outorga

A Lei 9.433/97 definiu, em seu art. 12, os usos que se sujeitam à outorga:

I – a derivação ou captação de parcela de água existente em um corpo de água para consumo final, inclusive abastecimento público, ou insumo de processo produtivo; II – extração de aquífero para consumo final ou insumo de processo produtivo; III – lançamento em corpo de água de esgotos e demais resíduos líquidos ou gasosos, tratados ou não, com o fim de sua diluição, transporte ou disposição final; IV – aproveitamento dos potenciais hidrelétricos;[18] *V – outros usos que alterem o regime, a quantidade ou a qualidade da água existente em um corpo de água.*

Um ponto de fundamental importância consiste na permissão de **lançamento**, nos corpos hídricos, de esgotos e demais resíduos *tratados ou não*. Ora, a água é um bem ambiental e o acesso à água e ao saneamento é declarado pela ONU como um direito humano. Além disso, o país tem experimentado a escassez em certas regiões do país. Os padrões de lançamento são instrumentos das políticas ambientais e sua inobservância caracteriza a poluição, nos termos do art. 3º, III, da Lei 6.938/81.

A Lei 9.605/98 estabelece, em seu art. 54, como crime, *causar poluição de qualquer natureza em níveis tais que resultem ou possam resultar em danos à saúde humana, ou que provoquem a mortandade de animais ou a destruição significativa da flora*. A pena estabelecida é a reclusão, de um a quatro anos, e multa, admitida a forma culposa, à qual se aplica a pena de detenção, de seis meses a um ano, e multa.

Por todas essas razões, e se a outorga é instrumento de controle de qualidade e quantidade do uso da água, o único sentido que pode ser compreendido a partir dessa regra é que, em alguns casos, a qualidade do efluente dispensa tratamento, em face da classe em que o corpo receptor estiver enquadrado. Em nenhuma hipótese é possível admitir o lançamento de efluentes sem o tratamento que são seja pela razão acima apontada. O tratamento deve ser obrigatório em todos os casos. A redação do dispositivo mencionado confere, aparentemente, uma falsa ideia de que águas poluídas e contaminadas são um fato normal. Poluição hídrica é fato anormal, com sérias consequências não só para o meio ambiente, mas para a saúde humana e para a segurança hídrica.

O País ainda se encontra muito atrasado em matéria de poluição hídrica, sobretudo em razão do lançamento de esgoto doméstico sem tratamento. Embora a norma brasileira seja bastante completa em termos de qualidade de água, a situação ainda é bastante precária, verificando-se um descaso que beira a irresponsabilidade dos gestores públicos nesse tema, com um custo social imenso.

O art. 17 da Lei 9.433/97 estatuía que *a outorga não confere delegação de poder público ao seu titular* e seu parágrafo único rezava que *a outorga de direito de uso dos recursos hídricos não desobriga o usuário da obtenção da outorga de*

---

18. De acordo com o § 2º do art. 28 da Lei 9.984/2000, a compensação financeira para utilização dos recursos hídricos, objeto da Lei 7.990, de 28-12-89, em que parte do mesmo é aplicado na implementação da Política Nacional de Recursos Hídricos e seu Sistema de Gerenciamento, constitui pagamento pelo uso de recursos hídricos e será aplicada nos termos do art. 22 da Lei 9.433/97.

serviço público prevista nas Leis 8.987, de 13-2-1995, e 9.074, de 7-7-1995. Esses dispositivos foram vetados, e as razões do veto são as seguintes:

> *Os potenciais de energia hidráulica estão incluídos nas outorgas previstas no art. 12 do Projeto. Pelo Código de Águas, pela legislação de concessão de serviços públicos em geral e do setor elétrico em especial, a outorga dessas concessões confere delegação de poder público. Desse modo, a determinação genérica contida no artigo 17 apresenta-se incompatível com o restante do ordenamento jurídico nacional sobre a matéria, sendo necessária a sua supressão.*

Por outro lado, a instituição da dupla outorga para a produção de energia hidráulica, prevista no parágrafo único do art. 17, sendo uma para a exploração do potencial e outra para a utilização dos recursos hídricos, fará com que os vencedores das licitações do setor elétrico, disciplinadas por leis especiais e muitas com editais e minutas de contratos em pleno andamento, tenham que, posteriormente, vir a solicitar outra concessão para o uso da água, certamente com novas exigências. A bem do interesse público, os vencedores das licitações precisarão contar com a garantia da outorga total do objeto licitado, e não apenas parte dela.

Sobre o veto acima reproduzido e as respectivas razões, a redação do art. 17 era de fato confusa e poderia ser interpretada de forma dúbia. O termo *usuário* deveria ser *outorgado*, para evitar a confusão com o usuário do serviço público. Todavia, as razões do veto são ainda mais confusas, pois dão a errônea ideia de que, ao menos no caso da energia elétrica, a outorga do direito de uso da água está contida na concessão do serviço público, o que não ocorre, pois o art. 12 da Lei nº 9.433/97 é claro nessa definição.

Na realidade, a Agência Nacional de Energia Elétrica (ANEEL), ao decidir-se pela exploração de um novo potencial hidroelétrico, deve obter manifestação favorável do órgão competente – federal ou estadual – para outorgar o uso da água, adstrita às prioridades fixadas no Plano de Bacia Hidrográfica, quando elas existirem. Essa manifestação – outorga preventiva -, deve ocorrer, por evidente, na fase interna da licitação da concessão, pois não teria lógica que o concessionário, já vencedor de um certame licitatório, tivesse que se dirigir ao poder público para então solicitar a respectiva outorga de direito de uso da água. O mesmo entendimento se aplica às concessões para abastecimento público.

É o que determina o art. 6º da Lei 9.984/00, que dispõe sobre a criação da Agência Nacional de Águas e Saneamento Básico (ANA), a qual poderá emitir outorgas preventivas de uso de recursos hídricos, com a finalidade de declarar a disponibilidade de água para os usos requeridos. A outorga preventiva, assim, destina-se a reservar a vazão passível de outorga. No que se refere especificamente ao uso de potencial de energia hidráulica, em corpo de água de domínio da União, a ANEEL deverá promover, junto à ANA, a prévia obtenção de declaração de reserva de disponibilidade hídrica.

A Lei 9.433/97, além de indicar os usos adstritos à outorga, estabelece, no § 1º do art. 12, que independem de outorga pelo poder público, conforme definido em regulamento:

> I – o uso de recursos hídricos para a satisfação das necessidades de pequenos núcleos populacionais, distribuídos no meio rural; II – as derivações, captações e lançamentos insignificantes; III – *as acumulações de volumes de água considerados insignificantes.*

Resta definir legalmente o termo *insignificante*, para efeito de dispensa da outorga e, consequentemente, da cobrança pelo uso da água. Cabe aos Comitês de Bacia Hidrográfica efetuar a proposta ao Conselho de Recursos Hídricos.

De acordo com o disposto no inciso XXIX do art. 2º, da Instrução Normativa MMA 04/2000, uso insignificante são as

> *derivações, captações, lançamentos e acumulações consideradas insignificantes pelos Comitês de Bacia Hidrográfica ou, na falta deles, pelo poder outorgante, devendo constar do Plano de Recursos Hídricos da respectiva bacia.*[19]

A Lei 9.433/1997 utiliza a expressão usos insignificantes. Todavia, não é mais possível, no século XXI, com tantas ameaças de escassez, considerar algum uso da água como sendo *insignificante*. A ideia é dispensar alguns usos da outorga e da cobrança pelo uso de recursos hídricos, tendo em vista que, a critério do Comitê de Bacia Hidrográfica, eles não implicam a necessidade de submeter-se a esses procedimentos administrativos. Essa terminologia utilizada na norma deveria ser revista, pois transmite uma ideia muito equivocada e ultrapassada de que existe algum uso de água que não possui significado.

12.2.3 Natureza jurídica das outorgas

A Lei 9.433/97, ao dispor sobre as outorgas, estabelece, em seu art. 18, que:

> *A outorga não implica a alienação parcial das águas que são inalienáveis, mas o simples direito de seu uso.*

Esse dispositivo apenas vem corroborar o entendimento de que os recursos hídricos, bens públicos de uso comum, não são passíveis de alienação, mas tão

---

19. Em função da importância da água, entende-se que não há *uso insignificante*. Todos os usos são significantes. A expressão que vem sendo utilizada é *uso de pouca expressão*. Como exemplo, pode-se citar a Política Estadual de Recursos Hídricos do Estado do Piauí, Lei 5.165/2000 que, em seu art. 10, § 1º, II e III, estabelece independem de outorga pelo Poder Público as derivações, captações e lançamentos considerados de *pouca expressão*; e as acumulações de volumes de água considerados de *pouca expressão*.

somente pode ser conferido ao interessado o seu **uso privativo**, cuja precariedade irá variar de acordo com a finalidade da utilização.

Os recursos hídricos são bens públicos de uso comum. Seu uso privativo depende de ato administrativo específico – outorga do direito de uso da água – emitido pelo poder público, ou seja, pela entidade competente para exercer o poder de polícia das águas, manifestando sua concordância com a mesma, quando couber, assim como estabelecendo os limites a serem observados pelo interessado.

O Código de Águas, em seu art. 43, mencionava a figura da concessão administrativa, no caso de utilidade pública e, não se verificando esta, a autorização administrativa. O fator condicionante da forma jurídica do instrumento de outorga de direito de uso da água, ou o critério eleito pelo legislador, para definir o instituto da outorga, consistia no tipo de uso do recurso hídrico, isto é, na finalidade da derivação: se para fins de utilidade pública, cabia a concessão administrativa; se para outras finalidades, configurava-se a hipótese de autorização administrativa.

Existia uma certa confusão no uso dos termos que se referem à manifestação da vontade do Estado, seja por ato, seja através de contrato, frente a um interessado, com vistas a facultar, ao mesmo, em vários graus de intensidade, direitos relativos a bens e a interesses públicos. A licença, a permissão, a autorização e a concessão, dentre outros, são institutos cujas linhas divisórias os doutrinadores buscam incessantemente estabelecer de forma definitiva. Basicamente, a concessão difere das demais figuras citadas em razão de sua natureza contratual.

É digno de nota que a Lei 9.433/97 não repetiu os termos *concessão* e *autorização*. Em realidade, a Lei 9.433/97 apenas menciona o *regime de outorgas*, sem estabelecer qual é esse regime.

O art. 14 da Lei 9.433/97 menciona o termo *ato da autoridade competente*. Surge aí a dúvida sobre se estaria a norma em vigor reduzindo os instrumentos jurídicos de outorga a atos, o que significaria que apenas as autorizações (atos) e não mais as concessões (contratos) permaneceriam em vigor. Indaga-se se para os usos relativos à utilidade pública e para os demais a Administração teria passado a manifestar-se apenas por meio de atos.

Essa questão ficou ultrapassada com a edição da Lei 9.984/2000, que criou a Agência Nacional de Águas e Saneamento Básico e que utiliza o termo **autorização** para referir-se à outorga (art. 4º, IV).

Em verdade, o instituto da concessão, de caráter contratual, nunca foi de fato utilizado, mesmo no que se refere aos usos de utilidade pública. Essa questão não gera grandes dificuldades, ao contrário de outro ponto, que diz respeito aos efeitos jurídicos da outorga, estes sim, capazes de provocar polêmica.

Os efeitos jurídicos da outorga, independentemente do nome que se venha a fixar, matizam-se ora de autorização, ora de concessão, em função da finalidade, ficando claro que os instrumentos legais de outorga, em face da própria natureza das águas, não comportam um enquadramento rígido nos institutos clássicos do direito administrativo.

A autorização administrativa era aplicável à hipótese de derivação da água para finalidades que não de utilidade pública, nos termos do disposto no art. 43 do Código de Águas. Eram objeto de autorização todos os usos diferentes do abastecimento público e da produção de energia elétrica. Cabe verificar a sistemática jurídica desse instituto, no que se refere estritamente à outorga de direito de uso da água.

Cid Tomanik Pompeu, procurando abranger o vasto campo ocupado pelo instituto, estabeleceu o seguinte conceito para autorização:

ato administrativo discricionário, pelo qual se faculta a prática de ato jurídico ou de atividade material, objetivando atender diretamente a interesse público ou privado, respectivamente, de entidade estatal ou de particular, que sem tal outorga seria proibida.[20]

O autor não mencionou, ao contrário da maioria dos juristas, o caráter de precariedade da autorização. Isso se coaduna com a essência da outorga, para certos usos. Todavia, não é o entendimento que prepondera, no que tange às autorizações administrativas.

Em que pesem as dificuldades de conceituação dos atos administrativos, claramente expostos por Celso Antônio Bandeira de Mello,[21] a ideia é conceituar especificamente o ato administrativo, no que tange ao instituto da autorização administrativa, para a outorga do direito do uso da água. Segue, dessa forma, o aconselhamento:

o que importa realmente para quem se propõe a discorrer sobre ato administrativo é esclarecer preliminarmente de que objeto está tratando, deixando explícito qual o campo da realidade que vai ser cogitado, no que esclarecerá o interlocutor a respeito daquilo sobre que versará o discurso científico.[22]

Nessa ordem de ideias, busca-se conceituar a *autorização de uso da água* como uma manifestação do poder público no exercício do poder de polícia, ressaltando que a discricionariedade administrativa se encontra pautada, no que tange às prioridades para outorga, pelo resultado das negociações realizadas no âmbito dos Comitês de Bacia Hidrográfica. Além disso, a decisão acerca

---

20. *Autorização administrativa*. São Paulo: Revista dos Tribunais, 1992. p. 173.
21. *Curso de direito administrativo*. 7. ed. São Paulo: Malheiros, 1995. p. 349-350.
22. Idem, ibidem. p. 380.

da outorga deve *respeitar a classe em que o corpo de água estiver enquadrado e a manutenção de condições adequadas ao transporte aquaviário, quando for o caso, devendo, também preservar o uso múltiplo.*[23]

Complementando essas condicionantes da outorga, a Resolução CNRH 16/2001 estabelece que *a análise dos pleitos de outorga deverá considerar a interdependência das águas superficiais e subterrâneas e as interações observadas no ciclo hidrológico visando a gestão integrada dos recursos hídricos*[24].

Trata-se a outorga, portanto, de

> **ato unilateral, por meio do qual o detentor do domínio do recurso hídrico – União ou Estados/DF, confere ao interessado o direito à utilização privativa do recurso, com o fim de atender a interesse público ou particular, devendo a precariedade ser dimensionada de acordo com a finalidade dessa utilização, em cada caso concreto.**

Cabe ponderar se, de fato, há precariedade em uma outorga que tem por finalidade a geração de energia elétrica ou o abastecimento público. Mesmo o uso industrial (polo petroquímico, por exemplo) enseja muita dúvida.

O art. 16 da Lei 9.433/97 dispõe que *toda outorga de direitos de uso de recursos hídricos far-se-á por prazo não excedente a trinta e cinco anos, renovável.*

No caso das concessões, por sua natureza contratual, é mesmo necessária a fixação do prazo. Todavia, no que concerne às autorizações, surge uma incompatibilidade. Se a autorização é de natureza precária, não poderia, em tese, o ato administrativo estipular um prazo o que, na prática, é o que se verifica. Nas publicações de Diário Oficial em que se outorga o uso da água, é obrigatória a definição de um prazo. A precariedade é, em sua essência, a possibilidade de revogação a qualquer momento, sem direito a qualquer indenização. Estando fixado um prazo, pode caber ao particular o direito à indenização.

Nesse sentido, a regulamentação da Lei 9.433/97 indica os caminhos a seguir. A Lei 9.984/2000 estabelece, em seu art. 5º, que

> *nas outorgas de direito de uso de recursos hídricos de domínio da União, serão respeitados os seguintes limites de prazos, contados da data da publicação dos respectivos atos administrativos de autorização: I – até 2 anos, para início da implantação do empreendimento objeto da outorga; II – em até 6 anos, para conclusão da implantação do empreendimento projetado; III – em até 35 anos, para vigência da outorga do direito de uso.*

Segundo o § 1º do citado artigo, os prazos de vigência das outorgas serão fixados em função da natureza e do porte do investimento, considerando-se,

---

23. Lei 9.433/1997, art. 13.
24. Resolução CNRH 16/2001, art. 1º, § 4º.

também, quando for o caso, o período de retorno do mesmo. E nos termos do § 2º, os prazos estabelecidos nos incisos I e II poderão ser prorrogados, quando o porte e a importância social e econômica do empreendimento o justificar, ouvido o Conselho Nacional de Recursos Hídricos. E o prazo do inciso III também poderá ser prorrogado, pela ANA, respeitando-se as prioridades estabelecidas nos Planos de Recursos Hídricos.

No que tange às concessões de serviços públicos e de geração de energia elétrica, determina o § 4º que as respectivas outorgas vigorarão por prazos coincidentes com os dos correspondentes contratos de concessão ou ato administrativo de autorização.

Essas disposições levam à reflexão de que a denominação de autorização, para as outorgas, não é adequada. Tampouco seria a de concessão. Na realidade, trata-se de uma **figura *sui generis*** do direito administrativo, por suas especificidades e diversidade de natureza, em função da finalidade dos usos. Mais útil e claro seria denominar o instituto simplesmente como **outorga de direito de uso de recursos hídricos**, sem a preocupação de enquadrá-lo em institutos outros que, de resto, já encerram uma conceituação tormentosa.

12.2.4 Hipóteses de suspensão da outorga na Lei 9.433/97

O art. 15 da Lei 9.433/97 relacionou as circunstâncias em que a outorga pode ser suspensa total ou parcialmente, em definitivo ou por prazo determinado. Uma vez previstas legalmente as hipóteses de inconveniência e inoportunidade para que se dê continuidade à outorga, conclui-se que a discricionariedade do administrador se restringe ao teor da suspensão. E, com base no princípio da motivação, deverá estabelecer a relação de causa-efeito entre ocorrência e suspensão da outorga.

Constituem motivos de suspensão: (1) não cumprimento, pelo outorgado, dos termos da outorga; (2) ausência de uso por três anos consecutivos; (3) necessidade premente de água para atender a situações de calamidade, inclusive as decorrentes de condições climáticas adversas; (4) necessidade de se prevenir ou reverter grave degradação ambiental; (5) necessidade de se atender a usos prioritários, de interesse coletivo, para os quais não se disponha de fontes alternativas; e (6) necessidade de serem mantidas as características de navegabilidade do corpo de água.

A primeira e a segunda hipóteses referem-se ao estrito cumprimento de termos da outorga pelo interessado, concessionário ou autorizado. É o regular exercício do poder de polícia das águas, em que a mesma autoridade que concedeu a outorga tem o poder-dever de fiscalizar a utilização do recurso hídrico.

Todas ações relativas às águas devem considerar, necessariamente, as condições do clima, que afetam diretamente o regime hídrico e, consequentemente, as vazões e a disponibilidade do recurso.

Ocorrendo, dessa forma, qualquer fato externo à outorga que venha a ensejar dificuldades para o poder público, no que tange ao gerenciamento do balanço hídrico, cabível será a suspensão da mesma. O mesmo se aplica quando a ocorrência afetar não o aspecto quantidade, mas o aspecto qualidade do recurso.

12.2.5 Usos prioritários

Quanto aos usos prioritários, a Lei 9.433/97 determina que, em situação de escassez, o uso prioritário dos recursos hídricos é o consumo humano e a dessedentação dos animais, ressaltando-se, uma vez mais, que essa escassez deve ser declarada pelo órgão ou entidade competente.

Há que ter em vista que na consecução do interesse público, ou seja, na solução que melhor atenda às necessidades coletivas, a Administração Pública não pode ficar tolhida diante de fórmulas rígidas, soluções estáveis, pois o próprio interesse público é essencialmente mutável. Dessa forma, fica em aberto o conceito de escassez, cabendo à autoridade administrativa defini-la, na motivação do ato relativo ao art. 1º, III, da Lei 9.433/97.

A Lei 9.984/2000, alterada pela Lei 14.026/2020, incluiu, entre muitas outras, a seguinte competência da ANA:

> *XXIII – declarar a situação crítica de escassez quantitativa ou qualitativa de recursos hídricos nos corpos hídricos que impacte o atendimento aos usos múltiplos localizados em rios de domínio da União, por prazo determinado, com base em estudos e dados de monitoramento, observados os critérios estabelecidos pelo Conselho Nacional de Recursos Hídricos, quando houver;*

O dispositivo foi incluído pela 14.026/2020 estabelece uma inovação no regramento. A Lei 9.433/1997 dispõe que, em situações de escassez, o uso prioritário dos recursos hídricos é o consumo humano e a dessedentação de animais. Como visto, a situação de escassez e a competente declaração não estavam regulamentadas. Agora, o cenário se modifica, na medida em que a ANA passa a ter competência para declarar a **escassez hídrica** no âmbito de uma bacia hidrográfica, o que pode atingir corpos hídricos de domínios que não da União. O argumento é que, havendo risco para os usos múltiplos outorgados em rios de domínio da União, devidamente definido em estudos técnicos e dados de monitoramento, e de acordo com os critérios do CNRH, ainda não definidos.

A ANA, ao declarar a escassez hídrica em recursos hídricos de domínio da União, está, por esse ato, exercendo gestão para a qual ela está autorizada por lei. Todavia, mesmo havendo impacto do uso de recursos hídricos de domínio estadual em corpos de domínio da União, em uma mesma bacia hidrográfica, não bastaria uma declaração da ANA para provocar jurídica e mesmo politicamente qualquer providência por parte do Estado afetado, real responsável pela gestão do recurso sob o seu domínio. Parece aqui ser evidente a necessidade de uma **articulação** entre os entes federados envolvidos. A governança da água aparece como um imperativo subjacente ao conteúdo da norma.

12.2.6 Prioridades de Outorga

Resta ainda tecer algumas considerações sobre o ponto de maior importância no que se refere às decisões sobre outorga do direito de uso dos recursos hídricos. Trata-se da definição de **prioridades para outorga**, em consonância com o poder discricionário da Administração para concedê-la, em cada caso concreto.

Os Planos de Bacia Hidrográfica, elaborados pela Agência de Água ou por quem receber a delegação do CNRH para atuar como Agência de Água, nos termos do art. 44, X (Entidades Delegatárias), devem indicar as prioridades para outorga, de acordo com o que estatui o art. 7º, III. A aprovação desses planos – incluindo as prioridades – cabe ao Comitê de Bacia Hidrográfica. Supõe-se, nesse passo, que tenha havido uma negociação entre membros do Comitê de Bacia Hidrográfica nessa definição, o que enseja um acordo político sobre um estudo técnico. O que ocorre em realidade é que não tem havido acordos nesse sentido, restando uma lacuna não na lei, mas em sua aplicação.

12.2.7 Delegação de competência sobre as outorgas

Apesar de as outorgas de águas em corpos hídricos de domínio da União serem emitidas pela ANA, a Lei nº 9.433/1997 estabelece a possibilidade de delegação de competência para conceder outorga de direito de uso de recurso hídrico de domínio da União[25] aos Estados ou ao Distrito Federal.

Cabe considerar que um dos fundamentos da Política Nacional de Recursos Hídricos determina que a gestão de recursos hídricos deve ser descentralizada. A delegação por parte da ANA da competência para emissão de outorgas de direito de águas de domínio da União aos Estados e Distrito Federal corrobora esse fundamento.

Para que de fato se implemente a descentralização da gestão da água em todo o país, é necessário que haja **fortalecimento institucional** dos órgãos e entidades

---

25. Lei 9.433/1997, art. 14, § 1º.

gestoras estaduais. A grande diversidade de níveis de estruturação desses entes dificulta sobremaneira a delegação da emissão de outorgas, principalmente em bacias interestaduais que envolvam vários estados.

Poucos atos de delegação de outorga foram emitidos até o momento. Nas bacias dos rios Piracicaba, Capivari e Jundiaí, a ANA delegou a competência aos estados de Minas Gerais e São Paulo para emitir as outorgas de águas de domínio da União.[26]

12.3 CRITÉRIOS E LIMITES PARA A EMISSÃO DA OUTORGA

A legislação de recursos hídricos apresenta os critérios a serem considerados em todas as análises de outorgas realizadas, tais como:

- as prioridades de uso estabelecidas nos Planos de Recursos Hídricos (obrigatoriedade prevista na Lei 9.433/97), cabendo lembrar que os planos de recursos hídricos de bacias hidrográficas praticamente não abordam esse tema;
- o respeito à classe em que o corpo de água estiver enquadrado;
- a manutenção de condições adequadas ao transporte aquaviário, quando for o caso;
- a relevância da preservação do uso múltiplo dos recursos hídricos. Isso significa que não deve ser comprometida a disponibilidade hídrica de uma bacia com apenas um usuário ou um setor usuário, em situações em que haja diversos setores com interesses de uso.

Para o caso de grupos de usuários organizados em uma instituição legalmente formalizada, é possível a emissão de uma única outorga, que deve representar o volume de água necessário para as atividades produtivas dos usuários desse grupo.

A **outorga coletiva** ou **outorga em lote** também pode ser utilizada em casos como campanhas de regularização de usos, quando a autoridade outorgante emite um único ato administrativo, listando todos os usuários outorgados naquela campanha na bacia, discriminando a vigência da outorga de cada um dos empreendimentos. Outra forma de *outorga coletiva* possível dá-se a partir de uma alocação negociada da água, em que um grupo de usuários se compromete

---

26. Como exemplo, cita-se a Resolução 429, de 4-8- 2004, pela qual a ANA delegou aos Estados de São Paulo e Minas Gerais, por intermédio das suas respectivas entidades outorgantes o Departamento de Águas e Energia Elétrica (DAEE) e o Instituto Mineiro de Gestão das Águas (IGAM), a competência para outorgas preventivas e do direito de uso dos recursos hídricos de domínio da União na Bacia Hidrográfica dos Rios Piracicaba, Capivari e Jundiaí, no âmbito do respectivo território.

a utilizar uma vazão máxima, definida no processo de negociação. Nesse caso, a outorga tem um prazo comum de vigência, e os percentuais de água alocados para cada um dos usuários que compõe o grupo pode ser renegociado anualmente.

A decisão dos órgãos e entidades gestoras sobre as solicitações de outorga pautam-se por uma série de critérios e condições estabelecidas em normas.

A outorga confere o direito de uso de recursos hídricos. Mas segundo a Resolução CNRH 16/2001, *esse direito é* condicionado à *disponibilidade hídrica e ao regime de racionamento, sujeitando o outorgado à suspensão da outorga*[27]. Ou seja, o direito de uso de água somente pode ser concedido se houver, efetivamente **disponibilidade hídrica**. A vazão outorgável, pois, é a vazão [de água] disponível para ser outorgada.

A Resolução CNRH 16/2001 também estabelece que a *análise dos pleitos de outorga deverá considerar a interdependência das águas superficiais e subterrâneas e as interações observadas no ciclo hidrológico visando a gestão integrada dos recursos hídricos*[28]. Trata-se de condição que impõem a realização de estudos técnicos especializados, a serem considerados de forma objetiva na decisão administrativa.

Além disso, segundo a Resolução CNRH 16/2001, a *emissão da outorga obedecerá, no mínimo, às seguintes prioridades*:

- o interesse público;
- a data da protocolização do requerimento, ressalvada a complexidade de análise do uso ou interferência pleiteados e a necessidade de complementação de informações[29].

Em casos de **escassez**, a lei já determina que os **usos prioritários** são o consumo humano e a dessedentação dos animais. Essa é o primeiro critério a ser considerado, na análise de solicitações de outorgas.

12.3.1 Vazão outorgável, vazão de referência e vazão ambiental

O termo **vazão** significa o *volume de líquido que passa através de uma seção, em uma unidade de tempo*[30]. O conceito de **vazão de referência** encontra-se na Resolução CONAMA 357/2005. Trata-se da *vazão do corpo hídrico utilizada como base para o* **processo de gestão**, *tendo em vista* **o uso múltiplo das águas** *e a*

---

27. Resolução CNRH 16/2001, art. 1º, § 2º.
28. Resolução CNRH 16/2001, art. 1º, § 4º.
29. Resolução CNRH 16/2001, art. 13.
30. AGÊNCIA NACIONAL DE ÁGUAS E SANEAMENTO BÁSICO (ANA). Portaria ANA 149/2015, que aprova a "Lista de Termos para o Thesaurus de Recursos Hídricos". Disponível em: http://arquivos. ana.gov.br/imprensa/noticias/20150406034300_Portaria_149-2015.pdf. Acesso: 5 maio 2022.

necessária **articulação** das instâncias do Sistema Nacional de Meio Ambiente (Sisnama) e do Sistema Nacional de Gerenciamento de Recursos Hídricos (Singreh).[31]

O processo de **gestão de recursos hídricos** pode ser compreendido como a atividade voltada à formulação de princípios e diretrizes, ao preparo de documentos e normativos, à estruturação de sistemas gerenciais e à tomada de decisões que tem por objetivo final promover, entre outros, o uso, o controle e proteção dos recursos hídricos.[32]

A expressão *usos múltiplos* pode ser entendida como uma utilização equilibrada da água entre os vários tipos de usos: saneamento, indústria, navegação, geração de energia elétrica, irrigação, pesca e aquicultura, recreação e turismo, controle de cheias. A ideia é garantir que os diversos usos e usuários sejam contemplados, ao invés de um uso prioritário. O objetivo é, pois, não apenas garantir a equidade, mas evitar a instalação de um conflito no âmbito da bacia hidrográfica. Com base no princípio do uso equitativo dos recursos naturais, e nos preceitos da Lei 9.433/1997[33], o uso múltiplo é um dos fundamentos da Política Nacional de Recursos Hídricos.

Cabe agora verificar o significado da expressão *necessária articulação das instâncias do Sistema Nacional de Meio Ambiente (Sisnama) e do Sistema Nacional de Gerenciamento de Recursos Hídricos (Singreh)*, objeto da Res. Conama 357/2005.

Segundo a Lei nº 6.938/1981, os órgãos e entidades das várias esferas do Poder Público responsáveis pela proteção e melhoria da qualidade ambiental constituem o Sistema Nacional do Meio Ambiente (Sisnama). Em termos de águas, está-se falando da manutenção e recuperação da qualidade desse recurso.

Já a Lei 9.433/1997 instituiu o Sistema Nacional de Gerenciamento de Recursos Hídricos, com destaque para os seguintes objetivos: (a) coordenar a gestão integrada das águas; (b) implementar a Política Nacional de Recursos Hídricos; (c) planejar, regular e controlar o uso, a preservação e a recuperação dos recursos hídricos.[34]

A Lei de Águas confere a base legal para a organização dos usos da água, de modo a garantir o acesso dos usuários ao recurso, de modo equilibrado e com o mínimo de conflitos. Dessa forma, está-se falando basicamente de quantidade. Embora a outorga de direito de uso de recursos hídricos seja um instrumento

---

31. Resolução CONAMA 357/2005, art. 2º, XXXVI.
32. AGÊNCIA NACIONAL DE ÁGUAS E SANEAMENTO BÁSICO (ANA). Portaria ANA 149/2015, que aprova a "Lista de Termos para o Thesaurus de Recursos Hídricos". Disponível em: http://arquivos.ana.gov.br/imprensa/noticias/20150406034300_Portaria_149-2015.pdf. Acesso: 5 maio 2022.
33. Lei 9.433/1997, art. 1º, IV.
34. Lei 9.433/1997, art. 32.

de controle quantitativo e qualitativo da água, essa segunda função refere-se à legislação ambiental, qual seja às Resoluções CONAMA 357/2005 e 430/2011.

Tem-se, dessa forma, duas normas incidindo sobre as águas: a primeira com foco na **quantidade** e a segunda com foco na **qualidade**. As duas são necessariamente complementares, até porque uma das **diretrizes gerais de ação** para implementação da Política Nacional de Recursos Hídricos é justamente a não dissociação dos aspectos de quantidade e qualidade.[35]

Isso significa que, ao garantir os usos múltiplos (quantidade) deve-se garantir também a qualidade dos corpos hídricos, não apenas para os usos outorgados, mas para algo mais: os **processos ecológicos essenciais** que se desenvolvem no meio aquático ou que dele dependem. Esse tema é relevante e tem previsão constitucional. Para *assegurar a efetividade do direito ao meio ambiente ecologicamente equilibrado*, incumbe ao Poder Público *preservar e restaurar os processos ecológicos essenciais* [...].[36]

Como ocorre esse processo? Por meio da fixação de um **valor de referência**, estabelece-se um parâmetro técnico de garantia de vazão, que passa a ser considerado como a base para a gestão com vistas a: (a) garantir os usos múltiplos e (b) proteger os corpos hídricos, impedindo que os volumes outorgados venham a comprometer as condições necessárias à manutenção dos ecossistemas terrestres e aquáticos.

As **vazões de permanência** no tempo mais utilizadas são as vazões Q90 e Q95.

Q90 é a vazão determinada a partir das observações em um posto fluviométrico em um certo período de tempo, em que em 90% daquele período as vazões foram iguais ou superiores a ela.

Em outras palavras, pode-se aceitar que existe um nível de 90% de garantia de que naquela seção do curso d'água as vazões sejam maiores do que o Q90. Diz-se que a Q90 é a vazão com 90% de permanência no tempo, podendo ser extrapolado para outras seções do curso d'água, com base na área da bacia hidrográfica contribuinte e nas quantidades de chuvas da região.

Q95 tem o mesmo significado que a Q90, entretanto a garantia corresponde a 95% do tempo de observação e não a 90%.

Isso significa que a vazão em um determinado corpo d'água é igual ou superior àquele valor em 95% do tempo. Por exemplo, se a Q95 de um determinado rio é 10 m³/s, isso significa que durante aproximadamente 347 dias ao ano, ou

---

35. Lei 9.433/1999, art. 3º, I.
36. CF/88, era. 225, §1º, I.

seja, 95% dos dias, a vazão naquele rio é maior ou igual a 10 m³/s. Se considerarmos Q90, o tempo de permanência da vazão cai de 347 (95%) para 329 (90%) dias ao ano. Assim, o valor da vazão de referência aumenta, pois a garantia de permanência daquela vazão diminui.

Q7,10 é a menor vazão média consecutiva de 7 dias que ocorreria com um período de retorno de uma vez em cada 10 anos. O cálculo da Q7,10 é probabilístico, enquanto os da Q90 e da Q95 decorrem de uma análise de frequências.

As vazões de referência utilizadas *são as vazões mínimas, de forma a caracterizar uma condição de alta **garantia** de água no manancial. A partir dessa condição é que são realizados os cálculos de alocação da água, de modo que, quando essas vazões mínimas ocorrem, os usuários ou os usos prioritários mantenham, de certa forma, suas retiradas de água.*[37]

A definição da vazão de referência a ser aplicada depende da garantia de atendimento que se deseja considerar para os usos a serem instalados em determinada bacia. Se os usos exigem uma maior garantia, deve-se optar por vazões mais conservadoras, como a Q95 e a Q7,10.

Após a definição das vazões de referência, a legislação estabelece, ainda, percentuais sobre elas. A título de exemplo, tem-se *50% da vazão Q7, 10*, ou *70% da vazão Q95* de um determinado corpo hídrico ou trecho dele. Esses percentuais representam os limites máximos de utilização da água – concessão de outorga – na seção do rio ou reservatório. São as chamadas **vazões de restrição** ou ainda as **vazões ambientais** ou **ecológicas**, na medida em que estabelecem as vazões mínimas remanescentes, o que significa as vazões mínimas que devem permanecer no corpo hídrico, atendidos os usos múltiplos e as exigências da biota. Segundo Cunha, citando Pelissari, *vazão ecológica é a demanda necessária de água a manter num rio de forma a assegurar a manutenção e a conservação dos ecossistemas aquáticos naturais* [...][38]. Tem-se, dessa forma, nessas vazões, a gestão da qualidade e da quantidade dos corpos hídricos de uma forma mais efetiva.

Quando o poder público analisa uma solicitação de outorga de um dado usuário, considerando uma captação em cursos de água superficiais, ele deve considerar a vazão solicitada para o empreendimento frente ao percentual definido

---

37. CARDOSO DA SILVA, Luciano Meneses; MONTEIRO Roberto Alves. Outorga de direito de uso de recursos hídricos: uma das possíveis abordagens. Agência Nacional de Águas de Saneamento Básico, 2004. Disponível em: https://www.ana.gov.br/AcoesAdministrativas/CDOC/ProducaoAcademica/Luciano%20Meneses%20C.%20da%20Silva/OutorgaDirUsoRecHid_UmaDasPossiveisAbordagens.pdf Acesso: 6 maio 2022.
38. CUNHA, Eldis Camargo Neves da. A gestão dos recursos hídricos no Brasil e a formatação do conceito jurídico de vazão ecológica. In: YOSHIDA, Consuelo Yatsuda Moromizato (org.). Recursos hídricos – Aspectos éticos, jurídicos, econômicos e socioambientais. Campinas: Alínea, 2007. v. 1, p. 58.

como outorgável em relação à vazão de referência adotada, o que pode garantir a proteção do corpo hídricos, tanto sob o aspecto de qualidade como de quantidade.

Adicionalmente, *um ponto a destacar consiste na adoção da bacia hidrográfica como unidade de planejamento e gestão de recursos hídricos. Considerando que em várias bacias hidrográficas brasileiras encontram-se corpos hídricos de domínios diferentes – União e Estados – a gestão desses corpos hídricos deveria basear-se em critérios uniformes, sobretudo na questão das vazões de referência, e nas vazões de restrição [ou ambientais], que possuem importância econômica e ao mesmo tempo ecológica.* [39]

12.4 O SISTEMA DE OUTORGAS EM REGIÕES DE ESCASSEZ HÍDRICA

A implementação desse instrumento no Brasil, assim como de outros instrumentos da Política Nacional de Recursos Hídricos, ainda enfrenta inúmeros desafios, destacando-se[40]:

- solicitação de uso de água em volumes maiores do que realmente é necessário, mesmo em bacias onde há cobrança pelo uso de recursos hídricos;
- não solicitação do cancelamento da outorga, quando cessada a atividade;
- falta de revisão ou atualização das outorgas pelo poder outorgante, salvo em caso de ocorrência de situação excepcional; e
- universo de usuários muito extenso e difundido pelo território nacional, dificultando a fiscalização do uso da água;
- hipossuficiência da capacitação técnica e operacional dos órgãos e entidades outorgantes para implementar as outorgas e a fiscalização, garantindo o uso racional dos recursos hídricos.

Se esses desafios podem ser observados em todo o País, de formas diferentes, a situação se torna mais complexa nos casos em que a escassez da água é fator de conflitos potenciais ou já instalados, como é o caso do Semiárido.

Grande parte do território nordestino e da região norte de Minas Gerais classifica-se como o **Semiárido brasileiro**[41]. Nesse ambiente, a disponibilidade

---

39. GRANZIERA, Maria Luiza Machado. A fixação de vazões de referência adequadas como instrumento de segurança jurídica e sustentabilidade ambiental na concessão de outorgas de direito de uso de recursos hídricos. *Revista de Direito Ambiental*, v. 70/2013, p. 127-148, abr.-jun. 2013.
40. SPOLIDORIO, Paulo Celso Maistro. A Alocação Negociada de Água como Estratégia de Regulação Responsiva. *Revista de Direito Setorial e Regulatório*, Brasília, v. 3, n. 1, maio de 2017, p. 185.
41. IBGE. Semiárido Brasileiro. Disponível em: https://geoftp.ibge.gov.br/organizacao_do_territorio/estrutura_territorial/semiarido_brasileiro/Situacao_23nov2017/mapa_Semiarido_2017_11_23.pdf. Acesso: 5 maio 2020.

de água é determinada pelo regime de chuvas, que ocorrem apenas em alguns meses do ano e sua distribuição não obedece a um padrão regular nos diferentes territórios. Como o solo é raso, a infiltração não é suficiente para manter a terra úmida.

A região é também sujeita ao fenômeno de **secas periódicas** onde as chuvas são ainda mais reduzidas e as populações enfrentam problemas no abastecimento de água e na manutenção dos processos produtivos. Além disso, o Semiárido sofre um forte processo de insolação, que provoca altas taxas de evapotranspiração e temperaturas médias altas, ocorrendo nessa região os **rios não perenes** – *trechos de drenagem cuja disponibilidade hídrica não é positiva durante todo o ano*[42]. Essas particularidades climáticas do Semiárido brasileiro induziram a uma visão específica da gestão e uso da água. Sob o aspecto físico, em face da existência de rios não perenes, as soluções encontradas para a sustentabilidade hídrica foram:

- construção de **reservatórios** de diferentes capacidades (açudes, cisternas, chafarizes, poços, entre outros);
- **adução da água reservada** por meio de adutoras, o que permite que trechos de rios se tornem **perenizáveis**; e
- construção de **canais de integração** entre reservatórios e/ou bacias hidrográficas.

As decisões sobre o uso da água ensejam complexidade, seja sob o aspecto técnico como nas questões de governança, em face das **incertezas** quanto às quantidades que estarão disponíveis no futuro, isto é, quando ocorrer o próximo período de chuvas. Basicamente, trata-se de decidir como a água acumulada no período chuvoso será compartilhada entre os diversos usuários no período seco em um determinado local ou região.

A sistemática adotada consiste na realização de reuniões no término da estação chuvosa, das quais participam os órgãos e entidades gestoras de recursos hídricos, responsáveis pela emissão das outorgas de direito de uso de água, de acordo com o domínio e os arranjos institucionais locais – **Comissões Gestoras**.

As Comissões Gestoras são compostas por um grupo de pessoas representativas dos usuários e dos diversos segmentos da sociedade e tem como principal fundamento a gestão participativa, aproximando a sociedade da gestão e de ações referentes aos sistemas hídricos locais e às necessidades ali existentes[43]. Trata-se

---

42. AGÊNCIA NACIONAL DE ÁGUAS E SANEAMENTO BÁSICO (ANA). Portaria ANA 149/2015, que aprova a "Lista de Termos para o Thesaurus de Recursos Hídricos". Disponível em: http://arquivos.ana.gov.br/imprensa/noticias/20150406034300_Portaria_149-2015.pdf. Acesso: 5 maio 2022.
43. DNOCS. Formação de Comissões Gestoras de Açudes em Pernambuco. Disponível em: https://www.gov.br/dnocs/pt-br/assuntos/noticias/noticia-site-antigo-547. Acesso: 6 maio 2022.

de um exemplo claro de **gestão descentralizada e participativa**, nos estritos moldes da legislação em vigor.

O objetivo das reuniões é definir as regras de operação dos reservatórios a serem adotadas durante a estação seca, de acordo com a disponibilidade hídrica de cada reservatório.

Em um ambiente de escassez, a necessidade de negociar as quantidades a serem alocadas a cada uso e/ou usuário é nevrálgica. As decisões devem ser objeto de acordos muito consistentes, em que cada parte deve ter consciência de que existe a possibilidade de não a vazão de água em um ano não se repetir no próximo. Por essa razão as decisões são objeto de uma **Alocação Negociada de Água**.

As Alocações Negociadas de Água envolvem **múltiplos parceiros institucionais e os usuários** de água em torno de uma **decisão coletiva**. Uma outorga emitida com base em uma Alocação Negociada de Água formaliza uma *negociação social*[44]. As Comissões Gestoras atuam na negociação e na fiscalização do cumprimento dos Termos de Alocação de Água.

As questões mais específicas que atingem uma única região ou um reservatório – e que podem ser solucionadas por meio de **arranjos específicos**, de **caráter local** – demandam organizações locais para a tomada de decisão, no âmbito do reservatório e/ou do vale perenizável e não necessariamente da bacia hidrográfica.

Isso não significa, contudo, que o princípio da adoção da **bacia hidrográfica** como unidade territorial de planejamento, gestão e implementação das políticas de recursos hídricos não se aplique nessas regiões. A área de atuação do Comitê da Bacia Hidrográfica do Rio São Francisco abrange o Semiárido, assim como ocorre com os Comitês Piancó-Piranhas-Açu e Verde Grande. Os arranjos institucionais de cunho local se articulam com os próprios Comitês de Bacia Hidrográfica, fortalecendo a integração do gerenciamento de recursos hídricos.

Todavia, há fragilidades. Em geral, não há regra de uso da água por usuários do rio a montante do reservatório. Os reservatórios no semiárido estão, na sua maioria, localizados em rios de domínio dos Estados. Em se tratando de reservatórios geridos pela União, é necessária a **gestão compartilhada**, com o envolvimento dos usuários de montante e das autoridades outorgantes dos Estados.[45]

---

44. AGÊNCIA NACIONAL DE ÁGUAS E SANEAMENTO BÁSICO. Nota Técnica 10/2015/COMAR/SER. Disponível em:
https://arquivos.ana.gov.br/institucional/sof/Alocacao_Agua/NT_10_2015_Doc_57595_2015.pdf. Acesso: 5 maio 2022.
45. AGÊNCIA NACIONAL DE ÁGUAS E SANEAMENTO BÁSICO. Nota Técnica 10/2015/COMAR/SER. Disponível em: https://arquivos.ana.gov.br/institucional/sof/Alocacao_Agua/NT_10_2015_Doc_57595_2015.pdf. Acesso: 5 maio 2022.

Existem dois fatores que caminham paralelamente: a **governança** e os **estudos técnicos**. A negociação sobre o uso da água somente pode ser bem sucedida se estiver pautada em estudos técnicos que apresentem de forma clara e de fácil compreensão para todos os interessados os parâmetros que fundamentam a emissão das outorgas de direito de uso de recursos hídricos, sob pena de haver risco de comprometimento das atividades outorgadas em determinado período.

Com o objetivo de instrumentalizar as decisões relativas à Alocação Negociada da Água, deu-se início a um processo participativo de formulação dos **Marcos Regulatórios**, que podem ser aplicados em qualquer região do País em que ocorra escassez de água, e não apenas no Semiárido.

12.4.1 Marcos Regulatórios

Os Marcos Regulatórios são documentos de caráter técnico formulados a partir de um processo de negociação que estabelece as **regras gerais** de uso da água em determinado local ou bacia. Os estudos técnicos que embasam a elaboração dos Marcos Regulatórios permitem a harmonização dos critérios de outorga utilizados pelos diversos órgãos e entidades gestoras em uma mesma bacia, quando ocorrem corpos hídricos com domínios distintos.

A Agência Nacional de Águas e Saneamento Básico vem conduzindo, juntamente com órgãos e entidades gestoras estaduais, usuários e a sociedade civil, processos participativos nos reservatórios do Semiárido e, também, em outras regiões, como é o caso da Bacia Hidrográfica do Ribeirão Pipiripau, localizada nos estados de Goiás e no Distrito Federal, com o objetivo de avançar na gestão desses corpos hídricos em áreas de escassez, de forma estruturada.

Para tanto, estabeleceu os denominados **Marcos Regulatórios**, que fixam regras específicas para os usos da água em sistema hídricos que, em face de escassez, do excesso de uso, ou ainda da existência de conflitos, ensejam a definição de regras específicas.

Esses documentos técnicos, cuja formulação têm caráter participativo, estabelecem parâmetros para todos os órgãos e entidades gestoras de recursos hídricos – federal ou estaduais – na implementação dos instrumentos de gestão, em especial a outorga, de forma compartilhada, mas também no monitoramento e na fiscalização.[46] Importante salientar que a sua.

Trata-se de um conjunto de especificidades e direcionamentos gerais, definidos e implantados após discussões com usuários, comitês e órgãos ambientais

---

46. Nota Técnica 136/2012/GEREG/SRE.

de uma determinada bacia, para regularizar e aplicar os instrumentos de gestão previstos na Política de Águas.[47]

Em casos de domínios distintos da água, muitos Marcos Regulatórios são editados conjuntamente entre a ANA e os órgãos e entidades estaduais de gestão de recursos hídricos, o que denota a articulação e a negociação entre os detentores do domínio hídrico, um dos grandes desafios para a gestão da água no País.

O Marco Regulatório, de cujas decisões participam os poderes públicos e sociedade civil, define as regras de **Alocação Negociada da Água**, entre os usuários, funcionando como uma baliza de orientação para todos os encaminhamentos.

12.4.2 Alocação Negociada da Água

A expressão **alocação de água** contextualiza-se no universo das outorgas de direito de uso de recursos hídricos. Conceitualmente, pode-se entender a **alocação negociada da água** como *o conjunto de processos e instrumentos utilizados para compartilhamento dos recursos hídricos com os diversos segmentos de usuários, de forma a se aproveitar, ao máximo, as oportunidades de desenvolvimento econômico, proteção ambiental e uso racional do recurso.*[48]

A alocação negociada de água constitui um marco inicial no **processo de regularização** dos diversos usos de recursos hídricos. Tem início a partir da apresentação e discussão do balanço hídrico, da proposta de operação do reservatório, da discussão e análise em grupo para a definição das regras de operação, de forma a garantir o efetivo exercício da gestão compartilhada de água.

Em síntese, o **processo de alocação negociada** de água:

- representa o exercício efetivo da gestão compartilhada e da governança em regiões com escassez hídrica;
- contribui para evitar e solucionar conflitos existentes pelo uso da água; e
- garante que a decisão sobre a operação do reservatório seja tomada com a participação dos usuários, tendo como base o comportamento hidrológico, fazendo com que a responsabilidade pelas regras de operação dos reservatórios deixe de ser exclusiva de um ente público e passe a ser definida em conjunto pelos diversos atores, em especial os usuários de água.

---

47. AGÊNCIA NACIONAL DE ÁGUAS E SANEAMENTO BÁSICO. Marcos Regulatórios. Disponível em: https://www.gov.br/ana/pt-br/assuntos/regulacao-e-fiscalizacao/alocacao-de-agua-e-marcos--regulatorios/marcos-regulatorios. Acesso: 5 maio 2022.
48. SPOLIDORIO, Paulo Celso Maistro. A Alocação Negociada de Água como Estratégia de Regulação Responsiva. *Revista de Direito Setorial e Regulatório*, Brasília, v. 3, n. 1, p. 186, maio 2017.

Verifica-se nesse modelo um **avanço na gestão participativa**, pois, embora esteja alicerçado em normas legais, nem sempre há formalidades especiais para a participação nas decisões relativas ao processo de Alocação Negociada de Água. Trata-se de um **sistema de governança** em que os objetivos são absolutamente claros no que se refere aos limites de uso, que são impostos de acordo com a disponibilidade de água. E os atores são os diversos usuários, que deverão compartilhar as quantidades disponíveis, de acordo com os estudos técnicos previamente elaborados.

Nos recursos hídricos de domínio da União, aplica-se a Resolução ANA nº 46/2020, que regulamenta a adoção do **Termo de Alocação de Água** para sistemas hídricos com corpos de água de domínio da União. Segundo essa norma, o Termo de Alocação de Água consiste em *ato que estabelece limites, regras e condições de uso dos recursos hídricos e de operação de reservatórios em corpos hídricos de domínio da União, situados em sistema hídrico considerado crítico em termos de comprometimento hídrico*,[49] entendido como *aquele cujos corpos hídricos não sejam capazes de atender à totalidade das demandas a ele associadas*[50].

O **Termo de Alocação de Água** é documento público, cuja elaboração é precedida de **reunião pública** de alocação de água, que contará com a *participação dos órgãos outorgantes, dos operadores da infraestrutura hídrica, do comitê da bacia, quando houver, e dos diretamente interessados pelos usos das águas no respectivo sistema hídrico*[51]. Ressalta-se, aqui, o relevante papel dos processos de governança para a definição das condições a serem incorporadas no **Termo de Alocação de Água.**

Com as regras técnicas negociadas e fixadas nos Marcos Regulatórios, todos os atores participantes auxiliam a viabilizar a gestão descentralizada e democrática da água, otimizando o multiuso do recurso como bem público, de forma contratualizada, por meio dos **Termos de Alocação de Água.**

Em princípio, os órgãos e entidades que exercem o comando-controle da água são os responsáveis pelas outorgas, fundamentados tanto nas leis como em dados técnicos – balanço hídrico, vazões, qualidade do corpo receptor para fins de despejo de efluentes, disponibilidade, demandas etc.

Nessas decisões, o órgão ou entidade outorgante deverá observar os planos de recursos hídricos e, em especial[52]:

---

49. Resolução ANA 46/2020, art. 1º.
50. Resolução ANA 46/2020, art. 1º, § 1º.
51. Resolução ANA 46/2020, art. 3º, § 1º.
52. Resolução CNRH 16/2001, art. 12.

- as prioridades de uso estabelecidas, quando elas estiverem contempladas;
- a classe em que o corpo de água estiver enquadrado, em consonância com a legislação ambiental;
- a preservação dos usos múltiplos previstos; e
- a manutenção das condições adequadas ao transporte aquaviário, quando couber.

A lei, portanto, indica os parâmetros para que os órgãos e entidades gestores de recursos hídricos autorizem os usos de água, o que traz maior conhecimento sobre o balanço hídrico e as condições ambientais dos corpos de água, propiciando maior segurança hídrica na bacia. Além disso, um sistema de outorgas estruturado e efetivo garante segurança jurídica para os empreendimentos e a consequente manutenção de empregos, proporcionando inclusão social.

13
INSTRUMENTOS ECONÔMICOS DAS POLÍTICAS DE ÁGUAS

Além dos instrumentos de planejamento e de controle de recursos hídricos, há uma terceira categoria, que se refere aos **instrumentos econômicos** das políticas de águas e também ambientais, com impacto nos recursos hídricos.

Embora o universo dos instrumentos econômicos seja amplo, este capítulo abordará dois deles: 1. a cobrança pelo uso de recursos hídricos e 2. o Pagamento por Serviços Ambientais (PSA).

Cabe destacar o **caráter indutor** dos comportamentos desejados pela política ambiental – instrumentos econômicos –, em oposição aos instrumentos de comando-controle.[1] Os instrumentos econômicos em matéria ambiental têm por objetivo estimular a adoção voluntária de práticas de redução da poluição ou de preservação ambiental ou, ao menos, que dê aos destinatários um espaço de escolha de meios alternativos para a consecução de seus objetivos.

É o caso, por exemplo, do Pagamento por Serviços Ambientais (PSA). Trata-se de apoio financeiro ou técnico àqueles que adotarem voluntariamente práticas adequadas de proteção do solo, margens ou nascentes que impactem na proteção dos mananciais.

Já os instrumentos de comando-controle, relacionados ao exercício do poder de polícia – regulamentos, licenciamento ambiental e estudos ambientais, fiscalização e aplicação de sanções administrativas – causam impacto nos custos da produção, seja pela adoção de tecnologias mais modernas e menos poluentes, seja pelo pagamento de multas, na ocorrência de um ilícito administrativo. São obrigatórios, e seu cumprimento decorre de lei, sujeitando os infratores às penalidades previstas.

Os instrumentos de comando-controle não constituem instrumentos econômicos. Segundo Ronaldo Seroa da Motta, os instrumentos econômicos *atuam diretamente no custo de produção e consumo (aumentando ou reduzindo)*

---

1. NUSDEO, Ana Maria de Oliveira. O uso dos instrumentos econômicos nas normas de proteção ambiental. Revista da Faculdade de Direito da Universidade de São Paulo, v. 101, p. 359. jan./dez. 2006.

dos agentes econômicos, cujas atividades estão compreendidas nos objetivos da política.[2] Ou seja, na lógica dos instrumentos econômicos, determinados agentes econômicos (incluindo os prestadores dos serviços) arcam com os custos de práticas ambientais desejáveis, como é o caso da proteção dos mananciais.

Em princípio, os instrumentos econômicos possuem uma função de **complementaridade** em relação aos instrumentos de comando controle. É certo que há dificuldades na fiscalização do cumprimento das normas ambientais, seja as de ordem geral, seja aquelas impostas nas licenças ambientais e mesmo nas outorgas de direito de uso de recursos hídricos. Em um país com as dimensões, a diversidade e as dificuldades econômicas enfrentadas polo Brasil, nem sempre é possível garantir que todos os órgãos e entidades de gestão ambiental e de águas estejam com seu corpo técnico completo, capacitado e com recursos abundantes para fazer frente aos desafios de suas

Como forma de buscar alternativas para a efetividade das normas, os instrumentos econômicos consistem em fórmulas distintas do comando controle, que se apoiam na iniciativa e não na obrigação, tendo a finalidade de melhorar ou recuperar a qualidade ambiental. Os objetivos são os mesmos, mas os meios são diferentes.

13.1 COBRANÇA PELA UTILIZAÇÃO DOS RECURSOS HÍDRICOS

13.1.1 Premissas do estudo da cobrança

Sendo as águas bens públicos de uso comum, um de seus atributos, como já foi visto, é o da inalienabilidade. Esse preceito encontra-se na Lei nº 9.433/97 (art. 18). *Ninguém, seja a que título for, poderá apropriar-se das águas, pois a lei apenas confere o direito de seu uso por meio da outorga*, cujo instrumento jurídico, no direito em vigor, é a **autorização**[3]. E o pagamento pelo uso da água tampouco implica a criação de direito sobre esse recurso.

Cabe, aqui, uma distinção. Paga-se aos prestadores de serviços públicos de saneamento básico, objeto da Lei 11.445/2007, quantias correspondentes à remuneração pela sua prestação, que incluem captação da água em corpos hídricos, tratamento, adução e distribuição de água potável, assim como coleta e afastamento de esgotos, podendo aí ser incluído o respectivo tratamento e ainda a disposição final dos lodos ou o envio dos efluentes para reúso. A fatura que se

---

2. MOTTA, Ronaldo Seroa da. Instrumentos econômicos e política ambiental. Revista de Direito Ambiental, v. 20. São Paulo: Revista dos Tribunais, p. 88, out./dez. 2000.
3. Lei 9.984/2000, art. 4º, IV.

recebe é relativa à prestação de serviços de saneamento[4] e nada tem a ver com cobrança pelo uso da água, instrumento da política de recursos hídricos.

13.1.2 Fundamentos da cobrança pelo uso da água

O direito brasileiro já previa a cobrança pela utilização de bens públicos, de forma genérica. O Código Civil de 1916, em seu art. 68, estabelecia que o *uso comum pode ser gratuito ou retribuído*, conforme leis da União, dos Estados, ou Municípios, a cuja administração pertencerem. O art. 103, do Código Civil de 2002, inspirado no art. 68 do Código de 1916, dispõe que o *uso comum dos bens públicos pode ser gratuito ou retribuído, conforme for estabelecido legalmente pela entidade a cuja administração pertencerem.*

Sendo os recursos hídricos bens públicos de uso comum, verifica-se que o art. 68 prevê a remuneração pelo seu uso. O art. 68 do Código de 1916 foi a primeira manifestação, ainda que indireta, no Direito Brasileiro, da possibilidade de cobrança pelo uso da água. Embora prevista legalmente, essa cobrança nunca ocorreu, de fato.

O Código de Águas assegurava, no art. 34, *o uso gratuito de qualquer corrente ou nascente de água, para as primeiras necessidades da vida, se houver caminho público que a torne acessível.* E o art. 36 estabelecia que é permitido a todos usar de quaisquer águas públicas, conformando-se com os regulamentos administrativos. Quando esse uso depender de derivação, terá preferência a derivação para o abastecimento das populações. E o uso comum das águas pode ser gratuito ou retribuído, conforme leis e regulamentos da circunscrição administrativa a que pertencerem.

Ou seja, leis, regulamentos ou entidades públicas legalmente autorizadas podem arbitrar um pagamento pela utilização da água, com exceção do uso para as primeiras necessidades da vida, assim entendido o uso destinado ao preparo da comida, lavagem de casas e utensílios, lavar roupa no próprio leito ou álveo, para aí beber ou dar de beber aos animais e regar plantas que tenha em casa.[5]

A Lei 9.433/97, na mesma ordem de ideias, dispõe, no § 1º do art. 12, que independe de outorga o uso dos recursos hídricos para satisfação de necessidades de pequenos núcleos populacionais, distribuídos no meio rural, para as derivações, captações, lançamentos e também para acumulação de volumes de água considerados insignificantes.

---

4. Além do abastecimento de água potável e do esgotamento sanitário, os serviços de saneamento básico, conforme a Lei 11.445/2007, incluem o a limpeza urbana e o manejo de resíduos sólidos urbanos e a drenagem e manejo dos respectivos resíduos, incluindo, para esses serviços o tratamento dos resíduos.
5. NUNES, Antonio de Pádua. *Código...* Op. cit., p. 134.

Repete-se, na Lei 9.433/97, entendimento semelhante ao que vigorava no Código de Águas, no que se refere aos usos que não interferem no regime dos recursos hídricos, nem em sua quantidade e qualidade, eximindo-se os mesmos da outorga e, consequentemente, por força do art. 20 da Lei 9.433/97, do pagamento por seu uso.

À parte disso, o recurso hídrico constitui um recurso ambiental, de acordo com o disposto no art. 3º, V, da Lei 6.938/81. Essa norma estabelece, em seu art. 4º, VII, que a Política visará à imposição, ao poluidor e ao predador, de recuperar e indenizar os danos causados e, ao usuário, da contribuição pela utilização dos recursos ambientais para fins econômicos. Com esse diploma legal foram introduzidos os princípios *poluidor-pagador* e *usuário-pagador*.

É digno de nota que o Código de Águas, já em 1934 declarou, em seus arts. 109 e 110, que a ninguém é lícito conspurcar ou contaminar as águas que consome, em prejuízo de terceiros, sendo os trabalhos para a salubridade das águas executados à custa dos infratores, os quais, além da responsabilidade criminal, se houver, respondem pelas perdas e danos que causarem e pelas multas previstas que lhes forem impostas nos regulamentos administrativos. O Código de Águas já previa a responsabilidade civil, administrativa e criminal pelo dano ambiental, no tocante à água, o que foi incorporado à Lei 6.938/81 e à Constituição Federal, em seu art. 225, § 3º.

Na forma do art. 111 do Código de Águas, se os relevantes interesses da agricultura ou da indústria o exigirem, e mediante expressa autorização administrativa, as águas podem ser inquinadas, mas os agricultores ou industriais deverão providenciar para que elas se purifiquem, por qualquer processo, ou sigam seu esgoto natural.

Já havia, dessa forma, no direito brasileiro, mesmo que indiretamente, a possibilidade jurídica de cobrar-se pela utilização dos recursos hídricos, incluindo aí a diluição de efluentes. A Lei 9.433/97 efetuou a ligação entre utilização e pagamento por esse uso. À parte disso, vigora a legislação ambiental que fixou padrões de qualidade e emissão de efluentes e que devem ser obrigatoriamente observados. Daí ter sido tacitamente revogado o art. 111 do Código de Águas, pois, de acordo com a norma ambiental em vigor, a ocorrência de poluição implica a responsabilidade do autor.

13.1.3 Conceito e objetivos da cobrança

Cobrar, do latim *recuperare*, tem o sentido de *fazer ser pago; exigir o valor de*.[6] *Cobrança* significa *arrecadação de quantias*.[7]

---

6. FREIRE, Laudelino. *Grande...* Op. cit., p. 1439.
7. Idem, ibidem. p. 1941.

A cobrança pelo uso da água consiste no instrumento econômico da política de recursos hídricos. É econômico em dois sentidos: o primeiro, relativo ao financiamento de obras contidas no plano de recursos hídricos; o segundo, no que tange ao entendimento da água como bem de valor econômico, cuja utilização deve ser cobrada, o que deve servir para modificar o comportamento perante esse recurso.

Nos termos do art. 19 da Lei 9.433/97, constituem objetivos da cobrança:

I – reconhecer a água como bem econômico e dar ao usuário uma indicação de seu real valor;

II – incentivar a racionalização do uso da água;

III – obter recursos financeiros para o financiamento dos programas e intervenções contemplados nos planos de recursos hídricos.

A Resolução do Conselho Nacional de Recursos Hídricos (CNRH) 48, de 21-3-2005, acrescentou mais dois objetivos para a cobrança, de cunho voltado às questões ambientais:

1. estimular o investimento em despoluição, reuso, proteção e conservação, bem como a utilização de tecnologias limpas e poupadoras dos recursos hídricos, de acordo com o enquadramento dos corpos de águas em classes de usos preponderantes; e

2. induzir e estimular a conservação, o manejo integrado, a proteção e a recuperação dos recursos hídricos, com ênfase para as áreas inundáveis e de recarga dos aquíferos, mananciais e matas ciliares, por meio de compensações e incentivos aos usuários.

O instrumento da cobrança pelo uso de recursos hídricos deverá estar compatibilizado e integrado com os demais instrumentos da política de recursos hídricos.[8] Disso decorre que, na sua implementação, outros instrumentos como, por exemplo, a outorga de direito de uso da água e o plano de recursos hídricos já devem estar implantados.

A cobrança encontra-se na outra extremidade da política de recursos hídricos: de um lado, estão os planos, que fixam metas e prioridades a serem cumpridas. A cobrança tem por objetivo, entre outros, arrecadar recursos financeiros necessários ao desenvolvimento de atividades relativas ao alcance das metas propostas no Plano. Entre esses dois extremos, encontram-se os instrumentos de controle administrativo – outorga do direito de uso da água e licenciamento ambiental.

---

8. Lei 9.433/97, art. 3º.

13.1.4 Fato gerador e critérios da cobrança

Foram vistas quais as formas de utilização do recurso hídrico, assim como as que são passíveis de outorga pelo poder público, relacionados no art. 12 da Lei 9.433/97. Nos termos do art. 20 da mesma lei, *serão cobrados os usos dos recursos hídricos sujeitos à outorga*. O conteúdo do citado art. 20 remete a cobrança pelo uso da água a todos os usos passíveis de autorização ou concessão do poder público – União ou Estados/DF.

Na lista fixada no art. 12 encontram-se os vários tipos de uso, cada qual com características próprias e consequências jurídicas específicas, como já apontado no Capítulo 3. De acordo com a análise efetuada, os usos podem causar alteração na quantidade e na qualidade da água, ou referir-se a uma atividade que simplesmente utiliza o rio, por exemplo, para simples passagem, como se fosse uma estrada. Daí a menção a dois princípios correlatos: *poluidor-pagador* e usuário-pagador.

No que tange aos critérios, a Lei das Águas estabeleceu em seu art. 21 que, na fixação de valores a serem cobrados, devem ser observados, entre outros, nas derivações, captações e extrações de água, o volume retirado e seu regime de variação e, nos lançamentos de esgotos e demais resíduos líquidos ou gasosos, o volume lançado e seu regime de variação e as características físico-químicas, biológicas e de toxidade do efluente.

13.1.5 Competência administrativa para efetuar cobrança

No plano federal, cabe à Agência de Água efetuar, mediante delegação do outorgante, a cobrança pelo uso dos recursos hídricos, de acordo com o que dispõe o art. 44, inciso III.[9] À Agência Nacional de Águas – ANA cabe implementar a cobrança pelo uso dos recursos hídricos, em articulação com os Comitês de Bacia Hidrográfica, assim como arrecadar, distribuir e aplicar receitas auferidas por intermédio da cobrança quanto ao uso de recursos hídricos de domínio da União, conforme dispõe o art. 4º, incisos VIII e IX da Lei 9.984/00.

O *outorgante* é o detentor do domínio do recurso, vale dizer, a União ou os Estados, que deverá delegar à Agência de Bacia ou de Água, ou à entidade

---

9. Nos termos do art. 51 da Lei 9.433/97, os consórcios e associações municipais de bacias hidrográficas poderão receber delegação do Conselho Nacional ou dos Conselhos Estaduais de Recursos Hídricos por prazo determinado, para exercício de funções de competência das Agências de Água, enquanto esses organismos não estiverem constituídos. Essa regra evoluiu para a edição da Lei 10.881/04, que disciplina essa delegação, assim como a celebração de contrato e gestão entre as entidades delegatórias e a Agência Nacional de Águas. Todavia, não se prevê nesse modelo a competência para as entidades delegatárias efetuarem a cobrança, que permanece sob a atribuição da ANA.

que estiver exercendo essa função, a capacidade administrativa para proceder à cobrança. As regras para essa delegação de competência devem ser objeto de regulamentação.

Os valores relativos à cobrança constituem proposta da Agência ao Comitês de Bacia Hidrográfica, nos termos do art. 44, XI, *b*, da Lei 9.433/97, a eles cabendo sugerir ao Conselho Nacional de Recursos Hídricos os valores a serem cobrados, conforme estabelece o art. 38, VI. Ao Conselho Nacional de Recursos Hídricos compete fixar critérios gerais para cobrança, de acordo com o que estatui o art. 35, X, da Lei 9.433/97, e definir os valores nos termos do art. 44, XI, *b*, da Lei 9.433/97.

13.1.6 Natureza jurídica do produto da cobrança

O produto da cobrança pelo uso da água constitui, sob o aspecto jurídico-financeiro, uma **receita pública**, em que é importante estabelecer o tipo de relação jurídica entre Estado e particular, já que é este que a fornece, e o Estado quem a recebe.

Segundo Rubens Gomes de Sousa, apoiado em ensinamentos de Seligman, o ponto de partida do estudo de finanças públicas é que toda atividade financeira do Estado se traduz por um conflito entre interesse público e interesse particular. Em sede de recursos hídricos, as ponderações efetuadas ao longo de todo este trabalho apontam para isso: o conflito de interesse sobre uso da água, em razão do risco de escassez, e da crescente demanda, torna-a um bem de valor econômico, cujo uso é passível de ser cobrado.

As receitas públicas, com base nos autores anteriormente citados, podem ser classificadas em cinco categorias, *segundo uma escala de graduações dos dois interesses em presença em cada caso*:

1. *Preços quase privados são as receitas cobradas pelo Estado tendo em vista exclusivamente o interesse dos particulares na atividade desempenhada pelo governo, sendo o interesse público meramente acidental. É o que ocorre quando o Estado desempenha atividades tipicamente privadas, como a exploração do comércio ou da indústria, concorrendo com os demais comerciantes ou industriais em situação de igualdade de mercado. A posição do Estado, em tais casos é, portanto, idêntica à dos particulares, só não se chamando a receita de 'preço privado' porque seu titular é uma entidade pública.*

2. *Preços públicos são as receitas cobradas pelo Estado tendo em vista principalmente o interesse dos particulares na atividade desempenhada pelo governo, mas atendendo também, embora secundariamente, à existência de um interesse público geral e coletivo nessa atividade. Também aqui se*

trata de desempenho, pelo Estado, de atividades tipicamente privadas; porém a existência de um interesse público secundário justifica que o Estado se reserve a exclusividade do seu exercício, eliminando a concorrência por meio do monopólio legal. [...]

3. *Taxas são as receitas públicas cobradas pelo Estado tendo em vista principalmente o interesse público na atividade desempenhada pelo governo, mas considerando também que do exercício dessa atividade decorre diretamente para o particular um interesse individual específico. É o que ocorre quando o Estado desempenha atividades tipicamente públicas (saúde pública, polícia, justiça), cuja existência interessa à coletividade em geral, mas cujo exercício pode ser relacionado, em cada caso, a um determinado indivíduo.*

4. *Contribuições são as receitas cobradas pelo Estado tendo em vista preponderantemente o interesse público da atividade desempenhada pelo governo, mas considerando também as vantagens que decorrem dessa atividade, embora não diretamente e não especificamente para determinado indivíduo, mas para determinada classe ou categoria de particulares. É o que ocorre quando o governo decide construir uma obra pública, por exemplo, uma estrada, em razão do interesse geral na existência de meios de transporte, mas essa estrada vai beneficiar de modo especial os proprietários dos terrenos marginais.*

5. *Impostos, finalmente, são as receitas que o Estado cobra tendo em vista exclusivamente o interesse público da atividade desempenhada pelo governo, sem levar em conta as vantagens que possam decorrer dessa atividade para os particulares ou mesmo a ausência de tais vantagens sob o ponto de vista individual. É o que ocorre a todas as atividades inerentes à própria existência, organização e funcionamento do governo (administração pública, órgãos políticos, funcionalismo, defesa nacional), que representam um interesse público geral não suscetível de ser relacionado direta ou indiretamente a um determinado indivíduo.*[10]

Das espécies transcritas, cabe abordar a taxa e o preço, porém de forma apenas pontual, já que as divergências que se colocam entre os dois institutos, sobretudo no tocante à remuneração dos serviços públicos, são tormentosas e nos afastaria do objeto de estudo proposto.

A taxa é espécie de tributo, na forma de inciso II do art. 145 da Constituição Federal, cuja finalidade é remunerar serviços públicos e o exercício do poder de polícia.

O fato gerador da cobrança é a utilização do recurso hídrico para os fins mencionados no art. 12 da Lei 9.433/97, e que basicamente são aqueles que alteram o regime, a quantidade ou qualidade das águas. Não se configura, nessa

---

10. *Compêndio de legislação tributária*. 4. ed. póstuma. São Paulo: Resenha Tributária, 1982. p. 36-38.

hipótese, exercício do poder de polícia, pois o controle administrativo encontra-se no âmbito da outorga do direito de uso da água e no licenciamento ambiental.

Pelo exercício do poder de polícia das águas pode ser cobrada uma taxa, como de fato ocorre, do mesmo modo que para a obtenção de licença de construir, e tantas outras atividades que a Administração Pública exerce, fundadas no exercício de controle de atividades incluindo a emissão da outorga de direito de uso de recursos hídricos. Essa taxa é cobrada para remunerar os serviços de controle, prestados pela Administração Pública. Não se vislumbra, na cobrança, uma remuneração pelo exercício de poder de polícia.

Tampouco há que falar em tarifa, pois esta é remuneração pela prestação de serviço público, em geral pela modalidade de contrato, na forma do art. 175, da Constituição Federal. O serviço público possui características muito distintas da concessão de uso de bem público, ou de sua autorização.

Paga-se pelo uso privativo da água, em detrimento dos demais usos. O exemplo mais próximo dessa hipótese encontra-se em sistemas similares à chamada Zona Azul, em que se utiliza uma parte da via pública por determinado período para estacionamento, pagando por isso. O efeito dessa utilização é que, nesse interregno, o espaço da via pública, bem de uso comum, destina-se exclusivamente ao usuário, em detrimento do interesse dos demais.

É o que ocorre com a derivação ou captação para consumo final, como o abastecimento público, ou o abastecimento industrial, a extração de água de aquífero subterrâneo, o lançamento de esgotos e demais resíduos, com o fim de diluição, transporte ou disposição final, o uso em potenciais hidrelétricos, e outros, conforme dispõe o art. 12 da Lei 9.433/97.

A natureza do produto da cobrança é, pois, a de **preço público**, pois se trata de receita decorrente de exploração de bem de domínio público. Sua natureza é negocial, no âmbito dos comitês de bacia hidrográfica que deliberam sobre os mecanismos e valores e aos conselhos de recursos hídricos, que os homologam.

Cabe salientar que a cobrança é um instrumento econômico, cuja finalidade precípua é induzir comportamentos em direção do uso racional do recurso. Para isso, fixa-se um preço, que deve ser suficientemente significativo para mudar o comportamento dos usuários.

13.1.7 Aplicação do produto da cobrança

Os recursos obtidos a partir da Cobrança pelo Uso da Recursos Hídricos encontram-se adstritos a uma destinação específica, conforme segue[11]: *no finan-*

---

11. Lei 9.433/1997, art. 22, § 1º.

ciamento de estudos, programas, projetos e obras incluídos nos Planos de Recursos Hídricos e no pagamento das despesas de implantação e custeio administrativo dos órgãos e entidades integrantes do Singreh, este limitado a 7,5% (sete e meio por cento).

Se até 7,5% dos recursos da Cobrança destinam-se ao custeio dos órgãos e entidades do Singreh, no mínimo 92,5% devem ser destinados a estudos, programas, projetos e obras previstos nos Planos de Recursos Hídricos.

Os valores arrecadados com a Cobrança podem ser aplicados a **fundo perdido** em projetos e obras que alterem, de modo considerado benéfico à coletividade, a qualidade, a quantidade e o regime de vazão de um corpo de água[12]. Observa-se que, pela vontade do legislador, a regra é a aplicação em financiamentos reembolsáveis e a exceção é o fundo perdido.

A lei dispõe que a aplicação desses valores será feita, *prioritariamente*, na bacia hidrográfica em que foram gerados. Já alguns estados vinculam expressamente a aplicação do produto da Cobrança na bacia hidrográfica onde ocorreu a arrecadação.

Quando da implementação da Cobrança pelo Uso de Recursos Hídricos na Bacia Hidrográfica do rio Paraíba do Sul - primeira experiência no País - o termo *prioritariamente* foi considerado insuficiente para vincular a transferência dos recursos à bacia hidrográfica onde ocorreu a arrecadação, gerando insatisfação do Comitê Ceivap e pondo em risco a segurança jurídica do instrumento.

Basicamente, havia três desafios a superar:

1. garantir que a aplicação dos recursos da cobrança ficasse **vinculada à bacia** em que foram arrecadados;

2. garantir que os recursos da arrecadados ficassem **livres de contingenciamento**, o que poria em risco a efetividade do instrumento e

3. assegurar que os recursos ficassem **disponíveis nos exercícios financeiros seguintes** ao da arrecadação, tendo em vista a possibilidade de dificuldades e demora na condução dos processos de contratação com recursos públicos. Nesse cenário, três leis posteriores à Lei de Águas vieram dar respostas a esses desafios.

Essas três condicionantes para garantir a necessária segurança jurídica para a implementação da cobrança foram obtidos por meio de novas normas, que trataram dessas matérias, buscando adequar a Lei de Águas às necessidades verificadas quando do início da implementação da cobrança

---

12. Lei 9.433/1997, art. 22, § 1º.

A Lei de Responsabilidade Fiscal – Lei Complementar 101/2000[13] aborda dois dos desafios mencionados: a **vinculação** e a **disponibilidade** dos recursos em exercícios posteriores ao do ingresso. Para tanto, exige que lei específica regule essas matérias, dispondo que *os recursos legalmente vinculados a uma finalidade específica serão utilizados exclusivamente para atender ao objeto de sua vinculação, ainda que em exercício diverso daquele em que ocorrer o ingresso*[14]. A norma menciona *recursos legalmente vinculados*, ou seja, exige-se que uma lei estabeleça expressamente o comprometimento dos recursos, indicando a sua destinação específica. Nesse caso, havendo tal lei, os recursos ficam disponíveis mesmo em exercício diverso daquele em que ocorreu o ingresso.

A Lei 9.984/2000 determina que *as receitas provenientes da Cobrança pelo Uso de Recursos Hídricos de domínio da União serão mantidas à disposição da ANA, na Conta Única do Tesouro Nacional, enquanto não forem destinadas para as respectivas programações*. Por esse dispositivo, ficou garantida a **disponibilidade dos recursos da cobrança nos exercícios financeiros seguintes**.

Restava verificar se a Lei 9.984/2000 se enquadrava nas determinações do parágrafo único do art. 8º da Lei de Responsabilidade Fiscal, garantindo assim que não haveria, por exemplo, um contingenciamento de valores, comprometendo a sustentabilidade da Política de Recursos Hídricos. Como não havia finalidade específica nem vinculação indicada na Lei, inexistia ainda qualquer garantia de que os recursos financeiros obtidos por meio da Cobrança ficassem preservados ou, em linguagem figurativa, *carimbados*. Era necessário fixar, em uma nova lei, tal obrigação.

Havendo um dispositivo que obrigasse expressamente a destinação dos recursos obtidos a partir da Cobrança pelo Uso dos Recursos Hídricos aos estudos, planos, programas e obras contidos nos planos de aplicação, que constituem uma parte dos planos de recursos hídricos, devidamente aprovados pelo respectivo Comitê de Bacia Hidrográfica, a Lei de Responsabilidade Fiscal asseguraria a transferência automática, de natureza vinculante – e não o repasse, que é de natureza discricionária – de recursos financeiros do Tesouro Nacional para a Agência de Águas da Bacia. Além disso, era necessário implantar um mecanismo institucional de controle para a transferência dos recursos do Tesouro Nacional para uma conta bancária em nome da Agência de Águas ou entidade Delegatária

Foi necessário, então buscar alternativas para esse impasse, o que foi solucionado com a edição da Lei 10.881/2004. Por meio dessa norma, estabeleceu-se

---

13. A Lei Complementar 101/2000 estabelece normas de finanças públicas voltadas para a responsabilidade na gestão fiscal.
14. Lei Complementar 101/2000, art. 8º, parágrafo único.

que são *asseguradas à entidade delegatária as transferências da ANA provenientes das receitas da cobrança em rios de domínio da União arrecadadas na respectiva bacia hidrográfica.*

Além de vincular a aplicação da receita da Cobrança à bacia de origem, a Lei 10.881/2004 contribuiu para reforçar o **caráter vinculante** da aplicação do produto da Cobrança, mesmo que ela venha a transitar, como receita pública proveniente de usos de bens públicos pelo Tesouro Nacional, submetendo-se ao Sistema de Conta Única.

Mais que isso, a Lei 10.881/2004 menciona expressamente, no art. 4º, § 3º, que se *aplica a essas transferências o disposto no § 2º do art. 9º da Lei Complementar 101/2000*, segundo o qual *não serão objeto de limitação as despesas que constituam obrigações constitucionais e legais do ente, inclusive aquelas destinadas ao pagamento do serviço da dívida*, e as ressalvadas pela Lei de Diretrizes Orçamentárias. Ou seja, o produto da Cobrança está livre de sofrer **contingenciamentos**.

Era ainda necessário verificar, sob o aspecto do direito financeiro, como garantir que esses valores retornassem à bacia hidrográfica em que foram arrecadados a fim de serem efetivamente aplicados de acordo com a Lei 9.433/1997. Ou seja, era necessária a segurança jurídica para **transformar a receita em despesa**, mesmo nos exercícios financeiros posteriores ao da arrecadação.

A Agência de Águas deveria celebrar **contrato de gestão** ou instrumento equivalente com a ANA, no qual seriam fixadas as obrigações a serem cumpridas. A ANA exerceria o acompanhamento e o controle do cumprimento das condições do contrato de gestão, cabendo a ela proceder às autorizações para as transferências. Aqui, uma sutileza: a transferência é automática. A finalidade é garantida. Todavia, dependia de uma autorização do ente controlador dessa conta – Agência Nacional de Águas e Saneamento Básico –, fundamentada no cumprimento do contrato de gestão ou em outro compromisso que viesse a ser celebrado entre a Agência de Águas e a ANA, para que a Agência de Água pudesse receber os recursos.

Tendo em vista que a Lei 9.433/1997 estabelece, nas Disposições Gerais e Transitórias, que o Conselho Nacional de Recursos Hídricos e os Conselhos Estaduais de Recursos Hídricos poderão delegar a organizações sem fins lucrativos relacionadas no art. 47 da Lei, por prazo determinado, o exercício de funções de competência das Agências de Água, enquanto esses organismos não estiverem constituídos, formulou-se um **modelo institucional** que busca resolver: 1. os problemas suscitados pelo termo *prioritariamente* mencionado no art. 22; 2. o risco de contingenciamento dos valores arrecadados e 3. a sua permanência de um exercício financeiro para outro.

A Lei 10.881/2004 veio trazer soluções para esses entraves. Em dispositivo específico conferiu a necessária consistência no fluxo financeiro da Cobrança pelo Uso de Recursos Hídricos, assegurando à entidade delegatária as transferências da ANA provenientes das receitas da cobrança pelos usos de recursos hídricos em rios de domínio da União, [pela derivação ou captação de parcela da água existente em um corpo de água para consumo final, inclusive abastecimento público, ou insumo de processo produtivo, o lançamento em corpo de água de esgotos e demais resíduos líquidos ou gasosos, tratados ou não, com o fim de sua diluição, transporte ou disposição final e outros usos que alterem o regime, a quantidade ou a qualidade da água existente em um corpo de água, que tenham sido] arrecadadas na(s) respectiva(s) bacia(s) hidrográfica(s).

Trata-se de obrigação legal, pois o § 1º do art. 4º da Lei no 10.881/2004 assegura expressamente à Entidade Delegatária as transferências da ANA, provenientes das receitas da Cobrança por derivação ou captação, lançamento de esgotos e resíduos e outros usos que alterem o regime, a quantidade ou a qualidade dos recursos hídricos. Decorrendo de lei, ficam os valores oriundos da Cobrança livres de contingenciamento.

Foi a partir dessa complexa tramitação que se deu início à Cobrança na bacia do rio Paraíba do Sul, início de uma nova etapa na implementação das políticas de águas.

13.1.8 Reflexões acerca da Cobrança

A Cobrança fortalece a gestão descentralizada e participativa dos recursos hídricos. A Lei determina que a sua implementação deve ser realizada a partir de uma decisão estabelecida, por consenso ou votação da maioria dos membros, no âmbito dos Comitês de Bacia Hidrográfica, com participação dos usuários de água, das organizações civis e dos poderes públicos, tendo como principal agente executor a Agência de Águas ou a Entidade Delegatária, nos termos da Lei 10.881/2004. Fundamentalmente, a Cobrança nasce de um processo de governança em que se discutem os mecanismos e os valores a serem cobrados.

A governança deve manter-se ao longo do tempo, pois é preciso que os usuários da água não apenas compreendam o seu valor e a razão do pagamento pelo uso, como também e principalmente tenham o conhecimento claro de quais ações estão sendo financiadas na bacia com esses recursos especificamente, devendo conscientizar-se de que também são responsáveis por todas as decisões relativas à cobrança e, consequentemente, por seus resultados, pois são membros dos Comitês de Bacia Hidrográfica e dos Conselhos de Recursos Hídricos.

Segundo a OCDE, *os comitês e as agências da bacia hidrográfica devem adquirir **experiência com a análise econômica**. Este é um requisito para se aproximar do custo de oportunidade do uso da água, e o custo da poluição, dois itens que servem de base para estabelecer o nível das cobranças. A análise econômica também é necessária para apoiar a avaliação dos impactos das cobranças sobre a competitividade de indústrias selecionadas ou agricultores, ou sobre o orçamento de famílias de baixas rendas. Também é necessário avaliar o benefício econômico da melhoria da gestão dos recursos hídricos na bacia hidrográfica. Uma análise econômica robusta pode apoiar as discussões dentro de conselhos mais informadas, ao invés de discussões de ideias mal fundamentadas.*[15]

No âmbito da Política Nacional de Recursos Hídricos, o atingimento dos objetivos fixados depende do *pleno funcionamento dos instrumentos de gestão em todo o território da bacia (Planos de Recursos Hídricos; Enquadramento dos Corpos de Água em Classes, segundo os usos preponderantes da água; Outorga dos Direitos de Uso de Recursos Hídricos; Cobrança pelo Uso de Recursos Hídricos; e Sistema de Informações sobre Recursos Hídricos), assim como da atuação coordenada dos entes do Singreh, num ambiente de múltiplo domínio das águas. Se bem concebida, a Cobrança trará benefícios no médio e no longo prazo, contribuindo para alcance dos seus objetivos e dos objetivos da Política.*[16] Essa compreensão, pelos atores envolvidos, é essencial para garantir o necessário apoio ao avanço da implementação da PNRH em cada bacia hidrográfica.

Esse assunto é tão nevrálgico que o Supremo Tribunal Federal (STF) decidiu pela possibilidade de outro ente assumir as competências dos Comitês, quando estes não se movimentam. É o caso da decisão proferida em Acórdão[17] sobre a Cobrança pelo Uso de Recursos Hídricos estabelecida por lei estadual do Rio de Janeiro, não pela indefinição dos Comitês, mas ela própria inexistência desses órgãos colegiados no estado, com exceção do Comitê do Guandu. Como não foi articulada a instalação dos Comitês, não havia como implementar a Cobrança no estado, o que foi suprido por uma lei.

No que se refere aos **valores da cobrança**, para fazer frente às ações necessárias nas bacias hidrográficas com o objetivo de melhorar a quantidade e qualidade das águas disponíveis, cabem algumas observações. Segundo a OCDE, a *cobrança*

---

15. OCDE (2017), Cobranças pelo uso de recursos hídricos no Brasil: Caminhos a seguir, Éditions OCDE, Paris, p. 23. Disponível em: http://dx.doi.org/10.1787/9789264288423-pt. Acesso: 10 maio 2022.
16. ANA. Relatório da Conjuntura Recursos Hídricos Brasil. Cobrança pelo Uso de Recursos Hídricos, p. 71. Disponível em: https://www.ana.gov.br/todos-os-documentos-do-portal/documentos-sas/arquivos-cobranca/documentos-relacionados/encarte-cobranca-conjuntura-2019.pdf. Acesso: 10 maio 2022.
17. ADI 3.336/RJ. Relator: Dias Toffoli. 14-2-2020.

pelo uso de recursos hídricos, quando existem, estão estabelecidas com valores muito baixos e falham no incentivo à mudança comportamental ou no financiamento significativo de apoio à política. Além disso, a sua estrutura (por exemplo, valores fixos) e as isenções de cobrança para alguns setores podem ser inadequados em algumas situações específicas; por exemplo, as consequências sociais e econômicas não são devidamente avaliadas; a transparência na cobrança e no uso das receitas é um desafio e a fiscalização é falha em muitos casos[18]. É necessário avaliar essas questões, pois é certo que os valores praticados, de uma maneira geral, ficam muito abaixo das necessidades verificadas para fazer frente ao custo das ações propostas nos Planos de Recursos Hídricos.

Para dar um exemplo, o preço por m³ de captação de água bruta[19] na Bacia Hidrográfica do Rio Doce em 2019 foi de R$ 0,0336.[20] O setor de saneamento básico, que capta água bruta de mananciais paga essa quantia, podendo repassar esses valores aos usuários, nas contas de água. Considerando uma família de 4 pessoas, que venha a consumir 15 m³ por mês, e na hipótese de o prestador dos serviços de abastecimento de água potável repassar aos usuários a totalidade do valor da Cobrança, essa família pagará, mensalmente, pelo uso da água[21] R$ 0,50. Por ano, essa família pagará R$ 6,04 a título de Cobrança pelo Uso de Recursos Hídricos. Fazendo uma comparação com o preço de um produto muito consumido no País, o cafezinho, que custava R$ 2,39, em 2014, e passou a custar R$ 3,40, em 2018, na média nacional.[22] Percebe-se, nessa comparação, o quanto a água bruta é subvalorizada.

13.2 PAGAMENTO POR SERVIÇOS AMBIENTAIS (PSA)

O mecanismo do PSA foi instituído sob o aspecto normativo pela primeira vez no Brasil pela Política Estadual de Mudanças Climáticas do Estado de São Paulo, Lei 13.798/2009, em seu art. 23, que instituiu a possibilidade de *pagamentos aos proprietários rurais conservacionistas, por meio do Programa de Remanescentes Florestais, sob coordenação da então denominada Secretaria Estadual do Meio*

---

18. OCDE (2017), Cobranças pelo uso de recursos hídricos no Brasil: Caminhos a seguir, Éditions OCDE, Paris, p. 27. Disponível em: **http://dx.doi.org/10.1787/9789264288423-pt**. Acesso: 10 maio 2022.
19. Água captada em corpo hídrico, antes de qualquer tratamento artificial.
20. ANA. Relatório da Conjuntura Recursos Hídricos Brasil. Cobrança pelo Uso de Recursos Hídricos, p. 51. Disponível em: https://www.snirh.gov.br/portal/centrais-de-conteudos/conjuntura-dos-recursos-hidricos/ana_encarte_cobranca_conjuntura2019.pdf. Acesso: 10 maio 2022.
21. Não confundir com o pagamento pela prestação dos serviços de abastecimento de água potável.
22. CAFEICULTURA. Análise de indicadores da Pesquisa +Valor mostra que o gasto médio do trabalhador brasileiro com o cafezinho pós-almoço supera em 15 pontos percentuais o reajuste sofrido pela refeição no período. Disponível em: https://revistacafeicultura.com.br/?mat=68515. Acesso: 10 maio 2022.

Ambiente/SP, com o objetivo de fomentar a delimitação, demarcação e recuperação de matas ciliares e outros tipos de fragmentos florestais.

O Decreto Estadual 55.947/2010, que regulamenta a política paulista de mudanças climáticas previu a possibilidade de os municípios conveniados solicitarem *recursos financeiros, sob a forma de crédito não reembolsável, ao Fundo Estadual de Prevenção e Controle da Poluição (FECOP) para a execução de projetos de PSA.*[23]

A Lei 12.651/2012 previu, em seu art. 41, a utilização de pagamento ou incentivo a serviços ambientais como retribuição, monetária ou não, às atividades de conservação e melhoria dos ecossistemas e que gerem serviços ambientais. Por seu turno, a Política Nacional de Resíduos Sólidos expressa o princípio do protetor recebedor em seu art. 6º, II.

O Brasil possui um marco legal federal sobre o PSA, com a promulgação da Lei Federal 14.119/2021, a PNPSA. Um dos objetivos é incentivar medidas para garantir a segurança hídrica em regiões submetidas a escassez de água para consumo humano e a processos de desertificação, bem como estimular a conservação dos recursos hídricos.

Tratar de projetos de PSA refere-se à conservação da água e aos direitos humanos. A nosso ver, o principal objetivo da Lei 9.433/1997 é garantir água em qualidade e quantidade para as atuais e futuras gerações. Esse objetivo está intrinsecamente associado ao direito humano à água, reconhecido pela primeira vez no contexto internacional no âmbito das Nações Unidas de forma implícita ao estabelecer garantia a outros direitos, como saúde, bem-estar e saneamento.[24]

13.2.1 Serviços ambientais

A abordagem dos instrumentos econômicos em matéria ambiental refere- se ao fato de que o uso cada vez mais intenso dos recursos naturais tende a levá-los à escassez, o que enseja uma valoração de cunho econômico a bens que anteriormente eram considerados como dádiva da Natureza. Esses serviços são prestados, portanto, pela Natureza. E beneficiam tanto os processos naturais como as inúmeras atividades humanas.

Os **serviços ambientais** foram definidos por Robert Costanza e Ralph d'Arge como o "fluxo de materiais, energia e informação que provêm dos estoques de

---

23. Decreto Estadual 55.947/2010, art. 65, § 3º.
24. LIMA, Maria Isabel Leite Silva de; GRANZIERA, Maria Luiza. Pagamentos por serviços ambientais: uma perspectiva econômica para a conservação das águas In: Direitos Sociais, Políticas Públicas e Seguridade e Direito Agrário e Ambiental. Zaragoza – Espanha: Prensas de La Universidad de Zaragoza, 2018, v. 26, p. 399-420. Disponível em: https://www.conpedi.org.br/wp-content/uploads/2018/04/Vol-26-dir-sociais-e-politicas-publicas-e-dir-agrario-e-ambiental.pdf. Acesso: 10 maio 2022.

capital natural e são combinados ao capital de serviços humanos pra produzir bem estar aos seres humanos".[25] Esse conceito vem ganhando importância na discussão sobre políticas públicas de preservação e conservação ambiental.[26]

Serviços ambientais são definidos como *fluxo de materiais, energia e informação de estoques de capital natural que são combinados ao capital de serviços humanos para produzir bem-estar aos seres humanos.*[27]

Tais serviços podem ser classificados da seguinte forma:
- serviços de **apoio**: mantêm as condições de vida na Terra;
- serviços **reguladores**: como o controle natural do clima e da erosão do solo, por exemplo;
- serviços de **suprimento**: provisão de alimentos e remédios naturais, por exemplo;
- serviços **culturais**: proporcionam benefícios não materiais, como sistemas de conhecimento, valores estéticos, patrimônio cultural, recreação e valores comunitários e simbólicos.[28]

A Lei 14.119/2021 instituiu a **Política Nacional de Pagamento por Serviços Ambientais**, conceituando tais serviços como *atividades individuais ou coletivas que favoreçam a manutenção, a recuperação ou a melhoria dos serviços ecossistêmicos.*[29]

Por sua vez, os *serviços ecossistêmicos* consistem em

benefícios relevantes para a sociedade gerados pelos ecossistemas, em termos de manutenção, recuperação ou melhoria das condições ambientais, nas seguintes modalidades:

a) serviços de provisão: os que fornecem bens ou produtos ambientais utilizados pelo ser humano para consumo ou comercialização, tais como água, alimentos, madeira, fibras e extratos, entre outros;

---

25. COSTANZA, Robert; d'ARGE. The value of the world's ecosystem services and natural capital. Nature, v. 387, 6630, pp. 253-260, 1997.
26. NUSDEO, Ana Maria de Oliveira. Pagamento por serviços ambientais. São Paulo: Atlas, 2012, p. 16.
27. CONSTANZA, Robert et al. The Value of the world's ecosystem services and natural capital. In: Nature, v. 387, 6630, 1997, p. 253-260.
28. BRASIL. Ministério do Meio Ambiente, Secretaria de Biodiversidade e Florestas. Inter-relações entre biodiversidade e mudanças climáticas. Brasília, 2007, p. 11. A abordagem dos instrumentos econômicos em matéria ambiental refere– se ao fato, conforme já mencionado, de que o uso cada vez mais intenso dos recursos naturais tende a levá-los à escassez, impondo uma valoração de cunho econômico a bens que anteriormente eram considerados como dádiva da Natureza.
29. Lei 14.119, 2021, 2º, art. III.

b) serviços de suporte: os que mantêm a perenidade da vida na Terra, tais como a ciclagem de nutrientes, a decomposição de resíduos, a produção, a manutenção ou a renovação da fertilidade do solo, a polinização, a dispersão de sementes, o controle de populações de potenciais pragas e de vetores potenciais de doenças humanas, a proteção contra a radiação solar ultravioleta e a manutenção da biodiversidade e do patrimônio genético;

c) serviços de regulação: os que concorrem para a manutenção da estabilidade dos processos ecossistêmicos, tais como o sequestro de carbono, a purificação do ar, a moderação de eventos climáticos extremos, a manutenção do equilíbrio do ciclo hidrológico, a minimização de enchentes e secas e o controle dos processos críticos de erosão e de deslizamento de encostas;

d) serviços culturais: os que constituem benefícios não materiais providos pelos ecossistemas, por meio da recreação, do turismo, da identidade cultural, de experiências espirituais e estéticas e do desenvolvimento intelectual, entre outros;

São os serviços ecossistêmicos que asseguram *ar puro, água limpa, terras férteis, polinização de plantas, controle de pragas e doenças, entre outros. São serviços essenciais para a manutenção das condições necessárias para a vida humana no planeta e são providos por ecossistemas saudáveis*[30].

Os programas de Pagamento por Serviços Ambientais (PSA) podem ser conceituados como *transações entre duas ou mais partes envolvendo a remuneração àqueles que promovem a conservação, recomposição, incremento ou manejo de áreas de vegetação considerada apta a fornecer certos serviços ambientais*[31].

Ou seja, os serviços são prestados pela Natureza. Mas há pessoas que protegem e promovem tais serviços, fazendo jus a uma contrapartida, que pode ser financeira ou de outra natureza, como capacitação, transferência de tecnologia, entre outros.

Dessa nova forma de olhar o direito ambiental surgem novos princípios: o **protetor-recebedor**, como um contraponto ao poluidor-pagador, princípio típico do comando-controle e o **beneficiário-pagador**, como uma extensão do princípio usuário pagador.

A Lei 12.305/2010 menciona, entre os princípios orientadores da Política Nacional de Resíduos Sólidos, o **protetor-recebedor** (art. 6º, II). O núcleo desse

---

30. FOREST TRENDS. Incentivos econômicos para serviços ecossistêmicos no Brasil. Rio de Janeiro: Forest Trends, 2015, p. 1.
31. NUSDEO, Ana Maria de Oliveira. Pagamento por serviços ambientais. Sustentabilidade e disciplina jurídica. São Paulo: Atlas, 2012. p. 69.

princípio consiste na proteção e manutenção do meio ambiente, sem que necessariamente a atuação do **protetor-recebedor** esteja associada a um dano. Por essa razão, o princípio aplica-se a outras práticas que não apenas o manejo de resíduos sólidos. É caso, por exemplo, dos Pagamentos por Serviços Ambientais (PSA) com vista na proteção de recursos hídricos, incluindo os mananciais de abastecimento público.

A Lei 14.119/2021 indica que o **provedor de serviços ambientais** é a *pessoa física ou jurídica, de direito público ou privado, ou grupo familiar ou comunitário que, preenchidos os critérios de elegibilidade, mantém, recupera ou melhora as condições ambientais dos ecossistemas.*[32]

Importante destacar, todavia, que o beneficiário, como provedor de serviço ambientais, é parte de um contrato com direitos e obrigações relacionadas com a adoção de práticas adequadas e necessárias para a proteção do meio ambiente. Dessa forma, embora se utilize essa terminologia – beneficiário – para as pessoas, é a Natureza que ao final recebe um benefício.

O **beneficiário pagador** é a pessoa que recebe um certo benefício ambiental, ou seja, que se favorece dos serviços prestados pelos produtores. Esse conceito enseja uma comunicação eficiente para conferir clareza quanto às finalidades e à necessidade de contribuição, pelos financiadores. O argumento é que os produtores rurais necessitam de apoio financeiro para adequarem suas terras e prestarem os serviços ambientais para os usuários da água que serão beneficiados.[33] A Lei 14.119/2021, em seu art. 2º, V, dispõe que o **pagador de serviços ambientais** pode ser poder público, organização da sociedade civil ou agente privado, pessoa física ou jurídica, de âmbito nacional ou internacional, que provê o pagamento dos serviços ambientais.

O PSA surge, fundamentado no princípio do protetor-recebedor, no contexto de utilização excessiva dos recursos naturais, como a água, e sua consequente escassez. Tendo em vista o fato de serem recursos escassos, é imputado a eles um valor e introduzida uma lógica de mercado, na qual é possível remunerar aqueles que os preservam.

As principais características do sistema de PSA são:
- Trata-se de um acordo voluntário entre as partes;
- O objeto da transação é um serviço ambiental claramente definido, ou, por exemplo, o uso sustentável do solo – permitindo assegurar o serviço ambiental;

---

32. Lei 14.119/2021, art. 2º, VI.
33. AGÊNCIA NACIONAL DE ÁGUAS. Nota Informativa – Programa Produtor de Água. Disponível em: https://www.gov.br/ana/pt-br/acesso-a-informacao/acoes-e-programas/programa-produtor-de-agua. Acesso: 10 maio 2022.

- Deve existir pelo menos um comprador e um provedor do serviço;
- O provedor dos serviços do ecossistema deve assegurar a prestação desses serviços (condicionalidade).[34]

A Lei 14.119/2021 estabelece, em seu art. 21, *as receitas oriundas da cobrança pelo uso dos recursos hídricos de que trata a Lei 9.433, de 8 de janeiro de 1997, poderão ser destinadas a ações de pagamento por serviços ambientais que promovam a conservação e a melhoria da quantidade e da qualidade dos recursos hídricos e deverão ser aplicadas conforme decisão do comitê da bacia hidrográfica.*

Essa sistemática já vinha sendo adotada no País. Segundo o Manual de Operação desse modelo institucional, aos Comitês de Bacia Hidrográfica e respectivas Agências cabe: 1. indicar essa destinação ao aprovar o Plano de Aplicação dos recursos da Cobrança pelo Uso da Água; 2. abrir processo administrativo para seleção de projetos de reflorestamento e conservação de água e solo que aportem benefícios aos objetivos do programa; 3. celebrar os contratos com os produtores rurais estabelecendo metas, épocas de verificação e pagamentos dos benefícios; 4. acompanhar, juntamente com a ANA e o órgão gestor estadual, o cumprimento das metas do programa e 5. certificar os critérios de implantação do programa[35].

13.2.2 O caso Catskill

Um exemplo de sucesso de Pagamento por Serviços Ambientais é o ocorrido no Estado de New York, nos anos de 1990, na cadeia de montanhas de Catskill, a oeste das nascentes do Rio Hudson, que compõem o complexo sistema de abastecimento cidade de Nova York, nos Estados Unidos.

De 1830 até a década de 1980, a cidade de Nova York recebeu os benefícios dos ecossistemas rurais em grande parte intactos que forneciam à cidade de Nova York água potável pura por um valor baixo, pois não havia necessidade de tratamentos mais complexos.

Na década de 1980 a agricultura industrializada transformou o cenário anterior, minando a vitalidade econômica das pequenas fazendas familiares que pontilhavam a cadeia de montanhas Catskill. Os agricultores locais, na tentativa de permanecer economicamente viáveis, começaram a industrializar suas pró-

---

34. WUNDER, Sven. Payment for environmental services: some nuts and bolts. CIFOR Occasional Paper, Jakarta: Center for International Forestry Research n. 42, 2005. Disponível em: http://www.cifor.org/publications/pdf_files/OccPapers/OP-42.pdf. Acesso: 10 maio 2022.
35. ANA. Manual Operativo do Programa Produtor de Água. 2ª Edição. Brasília: ANA, 2012. Disponível em: http://produtordeagua.ana.gov.br/Portals/0/DocsDNN6/documentos/Manual%20Operativo%20Vers%C3%A3o%202012%20%2001_10_12.pdf. Acesso: 10 maio 2022.

prias operações agrícolas. O uso de nutrientes aumentou, a erosão acelerou e os temores de contaminação por patógenos começaram a crescer.

Em uma tentativa adicional de manter a viabilidade econômica, os agricultores também começaram a vender porções florestais de suas terras para o desenvolvimento urbano, prejudicando a qualidade das águas, e gerando necessidade de aplicação de somas vultosas no tratamento da água a ser fornecida para New York, o que contrariava as ideias dos responsáveis pelo serviço de água.

Ao invés de pagar para limpar os resultados da degradação do ambiente produtor de água, ou seja, tratar a água para distribuição, decidiu-se que a cidade investiria na preservação do ambiente rural de Catskill. A filosofia da equipe era que um bom ambiente seria capaz de produzir boa água.

Os desafios relatados por Albert F. Appleton, então diretor do New York City Water and Sewer e Comissário do New York City Department of Environmental Protection, consistiam em superar a *história, o preconceito, o folclore burocrático e preconceitos institucionais para reorientar as ações, criando um programa de trabalho de prevenção da poluição*. A filosofia da equipe era que um *bom ambiente irá produzir boa água* [36]. O processo de negociação entre o Serviço de Água e Esgoto de New York e a comunidade rural de Catskill durou 18 meses de trabalho mútuo e, no final, usando conceitos mais tarde chamados de *serviços ecossistêmicos*, foi elaborado um acordo inovador e de longo alcance.

A questão nuclear era definir quais investimentos a cidade deve fazer. A opção adotada foi organizar um programa sem precedentes de fiscalização regulatória contra pontos de escoamento da poluição nas bacias hidrográficas. À medida que o escopo das intenções da cidade se tornava aparente, os agricultores e outros proprietários rurais reagiram, denunciaram a cidade e tentaram resistir a essa pressão. A cidade procurou o Departamento de Agricultura e solicitou sua ajuda na criação de um diálogo com a comunidade agrícola. O processo de **governança** iniciou-se quando ambas as partes puderam expor seus interesses e necessidades.

A cidade fornecia pela primeira vez à comunidade agrícola uma cartilha sobre as especificidades da preservação da água potável, as obrigações regulamentares da cidade, os riscos que estava tentando lidar e sua estratégia geral para fazê-lo. No final dessa discussão, os agricultores começaram a substituir seus

---

36. APPLETON, Albert F. How New York City Used an Ecosystem Services Strategy Carried out Through an Urban-Rural Partnership to Preserve the Pristine Quality of Its Drinking Water and Save Billions of Dollars. Disponível em: http://www.iea.usp.br/publicacoes/how-new-york-city-used-an-ecosystem-services-strategy-carried-out-through-an-urban-rural-partnership-to-preserve-the-pristine--quality-of-its-drinking-water-and-save-billions-of-dollars/view. Acesso em: 4 mar. 2020.

estereótipos da cidade e foram reconhecendo que a cidade tinha necessidades que precisavam ser atendidas.

Depois foi a vez dos agricultores, que criaram um programa para incorporar o planejamento ambiental na estratégia de negócios da fazenda. No planejamento de cada fazenda, um plano de controle de poluição foi desenvolvido especificamente por uma equipe composta por fazendeiros e especialistas locais. Em vez de utilizar medidas padrão de controle de poluição de *tamanho único*, todo o plano agrícola foi adaptado às necessidades de cada fazenda e agricultor, usando seu próprio conhecimento e experiência. O plano era então revisado e aprovado pelo Watershed Agricultural Council, uma instituição de base local criada para executar o programa Catskill Farm. Uma vez aprovada, a cidade pagaria os custos de capital de implementá-lo, bem como uma bolsa anual em andamento. Ao aderir ao programa, o fazendeiro não apenas ficava aliviado do ônus contínuo de lidar com os reguladores de controle de poluição. Um incentivo foi que muitas das medidas em planos individuais de fazendas inteiras tiveram benefícios econômicos específicos para o agricultor, ajudando a restaurar a viabilidade da agricultura de Catskill.

Em 1997, com a assinatura do Memorandun of Agreement (MOA) por centenas de atores sociais, estabeleceu-se um amplo acordo de PSA, assistência técnica para o manejo seguro das atividades produtivas realizadas na bacia hidrográfica e um programa de compra de terras e de compensações por servidão. Dessa forma, os fazendeiros locais foram nomeados *guardiões da água* e passaram a ser remunerados pelos serviços ambientais prestados.

Desse exemplo, três fatores chamam a atenção. Em primeiro lugar, Appleton menciona expressamente que a equipe era formada por especialistas em *gestão, finanças públicas e políticas ambientais, particularmente no uso da terra com experiência em solução de conflitos com a perspectiva de múltiplos parceiros e solução de problemas trabalhando juntamente com os engenheiros civis*.[37] Em segundo lugar, a negociação foi aberta, e contou com o auxílio de agentes técnicos externos, que trabalharam junto com os proprietários rurais. Isso demonstra a necessidade de equipes multidisciplinares e o exercício de governança em que se pode ouvir todos os lados, criando empatias que possibilitam a celebração de acordos legítimos, factíveis e duradouros.

---

37. APPLETON, Albert F. How New York City Used an Ecosystem Services Strategy Carried out Through an Urban-Rural Partnership to Preserve the Pristine Quality of Its Drinking Water and Save Billions of Dollars. Disponível em: http://www.iea.usp.br/publicacoes/how-new-york-city-used-an-ecosystem-services-strategy-carried-out-through-an-urban-rural-partnership-to-preserve-the-pristine--quality-of-its-drinking-water-and-save-billions-of-dollars/view. Acesso: 10 maio 2022.

O terceiro fator refere-se a como o caso é exposto. O arranjo institucional trata da cidade como financiadora dos serviços ambientas necessários à melhoria da qualidade da água consumida e à economia no tratamento dessa água.

13.2.3 Programa Produtor de Água (PPA)

O Programa, criado em 2001, ocorre mediante *orientação ou apoio a projetos, nas diversas regiões do Brasil, que visem à redução da erosão e do assoreamento de mananciais no meio rural, propiciando a melhoria da qualidade e a regularização da oferta de água em bacias hidrográficas. De modo geral, os projetos são implantados em trechos de bacias hidrográficas, geralmente microbacias com representatividade em nível municipal, mas conforme suas possibilidades, podem alcançar regiões maiores ou avançar para a dimensão política estadual. São voltados a produtores rurais que se proponham, voluntariamente, a adotar práticas e manejos conservacionistas em suas propriedades com vistas à conservação de solo e água. Os projetos podem ser desenvolvidos por arranjos organizacionais compostos por estados, municípios, comitês de bacia, companhias de abastecimento e geração de energia, dentre outras instituições públicas ou privadas.*[38]

No Brasil existem inúmeras iniciativas de PSA relacionadas com a água. O Programa Produtor de Água (PPA), da Agência Nacional de Águas e Saneamento Básico já conta com muitos exemplos exitosos. Segundo a Nota Informativa da ANA de agosto de 2018,[39,] esse "programa é uma forma de promover o desenvolvimento de iniciativas voltadas à conservação dos recursos hídricos e se fundamenta na Política Nacional de Recursos Hídricos que dispõe, entre suas diretrizes, sobre a **articulação da gestão de recursos hídricos com a do uso do solo**. No caso dos mananciais, esse recorte está perfeitamente alinhado às necessidades de proteção.

A sistemática do PSA hídrico da ANA, de acordo com a citada Nota, pode ser assim detalhada:

- *Cada projeto visa melhorar os recursos hídricos de uma bacia hidrográfica escolhida e é desenvolvido por um grupo de instituições públicas e privadas de atuação na própria região;*
- *O PPA se fundamenta no princípio de que, de um lado, há um grupo de **pessoas interessadas na água** e que estão dispostas a contribuir; de outro

---

38. ANA. Manual Operativo do Programa Produtor de Água. 2ª Edição. Brasília: ANA, 2012. Disponível em: http://produtordeagua.ana.gov.br/Portals/0/DocsDNN6/documentos/Manual%20Operativo%20Vers%C3%A3o%202012%20%2001_10_12.pdf. Acesso: 10 maio 2022.
39. ANA. Nota Informativa – Programa Produtor de Água. Disponível em: https://www.gov.br/ana/pt-br/todos-os-documentos-do-portal/documentos-sip/produtor-de-agua/documentos-relacionados/1-nota-informativa-programa-produtor-de-agua.pdf. Acesso: 10 maio 2022.

lado, existem **produtores rurais que não dispõem de recursos** para implementar as ações iniciais de adequação, mas que podem integrar o projeto;
- O modelo possibilita a conservação da água pelo manejo adequado das propriedades, transformando-as em prestadoras de serviços ambientais, que mantêm e contribuem com a melhoria das atividades produtivas, buscando alcançar a harmonia entre sustentabilidade da produção e conservação dos recursos naturais, principalmente os hídricos;
- A implementação de um projeto se inicia na própria região de interesse, em geral por um grupo de instituições com atuação local, podendo também contar com integrantes de maior abrangência, como os governos estaduais e o federal, ou ainda, de companhias transnacionais;
- O projeto envolve a articulação e construção do arranjo institucional entre os diversos participantes na própria região, públicos ou privados, produtores rurais e quaisquer outros interessados, formalização das parcerias e a condução do projeto ao longo do tempo, constituindo um espaço de governança.
- Não há relacionamento direto entre a ANA e os produtores rurais, que interagem diretamente com as Prefeituras e órgãos de assistência técnica rural que se mobilizarem com este propósito.
- Os principais atores são as prefeituras, as câmaras legislativas dos municípios, os sindicatos e associações de produtores rurais, companhias agropecuárias, órgãos de assistência técnica, instituições de pesquisa e ensino, órgãos de meio ambiente, indústrias, companhias de saneamento de água e esgoto, companhias de geração de energia, organizações não governamentais, comitês de bacias hidrográficas, a comunidade local e quaisquer outros que tenham interesse em participar e contribuir.
- O grupo se organiza em um arranjo institucional, em geral na forma de um "Acordo de Cooperação" onde cada participante contribui com alguma ação que lhe for mais favorável e os governos, tanto o municipal quanto estadual ou federal, podem ser integrantes ou prestar auxílio de alguma forma;
- A partir do ingresso do produtor no projeto, ele receberá para adotar práticas conservacionistas em suas atividades, sendo também possível que o conjunto de instituições parceiras passam a executar as ações de adequação em sua propriedade;
- O manejo correto das propriedades consiste na adoção de práticas de conservação de solo e água que resultem em conservação ambiental e consequentes externalidades ecossistêmicas positivas, principalmente a redução da erosão e aumento do volume de água disponível para a sociedade.

- O ingresso dos produtores no projeto é totalmente voluntário e que a adequação ambiental de suas propriedades é uma consequência positiva do projeto e não uma imposição legal;

- Os serviços são exportados para fora dos limites da propriedade e alcançam um território mais amplo. Nesse sentido, o entendimento é que "o Programa se desenvolve em linha essencialmente contratual, sujeitando-se a procedimento licitatório, com publicação de editais, seleção de propostas, aferição de resultados, etc. E se diferencia dos auxílios financeiros de natureza assistencialista na exata medida em que impõe exigências à aprovação de Projetos, que devem atender a critérios de seleção, bem como na vinculação do recebimento dos incentivos ao alcance de resultados de beneficiamento efetivo para a bacia hidrográfica";[40]

- Sobre a origem dos recursos financeiros, é necessário encontrar os mecanismos adequados e financiadores disponíveis reunindo os recursos específicos para o PSA na própria região, para que o projeto possa se sustentar ao longo do tempo;

- Um dos desafios a serem enfrentados consiste na comunicação e no convencimento sobre a necessidade de os produtores rurais obterem de apoio financeiro para adequarem suas terras e prestarem os serviços ambientais para os beneficiários e, de outro lado, de os pagadores serem recebedores do produto ambiental, ou seja, beneficiários dos serviços prestados pelos produtores;

- A fonte de recursos para PSA é uma prerrogativa de cada projeto e tem crescido o número de municípios que estão desenvolvendo legislações próprias visando destinar pequena parte de suas dotações orçamentárias especificamente para PSA;

- Outros exemplos exitosos de fontes financiadoras são as companhias de saneamento e esgoto, ICMS ecológico, **pequeno percentual de contribuição específica para PSA dentro da cobrança por abastecimento e saneamento**, com fim único por lei municipal para a bacia hidrográfica de interesse para abastecimento público.

- A ajuda governamental da União promovida pela ANA em projetos selecionados para apoio é variável conforme particularidades de cada caso, podendo relacionar-se a orientações, assistência técnica, promoção do diagnóstico local, promoção da reunião entre os participantes, adequação de estradas vicinais, educação ambiental, conservação de solos, recuperação e conservação de nascentes ou outros.

---

40. PROCURADORIA GERAL DA UNIÃO. PROCURADORIA-GERAL FEDERAL. PROCURADORIA-GERAL DA AGÊNCIA NACIONAL DE ÁGUAS. Parecer PGE/AMC 352/2007.

Na formatação de modelos institucionais para o financiamento da proteção de mananciais com recursos advindos das tarifas de água, o Programa Produtor de Água pode ser adotado como o núcleo de arrecadação e decisões sobre a aplicação dos recursos.

O PSA constitui uma importante ferramenta de proteção do solo e dos recursos hídricos, além de prover benefícios para proprietários ou posseiros. É um modelo institucional em que todos os atores podem ganhar, sobretudo na busca da sustentabilidade hídrica. A multiplicação desses modelos, nas diversas bacias hidrográficas, é um objetivo a ser perseguido. A condicionante do sucesso, porém, depende da participação de todos os atores, assim como da adequação dos projetos às necessidades e características locais.

14
SISTEMA NACIONAL DE GERENCIAMENTO DE RECURSOS HÍDRICOS

No estudo sobre a Política Nacional de Recursos Hídricos, verificamos os princípios, os objetivos e as diretrizes gerais de ação, assim como os instrumentos de planejamento e controle do uso e os instrumentos econômicos. O passo seguinte diz respeito a uma abordagem da Lei 9.433/97, à luz do Sistema Nacional de Gerenciamento de Recursos Hídricos (Singreh).

O Singreh é uma estrutura político-administrativa governamental, aberta à participação de outros atores não governamentais e da sociedade civil, na linha dos sistemas democráticos de gestão de recursos hídricos. É também o destinatário fundamental da Lei 9.433/1997, pois a ele cabe implementar a Política Nacional de Recursos Hídricos. A Lei das Águas apresenta-se, nesse contexto, como norma de *estrutura* ou de *competência*, isto é, pertencente ao grupo das *normas que não prescrevem a conduta que se deve ter ou não ter, mas as condições e os procedimentos através dos quais emanam normas de conduta válidas.*[1]

Miguel Reale as denomina *normas de organização* ou *normas de natureza instrumental.*

> Na realidade, há regras de direito cujo objetivo imediato é disciplinar o comportamento dos indivíduos, ou as atividades dos grupos e entidades sociais em geral; enquanto que as outras possuem um caráter instrumental, visando à estrutura e funcionamento de órgãos, ou à disciplina de processos técnicos de identificação e aplicação de normas, a fim de assegurar uma convivência juridicamente ordenada.[2]

De acordo com a apresentação da Lei 9.433/97,[3] o Sistema de Gerenciamento constitui um *arranjo institucional, baseado em novos tipos de organização para a gestão compartilhada do uso da água*. Com base na inserção do princípio da **gestão integrada** das águas na Lei 9.433/97, em que não só aos detentores do

---
1. BOBBIO, Norberto. *Teoria do ordenamento jurídico*. 10. ed. Brasília: UnB, 1999. p. 33.
2. *Lições preliminares de direito*. 22. ed. São Paulo: Saraiva, 1995. p. 97.
3. Brasil em Ação, Ministério do Meio Ambiente e Secretaria dos Recursos Hídricos, *Lei 9.433/1997*.

domínio cabe atuar nas decisões relativas ao planejamento e administração, cumpre verificar como isso ocorre.

O Sistema constitui o conjunto de órgãos e entidades, governamentais ou não, envolvidos com a aplicação dos instrumentos da Política de Recursos Hídricos, visando ao alcance dos objetivos propostos. A novidade dos sistemas legalmente estabelecidos e vinculados à execução de políticas públicas, como é o caso do meio ambiente e dos recursos hídricos, refere-se à possibilidade de outras pessoas, que não apenas os órgãos e entidades públicas, detentoras do domínio dos bens envolvidos, participarem do seu gerenciamento.

Havendo uma ampla participação de atores, a **governança da água** é inerente ao funcionamento do Singreh.

Houve certa *descentralização* das decisões, e a Lei 9.433/97 é explícita ao estatuir, no art. 1º, VI, que *a gestão dos recursos hídricos deve ser* **descentralizada** *e contar com a participação do Poder Público, dos usuários e da comunidade*.

Sobre a matéria, Alice González Borges pondera que

> *a estruturação do sistema nacional de gerenciamento de recursos hídricos é, verdadeiramente, uma das necessidades que se configuram mais prioritárias e urgentes para a coletividade brasileira, na era atual. Trata-se de assegurar aos cidadãos, mediante um conjunto eficiente de instrumentos legislativos e de ações gerenciadoras e fiscalizadoras sintonizadas, a garantia de que a água, recurso natural essencial à vida, ao desenvolvimento econômico e ao progresso social, se torne acessível a todos, em nível de quantidade e de qualidade.*[4]

A descentralização, todavia, só se perfaz completamente quando os comitês de bacia hidrográfica decidem sobre o plano de aplicação dos recursos arrecadados com a cobrança pelo uso da água, na bacia que gerou a cobrança. Trata-se de uma forma alternativa de gerir recursos públicos.

Tradicionalmente, **descentralização** implica transferência, pelo Poder Público, a uma autarquia, sociedade de economia mista ou empresa pública, do exercício de uma determinada função pública. Não é esse, todavia, o sentido da descentralização na Lei das Águas.

O entendimento de descentralização, na interpretação da Lei 9.433/97, pode ser vislumbrado de duas formas. Primeiro, sob o prisma da **participação da sociedade**, como uma das características da Administração Pública contemporânea, na tomada de decisões.

---

4. BORGES, Alice González. Reflexões sobre a gestão de recursos hídricos no estado da Bahia. *RDA*, Rio de Janeiro, 213, 1998, p. 89-101.

A descentralização constitui a base conceitual e legal da participação dos diversos atores envolvidos nas decisões acerca da bacia hidrográfica. Essa participação, entendida como a *possibilidade direta ou indireta de intervenção do cidadão na gestão da Administração Pública, é considerada um dos meios para tornar efetiva a democracia administrativa*. Não foi prevista, contudo, a participação de cidadãos no Sistema de Gerenciamento de Recursos Hídricos, mas apenas de organizações civis – sociedade civil organizada -, conforme dispõe o art. 47, que considera como tais, desde que *legalmente constituídas*[5]:

I – consórcios e associações intermunicipais de bacias hidrográficas;

II – associações regionais, locais ou setoriais de usuários de recursos hídricos;

III – organizações técnicas e organizações de ensino e pesquisa com interesse na área de recursos hídricos;

IV – organizações não governamentais com objetivos de defesa de interesses difusos e coletivos da sociedade;

V – outras organizações reconhecidas pelo Conselho Nacional de Recursos Hídricos ou pelos Conselhos Estaduais de Recursos Hídricos[6].

A Lei 9.984, de 17-7-2000, que dispõe sobre a criação da Agência Nacional de Águas e Saneamento Básico (ANA), estabelece, em seu art. 4º, § 4º, que *a ANA poderá delegar ou atribuir a agências de água ou de bacia hidrográfica a execução de atividades de sua competência, nos termos do art. 44 da Lei 9.433, de 1997, e demais dispositivos legais aplicáveis*.

Foi vetado o seguinte parágrafo, que previa que, *na inexistência de agências de água ou de bacias hidrográficas, a ANA poderá delegar a órgãos ou entidades públicas federais, estaduais, municipais ou do Distrito Federal, ou atribuir a organizações civis de interesse público, por prazo indeterminado, a execução de atividades de sua competência, nos termos da legislação em vigor*.

A segunda forma de descentralização, de cunho geográfico, ocorre no gerenciamento em que se toma por base a bacia hidrográfica. No âmbito dos Comitês, tomam-se decisões que irão vincular os atos administrativos sob a competência do poder público. Como exemplo, cita-se a outorga do direito de uso da água, cujas prioridades para a bacia devem constar do respectivo Plano, aprovado pelo Comitê e que vinculam as outorgas de direito de uso de recursos hídricos, conforme estabelece o art. 13 da Lei 9.433/97.

---

5. Lei 9.433/1997, art. 48.
6. O inciso V do art. 47 da Lei das Águas abre uma brecha para que outras formas jurídicas de entidades possam receber delegação do CNRH, com o objetivo de exercer as funções de Agência de Água. Como exemplo, a Fundação Agência das Bacias PCJ atua como Agência para os recursos hídricos da União com base nesse dispositivo.

Cabe ressaltar que o Singreh, assim como o Sistema Nacional do Meio Ambiente (Sisnama), possui caráter nacional e não federal, na medida que integra órgãos e entidades dos três níveis da federação. Segundo Milaré, a estruturação do Singreh *manifesta uma verdadeira arquitetura político-administrativa, que avalia pesos e valores específicos, consagrando o que cabe a cada um dos órgãos* [e entidades] *que o integram*[7].

14.1 OBJETIVOS DO SISTEMA

A Lei 9.433/97 estatui, em seu art. 32, sobre os objetivos específicos do Sistema Nacional de Recursos Hídricos. Tal dispositivo deve ser entendido como norma de conduta voltada ao próprio Sistema, no âmbito de sua instrumentação, quer dizer, no desenvolvimento e execução das várias atribuições relativas ao gerenciamento dos recursos hídricos.

A Lei 9.433/97 estabelece, no inciso I do art. 32, como princípio do Sistema, a *coordenação da gestão integrada das águas*, cujo detalhamento deve ser objeto de regulamentação.

No que se refere ao **arbitramento administrativo dos conflitos** relacionados com os recursos hídricos, fixados no inciso II do dispositivo legal mencionado, entende-se que tais conflitos tendem a aumentar, seja nas bacias hidrográficas industrializadas, onde a poluição é a causa da escassez, como é o caso da Bacia dos Rios Piracicaba, Capivari e Jundiaí, no Estado de São Paulo, Rio Paraíba do Sul, compartilhado entre os Estados de São Paulo, Minas Gerais e Rio de Janeiro e do Rio das Velhas, na Região Metropolitana de Belo Horizonte, seja em regiões mais áridas, onde a escassez decorre efetivamente da falta de chuvas, como ocorre na região do Semiárido brasileiro.

Nos dias atuais, em face da estiagem que ocorreu no Sudeste, na década de 2010, o Sistema Cantareira, compartilhado entre as Bacias Hidrográficas Piracicaba, Capivari e Jundiaí e do Alto Tietê, no estado de São Paulo, vem explicitar a existência de um conflito pelo uso da água, na região que coloca os recursos hídricos no foco de interesse da sociedade. Trata-se de uma clara amostragem dos efeitos da gestão política em detrimento dos procedimentos técnicos de cautela com o abastecimento humano.

Se por um lado é nefasta a ocorrência de escassez, de outra parte pode servir para um ajuste nas decisões governamentais acerca da importância da água e da necessidade inadiável de implementar o tratamento de esgotos de forma séria e concreta e de diminuir, da mesma forma, as perdas dos sistemas de abastecimento público.

---

7. MILARÉ, Édis. *Direito do Ambiente*, 10. ed., revista, atualizada e ampliada. São Paulo: Revista dos Tribunais, 2015, p. 946.

Os Comitês de Bacia Hidrográfica são os órgãos da Administração Pública que, em 1ª instância, deverão resolver tais conflitos. Ao Conselho Nacional de Recursos Hídricos, em 2ª instância, cabe exercer a função decisória de tribunal, em nível administrativo. Em âmbito estadual, tal competência pertence aos comitês criados pelos estados, em rios de domínio estadual, e o respectivo Conselho Estadual de Recursos Hídricos funciona como 2ª. instância na solução de conflitos

A solução de conflitos enseja a existência de um processo administrativo, em que se deve garantir às partes o direito à ampla defesa e ao contraditório, na forma do disposto no art. 5º, inciso LV, da Constituição Federal. Enseja também a observância de um procedimento formal, nos termos da Lei 9.784, de 29-1-1999, que regula o processo administrativo no âmbito da Administração Pública Federal.

Outro objetivo do Sistema de Gerenciamento, previsto no inciso III do art. 32, consiste é a *implementação da Política Nacional de Recursos Hídricos*. Trata-se de regra de estrutura, aplicável ao conjunto de órgãos e entidades, públicas e privadas, que se relacionem com as questões atinentes aos recursos hídricos.

No que se diz respeito ao *planejamento, regulação e controle do uso, da preservação e da recuperação dos recursos hídricos*, objeto do inciso IV, estão aí abrangidos os diversos temas relativos aos usos da água. O planejamento refere-se à instituição de metas, e decorre de acordo político sobre os aspectos técnicos do Plano, aprovado pelo Comitê de Bacia Hidrográfica.

A regulação e o controle administrativo concernem ao exercício do Poder de Polícia, exercido pelos vários órgãos e entidades da Administração Pública.

Promover a cobrança pelo uso dos recursos hídricos é outro objetivo a ser perseguido pelo Sistema Nacional de Gerenciamento de Recursos Hídricos. Trata-se de mais um dispositivo de caráter genérico, cujo fundamento é enfatizar que a cobrança é um passo de vital importância na implementação da Política de Recursos Hídricos. Embora não citados expressamente, aplica-se o dispositivo à implementação dos demais instrumentos econômicos, como é o caso do Pagamento por Serviços Ambientais (PSA) relacionados com a água.

14.2 CONSELHO NACIONAL DE RECURSOS HÍDRICOS

Conselho consiste na reunião de pessoas que deliberam sobre negócios [...].[8] Advém do latim *consiliu* e quer dizer *reunião de pessoas encarregadas de dirigir, conduzir, administrar.*[9]

---

8. FREIRE, Laudelino. *Grande...* Op. cit., p. 1533.
9. NASCENTES, Antenor. *Dicionário...* Op. cit., p. 430.

Órgão colegiado, o Conselho Nacional de Recursos Hídricos é composto por representantes dos Ministérios e Secretarias da Presidência da República, com atuação no gerenciamento ou no uso dos recursos hídricos; representantes indicados pelos Conselhos Estaduais de Recursos Hídricos; representantes dos usuários dos recursos hídricos e representantes das organizações civis de recursos hídricos (Lei 9.433, art. 34).

Embora dele participem representantes não vinculados à Administração Pública, trata-se de órgão da Administração Pública direta, instituído no âmbito da Administração Pública Federal, contando com a participação de representantes da sociedade civil, como manifestação da já mencionada atual tendência de permitir a participação da sociedade em certas decisões da Administração, em matéria de políticas públicas, como expressão da democracia.

Segundo o Decreto 10.000/2019, o Conselho Nacional é *órgão consultivo e deliberativo, integrante da Estrutura Regimental do Ministério do Desenvolvimento Regional*[10]. Todavia, suas atribuições também abrangem os campos técnico, de articulação política, e normativo.

A *articulação do planejamento de recursos hídricos com os demais planejamentos*, prevista no art. 35, I, da Lei de Águas, possui caráter técnico. Normas que determinam a compatibilidade entre várias políticas públicas relacionadas com recursos hídricos, meio ambiente, ocupação do solo, agricultura, saneamento básico, resíduos sólidos etc. têm sido uma constante. Isso se dá pelo fato de que tais políticas, objeto de leis específicas, incidem muitas vezes sobre o mesmo território e, se não houver coordenação entre a sus implementação, fica comprometida a eficácia.

O Brasil ainda é pródigo na contratação de planos e projetos que demoram décadas para serem implantados, ou são implantados sem considerar outros correlatos, ou são esquecidos em prateleiras. Uma das causas desse fenômeno é a busca do poder pelas eleições. Os novos executivos tendem a não implantar os projetos ou, pior, desativam aqueles em implementação. Outra causa a apontar é a falta de articulação entre os órgãos e entidades públicas, sejam municipais, estaduais ou federais.

A articulação pode diminuir os custos de implantação dos projetos, na medida em que racionaliza as ações a serem realizadas.

Segundo Alice González Borges,

---

10. Decreto 10.000, art. 1º.

tal previsão é extremamente oportuna, uma vez que a interação das atividades em tais áreas afins poderá contribuir para obviar as dificuldades legais e institucionais decorrentes da possibilidade, sempre presente, da ocorrência de superposições e conflitos de competência, previsíveis e até naturais, na sistemática de um País de organização federativa, mas que podem vir a prejudicar, afinal, a otimização do planejamento de recursos hídricos.[11]

A função decisória refere-se aos *conflitos existentes entre os Conselhos Estaduais de Recursos Hídricos* (art. 35, II). Em esfera administrativa, cabe ao Conselho Nacional de Recursos Hídricos a decisão final.

A deliberação sobre *projetos de aproveitamento de recursos hídricos, cujas repercussões extrapolem o âmbito dos Estados em que serão implantados* (art. 35, II) e sobre as *questões que lhe tenham sido encaminhadas pelos Conselhos Estaduais de Recursos Hídricos ou pelos Comitês de Bacia Hidrográfica* (art. 35, IV), assim como a *aprovação da instituição dos Comitês* (art. 35, II), refere-se à função decisória, seja sob o aspecto técnico e também político.

Considera-se que as decisões emanadas do Conselho Nacional de Recursos Hídricos possuem necessariamente um caráter político, mesmo quando este trate de questões de cunho técnico ou jurídico. O mesmo ocorre com a atribuição de *definir os valores a serem cobrados pelo uso de recursos hídricos*, de acordo com o disposto no inciso VI do art. 4º da Lei 9.984, de 17-7-2000.

A função consultiva reporta-se à *análise de propostas de alteração na legislação pertinente a recursos hídricos e à Política Nacional de Recursos Hídricos*, conforme previsto no inciso V do art. 35.

O *estabelecimento de diretrizes complementares para a implantação da Política Nacional de Recursos Hídricos, aplicação de seus instrumentos e atuação do Sistema Nacional de Gerenciamento de Recursos Hídricos* (art. 35, VI), o *estabelecimento de critérios gerais para a outorga de direitos de uso da água e para a cobrança* (art. 35, X) e *a fixação de critérios gerais para a elaboração dos regimentos dos Comitês de Bacia Hidrográfica*[12] constituem competência normativa do Conselho.

O exercício de controle se verifica no *acompanhamento da execução e aprovação*[13] *do Plano Nacional de Recursos Hídricos e determinação de providências necessárias ao cumprimento de suas metas*, na forma do inciso IX do art. 35.

---

11. BORGES, Alice Gonzáles. *Reflexões...* Op. cit., p. 89-101.
12. A Resolução do Conselho Nacional de Recursos Hídricos ((CNRH 5, de 10-4-2000 –, alterada pela Resolução CNRH 24, de 24-5-02, estabelece diretrizes para a formação dos Comitês de Bacia Hidrográfica.
13. Redação alterada pelo art. 31 da Lei 9.984/2000.

Quanto à **composição** do Conselho Nacional de Recursos Hídricos, o Decreto 10.000/2019 reduziu a participação de 57 membros para 37, a saber: 2 do Ministério do Desenvolvimento Regional; 1 do Ministério da Justiça e Segurança Pública; 1 do Ministério da Defesa; 1 do Ministério das Relações Exteriores; 2 do Ministério da Economia; 1 do Ministério da Infraestrutura; 1 do Ministério da Agricultura, Pecuária e Abastecimento; 1 do Ministério da Educação; do Ministério da Cidadania; 1 do Ministério da Saúde; 2 dois do Ministério de Minas e Energia; 1 do Ministério da Ciência, Tecnologia, Inovações e Comunicações; 2 do Ministério do Meio Ambiente; 1 do Ministério do Turismo; 1 do Ministério da Mulher, da Família e dos Direitos Humanos; 9 dos conselhos estaduais e distrital de recursos hídricos; 6 dos setores usuários de recursos hídricos, dos quais: a) 1 dos irrigantes; b) 1 das instituições encarregadas da prestação de serviço público de abastecimento de água e de esgotamento sanitário; 1 das concessionárias e autorizadas de geração de energia elétrica; 1 do setor hidroviário e portuário; 1 do setor industrial e minerometalúrgico; 1 dos pescadores e usuários de recursos hídricos com finalidade de lazer e de turismo; e 3 de organizações da sociedade civil de recursos hídricos, dos quais: 1 das organizações técnicas de ensino e de pesquisa com atuação comprovada na área de recursos hídricos e com, no mínimo, cinco anos de existência legal; 1 um das organizações não governamentais com representação em comitês de bacia hidrográfica de rios de domínio da União e com, no mínimo, cinco anos de existência legal; e 1 dos comitês de bacia hidrográfica de rios de domínio da União.

Ao contrário do que ocorre nos comitês de bacia hidrográfica, a representação do Poder Público Federal (51%) predomina no Conselho Nacional de Recursos Hídricos.

14.3 CONSELHOS DE RECURSOS HÍDRICOS DOS ESTADOS E DO DISTRITO FEDERAL

Os Conselhos Estaduais de Recursos Hídricos possuem, cada qual, composição e atribuições específicas, em que se determina a proporção da participação do Poder Público – União, Estados, Municípios – e da sociedade civil.

14.4 COMITÊS DE BACIA HIDROGRÁFICA

O termo Comitê significa um grupo de pessoas indicadas para exercer a função de discutir e decidir sobre determinados temas. A Bacia Hidrográfica *é espaço geográfico delimitado pelo respectivo divisor de águas cujo escoamento superficial converge para seu interior sendo captado pela rede de drenagem que lhe concerne*[14]. O Comitê de Bacia Hidrográfica é, pois, um fórum com poder de decisão fixado em lei, com a atribuição de tratar dos temas relacionados com a gestão e os usos da água em uma bacia hidrográfica. Seus membros representam os diversos interesses sobre a água: poder público, usuários e sociedade civil.

Criados com o intuito de prover a necessária gestão descentralizada entre todos os órgãos e entidades atuantes na política do uso de recursos hídricos, os comitês atuam como um **órgão colegiado**, com funções consultivas e deliberativas, sendo considerados a instância mais importante de participação e integração do planejamento e das ações na área dos recursos hídricos, posto que se trata do fórum de decisão sobre a utilização da água no âmbito local -das bacias hidrográficas.

14.4.1 Área de Abrangência

A **área de abrangência** dos Comitês de Bacia Hidrográfica tem caráter flexível, à medida que a Lei 9.433/97, em seu art. 37, estabelece que as respectivas áreas de atuação poderão ser:

I – a totalidade de uma bacia hidrográfica;

II – A sub-bacia hidrográfica do tributário do curso d'água principal da bacia, ou de tributário desse tributário; ou

III – grupo de bacias ou sub-bacias hidrográficas contíguas.

A razão dessa flexibilidade pode ser atribuída à preocupação do legislador em possibilitar o acomodamento de várias formas de bacias hidrográficas e à articulação política possível nas diversas regiões do país. A composição dos Comitês de Bacia Hidrográfica depende do acordo político a que se chegar.

Essa flexibilidade não se deu em relação à possibilidade de seccionar um corpo hídrico para a formação de mais de um Comitê. Em todos os rios de domínio da União, em que foi instalado o comitê, existe apenas um único Comitê de Bacia Hidrográfica.

14.4.2 Representação dos Comitês

Os Comitês de Bacia Hidrográfica, nos termos do art. 39, são formados por **representantes**:
- da União;

---

14. Portaria ANA 149/2015, que aprova a "Lista de Termos para o Thesaurus de Recursos Hídricos". Disponível em: http://arquivos.ana.gov.br/imprensa/noticias/20150406034300_Portaria_149-2015.pdf Acesso: 18 maio 2022.

- dos Estados e do Distrito Federal cujos territórios se situem, ainda que parcialmente, em suas respectivas áreas de atuação;
- dos Municípios situados, no todo ou em parte, em sua área de atuação;
- dos usuários das águas de sua área de atuação;
- das entidades civis de recursos hídricos com atuação comprovada na bacia.

A participação dos poderes executivos federal, estaduais, distrital e municipais não poderá exceder à metade do total dos membros do Comitê, de acordo com o disposto no § 1°. O § 4° do art. 39 dispõe que *a participação da União nos Comitês de Bacia Hidrográfica com área de atuação restrita a bacias de rios sob domínio estadual dar-se-á na forma estabelecida nos respectivos regimentos.* Entende-se que os Comitês objeto desse artigo são os Comitês estaduais, que poderão, quando da elaboração de seus regimentos, prever a participação da União. Trata-se, pois, de norma que permite à União participar de Comitês Estaduais.

Nos termos da Resolução CNRH 5/2001[15], a composição dos comitês e o respectivo número de votos são assim estabelecidos:

- **poderes executivos** da União, dos Estados, do Distrito Federal e dos Municípios: limite máximo de 40% do total de votos;
- representantes de **entidades civis**, proporcional à população residente no território de cada Estado e do Distrito Federal, cujos territórios se situem, ainda que parcialmente, em suas respectivas áreas de atuação, limite mínimo: 20% do total de votos, garantida a participação de pelo menos um representante por Estado e do Distrito Federal;
- representantes dos **usuários** dos recursos hídricos, 40% do total de votos.

Nos termos do § 3° do dispositivo em tela, nos Comitês de Bacia Hidrográfica, cujos territórios abranjam **terras indígenas**, *devem ser incluídos representantes da Fundação Nacional do Índio (FUNAI), como parte da representação da União e das comunidades indígenas ali residentes ou com interesses na bacia.*

Nos Comitês de Bacias Hidrográficas de **rios fronteiriços e transfronteiriços** de gestão compartilhada, a representação da União deverá incluir um representante do Ministério das Relações Exteriores (MRE). Aqui, uma observação. A Lei 9.433/1997 possui aplicabilidade apenas no território brasileiro. Assim, a instalação de um Comitê de rio fronteiriço ou transfronteiriços só se aplica no território do Brasil, ou seja, em uma parte da bacia localizada no território brasileiro.

---

15. Resolução CNRH 5/2001, art. 8°, com a redação dada pela Resolução CNRH 24, de 24 de maio de 2002.

Entende-se que esse fato não fere as disposições do art. 37 da Lei de Águas. Por questões relacionadas com o direito internacional e sobretudo à soberania dos Estados, o Brasil não poderia instituir um comitê criado por lei em território que não o brasileiro. Mas se quiser criar um comitê de bacia de um rio fronteiriço ou transfronteiriço, poderá fazê-lo, observando que será um único comitê da parte brasileira.

Há exemplos em que o país fronteiriço instala um órgão colegiado regido pela lei desse país, que poderá articular-se com o Comitê do lado brasileiro. É o caso, por exemplo, da Bacia Hidrográfica do Rio Quaraí, que faz fronteira com o Uruguai. De cada lado existe um órgão colegiado, e ambos se articulam para que as decisões tenham maior efetividade.

Em outra hipótese, é possível que os países que compartilham um rio instituam uma entidade binacional, para proceder à gestão da bacia. Essa alternativa não conflita com a possibilidade de se criarem dois órgãos colegiados. Ao contrário, as atuações podem ser complementares. Na citada Bacia do Quaraí, há uma entidade binacional Comissão Mista Brasileiro-Uruguaia para o Desenvolvimento da Bacia do Rio Quaraí (CRQ)[16], da qual participam representantes dos órgãos colegiados – Comitês de ambos os países. Veja-se que havendo sistemas de governança, a gestão pode avançar de forma mais estruturada.

14.4.3 Atribuições dos Comitês

Cada uma das competências dos Comitês de Bacia Hidrográfica, definidas no art. 38, da Lei 9.433/97, com maior ou menor intensidade, permeia o caráter político.

Cabe ao Comitê *promover o debate das questões relacionadas a recursos hídricos e articular a atuação das entidades intervenientes* (inciso I), em que se discutem e se resolvem, ao menos em primeira instância, as questões atinentes ao uso. Essas questões serão mais ou menos extensas ou complexas, conforme a escassez do recurso e a existência de conflitos de uso.

Tem-se aí uma função política e administrativa, para ordenar e conduzir as questões, de forma que não haja paralisações, seja no andamento dos processos, seja no encaminhamento das decisões.

O arbitramento, em primeira instância administrativa, dos conflitos relacionados aos recursos hídricos (inciso II) enseja, como já se disse, a formação de

---

16. A Comissão Mista Brasileiro-Uruguaia para o Desenvolvimento da Bacia do Rio Quaraí (CRQ) foi criada pelo Acordo de Cooperação para o Aproveitamento dos Recursos Naturais e o Desenvolvimento da Bacia do Rio Quaraí entre os Governos da República Federativa do Brasil e da República Oriental do Uruguai, para o aproveitamento dos recursos naturais e o desenvolvimento sustentável da bacia do rio Quaraí, promulgado no Brasil pelo Decreto 657/1992.

processos administrativos, em que as partes, ao estabelecerem o conflito, devem ter direito à ampla defesa e o contraditório, na forma do art. 5º, LV, da Constituição Federal. Da decisão do Comitê cabe recurso ao Conselho Nacional.

As competências do Comitê, visando *aprovar o Plano de Recursos Hídricos da Bacia* (inciso III) e *acompanhar a sua execução, sugerindo as providências necessárias ao cumprimento de suas metas* (inciso IV), assim como

> *propor ao Conselho Nacional e aos Conselhos Estaduais de Recursos Hídricos as acumulações, derivações, captações e lançamentos de pouca expressão, para efeito de isenção da obrigatoriedade de outorga de direitos de uso de recursos hídricos, de acordo com os domínios destes (inciso V),*

possuem caráter técnico e também político.

O mesmo se pode afirmar em relação a *estabelecer os mecanismos de cobrança pelo uso dos recursos hídricos e sugerir os valores a serem cobrados* (inciso IX) e *estabelecer critérios e promover o rateio de custo das obras de uso múltiplo, de interesse comum ou coletivo* (inciso IX).

Aqui, uma questão. O Plano deve refletir as decisões emanadas pelo Comitê. Se assim não fosse, não haveria gerenciamento integrado e participativo, pois é do Comitê que participam os interessados no uso das águas da bacia hidrográfica. Ocorre que isso não está suficientemente claro na Lei 9.433/97.

O fato de o Comitê aprovar o Plano de Bacia Hidrográfica, que de resto é elaborado pela Agência de Bacia[17] (art. 44, X), entidade do Sistema, e que exerce a função de secretaria executiva do Comitê (art. 41), seria uma garantia de efetividade do Sistema?

Imagine-se que a Agência de Bacia, já em funcionamento e com recursos da cobrança pela utilização de recursos hídricos, elabore um Plano de Bacia Hidrográfica, a ser submetido ao respectivo Comitê, para aprovação. Essa aprovação ocorre *pari passu*, pois o comitê acompanha e conduz a execução do plano de recursos hídricos. Resta verificar a exequibilidade desse instrumento das políticas de recursos hídricos.

Em primeiro lugar, faz parte do Plano de Recursos Hídricos o plano de aplicação dos recursos arrecadados com a cobrança pelo uso de recursos hídricos, o qual é objeto de proposta da Agência de Águas ao comitê de bacia hidrográfica, na forma do art. 44, XI, *c*. Embora tenha sido vetado o dispositivo que definiu a competência dos comitês de bacia hidrográfica para aprovar o plano de aplicação desses recursos (art. 38, VII), manteve-se a competência da agência de águas para elaborá-lo e propô-lo ao comitê (art. 44, XI, *c*).

---

17. Ou Entidade Delegatária, na forma da Lei 10.888/04.

Disso decorre que não foi afastada do comitê de bacia hidrográfica essa competência, aliás de fundamental importância: como já se afirmou, a descentralização da política de recursos hídricos só se consubstancia no momento em que ocorrer: (1) a decisão sobre o conteúdo do plano de bacia; (2) a definição dos mecanismos de cobrança e a proposta dos valores a serem cobrados dos usuários; (3) a aprovação do plano de aplicação, em ordem de prioridade, com a identificação dos respectivos executores, que já tenham submetido sua proposta ao comitê; e (4) efetiva execução dos programas.

Ressalte-se que nem todos os programas contemplados no plano de recursos hídricos serão financiados com os recursos da cobrança. Outros recursos poderão ser aplicados, de acordo com a lei orçamentária.

Cabe ao Comitê de Bacia Hidrográfica a fixação de mecanismos de cobrança e a proposta de valores da cobrança ao respectivo Conselho de Recursos Hídricos (Nacional ou estadual). Todavia, a lei não impõe prazo para o cumprimento das competências dos Comitês.

Essa indefinição legal propiciou a edição da Lei estadual RJ 4.247/2003, que dispôs sobre a cobrança pela utilização dos recursos hídricos de domínio do Estado do Rio de Janeiro. Essa norma fixou mecanismos e valores de cobrança pelo uso de recursos hídricos, de *caráter provisório*, a serem aplicados a todas as águas de domínio fluminense. Cabe esclarecer que, à época, sequer estavam instalados os Comitês de Bacia Hidrográfica, com exceção do Guandu. E a Resolução CNRH 48/2005, que regulamenta a cobrança pelo uso de recursos hídricos, exige, em seu art. 6º, para a implementação desse instrumento, entre outras condições, *a aprovação pelo competente Conselho de Recursos Hídricos, da proposta de cobrança, tecnicamente fundamentada, encaminhada pelo respectivo Comitê de Bacia Hidrográfica*. Se sequer haviam sido instalados os comitês estaduais, a perspectiva de instituir-se a cobrança estava muito prejudicada.

Nesse cenário, o Estado do Rio de Janeiro entendeu que poderia, por lei, suprir a lacuna institucional da falta de Comitês no estado ao estabelecer mecanismos e valores de cobrança. A matéria foi submetida ao STF, que julgou constitucional a lei *que estabelece mecanismos e **valores provisórios** de cobrança pelo uso de recursos hídricos, mesmo que estes não tenham sido propostos por um Comitê de Bacia Hidrográfica. Assim, o importante é que se preserve a competência dos Comitês de Bacia Hidrográfica, para, a qualquer tempo, sugerir valores diversos ao Conselho de Recursos Hídricos, ou seja, desde que os Comitês não sejam cerceados do exercício dessa competência na sua área de atuação*.[18]

---

18. AMORIM, Marco Antonio Mota; GRANZIERA, Maria Luiza Machado. Cobrança pelo uso de recursos hídricos: uma nova abordagem sobre as competências. *Revista Leopoldianum*, v. 47 n. 131 (2021), p. 72. Disponível em: https://periodicos.unisantos.br/leopoldianum/issue/view/110/37. Acesso: 18 maio 2022.

14.4.4 Natureza jurídica

Os comitês de bacias hidrográficas são órgãos colegiados dos sistemas de gerenciamento de recursos hídricos. Como órgãos, não possuem personalidade jurídica. Mas não há dúvida quanto à sua natureza de ente integrante da Administração Pública, vinculando-se aos Poderes Públicos federal, estaduais ou distrital, no que se refere ao vínculo de natureza administrativa, sob o regime de direito público.

Embora se trate de órgãos colegiados, que centralizam as discussões sobre a utilização dos recursos hídricos, seu funcionamento observa os princípios do procedimento formal e do processo administrativo, sendo que a sua atuação e funcionamento decorrem de lei. A formulação dos regimentos e estatutos deve atender à necessidade de contemplar, no comitê, a representação de todos os interesses existentes na bacia hidrográfica em que se pretende implantar esse órgão colegiado, sob pena de desvio de suas finalidades.

Os comitês de bacia hidrográfica são vinculados ao Poder Público e subordinados aos respectivos Conselhos de Recursos Hídricos, órgãos de mesma natureza, porém de nível hierárquico superior, seja no âmbito nacional, seja em sede dos Estados, no que se refere às decisões acerca do planejamento em recursos hídricos.

Importa salientar que, embora a participação de vários segmentos da sociedade seja condição *sine qua non* para que um comitê se instale, cabe ao poder público competente a sua instituição formal, a partir da aprovação das respectivas propostas pelo Conselho Nacional de Recursos Hídricos, de acordo com o disposto no inciso VII do art. 35 da Lei de Águas. Nos termos do parágrafo único do art. 37 da Lei 9.433/97, *a instituição de comitês de bacia hidrográfica em rios de domínio da União será efetivada por ato do Presidente da República.*

Embora o Comitê não possua competência para o exercício do poder de polícia das águas, os órgãos e entidades competentes dele devem participar, representando o Poder Público.

O fato de um usuário de recursos hídricos participar ou estar representado no Comitê altera a relação institucional entre o particular e o poder público, no que toca ao exercício do poder de polícia: se, antes da implantação dos comitês, as obrigações assumidas nos atos de outorga do direito de uso da água e de licenciamento ambiental existiam apenas entre o empreendedor e a Administração, com a existência do comitê, no âmbito da bacia hidrográfica, as obrigações são assumidas também perante os demais usuários, fortalecendo, dessa forma, a responsabilidade de cada um.

Uma questão a discutir refere-se à possibilidade de os membros do Comitê serem considerados agentes públicos, sujeitos à observância da Lei 9.784/1999. Sobre essa matéria, entende-se que o fato de os comitês serem órgãos de estado não significa que sejam organizações com estrutura própria, como é o caso dos órgãos (ministérios, secretarias) e entidades (autarquias, sociedades de economia mista) da administração direta e indireta.

Os Comitês são órgãos de estado por serem criados por lei ou decreto e por isso submetem-se ao regime jurídico de direito público. Os membros do comitê são agentes públicos, apenas no sentido do dever de observar as regras de direito público enquanto exercerem atribuições de membros de comitê. Mas não se confundem com a figura do servidor, apenas pelo fato de participarem do comitê. Enquanto membros do comitê, devem observar a legislação aplicável ao seu funcionamento, o que inclui a Lei 9.784/1999, que estabelece normas sobre o processo administrativo em âmbito federal visando, em especial, à proteção dos direitos dos administrados e ao melhor cumprimento dos fins da Administração.

Não existe qualquer possibilidade de equiparação entre o membro do comitê e o servidor dos demais órgãos e entidades da Administração. O comitê, nesse sentido, é um órgão "sui generis". Não possui sede, servidores ou orçamento. Por isso o seu funcionamento fica a cargo de uma secretaria executiva.

14.5 ÓRGÃOS DOS PODERES PÚBLICOS

O inciso IV do art. 32 inclui, no Sistema de Gerenciamento, todos os órgãos e entidades da Administração Pública Federal, Estadual e Municipal, cujo exercício de competência esteja relacionado com a gestão dos recursos hídricos. Quanto à União, fica incluído nesse dispositivo o conteúdo do art. 29, que estabelece as competências do Poder Executivo Federal, na implementação da Política Nacional de Recursos Hídricos, e que são:

I – tomar as providências necessárias à implementação e ao funcionamento do Sistema Nacional de Gerenciamento de Recursos Hídricos;

II – outorgar os direitos de uso dos recursos hídricos, e regulamentar e fiscalizar os usos, na sua esfera de competência;

III – implantar e gerir o Sistema de Informações sobre Recursos Hídricos, em âmbito nacional;

IV – promover a integração da gestão de recursos hídricos com a gestão ambiental.

No que se refere à implementação da Política Nacional de Recursos Hídricos, a cargo dos Poderes Executivos Estaduais e do Distrito Federal, o art. 30 da Lei 9.433/97 fixa as seguintes competências, que correspondem às competências federais:

I – outorgar os direitos de uso de recursos hídricos e regulamentar e fiscalizar seus usos;

II – realizar o controle técnico das obras de oferta hídrica;

III – implantar e gerir o Sistema de Informações sobre Recursos Hídricos, em âmbito estadual e do Distrito Federal;

IV – promover a integração da gestão de recursos hídricos com a gestão ambiental.

14.6 AGÊNCIAS DE ÁGUA E ENTIDADES DELEGATÁRIAS

As Agências de Água integram o Sistema Nacional de Recursos Hídricos, nos termos do art. 33, V, e têm por finalidade exercer a função de secretaria executiva dos respectivos Comitês de Bacia Hidrográfica e também de seu braço técnico. Entende-se que a lei está tratando de agências de bacia hidrográfica.

De antemão, cabe esclarecer que, no âmbito das bacias hidrográficas interestaduais, não houve a implementação desse modelo, que até o momento permanece substituído pelo das Entidades Delegatárias, estabelecido pela Lei 10.881/2004, como será aqui abordado.

Também a título de esclarecimento, existem no Brasil órgãos gestores estaduais de recursos hídricos que se denominam Agências. Todavia, trata-se de entidades da administração indireta, em geral autarquias, cujo escopo de atuação difere caso a caso, de acordo com as características e necessidades locais. É o que ocorre no Paraná, com o Instituto Água e Terra (IAT); na Paraíba, com a Agência Executiva de Gestão das Águas do Estado da Paraíba (AESA) e no Ceará, com a Companhia de Gestão dos Recursos Hídricos (Cogerh), esta uma sociedade de economia mista. Trata-se de entidades estaduais, que exercem tanto o poder de polícia das águas como as funções técnicas e administrativas de agências de bacia, centralizando esses aspectos da gestão.

Voltando para a legislação aplicável às bacias hidrográficas interestaduais, o art. 42 da Lei 9.433/1997, em seu parágrafo único, preconiza que a criação da Agência de Água será autorizada pelo Conselho Nacional de Recursos Hídricos ou pelos Comitês Estaduais de Recursos Hídricos, mediante solicitação de um ou mais Comitês de Bacia Hidrográfica, condicionada ao atendimento dos requisitos a seguir apresentados, na forma fixada pelo art. 43.

A lei exige, para a criação de uma Agência, que o(s) Comitê(s) tenha(m) sido *previamente instituído(s)*. Essa disposição faz sentido, na medida em que a Agência deve funcionar como um braço técnico do Comitê, que é o órgão colegiado responsável pelas decisões, sobretudo acerca do planejamento da bacia hidrográfica. Não haveria sentido em criar uma entidade técnica sem o correspondente órgão colegiado com função decisória.

Em relação à **viabilidade financeira** assegurada pela cobrança do uso dos recursos hídricos na área de atuação da Agência, cabem algumas observações. A norma, ao vincular a instituição de uma Agência à sustentabilidade financeira assegurada pela cobrança, parte do pressuposto de que existiria uma relação intrínseca entre essas duas variáveis, o que não ocorre na realidade.

Existe um critério objetivo para definir a sustentabilidade financeira da Agência de Águas. Em âmbito federal, trata-se do percentual 7,5% dos recursos financeiros efetivamente arrecadados, a ser utilizado na implantação e no **custeio administrativo** do sistema de gerenciamento, nele incluído o Comitê, a Agência e o órgão outorgante nas ações relacionadas com a respectiva bacia hidrográfica.[19] Ou seja, as despesas relativas ao pagamento de pessoal diretamente contratado, com seus correspondentes encargos fiscais e trabalhistas, assim como as despesas relativas à implantação e manutenção da sede, e todos os demais custos fixos, devem ser realizados dentro do limite fixado.

Essa rigidez da lei pode ser um incentivo para a eficiência do Sistema. Por outro lado, ela tem representado um obstáculo ao desempenho das atribuições legais da Agência, pois, para executar bem suas atribuições, a Agência deve se capacitar técnica, administrativa e financeiramente. Para tanto, deve contar com recursos financeiros suficientes. Todavia, nem sempre a disposição a pagar pelo uso da água em uma certa bacia hidrográfica corresponde às necessidades financeiras de uma estrutura razoável de Agência, para que cumpra, efetivamente, as atribuições que lhe cabem.

Ou seja, a sustentabilidade da Agência é dada pelo potencial arrecadador da bacia relativo a questões financeiras e políticas, indicador que nada tem a ver com os aspectos técnicos que necessitam ser tratados pela Agência.

As Agências de Água possuem uma série de **competências** de natureza técnica, essenciais à gestão das bacias hidrográficas (art. 44):

- *manter balanço atualizado da disponibilidade de recursos hídricos em sua área de atuação*. Trata-se de manter as informações acerca da oferta de água nos corpos hídricos contidos na bacia hidrográfica, assim como do seu comportamento durante o ano hidrológico. Inclui também o levanta-

---

19. Em 14 Estados, utiliza-se o mesmo critério da Lei no 9.433/1997. No Rio Grande do Sul, esse percentual é de 8% e de 10% no Distrito Federal e em São Paulo. Outros oito Estados não definiram tal limite, como é o caso do Estado do Rio de Janeiro. Distintamente dos demais, a legislação fluminense determina que 10% dos recursos da cobrança estadual, implantada por lei, devem ser destinados ao órgão governamental de gestão dos recursos hídricos, não estabelecendo limite para o custeio administrativo de Agências ou Comitês.

mento dos usos. O balanço hídrico determina, sazonal e territorialmente, a situação atual dos corpos d'água, permitindo o planejamento futuro.
- *manter o cadastro de usuários de recursos hídricos*. O banco de dados contendo as informações a *respeito* dos usos e dos usuários, incluindo a sua localização, as características quantitativas e qualitativas dos usos, a sazonalidade e a eficiência dos usos é o instrumento que possibilita não apenas o planejamento, mas também o controle dos recursos hídricos, para garantir o acesso das atuais e futuras gerações à água.
- *gerir o Sistema de Informações sobre Recursos Hídricos em sua área de atuação*. É atribuição da Agência implantar e manter o Sistema de Informações para a coleta, tratamento, armazenamento e recuperação das informações relativas aos recursos hídricos.
- *efetuar, mediante delegação do outorgante, a cobrança pelo uso de recursos hídricos*. Somente pode receber tal delegação a Agência de Água que tenha sido instituída por lei, ou seja, que tenha a natureza jurídica de entidade pública detentora de poder de polícia. A atribuição de efetuar a cobrança por delegação não alcança as organizações civis de recursos hídricos previstas no art. 47 da Lei 9.433/1997, delegatárias das funções de Agência de Água, sob a denominação de Entidades Delegatárias (ED.
- *analisar e emitir pareceres sobre os projetos e obras a serem financiados com recursos gerados pela cobrança pelo uso dos recursos hídricos e encaminhá-los à instituição financeira responsável pela administração desses recursos*. Trata-se de função técnica, vinculada à decisão do Comitê de Bacia Hidrográfica que aprovou o Plano de Aplicação dos recursos da cobrança. Cabe à Agência verificar a regularidade e adequação dos projetos ao que foi estabelecido pelo órgão colegiado.
- *promover os estudos necessários para a gestão dos recursos em sua área de atuação*. Esse dispositivo é abrangente, e pressupõe que a Agência deve proporcionar ao Comitê todo o material técnico de apoio às decisões desse órgão colegiado.
- *elaborar o Plano de Recursos Hídricos para apreciação do Comitê*. O Plano de Recursos Hídricos da Bacia Hidrográfica é instrumento essencial à gestão, pois apresenta, entre outros itens, os cenários futuros relacionados com disponibilidade hídrica, demandas, crescimento populacional, propostas de metas de qualidade da água, plano de ações a serem desenvolvidas na bacia etc. A Agência não necessariamente elabora o Plano, sendo facultada a contratação de terceiros para essa tarefa. Todavia, a responsabilidade pela gestão do contrato e pelos resultados obtidos, inclusive no que toca à qualidade dos serviços contratados, é da Agência.

- *propor ao Comitê de Bacia Hidrográfica:*

- *o enquadramento dos corpos de água nas classes de uso*, para encaminhamento ao respectivo Conselho Nacional ou Conselhos Estaduais de Recursos Hídricos, de acordo com o domínio destes. Trata-se da elaboração de estudo técnico acerca da meta ou objetivo de qualidade da água (classe) a ser, obrigatoriamente, alcançado ou mantido em um segmento de corpo hídrico, de acordo com os usos preponderantes pretendidos, ao longo do tempo[20]. Para o alcance da classe, podem ser propostas metas intermediárias definidas em função da possibilidade de execução do programa de efetivação do enquadramento. A proposta é escolhida pelo Comitê da Bacia em audiências públicas com participação ampliada, e encaminhada à aprovação do Conselho de Recursos Hídricos do respectivo domínio das águas (Conselho Estadual, no caso de rio de domínio estadual ou Conselho Nacional, no caso de rio de domínio da União). A priori, essa proposta deve ser elaborada simultaneamente com o Plano[21].

- *os valores a serem cobrados pelo uso dos recursos hídricos*. A Agência, como braço técnico do Comitê, deve realizar os estudos relativos à definição e redefinição de mecanismos e valores para a cobrança pelo uso dos recursos hídricos. Esses estudos devem buscar valores capazes de induzir ao uso racional da água, ao financiamento de ações previstas no Plano e ao funcionamento do sistema de gerenciamento, notadamente da Agência de Água e do Comitê da Bacia. A proposta será apresentada ao Comitê da Bacia Hidrográfica, e encaminhada à aprovação do Conselho de Recursos Hídricos do respectivo domínio.

- *o plano de aplicação dos recursos arrecadados com a cobrança pelo uso dos recursos hídricos*. Cabe à Agência propor a aplicação dos recursos arrecadados com a cobrança, segundo diretrizes e prioridades do Plano de Recursos Hídricos da bacia hidrográfica. Essa proposta deve ser avaliada e aprovada pelo Comitê.

Ao longo da implementação da Lei 9.433/97, os rumos relativos às Agência de Água foram alterados. Ainda não foi instituída nenhuma Agência, em âmbito federal. Já no plano estadual, nada obsta que os estados instituam agências de bacia, nos termos de suas próprias leis[22]. As experiências vivenciadas na Bacia

---

20. Resolução CONAMA 237/2005, art. 2º, XX.
21. A Resolução CNRH 91/2008 dispõe sobre procedimentos gerais para o enquadramento dos corpos de água superficiais e subterrâneos.
22. No Estado de São Paulo, por exemplo, três Agências de Bacia foram criadas com base nas Leis 7.663/1991 e 10.020/1998. Trata-se de Fundações Agências de Bacia, com atribuições de efetuar a cobrança pelo uso de recursos hídricos. São a Agência das Bacias PCJ, Alto Tietê e Sorocaba Médio Tiete.

Hidrográfica do Rio Paraíba do Sul, pioneira na implantação da cobrança, apontaram para a possibilidade de associações civis receberem delegação para atuarem como Agências de Águas.

As negociações culminaram com a edição da Lei 10.881/2004[23], que instrumentaliza as entidades civis de recursos hídricos como delegatárias do Conselho Nacional de Recursos Hídricos (CNRH) para atuarem como Agências de Bacia, salvo no que toca à cobrança, que permanece sob a competência da Agência Nacional de Águas e Saneamento Básico.

14.6.1 Agência única

Cabe aqui abordar o conceito de **Agência Única** para uma ou mais bacias hidrográficas, sobretudo as interestaduais. A Lei 9.433/1997 dispõe que as *Agências de Água terão a mesma área de atuação de um ou mais Comitês de Bacia Hidrográfica.*[24]

Em face das limitações legais e estruturais da cobrança, apontadas acima, para o financiamento das Agências, Comitês e órgãos gestores, a entidade que funcionará como braço técnico do Comitê Interestadual, exercendo funções financeiras e administrativas, deve ser única, e preferencialmente deve ser também definida como a agência dos comitês estaduais que façam parte da bacia hidrográfica interestadual. Para tanto, as leis estaduais necessitam conter essa previsão.

Havendo uma única Agência, os recursos da cobrança federal e aqueles arrecadados nos Estados serão utilizados em uma mesma entidade, que terá muito mais condições de estruturar-se para fazer frente aos desafios das atribuições sob a sua competência.

14.6.2 Processo de instituição das Entidades Delegatárias

É possível traçar um roteiro da criação do modelo institucional das **Entidades Delegatárias** regidas pela Lei 10.881/2004.

A primeira etapa consiste no cumprimento de **condições legais e institucionais:**

- criação e instalação do(s) Comitê(s) de Bacia[25];

---

23. Ver Capítulo sobre Instrumentos Econômicos.
24. Lei 9.433/1997, art. 42.
25. Lei 9.433/1997, art. 43, I.

- pactuação da Agenda estratégica para a bacia, incluídas as ações para a cobrança pelo uso de recursos hídricos e para a implantação da Agência de Água (Entidade Delegatária).
- aprovação do Plano de Recursos Hídricos da Bacia, em que constem:
- usos não sujeitos à outorga de direito de uso;
- plano de Ações;
- estudo sobre a sustentabilidade financeira da Agência;
- arranjo organizacional para execução do Plano.

A segunda etapa refere-se às **condições para sustentabilidade financeira**. Em princípio, a aprovação prévia da cobrança permitirá que o sistema de gestão da bacia seja estruturado e que haja recursos para a efetivação dos instrumentos da política, embora já tenham sido apontadas as fragilidades relativas a esse tema. Cabem as seguintes ações:

- elaboração de proposta de mecanismos e valores para a cobrança pelo uso de recursos hídricos;
- aprovação dos mecanismos e da proposta de cobrança pelo Comitê da Bacia e posterior encaminhamento ao CNRH ou CRH, para aprovação.

A terceira etapa consiste da definição do **arranjo organizacional da Agência (Entidade Delegatária)**, que irá permitir o início do processo de definição de uma entidade, preferencialmente com atuação na bacia, para exercer as funções de Agência, mediante delegação do CNRH.

Nesse sentido, deverão ser definidas as atribuições da entidade nos termos da legislação aplicável e o organograma mínimo, com base em um estudo sobre a relação entre os recursos a serem arrecadados pela Cobrança e o custeio dessa entidade.[26]

A partir dessas definições, inicia-se o processo de seleção da Entidade Delegatária, o que pode ser feito por meio de: 1. edital público para a seleção de entidades já existentes ou 2. pela criação de uma nova e específica entidade.

As propostas, tanto para a instituição da cobrança na bacia quanto para a entidade escolhida para exercer as funções de Agência de Água estariam, então, aptas a serem apresentadas à aprovação do Conselho de Recursos Hídricos competente (CNRH ou estadual, se a norma do estado contiver essa previsão).

---

26. Esse é um ponto a ser ressaltado, pois, conforme já mencionado, não necessariamente a disposição a pagar pela cobrança é compatível com estrutura mínima de uma agência.

As experiências em curso no País, para as bacias interestaduais, restringem a delegação pelo CNRH às **entidades civis sem fins lucrativos**[27], na Lei 10.881/2004. Com exceção à **cobrança** e de ações para as quais é necessário o exercício do poder de polícia, as demais atribuições de Agência podem ser exercidas por essas entidades.

Ainda nos termos da Lei 10.881/2004, o instrumento que define a relação entre o agente público arrecadador (ANA, em nível federal e os órgãos gestores em nível estadual, quando a respectiva lei contiver essa previsão) e a **Entidade Delegatária** é o **Contrato de Gestão**.

14.6.3 Contrato de Gestão

A Lei 10.881/2004 definiu um modelo de relação contratual estabelecida entre a ANA com as Entidades Delegatárias, cujo conteúdo vem evoluindo ao longo dos anos. O **contrato de gestão** é um *instrumento jurídico, por prazo determinado, que disciplina a execução orçamentária proveniente das receitas da cobrança pelos usos de recursos hídricos em rios de domínio da União, bem como de outras fontes, tendo como contratada entidades sem fins lucrativos, denominadas Entidades Delegatárias (ED), que se enquadrem no disposto pelo art. 47 da Lei 9.433/1997, e que recebam delegação do Conselho Nacional de Recursos Hídricos – CNRH para exercer funções de competência de Agências de Água*[28].

Trata-se da incorporação na gestão pública do princípio da **eficiência administrativa**, inscrito no art. 37 da Constituição. *A autonomia gerencial, orçamentária e financeira da administração direta e indireta poderá ser ampliada mediante contrato, a ser firmado entre seus administradores e o poder público, que tenha por objeto a fixação de metas de desempenho para o órgão ou entidade* ...[29].

Recentemente, a ANA reformulou e padronizou o conteúdo dos Contratos de Gestão, com o objetivo de tornar mais **eficiente** a aplicação dos recursos financeiros obtidos a partir da cobrança pelo uso de recursos hídricos. Também estabeleceu uma estrutura de normas e procedimentos a serem observados pelas Entidades Delegatárias, na execução dos Contratos de Gestão.

O contrato de gestão estabelece as **obrigações das partes** – ANA e Entidades Delegatárias. Os Comitês de Bacia Hidrográfica, embora não sejam partes do Contrato, assinam o instrumento, assumindo compromissos, na qualidade de intervenientes.

---

27. Lei 9.433/1997, art. 47.
28. Resolução ANA 97/2018, art. 2º, II.
29. CF/88, art. 37, § 8º.

Ao tratar do conteúdo mínimo do Contrato de Gestão, a Lei 10.881/2004 estabelece que esses instrumentos discriminarão as atribuições, direitos, responsabilidades e obrigações das partes signatárias, destacando-se a *especificação do programa de trabalho* proposto, a estipulação das **metas** a serem atingidas e os respectivos prazos de execução, bem como previsão expressa dos **critérios objetivos de avaliação** a serem utilizados, mediante **indicadores de desempenho**[30].

O **objeto** do Contrato de Gestão consiste na execução de **ações** que envolvem o apoio ao Comitê de Bacia Hidrográfica e a administração financeira dos valores repassados à Entidade Delegatária pela ANA, a partir dos recursos arrecadados com a cobrança pelo uso dos recursos hídricos na bacia, assim como o apoio à implementação do respectivo Plano de Recursos Hídricos[31].

O detalhamento dessas ações deve constar no **Termo de Referência** - Anexo I - das atividades a serem desenvolvidas pela Entidade Delegatária. Trata-se da descrição pormenorizada de cada atividade, termos e condições do contrato com vistas ao cumprimento do **Programa de Trabalho** estabelecido no Anexo II do Contrato de Gestão[32].

A lei é bastante clara ao tratar desse tema, que é relevante para a melhoria dos aspectos de quantidade e qualidade dos recursos hídricos, objetivo principal da Política Nacional de Recursos Hídricos[33]. O Programa de Trabalho fixa as metas a serem atingidas em determinado espaço de tempo pela Entidade Delegatária. Tais metas estão relacionadas tanto à melhoria da qualidade e quantidade da água como à eficiência no funcionamento da Entidade Delegatária.

Todavia, não basta estabelecer metas. É preciso garantir meios de acompanhar e verificar o avanço de seu cumprimento, por meio da fixação **de critérios objetivos de avaliação**. A aplicação desses critérios, por sua vez, é feita por meio de **indicadores de desempenho**, que consistem em métricas (números, índices etc.) devidamente associadas às metas, como o objetivo de aferir o seu cumprimento. A partir da fixação de uma meta, são estabelecidos um ou mais indicadores. Pela verificação dos números ou índices relacionados a esses indicadores, é possível mensurar o grau de avanço na direção do atingimento da meta.

Nos termos da Lei 10.881/2004[34], cabe à a ANA constituir **comissão de avaliação (CAv)** que analisará, periodicamente, os resultados alcançados com a execução do contrato de gestão e encaminhará relatório conclusivo

---

30. Lei 10.881/2004, art. 2º, I.
31. A ANA vem editando resoluções acerca de cada tema tratado no Contrato de Gestão.
32. Atualmente, existe um padrão único de Contrato de Gestão para todas as Entidades Delegatárias.
33. Lei 9.433/1997, art. 2º, I.
34. Lei 10.881/2004, art. 3º.

sobre a avaliação procedida, contendo comparativo específico das metas propostas com os resultados alcançados, acompanhado da prestação de contas correspondente ao exercício financeiro, à Secretaria de Recursos Hídricos do Ministério do Meio Ambiente e ao respectivo ou respectivos Comitês de Bacia Hidrográfica.

A lei, ao determinar a criação da Comissão de Avaliação (CAv), institucionalizou o nicho de controle, delegando a essa comissão a atribuição de aferir a evolução do funcionamento da Entidade Delegatária, no que se refere ao atingimento das metas previstas no Plano de Trabalho, no prazo fixado.

14.6.4 Plano de Aplicação (PAP) e Plano de Execução Orçamentária Anual (POA)

O **Plano de Aplicação Plurianual (PAP)** é o instrumento de orientação dos estudos, projetos e ações a serem executados com recursos da cobrança pelo uso da água na bacia hidrográfica para um período determinado. O **Plano de Aplicação Plurianual (PAP)** e o **Plano de Execução Orçamentária Anual (POA)** consistem na essência do Contrato de Gestão, como forma de garantir uma necessária vinculação entre a atuação da Entidade Delegatária e o Plano de Recursos Hídricos da Bacia.

Trata-se de um *componente do contrato de gestão,* constituindo uma *ferramenta de auxílio à implementação do Plano de Recursos Hídricos da Bacia Hidrográfica objeto do Contrato de Gestão, com horizonte plurianual. Deve contemplar os componentes e programas do Plano e suas respectivas ações, priorizados no período de vigência do Contrato e compatibilizados com os recursos oriundos da cobrança pelo uso dos recursos hídricos em rios de domínio da União*[35].

De acordo com o **novo modelo** de Contrato de Gestão, adotado pela ANA a partir de 2020, a atuação da Entidade Delegatária durante o período de vigência do Contrato de Gestão, será balizada pelo Plano de Aplicação Plurianual (PAP).

O **Plano de Execução Orçamentária Anual (POA)** consiste no plano de aplicação no período de um ano. Durante a vigência do Contrato de Gestão, e em cada um dos exercícios contidos abrangidos pelo PAP, será elaborado um Plano de Execução Orçamentaria Anual (POA), contendo o plano anual de investimentos e o custeio administrativo, com o detalhamento dos programas e ações a serem executadas em cada ano.

---

35. Resolução ANA 15/2019, art. 2º, XIV.

Os POA devem ser elaborados em conformidade com o PAP, considerando a capacidade operacional e financeira da Entidade Delegatária para executá-los no exercício, com a estimativa anual dos recursos arrecadados e tendo em consideração os limites legais estabelecidos para os seus custos administrativos. A execução dos POA será anual, observado o cronograma de desembolso por fonte e os recursos disponíveis pela Entidade Delegatária.

14.7 OUTROS INSTRUMENTOS DE GESTÃO DE BACIAS INTERESTADUAIS

Nas bacias interestaduais onde ainda não está consolidada a cobrança, e como forma de garantir apoio administrativo ao Comitê, em uma fase de transição, tem-se adotado a possibilidade de celebrar **Termos de Colaboração** com e **Termos de Parceria** com **Organizações da Sociedade Civil (OSC)** [36]

14.8 AGÊNCIA NACIONAL DE ÁGUAS E SANEAMENTO BÁSICO (ANA)

Na continuidade da regulamentação da Lei 9.433/97, inclusive no que se refere ao Sistema Nacional de Recursos Hídricos, a Lei 9.984, de 17-7-2000, dispõe sobre a criação da Agência Nacional de Águas (ANA).

Trata-se de autarquia sob regime especial, com autonomia administrativa e financeira, vinculada ao Ministério do Meio Ambiente, com a finalidade de implementar, em sua esfera de atribuições, a Política Nacional de Recursos Hídricos, integrando o Sistema Nacional de Gerenciamento de Recursos Hídricos, nos termos do art. 3º.

A ANA, embora seja uma agência de implementação de política pública, difere de outras agências executivas, como a Agência Nacional de Energia Elétrica (Aneel) ou Agência Nacional de Telecomunicações (Anatel), e mesmo a Agência Nacional do Petróleo (ANP). Essas entidades constituem entes reguladores de serviços públicos – energia elétrica, telefonia – ou de atividades econômicas – como é o caso do petróleo. A ANA foi assim criada para assumir outra natureza, à medida que o uso dos recursos hídricos não constitui, em si, nem serviço público, nem atividade econômica.

Todavia, esse cenário modificou-se nos últimos anos e a ANA assumiu, além de suas competências tradicionais, a regulação e a fiscalização dos serviços

---

36. Como é o caso da Associação multissetorial de usuários de recursos hídricos de bacias hidrográficas (ABHA Gestão de Águas) para a bacia do rio Paranapanema e da Agência de Desenvolvimento Sustentável do Seridó (ADESE) para a bacia dos rios Piancó-Piranhas Açu.

públicos de irrigação e adução de água bruta, com ocorrência em corpos hídricos de domínio da União.[37]

Posteriormente, com a alteração da Lei 11.445/2007, pela Lei 14.026/2020, a ANA passou a ser responsável pela edição das **normas de referência** sobre os serviços de saneamento básico.

14.9 ALGUMAS REFLEXÕES SOBRE O SINGREH

O Sistema de Gerenciamento de Recursos Hídricos está implantado. Os Estados, em sua maioria, possuem quadro estabelecido. De qualquer forma, quando se fala em um Sistema administrativo, com a função primordial de fazer girar a roda de uma determinada política pública, a montagem e funcionamento desse sistema é basicamente um processo, que se desenvolve ao longo do tempo.

Nesse processo não há um ato final, ou uma decisão, mas apenas um momento em que todas as engrenagens, já testadas, encontram-se em funcionamento e podem, sempre, ser aperfeiçoadas, à medida que as metas iniciais se realizam, e outras, novas, talvez mais ousadas ou sofisticadas, tomam seu lugar. Todavia, é necessário que esse processo não pare. Pode-se dizer que o que falta não é o aparato institucional, mas um quadro de pessoal suficiente e treinado para implementar os instrumentos de gestão de maneira sistemática, em processos de **governança** técnica e política permanentes. Vale dizer que a governança, para ocorrer de forma efetiva, também depende de decisões de cunho político.

O Sistema não se sustenta sozinho. E nem poderia, pois depende necessariamente da atuação individual e institucional. O funcionamento do Sistema, salvo na questão da solução de conflitos, não é processo administrativo, de ordem formal, cujo administrador tem, inclusive, prazo para se pronunciar.[38] Não é contrato, que vigora como lei entre as partes, com objeto e preço definidos, além de prazos de entrega, condições de pagamento, multas etc.

Uma reunião de Comitê de Bacia Hidrográfica pode produzir efeitos marcantes, em que se decidem os rumos a serem dados aos recursos hídricos, ou ser apenas uma reunião burocrática, em que o desacordo político impede a tomada de decisões técnicas.

Dessa forma, a Lei é adequada na formatação do Sistema, mas é apenas um passo inicial para que ocorra, de fato, o gerenciamento, com vista em alcançar os princípios e objetivos propostos. O fato de os usuários e da sociedade civil,

---

37. Lei 9.984/00, art. 4º, XIX.
38. Lei Federal nº 9.784, de 29-1-99, que regula o processo administrativo no âmbito da Administração Pública Federal.

e também dos Municípios, participarem ativamente dos Comitês é uma condição capaz de garantir comprometimento de cada um com o processo. Mas é necessário mais que isso. É preciso compreender, de antemão, a complexidade da implementação da Política Nacional de Recurso Hídricos, os inúmeros atores e respectivos interesses envolvidos para que se possam estabelecer processos de governança que afinal proporcionem acordos factíveis e duradouros. O desafio é grande.

BIBLIOGRAFIA

ABAS. Águas Subterrâneas. *O que são?* Disponível em: https://www.abas.org/aguas-subterraneas-o-que-sao/#ind24.

ABAS. Águas Subterrâneas. *O que são?* Disponível em: https://www.abas.org/aguas-subterraneas-o-que-sao/#ind24. Acesso: 20 set. 2021.

ABRANCHES, S. H. Política social e combate à pobreza: a teoria da prática. In: *Política social e combate à pobreza* (Coletânea). Rio de Janeiro: Jorge Zahar, 1987.

ALESSI, Renato. *Sistema instituzionale del diritto amministrativo italiano*. Milão: Giuffrè, 1953.

ALMEIDA, Fernanda Dias Menezes de. *Competências na Constituição de 1988*. 6. ed. São Paulo: Atlas, 2013.

AMORIM, Marco Antonio Mota; GRANZIERA, Maria Luiza Machado. Cobrança pelo uso de recursos hídricos: uma nova abordagem sobre as competências. *Revista Leopoldianum*, v. 47 n. 131 (2021), pp. 59-77. Disponível em: https://periodicos.unisantos.br/leopoldianum/issue/view/110/37.

ANA. *Conjuntura dos recursos hídricos no Brasil*: regiões hidrográficas brasileiras – Edição Especial. -- Brasília: ANA, 2015. Disponível em: http://www.snirh.gov.br/portal/snirh/centrais-de-conteudos/conjuntura-dos-recursos-hidricos/regioeshidrograficas2014.pdf.

ANA. *Conjuntura Recursos Hídricos Brasil*. 2. Qualidade e Quantidade da Água. Águas Superficiais. 2021. Disponível em https://relatorio-conjuntura-ana-2021.webflow.io/capitulos/quanti-quali.

ANA. *Manual Operativo do Programa Produtor de Água*. 2. ed. Brasília: ANA, 2012. Disponível em: http://produtordeagua.ana.gov.br/Portals/0/DocsDNN6/documentos/Manual%20Operativo%20Vers%C3%A3o%202012%2001_10_12.pdf.

ANA. *Marcos Regulatórios*. Disponível em: https://www.gov.br/ana/pt-br/assuntos/regulacao-e-fiscalizacao/alocacao-de-agua-e-marcos-regulatorios/marcos-regulatorios

ANA. *Nota Informativa*: Programa Produtor de Água. Disponível em: https://www.gov.br/ana/pt-br/todos-os-documentos-do-portal/documentos-sip/produtor-de-agua/documentos-relacionados/1-nota-informativa-programa-produtor-de-agua.pdf.

ANA. Relatório da Conjuntura Recursos Hídricos Brasil. Cobrança pelo Uso de Recursos Hídricos, p. 71. Disponível em: https://www.ana.gov.br/todos-os-documentos-do-portal/documentos-sas/arquivos-cobranca/documentos-relacionados/encarte-cobranca-conjuntura-2019.pdf.

ANA. Sistema de Informações sobre Recursos Hídricos. Sistema de informações sobre recursos hídricos. Brasília: ANA, 2020. APPLETON, Albert F. How New York City Used an Ecosystem Services Strategy Carried out Through an Urban-Rural Partnership to Preserve the Pristine Quality of Its Drinking Water and Save Billions of Dollars. Disponível em: http://www.iea.usp.br/publicacoes/how-new-york-city-used-an-ecosystem-services-strategy-carried-out-through-an-urban-rural-partnership-to-preserve-the-pristine-quality-of-its-drinking-water-and-save-billions-of-dollars/view.

AZEVEDO, Álvaro Villaça de. *Curso de direito civil 5*: direito das coisas. 2. ed. São Paulo: Saraiva, 2019. *E-book*.

BARTH, Flávio Terra. Aspectos institucionais do gerenciamento de recursos hídricos. In: Barth, Flávio Terra. *Águas doces no Brasil*: capital ecológico, uso e conservação. São Paulo: Escrituras, 1999.

BARTH, Flávio Terra. Declaração de Dublin sobre recursos hídricos e desenvolvimento sustentado, qualidade e gestão da água. Síntese das recomendações e conclusões do seminário *Qualidade e gestão da água: busca de um modelo integrado para a cooperação internacional*. Ministério das Relações Exteriores, Instituto Latino-Americano e Pnud, jan. 1993.

BENJAMIN, Antonio Hermann V. (Coord.). *Dano ambiental*: prevenção, reparação e repressão. São Paulo: Revista dos Tribunais, 1993.

BEVILÁCQUA, Clóvis. *Código civil*. 3. ed. São Paulo: Francisco Alves, 1927. v. 1.

BIELSA, Rafael. *Derecho administrativo*. 3. ed. Buenos Aires: Libreria De J. Lajouane, 1939. t. 3.

BOBBIO, Norberto. *A era dos direitos*. 10. ed. Rio de Janeiro: Campus, 1992.

BOBBIO, Norberto; MATTEUCCI, Nicola; PARQUINO, Gianfranco. *Dicionário de política*. 12. ed. Brasília: UnB, 1999.

BOBBIO, Norberto. *Teoria do ordenamento jurídico*. 10. ed. Brasília: UnB, 1999.

BOLAND, John. River basin manegement and user pays principle. In: *Seminário Recursos Hídricos e o Saneamento Ambiental* – Novos Conceitos do Usuário-Pagador. São Paulo: Secretaria de Energia e Saneamento de SP, BID, p. 7-13, ago. 1992.

BORGES, Alice González. *Normas gerais no estatuto de licitações e contratos administrativos*. São Paulo: Revista dos Tribunais, 1991.

BORGES, Alice González. *Reflexões sobre a gestão de recursos hídricos no estado da Bahia*. RDA, Rio de Janeiro, 213, 1998.

BUCCI, Maria Paula Dallari. *Direito administrativo e políticas públicas*. São Paulo: Saraiva, 2002.

CAFEICULTURA. Análise de indicadores da Pesquisa +Valor mostra que o gasto médio do trabalhador brasileiro com o cafezinho pós-almoço supera em 15 pontos percentuais o reajuste sofrido pela refeição no período. Disponível em: https://revistacafeicultura.com.br/?mat=68515.

CALASANS, Jorge Thierry. *Le concept de "ressource naturelle partagée" application aux ressources en eau*: l'exemple de l'Amerique Latine, 1996. Tese (doutorado). Universidade de Paris Panthéon, Sorbonne.

CALASANS, Thierry; SILVA, Luciano Meneses Cardoso da. A regulação do uso da água em zona costeira: quais avanços? In: Gestão de recursos hídricos – Abordagens inovadoras. Organização Maria Luiza Machado Granziera, Alcindo Gonçalves Fernando Rei. Santos: Editalivros, 2022, pp.55-73.

CANOTILHO, J. J. Gomes. *Proteção do ambiente e direito de propriedade (crítica de jurisprudência ambiental)*. Coimbra: Coimbra Editora, 1995.

CAPONERA, Dante. *Principles of water law and administration*. Roterdã: AA Balkema, 1992.

CARDOSO DA SILVA, Luciano Meneses; MONTEIRO Roberto Alves. *Outorga de direito de uso de recursos hídricos*: uma das possíveis abordagens. Agência Nacional de Águas de Saneamento Básico, 2004. Disponível em: https://www.ana.gov.br/AcoesAdministrativas/CDOC/ProducaoAcademica/Luciano%20Meneses%20C.%20da%20Silva/OutorgaDirUsoRecHid_UmaDasPossiveisAbordagens.pdf Acesso: 6 mai. 2022.

CARVALHO, Afrânio de. Águas interiores e suas servidões. *RDA*, 156, p. 15-52.

CARVALHO, Afrânio de. *Águas interiores, suas margens, ilhas e servidões.* São Paulo: Saraiva, 1986.

CBHVERDEGRANDE. *Organograma.* Disponível em: https://cbhverdegrande.org.br/organograma/

CAVALCANTI, Temístocles de Brandão. *Instituições de direito administrativo brasileiro.* 2. ed. Rio de Janeiro: Freitas Bastos, 1938. 2 v.

CAVALCANTI, Temístocles de Brandão. *Tratado de direito administrativo.* 3. ed. Rio de Janeiro/ São Paulo: Freitas Bastos, 1956.

CHARBONNEAU, j. p. *Enciclopédia de ecologia.* São Paulo: Edusp, 1979.

COLLIARD, Claude-Albert. Régime des fleuves internationaux. In: COLLIARD, Claude-Albert. *Recueil des cours*, 1968, III, t. 125.

COLSON, Jean-Philippe. *Droit publique économique.* 2. ed. Paris: LGDJ.

CNRH. *Plano Nacional de Recursos Hídricos, Volume II. Plano de Ação*: estratégia para a implementação do PNRH 2022-2040.

COMISSÃO BRASILEIRA PARA O DECÊNIO HIDROLÓGICO INTERNACIONAL E DEPARTAMENTO DE ÁGUAS E ENERGIA ELÉTRICA. *Glossário de Termos Hidrológicos*, Brasília, 1976.

CONSTANZA, Robert et al. The Value of the world's ecosystem services and natural capital. In: *Nature*, v. 387, n. 6630, 1997, p. 253-260.

CORREIA, Francisco Nunes. *Institutions for water resources manegement in Europe.* Roterdã: AA Balkema, 1998. v. 1 e 2.

CUNHA, Eldis Camargo Neves da. *A gestão dos recursos hídricos no Brasil e a formatação do conceito jurídico de vazão ecológica.* In: YOSHIDA, Consuelo Yatsuda Moromizato (Org.). *Recursos hídricos – Aspectos éticos, jurídicos, econômicos e socioambientais.* Campinas: Alínea, 2007. vol. 1.

CUNHA, L. Veiga da.; GONÇALVES, A. Santos; Figueira, V. Alves; LINO, Mário. *A gestão da água, princípios fundamentais e sua aplicação em Portugal.* Lisboa: Fundação Calouste Gulbenkian, 1980.

DERANI, Cristiane. *Direito ambiental econômico.* São Paulo: Max Limonad, 1997.

DESPAX, Michel. *Droit de l'environnement.* Paris: Librairies Techniques, 1980.

DI PIETRO, Maria Sylvia Zanella. *Uso privativo de bem público por particular.* São Paulo: Revista dos Tribunais, 1983.

DI PIETRO, Maria Sylvia Zanella. *Discricionariedade administrativa na Constituição de 1988.* São Paulo: Atlas, 1991.

DI PIETRO, Maria Sylvia Zanella. *Direito administrativo.* 19. ed. São Paulo: Atlas, 2006.

DIAS, José de Aguiar. *Da responsabilidade civil.* 9. ed. Rio de Janeiro: Forense, 1994.

DIEZ, Manuel Maria. *Dominio público*: teoria general y régimen jurídico. Buenos Aires: Libreria Jurídica, 1940.

DIEZ, Manuel Maria. *Manual de derecho administrativo.* Buenos Aires: Editorial Plus ultra, 1979. t. 2.

DÓRIA, A. de Sampaio. *Direito constitucional*: comentários à Constituição de 1946. São Paulo: Max Limonad, 1960.

DROMI, Roberto. *El acto administrativo*. 3. ed. Buenos Aires: Ediciones Ciudad Argentina, 1997.

EMPLASA/SNM. *Legislação básica de interesse metropolitano*. São Paulo, 1985.

ESCOLA, Héctor J. *Legalidad, eficacia y poder judicial*. Buenos Aires: Depalma, 1997.

FACHIN, Zulmar. SILVA, Deise Marcelino da. *Acesso à água potável*: direito fundamental de sexta dimensão. 3. ed. Londrina/PR: Thoth, 2017, p. 77.

FERNANDES, Raimundo Nonato. *Da concessão de uso de bens públicos*. RDA, 118, p. 1-11.

FERRAZ JR., Tercio Sampaio. *Introdução ao estudo do direito*: técnica, decisão, dominação. 2. ed. São Paulo: Atlas, 1994.

FOREST TRENDS. *Incentivos econômicos para serviços ecossistêmicos no Brasil*. Rio de Janeiro: Forest Trends, 2015.

FREIRE, Laudelino. *Grande e novíssimo dicionário da língua portuguesa*. Rio de Janeiro: A Noite, 1940 a 1943. 5 v.

FREITAS, Marco Aurélio Vasconcelos de (Org.). *O estado das águas no Brasil*. Brasília: ANEEL, SIH, MMA, SRH, MME, 1999.

FREITAS, Vladimir Passos de (Coord.). *Águas*: aspectos jurídicos e ambientais. Curitiba: Juruá, 2000.

FUNDAÇÃO ESTADUAL DE ENGENHARIA DO MEIO AMBIENTE. Vocabulário básico de meio ambiente. Compilado por Iara Verocai Dias Moreira. Rio de Janeiro, 1990.

GAMA, Affonso Dionysio. *Das águas no direito brasileiro*. São Paulo: Saraiva, 1928.

GAZZANIGA, Jean-Louis; OURIAC, Jean Paul. *Le droit de l'eau*. Paris: Litec.

GIANNINI, Massimo Severo. *Diritto amministrativo*. 3. ed. Milão: Giuffrè, 1993. 2 v.

GORDILLO, Agustín. *Tratado de derecho administrativo*. Buenos Aires: Fundación de Derecho Administrativo, 1998. t. 2 e 3.

GOULD, George A.; GRANT, Douglas L. *Cases and materials on water law*. 5. ed. ST. Paul: West Publishing, 1995.

GRANZIERA, Maria Luiza Machado. As outorgas de direito de uso da água e a política estadual de recursos hídricos em São Paulo. In: *Simpósio sobre Recursos Hídricos*. Recife: ABRH, nov. 1995.

GRANZIERA, Maria Luiza Machado. *Despoluição do Tietê – contrapartida do governo do Estado de São Paulo no projeto de despoluição do Tietê*: considerações acerca de uma proposta de alternativa para obtenção de recursos financeiros necessários. *Revista Engenharia*. São Paulo, 508, 1995.

GRANZIERA, Maria Luiza Machado. A fixação de vazões de referência adequadas como instrumento de segurança jurídica e sustentabilidade ambiental na concessão de outorgas de direito de uso de recursos hídricos. *Revista de Direito Ambiental*, ano 18, v. 70, abr./jun. 2013, p. 127 a 148.

GRAU, Eros Roberto. *Planejamento econômico e regra jurídica*. São Paulo: Revista dos Tribunais, 1978.

GUIMARÃES, Patrícia Borba Vilar; RIBEIRO, Márcia Maria Rios. *Águas subterrâneas*: aspectos compartilhados para gestão de recursos hídricos na legislação brasileira, p. 5. Disponível em: http://aguassubterraneas.abas.org/asubterraneas/article/view/23316. Acesso em 29 abr. 2014.

HOLANDA, Aurélio Buarque de. *Novo dicionário da língua portuguesa*. 2. ed. Rio de Janeiro: Nova Fronteira, 1986.

IBGE. *População*. Disponível em: https://www.ibge.gov.br/apps/populacao/projecao/.

IPCC. Climate Change 2021. Working Group I contribution to the Sixth Assessment Report of the Intergovernmental Panel on Climate Change. Box TS.6. Disponível em: https://www.ipcc.ch/report/ar6/wg1/downloads/report/IPCC_AR6_WGI_Full_Report_smaller.pdf.

LAUBADÈRE, André de; VENEZIA, Jean Claude; GAUDEMET, Yves. *Traité de droit administratif*. 14. ed. Paris: LGDJ, 1996. t. 1.

LIMA, Maria Isabel Leite Silva de; GRANZIERA, Maria Luiza. Pagamentos por serviços ambientais: uma perspectiva econômica para a conservação das águas In: *Direitos Sociais, Políticas Públicas e Seguridade e Direito Agrário e Ambiental*. Zaragoza – Espanha: Prensas de La Universidad de Zaragoza, 2018, v.26, p. 399-420. Disponível em: https://www.conpedi.org.br/wp-content/uploads/2018/04/Vol-26-dir-sociais-e-politicas-publicas-e-dir-agrario-e-ambiental.pdf.

LOBO, Mário Tavarela. *Manual do direito de águas*. Coimbra: Coimbra Editora, 1989. v. 1 e 2.

LORRAIN, Dominique. *Gestions urbaines de l'eau*. Paris: Economica, 1995.

MACHADO, E.S.; KNAPIK, H. G.; BITENCOURT, C. C. A. *Considerações sobre o processo de enquadramento dos corpos de água*. Engenharia Sanitária e Ambiental, v. 24, n. 2, p. 265, 2019. Disponível em: https://www.scielo.br/pdf/esa/v24n2/1809-4457-esa-24-02-261.pdf.

MACHADO, Paulo Affonso Leme. *Direito ambiental brasileiro*. 26. ed. São Paulo: Malheiros, 2018.

MARIENNHOFF, Miguel S. *Derecho de aguas*. Buenos Aires: Universidad de Buenos Aires, 1936.

MASAGÃO, Mário. *Curso de direito administrativo*. 5. ed. São Paulo: Revista dos Tribunais, 1974.

MAYER, Otto. *Derecho administrativo alemán*. Buenos Aires: Depalma, 1951.

MEIRELLES, Hely Lopes. *Direito administrativo brasileiro*. Atualizada por Délcio Balestero Aleixo e José Emmanuel Burle Filho. 39. ed. São Paulo: Malheiros, 2012.

MELLO, Celso Antônio Bandeira de. *Curso de direito administrativo*. 30. ed. São Paulo: Malheiros, 2013.

MELO, Osvaldo Aranha Bandeira de. Do domínio público sobre os terrenos reservado. *Revista de Direito Administrativo*. fasc. 1, v. 2, p. 17- 49, jul. 1945.

MENDONÇA, Manoel Ignácio Carvalho de. *Rios e águas correntes em suas relações jurídicas*. 2. ed. Rio de Janeiro: Freitas Bastos, 1939.

MILARÉ, Édis; Benjamin, Antonio Herman V. *Estudo prévio de impacto ambiental*: teoria, prática e legislação. São Paulo: Revista dos Tribunais, 1993.

MILARÉ, Édis. *Direito do ambiente*. 10. ed. São Paulo: Revista dos Tribunais, 2015.

MINISTÉRIO DAS MINAS E ENERGIA. *Seminário internacional de gestão de recursos hídricos*. Brasília, 1983.

MINISTÉRIO DO DESENVOLVIMENTO REGIONAL. SECRETARIA NACIONAL DE SANEAMENTO – SNS. *Diagnóstico dos Serviços de Água e Esgotos* – 2017. Brasília: SNS/MDR, 2019, p. 30. Disponível em: http://www.snis.gov.br/diagnostico-agua-e-esgotos/diagnostico-ae-2017.

MINISTÉRIO DO PLANEJAMENTO E ORÇAMENTO. SECRETARIA DE POLÍTICA URBANA. *Flexibilização institucional da prestação de serviços de saneamento. Implicações e desafios.* Brasília: IPEA, 1995.

MINISTÉRIO PÚBLICO FEDERAL. Efetivação das metas de qualidade das águas no Brasil: atuação estratégica para a melhoria da qualidade das águas/ 4ª. Câmara de Coordenação e Revisão, Meio Ambiente e Patrimônio Cultural. Brasília: MPF, 2018.

MONTEIRO, Washington de Barros. *Curso de Direito Civil*: direito das coisas. 39. ed. Atualizada por Carlos Alberto Dabus Maluf. São Paulo: Saraiva, 2009.

MOREIRA, Iara Verocai Dias (Compiladora). *Vocabulário básico de meio ambiente.* Rio de Janeiro: Serviço de Comunicação Social da Petrobras, 1990.

MOTTA, Ronaldo Seroa da. Instrumentos econômicos e política ambiental. Revista de Direito Ambiental, v. 20. São Paulo: Revista dos Tribunais, out./dez. 2000.

NAKICENOVIC, N., ROCKSTRÖM, J., GAFFNEY, O. and ZIMM, C. *Global Commons in the Anthropocene:* World Development on a Stable and Resilient Planet. Disponível em: https://www.iucn.org/sites/dev/files/global_commons_in_the_anthropocene_iiasa_wp-16-019.pdf.

NASCENTES, Antenor. *Dicionário ilustrado da língua portuguesa.* Rio de Janeiro: Bloch, 1976.

NUNES, Antônio de Pádua. *Código de águas.* São Paulo: Revista dos Tribunais, 1980. t. 1 e 2.

NUSDEO, Ana Maria de Oliveira. O uso dos instrumentos econômicos nas normas de proteção ambiental. Revista da Faculdade de Direito da Universidade de São Paulo, v. 101, p. 359. jan./dez. 2006.

NUSDEO, Ana Maria de Oliveira. Pagamento por serviços ambientais. Sustentabilidade e disciplina jurídica. São Paulo: Atlas, 2012.

NUSDEO, Fábio. *Desenvolvimento e ecologia.* São Paulo: Saraiva, 1975.

OCDE (2017). *Cobranças pelo uso de recursos hídricos no Brasil:* Caminhos a seguir, Éditions OCDE, Paris. Disponível em: http://dx.doi.org/10.1787/9789264288423-pt.

OCDE. Princípios da OCDE para a Governança da Água. Acolhidos pelos Ministros na Reunião do Conselho Ministerial da OCDE de 4 de junho de 2015.

OLIVEIRA, Régis Fernandes de. *Receitas públicas originárias.* São Paulo: Malheiros, 1994.

ONU. SUMMARY PROGRESS UPDATE 2021 – SDG 6 – WATER AND SANITATION FOR ALL. Disponível em: https://www.unwater.org/app/uploads/2021/12/SDG-6-Summary--Progress-Update-2021_Version-July-2021a.pdf.

ONU. Resolução da Assembleia Geral A/RES/64/292, de junho de 2010.

PIGRETTI, Eduardo A. *Derecho de los recursos naturales.* 3. ed. Buenos Aires: La Ley, 1982.

POMPEU, Cid Tomanik. Águas doces no direito brasileiro. In: *Águas doces no Brasil*: capital ecológico, uso e conservação. 4. ed. REBOUÇAS, Aldo da C.; BRAGA, Benedito; TUNDISI, José Galízia (Org.). São Paulo: Escrituras, 2015.

POMPEU, Cid Tomanik. *Direito de águas no Brasil.* 2. ed. São Paulo: Revista dos Tribunais, 2010.

POMPEU, Cid Tomanik. *Enciclopédia Saraiva do Direito.* São Paulo: Saraiva, 1977.

PRIEUR, Michel. *Droit de l'environnement.* 8. ed. Paris: Dalloz, 2019.

REALE, Miguel. *Lições preliminares de direito.* 22. ed. São Paulo: Saraiva, 1995.

REBOUÇAS, Aldo de C. Águas Subterrâneas. In: BRAGA, Benedito; TUNDISI, José Galiza; TUNDISI, Takako Matsumura; CIMINELLI, Virginia S. T. (Org.). *Águas Doces no Brasil. Capital Ecológico. Uso e Conservação*. 4. Ed. Revisada e atualizada. São Paulo: Escrituras, 2015. p. 93-125.

REIS, Palhares Moreira. A água e sua utilização: aspectos jurídicos e institucionais. *Revista Trimestral de Jurisprudência dos Estados*, São Paulo, 12 (55): 19-32, ago. 1988.

RIBEIRO, S.K., SANTOS, A.S. (Eds.). Mudanças Climáticas e Cidades. Relatório Especial do Painel Brasileiro de Mudanças Climáticas Rio de Janeiro: PBMC, COPPE – UFRJ, 2016, p. 20. Disponível em: http://www.pbmc.coppe.ufrj.br/documentos/Relatorio_UM_v10-2017-1.pdf. Acesso: 20 set. 2021.

ROCHA, Isabel; VIEIRA, Duarte Filipe. *Água*: legislação, contencioso ordenacional jurisprudência. 2. ed. Porto: Porto, 1998.

RODRIGUES, Silvio. *Direito Civil*: direito das coisas. 27. Ed., Saraiva, 2002, v. 5.

SARMIENTE GARCÍA. *Estudios de derecho administrativo*. Buenos Aires: Depalma, 1995.

SECRETARIA DE NEGÓCIOS JURÍDICOS DA PREFEITURA DO MUNICÍPIO DE SÃO PAULO. *Águas públicas*: o problema da Grande São Paulo. *Anais*, 1992.

SECRETARIA DE RECURSOS HÍDRICOS, SANEAMENTO E OBRAS DO ESTADO DE SÃO PAULO. Elaboração de estudo para implantação da cobrança pelo uso dos recursos hídricos no Estado de São Paulo, Relatório RP.01-REV 01 – *Consolidação dos Aspectos Relevantes da Legislação*, 1994.

SETTE-CAMARA. Pollution of international rivers. In: SETTE-CAMARA. *Recueil des cours*. 1984, III, t. 186.

SILVA, Geraldo Eulálio do Nascimento e. *Direito ambiental internacional*. Rio de Janeiro: Thex, Biblioteca Estácio de Sá, 1995.

SILVA, José Afonso da. *Direito ambiental constitucional*. São Paulo: Malheiros, 1994.

SILVA, José Afonso da. *Curso de direito constitucional positivo*. 37. ed. São Paulo: Malheiros, 2014.

SISTEMA NACIONAL DE INFORMAÇÕES SOBRE SANEAMENTO (SNIS). *Diagnóstico Temático Serviços de Água e Esgoto Visão Geral*. Ano de referência 2020. MDR: Brasília, 2021. Disponível em: http://www.snis.gov.br/diagnosticos. Acesso: 30 maio 2022.

SNIS. Abastecimento de Água 2020. Índice de atendimento Total de Água. Disponível em: http://www.snis.gov.br/painel-informacoes-saneamento-brasil/web/painel-abastecimento-agua.

SOLANES, Miguel; GONZALES-VOLLARREAL, Fernando. *The dublin principles for water as reflected in comparative assesment os institutional and legal arragemnents for integrated water resources manegement*, Global Water Partnership.

SPOLIDORIO, Paulo Celso Maistro. A Alocação Negociada de Água como Estratégia de Regulação Responsiva. *Revista de Direito Setorial e Regulatório*, Brasília, v. 3, n. 1, p. 186, maio 2017.

SPOTA, Alberto. *Tratado de derecho de aguas*. Buenos Aires: Libreria y Casa Editora de Jesús Menédez, 1941. t. 1 e 2.

TÁCITO, Caio. *Direito administrativo*. São Paulo: Saraiva, 1975.

TEIXEIRA, J. H. Meirelles. *Estudos de direito administrativo*. Departamento Jurídico da Prefeitura do Município de São Paulo, Procuradoria Administrativa, São Paulo: 1949. v. 1.

TRELEASE, Frank J. *Water law, resource use and environmental protection*. 2. ed. American Casebook Series, St. Paul: West Publishing, 1974.

UNESCO. *The United Nations World Water Development Report 2019*. Leaving no one behind. Paris: UNESCO, 2019. Disponível em: https://unesdoc.unesco.org/ark:/48223/pf0000367306?posInSet=4&queryId=ac9e70e5-8039-4577-94a3-158548a1f5a0.

VALLADÃO, Alfredo. *Direito de águas*. São Paulo: Revista dos Tribunais, 1931.

VALLADÃO, Alfredo. *Dos rios públicos e particulares*. Belo Horizonte, 1904.

VILLAR, Pilar Carolina GRANZIERA, Maria Luiza Machado. *Direito de Águas à Luz da Governança*. Brasília: ANA, 2020. Disponível em: https://capacitacao.ana.gov.br/conhecerh/bitstream/ana/924/4/UNIDADE%2001_ANA.pdf. Acesso: 22 out. 2021.

VILLAR, Pilar Carolina; GRANZIERA, Maria Luiza Machado. *Direito de Águas à Luz da Governança*. Brasília: Agência Nacional de Águas e Saneamento Básico, p. 105. Disponível em: https://capacitacao.ana.gov.br/conhecerh/bitstream/ana/924/4/UNIDADE%2001_ANA.pdf Acesso: 22 out. 2021.

VILLAR, Pilar Carolina; GRANZIERA, Maria Luiza Machado. *Direito de Águas à Luz da Governança*. Brasília: Agência Nacional de Águas e Saneamento Básico. Disponível em: https://capacitacao.ana.gov.br/conhecerh/bitstream/ana/924/4/UNIDADE%2001_ANA.pdf

VITTA, Cino. *Diritto amministrativo*. Turim: Unione Tipográfica, 1937. v. 1.

WALINE, Marcel. *Précis de droit administratif*. Paris: Montchrestien, 1969. v. 1 e 2.

WIGNY, Pierre. *Droit administratif*: principes généraux. 4. ed. Bruxelas: Émile Bruylant, 1962.

WORLD BANK/WWW ALLIANCE FOR FOREST CONSERVATION AND SUSTAINABLE USE. *Running pure*: the importance of finest protected areas to drinking water, 2003.

WUNDER, Sven. Payment for environmental services: some nuts and bolts. CIFOR Occasional Paper, Jakarta: Center for International Forestry Research n. 42, 2005. Disponível em: http://www.cifor.org/publications/pdf_files/OccPapers/OP-42.pdf.

ZANOBINI, Guido. *Corso di diritto amministrativo*. 5. ed. Milão: Giuffrè, 1947.

ÍNDICE REMISSIVO

A

Abastecimento de água potável – 137
Ações baseadas na natureza – 137
Agência Nacional de Águas e Saneamento Básico (ANA) – 269
Agências de água – 260
Agência Única – 264
Agricultura, irrigação e pecuária – 145
Água potável – 20
Água Salina – 21
Água salobra – 21
Águas comuns – 69
Águas doces – 168
Águas fluviais – 70
Águas particulares – 70
Águas pluviais – 105
Águas públicas – 8, 19, 70
Águas servidas – 21
Águas subterrâneas – 107
Alocação negociada da água – 215
Álveos abandonados – 101
Aplicação do produto da cobrança – 227
Aquífero – 15
As primeiras necessidades da vida – 101
Associações – 247
Associações intermunicipais – 247
Autorização administrativa – 201

B

Bacia hidrográfica – 16, 48
Balanço hídrico – 190
Balanço hídrico – 21
Bem imóvel – 7
Bem móvel – 6, 7

Beneficiário-pagador – 236
Bens da união – 89
Bens dos estados – 92
Bens públicos – 94

C

Capacitação – 53
Caso catskill – 238
Ciclo hidrológico – 9
Cobrança pela utilização dos recursos hídricos – 220
Código de Águas – 123
Comissões Gestoras – 212
Comitê de Direitos Econômicos, Sociais e Culturais das Nações Unidas – 64
Competência material ou administrativa – 83
Competência privativa da União – 77
Competências comuns – 84
Competências concorrentes – 81
Conferência das Nações Unidas para a Água de Mar del Plata – 59
Conferência Diplomática sobre a Reafirmação e o Desenvolvimento do Direito Internacional Humanitário aplicável aos Conflitos Armados – 60
Conferência Internacional sobre Água e Meio Ambiente Dublin/1992 – 61
Conselho Nacional de Recursos Hídricos – 249
Conselho Nacional de Recursos Hídricos (CNRH) – 111
Conselhos de recursos hídricos dos Estados e do Distrito Federal – 252
Consórcios – 247
Contingenciamentos – 230
Contrato de Gestão – 266
Controle – 181

Controle de poluição – 90
Convenção sobre a Eliminação de Todas as Formas de Discriminação contra a Mulher, de 1979 – 61
Convenção sobre os Direitos da Criança de 1990 – 61
Cooperação – 38, 84
Cooperação internacional – 58
Corpo hídrico – 10
Corrente – 11
Cumprimento do plano – 161
Curso de água – 11

Declaração Universal dos Direitos Humanos – 58
Derivação – 190
Derivar – 189
Descentralização – 246
Desenvolvimento sustentável – 31
Dimensão ambiental da água – 133
Direito de águas – 3
Direito humano à água – 57
Direitos de vizinhança – 99
Disponibilidade hídrica – 207
Domínio das águas subterrâneas – 108
Domínio hídrico – 88

E

Eclusa – 22
Ecossistemas aquáticos – 168
Efetividade das normas – 85
Eficiência administrativa – 266
Efluente – 20
Energia elétrica – 153, 190
Enquadramento de corpos hídricos em classes, segundo os usos preponderantes da água – 165
Entidades civis sem fins lucrativos – 266
Entidades Delegatárias – 260, 264
Escassez hídrica – 204
Esgotamento sanitário – 139

Fauna aquática – 168
Foz – 14
Função social – 100
Fundamentos da PNRH – 126

Gestão de recursos hídricos – 208
Gestão de recursos hídricos – 17
Gestão integrada – 245
Gestão integrada de recursos hídricos – 179
Governança – 54, 139, 239
Governança da água – 246
Governança técnica e política – 85

I

Indígenas – 91
Indústria – 149
Instrumentos de comando-controle – 219
Instrumentos de planejamento do uso da água – 157
Instrumentos econômicos – 219
Intervenientes – 266

L

Lago – 16
Lei de Responsabilidade Fiscal – 229
Leito – 12
Lençol freático – 22

Mananciais – 138
Marcos Regulatórios – 214
Margens externas – 13
Margens internas – 13
Meio ambiente equilibrado – 31
Mineração – 154
Montante – 23

Nascente – 13, 102

Natureza jurídica das outorgas – 199
Navegação – 151

O

Objetivos da PNRH – 127
Objetivos de Desenvolvimento do Milênio (ODM) – 63
Organizações da Sociedade Civil (OSC) – 269
Organizações de ensino e pesquisa – 247
Organizações não governamentais – 247
Organizações técnicas – 247
Órgão colegiado – 253
Outorga coletiva – 206
Outorga do direito de uso da água – 185, 189
Outorga em lote – 206

P

Pacto Internacional sobre Direitos Econômicos, Sociais e Culturais – 59
Pagador de serviços ambientais – 237
Pagamento por Serviços Ambientais (PSA) – 146, 233
Participação – 42
Pesca, aquicultura, piscicultura e carcinicultura – 148
Planejamento do uso – 157
Planejamento econômico – 158
Plano de Aplicação (PAP) – 268
Plano de Execução Orçamentária Anual – 268
Plano Estadual de Recursos Hídricos – 162
Plano Nacional de Recursos Hídricos (PNRH 2022-2040) – 162
Planos de Recursos Hídricos – 160
Poder de polícia – 95
Poder de polícia das águas – 186
Política Nacional de Irrigação – 145
Política Nacional de Pagamento por Serviços Ambientais – 235
Políticas públicas – 121
Poluição – 100
Poluidor-pagador – 44

Potenciais hidráulicos – 190
Potencial de energia hidráulica – 18
Pouca expressão – 199
Precaução – 36
Primeiras necessidades da vida – 104
Prioridades de Outorga – 205
Processo de governança – 171
Programa de Efetivação do Enquadramento – 175
Programa de Trabalho – 267
Programa Produtor de Água – 139
Programa Produtor de Água (PPA) – 241
Projetos Públicos de Irrigação – 147
Proposta de enquadramento – 172
Propriedade – 99
Protetor-recebedor – 236
Protetor-recebedor – 47
Provedor de serviços ambientais – 237
Publicização – 87

Q

Q7,1 – 210
Q90 – 209
Q95 – 209

R

Regulamento – 185, 187
Represamento – 103
Representação dos Comitês – 253
Resolução A/HRC/RES/15/, 2010 – 66
Resolução A/RES/64/292 – 64
Rio – 10

S

Saneamento básico – 136
Semiárido – 132
Semiárido brasileiro – 211
Serviços ambientais – 234
Setor agrícola – 148
Sistema de classificação – 169

Sistema Nacional de Gerenciamento de Recursos Hídricos – 245
Sistema Nacional de Segurança Alimentar e Nutricional SISAN – 134
Sistemas de Informações sobre Recursos Hídricos – 178
Suspensão da outorga – 203

Talvegue – 23
Termo de Alocação de Água – 216
Termo de Referência – 267
Termosde Colaboração – 269
Termos de Parceria – 269
Terras indígenas – 254
Terrenos de marinha – 18
Terrenos reservados – 19
Transversalidade – 57

U

Unidades de Conservação – 92
Uso – 135
Uso comum – 94
Uso do solo – 130
Uso e na ocupação do solo – 171
Uso insignificante – 199
Uso privativo – 97, 200

Uso privativo da água – 227
Uso racional – 263
Usos consuntivos – 135
Usos culturais e recreativos – 153
Usos múltiplos – 208
Usos múltiplos da água – 50
Usos passíveis de outorga – 196
Usos prioritários – 204
Usos sem derivação de água – 136
Usuário – 135
Usuário-pagador – 44

Valor de referência – 209
Valor econômico – 6
Vazão – 207
Vazão – 23
Vazão de referência – 207
Vazões ambientais – 210
Vazões de permanência – 209

Watershed Agricultural Council – 240

Zonas costeiras – 131
Zona úmida – 25